21世纪高职高专经济管理系列教材

中国创造学会创造成果奖

普通高等教育"十一五"国家级规划教材

国家级精品课程教材

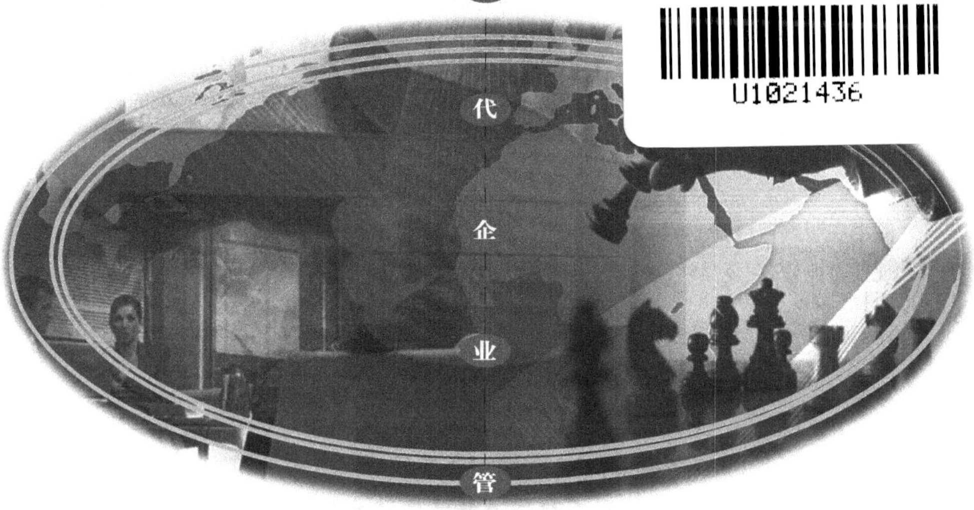

第3版

现代企业管理

主　编■夏昌祥　杨莉惠
副主编■何　隽　邓丽明
　　　　张　亚
主　审■段万春

重庆大学出版社

·内容提要·

本书(第3版)是按照教育部的相关规定和“工学结合”人才培养模式的要求及继续坚持“理论够用为度、注重实用”的原则来修订的。其着眼点主要是适当增加“基层管理者”和“创业”的主要内容。修改后的教材更加贴近企业的实际需求、学生的学习需求、教师的教学需求,可以帮助读者以轻松的方式和更快的速度迅速了解和掌握现代企业管理的基本知识、基本理论、基本技能和基本方法,在突出综合性、实用性和可读性的同时,更加体现了职业性、实践性、创新性和趣味性的特点。本书同时提供网络教学资源(其网址为 http://qiyeguanlikmyz.edu.cn),可供高职院校和应用型高校学生使用,也是培训企业管理人员的教材,还可作为企业管理人员运用现代企业管理知识及时解决企业管理现实问题的重要参考资料。

图书在版编目(CIP)数据

现代企业管理/夏昌祥,杨莉惠主编.—3版.—重庆:重庆大学出版社,2009.8(2020.8重印)
(21世纪高职高专经济管理系列教材)
ISBN 978-7-5624-3489-4

Ⅰ.现… Ⅱ.①夏…②杨… Ⅲ.企业管理—高等学校:技术学校—教材 Ⅳ.F270

中国版本图书馆CIP数据核字(2009)第149646号

21世纪高职高专经济管理系列教材
现代企业管理(第3版)

主　编　夏昌祥　杨莉惠
副主编　何　隽　邓丽明　张　亚
主　审　段万春
责任编辑:张立武　　版式设计:邱　慧
责任校对:夏　宇　　责任印制:张　策

*

重庆大学出版社出版发行
出版人:饶帮华
社址:重庆市沙坪坝区大学城西路21号
邮编:401331
电话:(023) 88617190　88617185(中小学)
传真:(023) 88617186　88617166
网址:http://www.cqup.com.cn
邮箱:fxk@cqup.com.cn (营销中心)
全国新华书店经销
POD:重庆新生代彩印技术有限公司

*

开本:720mm×960mm　1/16　印张:23.5　字数:420千
2002年2月第1版　2009年8月第3版　2020年8月第22次印刷
ISBN 978-7-5624-3489-4　定价:59.00元

系列教材编委会

（以姓氏笔画为序）

王　珑	王学梅	王庆全	王庆国	朱　虹
吕何新	吴跃平	张　矢	张　炜	张孝友
张举刚	张国梁	何　隽	安德利	陈　跃
季　辉	周　铭	苟爱梅	姚建平	徐　阳
夏昌祥	袁建平	黄启良	傅志明	谢　红

系列教材参编学校

（排名不分先后）

天津职业大学	天津工业职业技术学院
石家庄经济学院	浙江树人大学
西南农业大学经贸学院	长沙民政职业技术学院
株洲职业技术学院	广西机电职业技术学院
武汉职业技术学院	贵州大学职业技术学院
昆明冶金高等专科学校	湖北十堰职业技术学院
湖北孝感职业技术学院	上海工会管理干部学院
湖北长江职业技术学院	重庆电子职业技术学院
广西职业技术学院	新疆机电职业技术学院
东南大学经济管理学院	西北工业大学金叶信息技术学院
成都电子机械高等专科学校	广东交通职业技术学院
浙江工业大学职业技术教育学院	重庆工业高等专科学校
南昌水利水电高等专科学校	重庆光彩职业技术学院

总序

CA 总　序

经过三十多年的改革开放，我国已基本建立了市场经济体系，加入世界贸易组织，更加快了全球经济一体化的进程。国外先进的管理方法和理念、新的经济理论和符合国际惯例的贸易规则，必须在经济管理教材中得到充分体现。

市场经济和管理科学的发展，需要一大批懂理论、善操作、面向一线的经济管理专门人才，这是高等职业教育的重要任务。根据高等职业教育应定位为“理论够用，注重实际操作”的精神，为适应高等职业教育教材建设的需要，教育部已经在全国着手教材建设，重庆大学出版社“21 世纪高职高专经济管理系列教材”便是在这种背景下产生的。

在教材方面，目前可供大学本科学生选用的较多，适合高等职业教育学生需要的教材极少。重庆大学出版社已经于 2000 年出版了高职高专信息类、公共课程类两套系列教材，本系列教材是在吸收前两套系列教材编写经验的基础上，联合全国 20 多所相关院校编写出版的（该系列教材首期出版共 20 种，以后将陆续出齐专业基础课和专业课教材）。首期出版的教材是：《经济学原理》、《经济法概论》、《现代企业管理》、《市场营销学》、《市场营销案例与分析》、《实用公共关系》、《管理学基础》、《管理信息系统》、《审计理论与实务》、《金融概论》、《国际金融》、《统计学基础》、《应用写作》、《会计学基础》、《成本会计》、《财务会计》、《会计模拟实训教程》、《财务管理》、《经济数学基础（一）》、《经济数学基础（二）》。

本系列教材的特点，一是紧扣教育部高职高专培养目标和对各门课程的基本要求，编写目的明确，针对性强；二是理论精当，繁简适度，内容取舍合理，注意了知识的系统性、实用性和先进性；三是将案例融入相关理论，既使理论讲述生动、形象，又体现了高职高专应用性人才的培养目标；四是反映了最新政策法规和制度，选用最新的数据资料，吸收了理论和实践的最新成果；五是各章末有小结并附有案例讨论题、复习思考题或习题，便于学生课后复习和练习。

经济管理类教材的编写涉及我国许多处于不断完善中的法规、政策和制度，各方面对这套教材的期望与要求又很高，尽管我们力求完美，但编写的难度较大，书中难免存在一些缺点和疏漏，恳请专家、读者批评指正，以便修订再版时进一步完善。

编委会

2002 年 1 月 5 日

第3版前言

CA 第3版前言

《现代企业管理》自2002年出版以来，受到了广大师生和其他读者的肯定和欢迎。之后，经2005年、2008年两次改版和修订，至今已重印13次，发行近6万册，被国内很多高职院校或应用型高校选作教材或教学参考书。2004年，"《现代企业管理》重点课程建设"获得云南省教学科研成果一等奖；2005年，该教材被评为全国冶金高校优秀教材；2006年，该课程及教材被教育部确定为国家级精品课程；2007年，该教材被教育部确定为普通高等学校"十一五"国家级规划教材，2008年评为中国创造学会"创造成果奖"，2009年推荐为云南省高校优秀教材。笔者十分珍惜读者对此书的重视，在教学实践中不断充实更新内容、改进结构，通过不懈努力，对该教材进行了第3次修订，以体现最新的高职教育理念。

本书第3次修订是按照教育部相关规定和"工学结合"人才培养模式的要求及继续坚持"理论够用为度、注重实用"的原则来修订的。其着眼点主要是适当增加"基层管理者"和"创业"等方面的内容。修改后的教材更加贴近企业的实际需求、更加贴近学生的学习需求、更加贴近教师的教学需求，可以帮助读者以轻松的方式和更快的速度了解和掌握现代企业管理的基本知识、基本理论、基本技能和基本方法，在突出综合性、实用性和可读性的同时，更加体现了职业性、实践性、创新性和趣味性的特点。

相对第2版，第3版主要体现了如下特点：

一、重心下移，面向基层

通过调查了解得知，不少高职毕业生到了企业第一线，多则三年少则一年就成为了企业一线重要的管理人员；通过多年对企业实施的大量管理培训，我们也看到快速发展的中国企业普遍存在管理跟不上企业成长的速度，特别是存在基层管理相对薄弱和基层管理人员素质不高的现状。因此,打造一支技术技能过硬、心理素质稳定、应变能力较强的基层班组管理队伍,对于推动企业发展至关重要。因此,第3版修订的内容主要强调以培训面向基层、面向第一线、具有较强管理素质的高技能人才为教育指向。在介绍基层管理岗位的基本知识和基本技能的基础上,在各章的内容中增加了基层管理的内容和职能,例如在第一章中增加了基层管理者的角色和定位等。

二、充实案例,适应创新

第3版按照"以就业为导向,以能力为本位"的高职教育教学改革要求和建设创新型国家的需要,从基层管理岗位群对人才的知识结构和技能要求出发,结合对培养学生较强的实践能力、积极的创新精神、良好的职业道德和高度的社会责任感等方面的要求,内容取舍上强调介绍目前最新的管理理论和实际应用,充实了新的内容和新的案例,使之更加符合培养基层管理能力和管理素质的需求。

三、启迪思维,激发兴趣

第3版在保证内容的系统性和结构的合理性的前提下,采用较为轻松的方式,辅之以管理的思维,来解构企业管理的原理。选择具有现实性和趣味性的素材,在各章适当穿插了"开篇案例""案例"等内容,通过简洁通俗的文字、生动有趣的小故事,诠释烦琐的现代企业管理理论,让学生感受到管理就在自己的身边,以激发学生的求知欲。

四、重视实践,突出应用

第3版以企业管理者应知、应会的现代企业管理理论和技能为切入点,重点突出管理各环节管理技能,强调学生实践能力的培养。一个显著特点就是渐次地增加了一些实践性较强的内容。每一章都提供了"实训目标""实训内容和形式"等练习内容,以情景模拟、故事引导、案例分析等形式,不仅激发学生学习兴趣,扩大了学生的知识面,而且也有利于发展学生的管理思维能力。

五、利用资源,强化互动

《现代企业管理》课程作为国家级精品课程,第3版通过同步提供教学课件、教学案例、管理故事及游戏、情景模拟、试题库等网络教学资源(精品课程网址:http://qiyeguanli. kmyz. edu. cn),建立立体教学资源库,为师生提供整体教材方案,方便学生学习查阅和同教师的交流沟通,尤其能够大大激发学生的学习兴趣;同时,也为教师节省了大量的时间,为学生提供了自主化和个性化的学习空间。

第3版由夏昌祥教授担任第一主编,杨莉惠担任第二主编,负责全书的内容、结构设计和修改章节的总撰,并最终定稿;邓丽明、何隽、张亚担任副主编;

昆明理工大学管理与经济学院段万春教授担任主审。

第 3 版在内容上更加充实，在形式上更加活跃，在理念上更加创新，在编排上更加务实。本书既可供高职院校和应用型高校学生使用，也是企业管理人员培训教材的极好选择，可以作为企业管理人员运用现代企业管理知识及时解决企业管理现实问题的重要参考资料。

编　者

2009 年 7 月

再版前言

CA 再版前言

教育部部长周济 2005 年 5 月 26 日在昆明冶金高等专科学校视察的讲话中强调:“中国的高等职业教育已经走在世界前列,我们完全可以办世界上最先进的高等职业教育。”在这种喜人形势下,我们根据教育部《高职高专管理课程教学基本要求》,根据市场的反应(该书自 2002 年 2 月出版以来,用书已达24 000册,得到了社会各界的一致认可和好评,特别是得到高职高专院校师生的广泛欢迎)和社会的需求以及培养数以千万计知识型高技能人才的需要,结合目前最新最实用的管理理论和管理方法,对原教材进行了包括整个体系在内的大幅度修订,使之更贴近学生、企业和社会的实际。

本书比较充分地反映了 21 世纪现代企业管理学科的最新知识和最新理论,并结合高职高专教学模式的特色,理论以够用为度,由浅入深,力求通俗易懂,并注重与实践环节的紧密结合,以尽可能适应高职高专教师精讲、学生多练的“能力本位”教学模式的需要,突出综合性、实用性、可读性和示范性,做到理论、实务、案例三结合,使教材真正成为“讲、读、观、练”一体化新型模式。

高等职业教育的根本任务是培养知识型高技能人才,教育教学过程应以培养技术应用能力为主线设计学生的知识、能力、素质结构,毕业生应具有基础理论知识适度、技术应用能力强、知识面较宽、素质高等特点。为此,我们在编好基本教材的基础上,根据课程特点,相应配套制作了“教学课件”及《教学大纲》《教学基本方法》《授课计划》《管理案例》《管理故事与游戏》《实践练习》《情景模拟》等辅助教学的“课件软件包”(此“教学课件”及“课件软件包”主要免费赠送给用书达到一定数量和长期使用本教材的教师及相关管理人员)。

本书由夏昌祥(昆明冶金高等专科学校)担任主编,负责全书的内容结构设计和全书总撰,并最终修改定稿。具体分工为:第一章,夏昌祥、杨莉惠(昆明冶金高等专科学校);第二章,邓丽明(南昌水利水电高等专科学校);第三章,何隽(贵州大学职业技术学院);第四章,杨莉惠;第五章,沈佳秋(上海工会管理干部学院);第六章,张亚(成都电子机械高等专科学校);第七章,高应芳(重庆电子职业技术学院);第八、第九章,夏昌祥;第十章,夏昌祥、杨莉惠。

担任本教材主审的昆明理工大学管理与经济学院段万春教授对本书进行了认真审阅,并提出了相应的修改意见;成书过程中,还得到了昆明冶金高等专科学校杨丽敏、赵文亮等同志的大力协助,在此一并表示感谢。

在编写过程中,我们参考了大量专家、学者的著作,加之编写本教材的教师有着比较丰富的管理实践经验,通过总结和提炼,使该书在内容上更加充实,而且具有一定的理论深度,因此,也可作为实际工作者学习现代企业管理基本理论和实践知识的参考书。

编　者

2005 年 5 月

前言

CA前　言

本书是根据教育部《高职高专管理课程教学基本要求》，主要针对培养经济管理类高等应用型专业人才编写的。该书比较充分地反映了21世纪现代企业管理的最新知识和最新理论，并结合高职高专的教学特色，按照“理论够用为度，注重实用”的原则，由浅入深，虚实并重，注重理论与案例的紧密结合，使教材真正成为“讲、读、观、练”一体化新型教材模式，以适应高职高专教师精讲、学生多练的“能力本位”教学模式的需要。

本书在内容上力求反映现代企业管理理论研究的最新成果，吸收国内外现代企业管理实践的先进经验，全面、系统、准确地介绍现代企业管理的理论和实务知识，具有形成技术应用能力所必需的基础理论和专业知识。本书注重理论与实践相结合，在论述各种现代企业管理理论的同时，列举了国内外企业管理中的许多实际例子，这些例子有助于学生理解、掌握和运用有关理论。在每章结尾都有小结和复习思考题，每章都有案例，既有助于提高学生运用所学的理论解决实际问题的能力，又有助于学生加深对国内外企业管理实际的了解，具有较强的针对性。因此，本书突出了综合性、实用性和可读性，做到理论、实务、案例三结合。

本书由夏昌祥（昆明冶金高等专科学校）负责内容结构设计并最终修改定稿。具体分工为：邓丽明（南昌水利水电高等专科学校）第一章；何隽（贵州大学职业技术学院）第二、三章；杨莉惠（昆明冶金高等专科学校）第四章；许玛丽（上海工会管理干部学院）第五章；张亚（成都电子机械高等专科学校）第六章；高应芳（重庆电子职业技术学院）第七章；夏昌祥第八、九章；张建军（东南大学经济管理学院）第十章。

本书主审段万春（昆明理工大学管理与经济学院）教授，对全书进行了认真审阅，并提出了相应的修改意见；成书过程中，还得到了昆明冶金高等专科学校杨莉惠、杨丽敏、赵文亮等同志的大力协助，在此一并表示感谢。

在编写过程中，我们参考了几十位专家、学者的著作，加之编写该教材的教师有着比较丰富的实践管理经验，通过总结和提炼，使该书在内容上较为充实，且具有一定的理论深度，也可作为实际工作者学习现代企业管理基本理论和实践知识的参考书。

现代企业管理是一门涉及范围广、实用性强、发展较快的学科；同时，由于编写高等职业技术教材是新的尝试，书中存在缺点和不足在所难免，敬请各位同行和广大读者指正，以便修订再版时进一步完善。

编　者

2001 年 10 月

目录

CA 目 录

第一章

CA 现代企业管理人员

【开篇案例】

北京全聚德是举世闻名的中华老字号，在知名度上丝毫不逊于肯德基、麦当劳。全聚德创建于1864年(清朝同治三年)，是经营了一百多年的老品牌，但2007年的全年营业额只有1.2亿美元；而创立于1930年的肯德基只有几十年的历史，2007年的营业额却高达200亿美元，远远超过全聚德。同样，中国联想公司与美国戴尔公司均成立于1984年，但是，联想2008年的销售额接近150亿美元，而戴尔的销售额超过500亿美元。

中国与世界的差距究竟有多大？差距究竟在哪里？这是每个企业管理者都要思考的问题。有人说是战略，有人说是资源，也有人说是竞争的流程和标准。但是，在这些因素的背后，存在着一个根本性的因素，即管理者的能力与素养存在差距。特别是中基层管理者的差距。

被誉为“现代管理学之父”的彼得·德鲁克(Peter F. Drucker)在研究中国问题时指出：“中国发展的核心问题，是要培养一批卓有成效的管理者。他们应该懂得如何管理，知道如何去领导企业并促进它的发展，也知道如何去激励员工和让他们的工作卓有成效。管理者不同于技术和资本，不可能依赖进口。即便引进管理者也只是权宜之计，而且引进的人数也将是寥寥无几。他们应该是中国自己培养的管理者，熟悉并了解自己的国家和人民，并深深植根于中国的文化、社会和环境当中。在今日中国乃至全世界，没有什么事业比这更重要。”

第一节　管理者

一、管理者

（一）管理者的概念

组织中从事管理工作的人称为管理者（或管理人员）。从本质上讲，管理者是组织和利用各种资源去实现组织目标的指挥者、组织者。一般情况下，管理者不直接从事具体工作，主要是对作业人员的工作进行计划安排、组织落实、指导激励和检查控制等活动，促成作业人员努力工作，并对他们工作的优劣负最终责任。

“现代管理学之父”德鲁克认为，管理者泛指那些必须在工作中运用自己的职位和知识，做出影响整体行为和成果的决策的知识工作者、经理人员和专业人员。他认为“管理者的本分就是追求效率”。

（二）管理者的类别

管理人员按其在组织中所处的层次可分为高层管理者、中层管理者和基层管理者。

1. 高层管理者

高层管理者处于组织的最上层。他们的主要任务是制定组织的总体目标和发展战略，把握组织的大政方针，对整个组织的管理负有全面责任，如学校的校长、公司的总经理、CEO 等。他们在对外的交往中，往往以代表组织的“官方”身份出面。

2. 中层管理者

中层管理者处在组织中间层次上。他们的职责是贯彻高层管理人员作出的决策，了解基层管理者的要求，解决困难，监督和协调基层管理人员的管理工作，如工厂的车间主任、学校的系主任、党政机关的处长等。

3. 基层管理者

基层管理者也称一线管理人员，他们处于组织中的最基层。基层管理人员的主要职责是直接指挥作业人员的现场作业活动，如工厂的班组长、学校的教研室主任、机关的科长和股长、医院的科主任等。

管理者在组织中所处的层次高低与管理性工作的量是一种正比例的关

系，也就是说，管理者的层次越高，管理性工作就越多，而非管理性工作就越少。

（三）管理者应具备的基本素质

不同层次的管理者应具备的基本素质要求不同。

1. 高层管理者应具备的基本素质

①行业和企业知识；②在公司和行业中的人际关系；③信誉和工作记录；④能力和技能；⑤个人价值观；⑥进取精神。

2. 中低层管理者应具备的基本素质

①了解公司背景情况；②了解某项工作技术性要求以外的东西；③能建立一些超出上下级关系外的良好工作关系；④值得信赖的工作记录和声誉；⑤最低限度的知识技能和人际交往能力；⑥正直的品行、充沛的精力和领导动机。

（四）管理者应具备的特别能力和品质

①在身体方面，应当身体健康、精力充沛、谈吐清楚；②在智力方面，应具有学习能力、理解能力、判断能力、自控能力和适应能力；③在精神方面，应干劲大、信心足、有尊严、责任感强、主动性高、忠诚刚毅；④在教育方面，应该熟悉不完全属于自己所执行的任何职能；⑤在知识方面，应该掌握任何职能所特有的知识技术职能，如管理的职能等；⑥经验方面，应该从本职工作中获得经验。

（五）管理者应具备的管理技能

管理者应具备的管理技能，总的来说，包括技术技能、人际技能和概念技能。但对不同层次的管理者，由于他们的职责不同，对他们的技能要求也就不一样。

1. 技术技能

技术技能是指完成需要一定方法和具体任务流程的能力。例如工厂里的车间主任，要懂得有关操作机器设备方面的知识，要懂得各种操作技术，才能正确行使自己的职责。相对来说，管理层次越低的管理者，越需要具有技术技能，特别是基层管理者，技术技能尤为重要。因为他们大部分时间都在训练下属或解决下属工作中的问题。因此，他们必须知道如何去做，才能成为被下属尊重的上司。

2. 人际技能

人际技能指处理人际关系的技能，即理解人、激励人并善于在人际之间进行沟通的能力。人际技能对高层、中层和基层管理人员都十分重要。

3. **概念技能**

概念技能是指善于综合分析外部环境和内部条件，对事物复杂性的理解和将复杂性简化的能力。通过组织内部各种现象来分析和研究问题的本质，抓住问题表象，由表及里，并提出解决问题的方案。

二、有效的管理者

德鲁克在《有效的管理者》中指出，在现实中，有效的管理者很少见。管理者的本分就是追求效率。因此，每个管理人员都应当在争做有效的管理者方面努力寻找方法。

(一)应当着重把握六项有效管理原则

即：注重成果、把握整体、专注要点、利用优点、相互信任和正面思维。

(二)应当尽快完成五项有效管理任务

即：设定目标、组织、决策、控制、人才扶持和培养。

(三)必须获得五项心理习惯

一是合理安排时间，二是致力外界贡献，三是重视发挥长处，四是集中少数领域，五是作出有效决策。

(四)必须学会七种方法

详见表1-1：

表1-1　有效管理者必须学会的七种方法

摩　擦	可能的解决方法
缺乏信任	通过面对面的交流建立关系和信任
不同的文化、词汇导致基准框架难建立	通过教育、讨论、出版物、合作和工作轮换来建立共同基础
缺乏时间和集会地点，人员交流困难	确立知识传递的时间和地点：交流会、会议报告
地位和奖励归于知识拥有者	根据分享情况评估工作表现，给予奖励
受教育的人缺乏接受能力	培养员工的灵活性，提供学习时间，培养接受新观念的能力
认为知识是一种群体的特权，非我所有	鼓励非等级知识观念，观念的质量比其拥有者的地位更高
不容许有差错	接受并奖励创造性的错误和合作，不知者不为过

（五）应当悟到的人生八条隐规则

这是行走社会的进退规则，是人性丛林里的生存智慧，是中国人最崇尚的做人做事经典，是管理者寻求有效管理的难得途径，即：

①人生再大的苦难也要自己承受。人们都希望自己成为生活的强者，但通往强者的路上，永远都有苦难在等待。苦难使人经受考验，苦难使人奋勇拼搏，苦难是人生的磨刀石，天才都是从苦难中爬出来的。②可方可圆是人生最大的智慧。③心态决定一切。④性格最终决定你的命运。⑤学会选择，学会放弃。⑥追求成功是一生的终极目标。⑦人生暗藏潜规则，应深知此道，机智生存。⑧记住十条忠告：做人不要太死板；做人不要太聪明；做人不要太自私；不要太相信朋友；不要做老板的密友；不要抱怨命运；做人要拿得起放得下；做人要功成身退；天下没有白吃的午餐；只有自己才是救世主。

（六）有效的管理者的八个思维规则

即：审视自我、好奇求知、抛弃常规、挖掘证据、估量影响、综观全局、审慎行事、溯本求源。

三、管理者应具备的能力

新管理者应具备的二十二种能力为：

(1)指挥能力　让你的棋子都"活"起来。

(2)运筹能力　力戒盲目与冒险两大弊病。

(3)规划能力　要井然有序，不要杂乱无章。

(4)聚合能力　把大家拧成一股绳。

(5)创新能力　绝不跟在别人后面跑。

(6)强效能力　根治工作"疲软"的现象。

(7)激励能力　让每个员工充分发挥其潜能。

(8)调控能力　刚柔结合，明暗交错。

(9)识人能力　一定要摸透人心。

(10)用人能力　让员工在自己岗位上发出亮光。

(11)管人能力　像大师指挥乐队。

(12)沟通能力　放下架子，拉住下属的手。

(13)协调能力　在各种关系中显神通。

(14)应变能力　在市场上躲闪进退。

(15)受压能力　把自己的骨头铸造成钢架。

(16)借势能力　放过机会是最大的错误。

(17)博弈能力　精通赚钱的方法。
(18)合作能力　单干只能累垮身体。
(19)竞争能力　不知实力大小不较量。
(20)营销能力　多一条渠道就多一条生路。
(21)理财能力　时刻都要有缺钱的危机感。
(22)谈判能力　把利益从别人嘴里掏出来。

第二节　现代企业管理者

一、现代企业管理人才

管理是现代社会最重要的职业,也是大众化的职业,是现代企业重要的、不可缺少的岗位。我们认为:所有执行管理任务的人,都是管理者,不管他们的头衔是什么,只要他们具备了该职业的职业要求,都可以成为现代企业的管理人才。其最基本的职业素质是:

(1)任务　要学习完成一个职业任务(主要有一个条件,即掌握一定的知识)。

(2)工具　要掌握完成任务所使用的工具(不需要什么特殊的天赋,只要求一样东西,就是训练:孜孜不倦、坚持不懈地训练)。

(3)原则　要认识并坚持完成任务和运用工具所遵守的原则(不需要天分,而是需要一种判断力和一定的纪律性)。

(4)责任　从事管理职业必须承担相应的责任(越重要的职业,它的风险越大,与它相关的责任也越大。一个不能承担责任的人,不可能成为现代企业的管理人才)。

二、现代企业经理

(一)现代企业经理概述

现代企业经理是现代企业管理的中坚力量,也是普通员工的直接管理者。中层管理者除了具有管理职责、岗位职责以外,还起到员工与公司决策者上传下达的作用。如果经理层执行力不强,不能发挥其应有的作用,就会极大地阻碍企业的有效管理和决策的有效贯彻。

经理层职务的人员,除了具备岗位技能和人格魅力外,还要具备四种能力:智力能力、管理能力、人际交往能力和自我控制能力。

1. 智力能力

智力能力可分为概念化能力、判断力和逻辑思维能力三个方面。概念化能力即能看出表面上互不相干事件的内在联系,并从系统的角度进行分析。判断力是通过管理者对已知信息的处理,对事物发展趋势进行方向性把握的能力。逻辑思维能力是指管理者对一些事物进行的符合常理的判断。较强的逻辑思维能力有助于提高管理者实际工作行为的有效性。

2. 管理能力

管理能力可分为规划能力和行动能力。经理层应该具有达成本部门工作目标的规划能力,并能够在有很多不确定因素的情况下,对环境进行客观、正确的判断,并采取积极的行动。

3. 人际交往能力

人际交往能力可分为对上级交往能力、平级交往能力和对下属交往能力。不论是同哪一级的交往,沟通能力都非常重要。

4. 自我控制能力

自我控制能力包括情绪控制能力、自我估计能力和环境适应能力。对管理者而言,情绪化的语言和行为并不能解决任何工作中的问题,反而会让其他员工丧失对你的认同。

由于职务或者工作环境的变动,管理者是否能够继续有效地进行工作,胜任自己的岗位,这体现了管理者适应能力的强弱。

(二)现代企业经理的八种类型

(1)联系人　主要担当联络者和挂名首脑的角色。

(2)政治经理　担当发言人和谈判者的角色。

(3)企业家　寻找机会在组织中实行变革。

(4)内当家　维持内部业务的平衡。

(5)实时经理　从事组织当前业务,致力于保证组织的日常工作连续不断。

(6)协调经理　创造出一个团结一致的整体并有效地进行作业。

(7)专家经理　在专业问题上对其他经理提供建议和咨询。

(8)新经理　新担任经理职务者,致力于搜集信息和担当联络者的角色。

(三)现代企业经理的九种角色

(1)挂名首脑　经理由于具有正式权威,是一个组织的象征,必须履行许多这类性质的职责。

(2)领导者　作为组织的正式首长,经理要负责对下属进行激励引导,企业能否成功取决于经理的远见和向企业注入的力量。

(3)联络者　经理通过正式或非正式渠道建立和维持本组织同外界的联系。

(4)信息接收者和传播者

(5)发言人　经理作为正式权威,被要求代表其组织讲话。

(6)企业家

(7)故障排除者

(8)资源分配者

(9)谈判者

(四)现代企业经理的职业习惯

现代企业经理应具备的十二个职业习惯——“八大习惯”和“四小习惯”,即:

1. 八大习惯

(1)服从命令的习惯　先听从命令,切忌抢先发表自己的意见。

(2)快速反应的习惯　明确任务后,立即行动,不能拖拖拉拉。

(3)认真对待的习惯　认真对待工作上的任何一个细节,不要认为什么事情都简单。

(4)勤奋工作的习惯　努力和勤奋是一对双胞胎,千万不要指望天上掉馅饼。

(5)反馈信息的习惯　不管做任何事情都要学会及时将情况反馈到它应该到的地方。

(6)主动沟通的习惯　主动沟通可以化解许多可能出现的矛盾。

(7)创新意识的习惯　创新是发展的动力。

(8)全局观念的习惯　对任何事情都要考虑到它和其他事情的关系和相互之间的准则。

2. 四小习惯

(1)准时的习惯　因为是团队工作,所以千万不能因为你而让大家去等。

(2)节俭的习惯　因为是企业运作,所以应该像用自己的东西一样去使用集体物品。

(3)归位的习惯　因为大家在一起工作,所以用完每件物品最好物归原位。

(4)礼貌的习惯　因为是团队运作,所以应该礼貌地对待每个员工和顾客。

(五)现代企业经理必须要做的五项工作

德鲁克说过:“我永远不会提拔一个从不犯错误,特别是从不犯大错误的人担任最高层的领导工作。”德鲁克认为,仅将经理人定义为“对他人的工作负有责任的人”是不够的,经理人应该是“对企业的绩效负有责任的人”。这里所谓的绩效,就是合理使用资源(人员、设备、原材料等)。因此,德鲁克将经理人的工作分为以下五项:

1. 制订目标

一个经理人首先要制订目标。他决定目标应该是什么,为了实现这些目标应该做些什么,这些目标在每一领域中的具体目标是什么。他把这些目标告诉那些同目标的实现有关的人员,以便目标得以有效地实现。

2. 组织

从一定意义上说,经理人所从事的就是组织工作。他分析所需的各项活动、决策和关系,他对工作进行分类,把工作划分成各项可以管理的活动,又进一步把这些活动划分成各项可以管理的作业。他把这些单位和作业组合成为一个组织结构,然后选择人员来管理这些单位并执行这些作业。

3. 激励与沟通

人们工作是出于不同的原因,有人为了金钱,有人为了社会地位,有人为了得到别人的欣赏,也有人是为了在工作中获得满足感和自我发展。作为经理人,一定要了解员工的需求及变化,确保员工尽可能最有效地工作。

4. 衡量

经理人要建立衡量标准,而衡量标准对于整个组织的绩效和个人绩效至关重要。经理人要为每一个人确定一种衡量标准,衡量标准不但要专注于组织的绩效,而且还要专注于个人的工作绩效。

5. 培养他人

经理人最重要的工作就是培养他人。经理人是否按正确的方向来培养其下属,是否帮助他们成长并成为更优秀的人,将直接决定着他本人是否能得到发展,是成长还是萎缩,是更优秀还是更平凡,是进步还是退步。

三、职业经理人

(一)职业经理人的定位

职业经理人是以担任管理职务为职业的专业人才。从本职而言,职业经理人是以其专业的管理能力,协助企业拥有者执行经营管理职责的人,其对于现代企业的运作能力,必须使委托他的股东们能够获得高度的信赖感与应有的回报。

(二)职业经理人应具备的主要能力

职业经理人需要具备的主要能力,称为KAS。

K指拥有丰富的专业知识,例如商业知识、产品行业知识、科技知识和管理知识等。

A指敬业的态度,包括积极热情的工作态度、负责守法、保守业务机密、不从事与公司利益相违背的工作、能与他人合作、愿意栽培部属等。

S指纯熟的工作技能,包含四个方面,即思维能力、组织能力、绩效管理能力及专业能力。

具体要求其具备以下十二项技能:①拟定计划的技能;②制订决策的技能;③解决问题的技能;④制订标准的技能;⑤成果管制的技能;⑥绩效考核的技能;⑦团队建设的技能;⑧领导能力的技能;⑨培养部属的技能;⑩主持会议的技能;⑪沟通表达的技能;⑫个人管理的技能。

(三)职业经理人应具备的主要素质

未来的职业经理人应具备的十种关键素质是:

(1)战地指挥家　企业需要的是能控制局面的领军人物,做生意就像是打仗,而作为职业经理人,最好是战地指挥家。

(2)胸怀坦荡　不斤斤计较个人得失,能容人之短、补人之过。

(3)团队组建和信念的传播能力　未来的企业更需要团队组建者和信念的传播者。

(4)感染力和凝聚力　这种人在组织决策中,不是把信任建立在其地位所带来的权威之上,而是靠自身的感染力来影响大家,坚定人们的信念。

(5)“做大梦”的能力　能够提出自己新颖的思想、建设性的意见或建议,把握前进的方向,带领大家超越现实,想得更远。

(6)同情心　在组织工作中,用一颗博大的仁爱之心赢得众人的支持。

(7)预知能力　市场的瞬息万变需要职业经理人有战略预知能力。

(8)医治能力　对于一个职业经理人来说,当企业出现经济变革和重大变故时,能像一位娴熟的外科医师那样,及时医治自己的企业。

(9)致力于培养员工　努力培养员工,实现个人、集体同升共荣的价值观。

(10)建立网络的能力　只有建立“上挂、横连、下辐射”的公关营销网络,沟通协调好社会各界关系,才能不断拓展企业的生存发展空间。

四、现代企业领导者

(一)现代企业领导

1.现代企业领导的概念

领导不是地位、特权、头衔或金钱,它是一种责任;领导不是目标,而是过程。关于领导的著名论断不少,没有一成不变的定义,它是一个进化的概念。

2.现代企业领导的类型

现代企业领导的类型主要分为四种:

(1)专制—权威式 专制的领导采用自上而下的沟通方式,很少信任下属。对下属采用恐吓与惩罚的方法,偶尔兼用奖赏,决策权集中于自己。

(2)开明—权威式 对下属有一定信任和信心,并用奖赏和惩罚,允许一定的自下而上的沟通,授予下级一定的决策权,但牢牢掌握政策性决策权。

(3)协商式 对下属抱有相当大的信任和信心,通常设法采纳下属意见;采用奖赏,偶尔用惩罚;进行上下双向沟通;在最高层制定主要政策和总体决策的同时,允许低层部门做出具体问题决策,在某些情况下进行协商。

(4)群体参与式 对下属在一切事务上抱有信心和充分的信任,总是从下属获取设想和意见,并积极地加以采纳;组织群体参与确定目标和评价目标;积极从事上下双向沟通;鼓励各级组织做出决策。

上述理论是由管理学家利克特提出的,他发现运用群体参与式从事经营的主管人员取得的成就最大。

3.现代企业领导方法

领导者都有自己独特有效的领导方法,国外的、国内的,案例繁多,可资借鉴。

(1)毛泽东的领导方法 ①根本方法:实事求是,群众路线,独立自主,矛盾分析(普遍适用性、着眼特点和发展,重视不平衡,注意对立面的结合,既不能否定一切,也不能肯定一切)。②一般方法:调查研究、对立统一、一般与个别、领导与群众、分析与综合、民主与集中等。③特殊方法:两分法、弹钢琴、两条腿走路、走马观花、下马观花、开调查会、开现场会、种试验田、多谋善断、脑中有数、留存余地、解剖麻雀、波浪式前进、抓两头带中间等。

(2)毛泽东的工作方法 ①革命的事情要天天去做;重要的事情要专心去做;复杂的事情要细心去做;不懂的事情要虚心去做;未来的事情要准备去做;大家的事情要带头去做;别人的事情要帮助去做;个人的事情要抽空去做。②工作繁忙用心些;遇到困难冷静些;处理问题慎重些;了解情况全面些;待人接物热情些;工作方法灵活些。

4.现代企业领导艺术

主要有以下四个方面领导艺术：

(1)决策艺术　主要包括五点：①高瞻远瞩，胸怀全局；②前事不忘，后事之师；③审时度势，当机立断；④原则坚定，策略灵活；⑤知己知彼，出奇制胜。

(2)指挥艺术　主要包括四点：①集中兵力，各个击破；②扬长避短，趋利避害；③打得赢就打，打不赢就走；④引野牛入火阵。

(3)说服艺术　主要包括五点：①摸准群众的脾性；②注重行动的配合；③不要把牌亮得太早；④要做人民的先生，先做人民的学生；⑤善用语言的魅力。

(4)驾驭艺术　主要包括七点：①识人之长，用人之长；②反对论资排辈，崇尚真才实学；③尊重下级的职权；④赏必鲜明，罚必谨慎；⑤当好刀斧手；⑥搞“五湖四海”，不搞山头宗派；⑦求同存异，取长补短。

5.现代企业领导基本技能

主要有十六项领导基本技能：①调动领导班子成员的积极性；②提出关键问题和建立信息网；③激励和识别创新思想；④征求意见和咨询；⑤决策能力；⑥通晓组织方式的选择；⑦促进组织机构变革；⑧组建委员会和安排会议；⑨制订战略规划；⑩发表有影响力的演说；⑪选拔优秀的经理人才；⑫培养优秀的经理；⑬发现和解决问题；⑭调解部门矛盾；⑮谈判能力；⑯培养忠诚和树立责任感。

6.现代企业领导个人修炼

作为现代企业领导，必须具有领导素质。简单地说，就是要有“权威”。没有权威，就不能令行禁止，就不能进行有效管理。权威从何而来？权是别人给的(人民、组织、老板、继承等)，威则是靠个人修炼而来的。威就是威严、威信、威力和威望。有权无威，就会成孤家寡人。有威，才能管得住、理得顺、激得活。威之于干部是必不可少的。威的修炼不是一朝一夕就可完成的，而要靠自己的决心、毅力，是要经过长期而艰苦的修炼才能具备的。其内容包括以下九个方面：

(1)人事修炼　人事修炼指管理人事能力的修炼，管理的核心是人，管理工作的关键在用人。所以，人事修炼是领导干部不可回避的必修课。

(2)运筹修炼　就是加强自己在制订目标、计划、组织、人事安排和组合诸因素的关系等方面的能力修炼。小干部管事，大干部管人；小干部救火，大干部预警。不同的岗位，运筹的内容不一样。

(3)洞察力修炼　修炼洞察力，就是要做到把握事物的发展趋势。要求干部具备很强的分析判断和推理能力，联想推理尤其重要。

(4)胆魄修炼　一个胆小如鼠的人很难想象他能是一个称职的领导干部，当领导只有不断战胜困难，才能一步一步地取得成功。

(5)赏罚修炼　人们常说"赏罚严明"，这是对赏罚的要求，关键要学会把握"度"。

(6)作风修炼　良好的作风可以使人具有强烈的感染力，吸引追随者。

(7)组织原则修炼　组织原则是组织机构的纪律大纲，组织机构必须遵循这个大纲，否则，工作将是一片混乱。中国共产党的组织原则是："个人服从组织，下级服从上级，全党服从党的全国代表大会和由其选出的中央委员会"。

(8)平衡修炼　一个组织(企业)，就是一个系统，一个系统需要一种平衡态(常常是动态平衡)，才能够稳定和发展。

(9)领导方法修炼　一个称职的领导干部必须是一个能解决问题的人，也就是要有好的领导方法。

7. 现代企业领导应有的6P特质

即：领导远见(Purpose)、热情(Passion)、自我定位(Place)、优先顺序(Priority)、人才经营(People)、领导权力(Power)。

8. 现代企业领导必修的八条潜规则

①领导者消除矛盾于无形的平衡学问；②领导者方圆互用的变通学问；③领导者提升个人影响力的包装学问；④领导者识人用人的御下学问；⑤领导者无声无息显威力的藏权学问；⑥领导者释放权力能量的强权学问；⑦领导者进退自如的决策学问；⑧领导者滴水不漏的说话学问。

9. 新任干部应做到"十要"

即：脑要清；心要诚；气要平；眼要明；耳要灵；嘴要勤；手要短；腿要长；行要正；笔要直。

10. 五类不受欢迎的现代企业领导者

(1)弄权者　这种领导总是以高人一等的面貌出现，把部下的功劳归功于自己，对成绩和署名斤斤计较。

(2)自信者　能干的领导，有可能不自觉地过分自信，不考虑部下的自主性，在工作中过分细致地做指导和干涉。

(3)追求体面型　这种领导过分爱面子，特别关心其他人对自己的评价，尤其是上级的评价，经常神经过敏地注意别人对自己的态度。

(4)批评家型　由于内心缺乏自信心和有自卑感,在表现上则相反地找部下的毛病,来显示自己的高明,使部下谨小慎微地做事,对他只能敬而远之。

(5)“忠臣”型　对部下的合理化建议不予采纳,不允许部下发挥能动性,只考虑上级的好恶,有成绩向上级鼓吹,有过错则推委给下级。

(二)现代企业副职领导

1.当好副职的两方面要诀

(1)当好副手的六大秘诀　①站得恰到巧处;②说得恰到妙处;③做得恰到好处;④尽量避免与上司产生摩擦;⑤牢记上司的指令;⑥在非原则问题上维护上司的声誉。

(2)副手赢得上司赞誉的十种方法　①在危机时表现自己(副手在危机时刻立即站出来,以“挑重担”的精神为上司减轻压力,如范蠡在越国面临灭亡的生死关头挺身而出,奠定了第一副手的地位);②不要超越副手的界限(任何事情都有一个度,超越这个度,哪怕是很小的一步,也会让真理变成谬误,如吕不韦);③靠自己的能力让每一件事情都“出彩”,博取上司的重视(如李斯);④德才兼备才能让上司垂青;⑤为上司竭尽全力(为上司分担忧愁,完成他最想完成的事,如诸葛亮);⑥把握好进谏的分寸(说该说的话,如魏征);⑦及时调整自己(学会变化自己的人生位置,如狄仁杰);⑧在非原则问题上,绝对服从上司;⑨不计较个人得失;⑩谦虚谨慎是副手的护身符。

2.处理与正职关系时应注意的五方面要点

在现代企业领导班子中,副职处在“一人之下、众人之上”的特殊中介位置,工作中必然会遇到来自上下左右、方方面面的矛盾和问题。因此,在工作实践中,副职必须讲究方法,努力提高“人和”艺术,发挥黏合上下左右、沟通方方面面的桥梁纽带作用。副职在处理与正职的关系时,要特别注意如下五点:

①不擅自代正职行令;②不要抢正职的功劳;③不能办正职不同意办的事项;④不能在会上或大庭广众之下给正职出难题;⑤不得架空正职。正职表态拍板的事,只要不出原则性问题,就要尽力维护,设法落实。

所以,掌握好“度”是副职必须具备的重要素质。

3.处理与其他副职领导的关系时应把握的五个重点

(1)同台唱戏,演绎当今“将相和”　同级副职间,必须精诚团结,密切配合,唱好“将相和”。

(2)积极配合而不越位擅权　属于别人职权范围内的事,绝不干预,属于自己的责任也绝不推卸。

(3)明辨是非不斤斤计较　对同级副职间出现的矛盾和分歧,坚持做到“是非问题弄清楚,一般问题不在乎”。涉及大是大非的问题,要坚持原则,但要讲究方法,避免言词过激,伤害对方的感情。

(4)见贤思齐,不嫉贤妒能　不仅要有容人之短的度量,而且要有容人之长的胸怀。

(5)相互沟通,不怨恨猜忌　副职之间应经常沟通思想,营造和谐的感情氛围。

4.处理与下属的关系时应当努力掌握的四方面艺术

(1)应当具备凝聚合力的艺术　要有凝聚合力,众人划浆开大船。一个副职要得心应手地完成好本职工作,同样需要而且应该掌握处理与部属关系的方法与艺术。

(2)应当具备授权办事的艺术　高明的副职必须学会授权艺术。

(3)应当具备关心下属的艺术　副职要善于运用亲和艺术,理解、关心、宽容和尊重下级,创造心情舒畅的氛围,发挥情谊的作用。

(4)应当具备上下沟通的艺术　上下之间彼此了解,相互支持,政令就能畅通无阻,工作就能一抓到底。

五、现代企业管理者与现代企业领导者的主要区别(见表1-2)

表1-2　现代企业管理者与领导者的主要区别

现代企业管理者的主要职责	现代企业领导者的主要职责
把事情做正确	做正确的事情
安于现状,忙于行政管理	挑战惯例,寻找新的途径
需要管理制度加以规范	使人心悦诚服
强调的是效率	强调的是结果
接受现状	强调未来的发展
注重系统	注重人
强调控制	培养信任
运用制度	强调价值观和理念
注重短期目标	强调长远发展

续表

现代企业管理者的主要职责	现代企业领导者的主要职责
要求员工顺从标准	鼓励员工进行变革
运用职位权力	运用个人魅力
避免不确定性	勇于冒险
讲究事情的实用性	讲究原则
更在意怎样加快晋升的速度	在展望未来时,考虑哪些是有前途的
是听话的士兵	是自己的主人
考虑是否以最快的速度来实行	考虑做事的方向对不对
等待机会的到来	令机会发生

六、现代企业管理者应阅读的经典管理著作(见表1-3)

表1-3 现代企业管理者应阅读的经典管理著作

序号	书　名	作　者	重要内容
1	《管理实践》	彼得·德鲁克	20世纪50年代的经典性管理学著作,提出了"目标管理"理论
2	《有效管理者》	彼得·德鲁克	指出管理者的本分就是追求效率
3	《6σ管理法》	彼得·S.潘德	6σ管理法是一种灵活的综合性系统方法,通过获取、维持,使公司的成功最大化
4	《第五项修炼》	彼得·圣吉	倡导组织学习,总结出自我超越、改善心智模式、建立共同远景、团队学习基础上的第五项修炼——系统思考
5	《柔道战略》	大卫·B.尤费	柔道战略的实质是避其锋芒,放弃硬碰硬的思维模式,遵循移动、平衡、杠杆借力原则
6	《竞争战略》	迈克尔·波特	提出竞争战略理论、"五种竞争力"和三种通用战略
7	《竞争优势》	迈克尔·波特	竞争优势是使公司在行业中克服困难,抓住机遇,能长期获得超额利润能力、资源、关系和决策

续表

序号	书名	作者	重要内容
8	《永续创新》	斯蒂芬·M.夏彼洛	创新是公司的核心能力,能带来卓越价值、成长和高报酬
9	《管理之神》	查尔斯·汉迪	提出四种管理文化:霸权管理文化、角色管理文化、任务管理文化和个性管理文化
10	《追求卓越》	托马·汤姆·彼得斯	通过访问美国最优秀的62家大公司,总结出成功企业的八大特征
11	《营运知识》	托马斯·H.达文波特	知识管理的权威著作,认为知识是未来工商企业保持竞争优势的唯一源泉
12	《营销管理》	菲利普·科特勒	全球著名营销学权威,现代营销之父,科特勒认为市场营销是识别顾客的需要和欲望并设法满足这些需要
13	《投资决策》	沃伦·巴菲特	进行投资时,要遵循:企业原则、全面收购一个企业和购买该企业的股票基本上没有差别
14	《现学现卖》	杰克·柯林斯	提供了切实可行的销售指导
15	《客户关系管理》	保尔·格罗伯格	CRM是最好的客户管理办法,特别是利用基于WEB技术实现实时的CRM
16	《执行》	拉里·博西迪	认为企业运营的核心就在于人员、战略和运营三个流程之间的相互配合
17	《管理中最重要的原理》	阿弗雷德·小斯隆	认为管理中最重要的原理就是让人们在带有个人的热忱和积极性去思考和行动的同时,彼此团结,相互合作
18	《管理决策新科学》	西蒙	是决策理论学派的经典之作,阐述了管理决策过程及计算机对管理决策过程所起的作用
19	《现代企业领导艺术》	约翰·科特	有益于帮助管理人员和其他企业负责人更有效地形成领导环境
20	《董事》	鲍勃·特里克	介绍董事的职责、作用、董事会的构成及董事面临的挑战
21	《经理工作的性质》	亨利·明茨伯格	经理角色学派的代表人物,全面阐述经理的工作特点、工作中的变化、职务类型、经理角色及提高效率等方面

续表

序号	书　名	作　者	重要内容
22	《企业流程再造》	迈克尔·哈默	提出了通过再造企业流程来增强企业竞争力的观点
23	《合作竞争大未来》	C. K. 普拉哈拉德	探讨如何保持公司作为一个组织的可持续性
24	《产品创新战略》	贝思·罗杰斯	发展新产品和改进新产品是企业战略至关重要的一部分
25	《企业倒闭》	安田龙平	介绍了企业倒闭的原因,提出什么叫倒闭以及欠债的偿还顺序和对破产的理解
26	《Z理论》	威廉·大卫	提出美国企业应结合日本的企业管理方式,形成自已的管理方式,即"Z型管理方式"
27	《管理新模式》	伦西斯·利克特	作者是美国现代行为科学家,本书介绍了美国一些高效经理的管理方式
28	《组织机构设计》	杰伊·洛希	组织结构设计绝不是一成不变的东西,是一个复杂的变量
29	《管理决策新论》	维克多·弗鲁姆	作者是著名心理学家和行为科学家,本书阐述了一种新的领导理论
30	《组织文化与领导》	埃德加·西恩	根据组织文化如何被学习、继承和改变这一动态模式,来定义组织文化的概念
31	《品质管理》	爱德华兹·戴明	戴明的管理思想适用于各级主管
32	《一种有效的领导管理》	弗雷德·E. 菲德勒	提出了权变领导理论,认为一个组织的成功很大程度上取决于管理人员的素质
33	《科学管理原理》	弗雷德里克·温斯洛·泰勒	西方管理学界公认的"科学管理之父",阐述了科学管理的基本思想、出发点、人物、原理、基本内容及如何实施科学管理
34	《工业管理与一般管理》	亨利·法约尔	法约尔认为,管理就是实行计划、组织、指挥、协调和控制
35	《社会与经济组织理论》	马克思·韦伯	把组织看成是由职位和部门的等级结构形成的系列
36	《经理人员的职能》	切斯特·巴纳德	经理人员在组织中的作用就是信息沟通系统中的联系中心
37	《管理学》	哈罗德·孔茨	将管理分为若干主要管理职能,分析职能形成的概念、观念、原理、原则和技术
38	《马斯洛管理》	亚伯拉罕·马斯洛	将人的基本需要分为生理、安全、社交与爱、自尊与受人尊敬、自我实现五个层次

第三节 现代企业家

一、现代企业总经理

(1)现代企业总经理应当扮演企业经营管理总指挥的角色,他的能力直接影响着现代企业的生存和发展,随着时代的发展,竞争的加剧,社会对现代企业总经理的要求越来越高,新世纪的现代企业总经理必须能预测企业未来的发展方向,制订适合企业的发展战略。

(2)现代企业总经理应当具备三方面的基本条件 即:具有优秀现代企业领导者的主要素质;拥有科学有效的管理手段;握有推进企业的妙手高招。

(3)现代企业总经理应当具备的三大能力 即:做人、做事、做领导。

(4)现代企业总经理应当具备的三大技能 即:掌权、用权、放权。

(5)现代企业总经理应当具备的三大本领 即:识人、用人、管人。

(6)现代企业总经理应当具备的三大才气 即:交际、演讲、写作。

二、现代企业家

(一)现代企业家的主要概念

面对21世纪的新形势、新变化,中国需要大量的现代企业家。现代企业家是个经济学的概念,它是一种素质,而不是一种职务。

作为中国的现代企业家,将来学什么学科的都可能有,并不仅限于学经济管理的。但是现代企业家们的根基是在学校培养的,将来也会是这种情况。因为学校给你许多知识,其中很重要的是给你一个团队意识、知识基础、广阔视野,这样你就有条件做现代企业家了。不管你是从事哪一行的,都有可能成为现代企业家。

(二)优秀的现代企业家应当具有的良好素质

我国著名经济学家厉以宁认为,一个优秀的现代企业家,应具有四方面的素质:

(1)眼光 即能发现别人所不能发现的赚钱机会。

(2)胆量 任何一种新的投资,或尝试没有做过的事情,肯定要冒一定风险,就看你敢不敢去做。

(3)组织能力　就是能够把各种生产要素有机地组合在一起,减少外部的摩擦以及内部的消耗,从而使整个机构相互融合,产生高效率。

(4)社会责任感　企业家必须关心国家命运、民族前途,要有社会责任感。

(三)现代企业家应当具备的良好修养

一个现代企业家是否具有良好素质与修养是现代企业能否取得成功的关键。现代企业家应当具备的良好修养主要在于“三识”与“三性”的培养。

1.“三识”

就是胆识、见识与学识,即:

(1)胆识　胆识就是现代企业家要有勇有谋、有魄力、勇于竞争、善于挑战,就是要高瞻远瞩,具有远见卓识。

(2)见识　见识就是现代企业家要有丰富的经营管理经验,要能了解整个市场、技术发展的趋势,了解国家的政策趋向,能迅速预见未来环境的变化。

(3)学识　学识就是现代企业家要思维敏捷、知识渊博,掌握本企业经营及相关领域的知识。

2.“三性”

就是悟性、韧性与理性,即:

(1)悟性　悟性就是要求现代企业家有迅速接受新知识的能力。

(2)韧性　现代企业家往往都有坚强的意志、稳定的情绪和丰富的情感;都有不达目的誓不罢休的毅力;都有对自己从事的经营管理事业崇高的敬业精神;都有克服自己情绪冲动的忍耐力和克制力,它体现了现代企业家的人格魅力。

(3)理性　理性就是要讲求实事求是。

现代企业家只有在长期实践过程中不断地锤炼和完善自我修养,具备良好的素质与修养,才能称得上真正的现代企业家。

(四)中国现代企业家应当具备的主要素质

结合我国国情,中国现代企业家应当具备的主要素质着重表现在10个方面:①善于合作;②智于决策;③巧于组合;④精于授权;⑤灵于应变;⑥勇于负责;⑦敏于求新;⑧敢于冒险;⑨勤于做人;⑩乐于奉献。

(五)优秀的现代企业家应当具有的综合素质

①政治家的敏锐头脑;②哲学家的辩证思想;③军事家的统领谋略;④冒险家的创新精神;⑤鼓动家的演说才能;⑥实干家的创业本领;⑦外交家的翩翩风度;⑧艺术家的浪漫风情。

（六）现代企业家应当具备的主要能力

1. 观察思维能力

是企业家在掌握一定知识的基础上，对客观事物运用一定的思维形式，进行思维活动从而取得一定的思维成果的能力。

2. 组织指挥能力

按照既定的目标任务和决策要求，进行统筹安排，组织和率领下属员工，为实现其既定目标和任务，所履行基本职能的能力。

3. 统揽全局能力

善于从全局的总目标出发，统揽整个企业的经营系统。要善于运用一切有效手段，做到奖罚分明、扶正压邪。充分调动员工积极性，促进总目标的顺利实现。

4. 随机应变能力

在决策实施阶段，要不断进行调整或修改，制订各阶段切实可行的方案，调动不同特长的人才，去实现不同的决策方案。

5. 协调控制能力

是企业家通过一定的形式、手段、方法，使领导工作各方面条件和因素符合要求、协调一致、相互配合，从而提高整体效能的本领和驾驭支配客观事物的本领。

6. 创新应变能力

思想灵活敏捷、观察敏锐透彻、想象丰富新奇、勇于弃旧图新、善于随机应变等。21 世纪发展迅速、复杂多变、竞争激烈，事业的兴衰成败，取决于企业家的创新应变能力。

7. 情报捕捉能力

当今处于信息时代，各种因素复杂多变，作为现代企业家，必须建立健全优质、高效的信息情报系统。

8. 科学决策能力

决策要科学化、民主化，这是现代企业家工作的核心，也是一切事业兴衰成败的关键。

三、现代企业 CEO

（一）现代企业 CEO 应当具备的基本素质

现代企业 CEO 的成功素质包含很多内容，但不少成功企业 CEO 的经历告诉我们，下面的基本素质是每个企业管理者迈向成功、走向现代企业 CEO

的阶梯：①执著地追求卓越；②冒险精神；③创新精神；④超强感召力；⑤清晰的使命感；⑥非凡的决策能力；⑦资源整合能力；⑧挑战精神；⑨开阔的胸怀；⑩文化的敏感性；⑪良好的时间观；⑫危机意识；⑬不断超越自我；⑭勇敢地面对失败；⑮绝佳的感染力；⑯情绪控制力；⑰对企业的运作能力；⑱强力沟通力。

（二）现代企业 CEO 应当具备的核心能力素质

主要有十四个方面：

1. 标新立异的创新能力

创新使领导力增值，创新是一种需要，要在实践中培养创造力。

2. 未雨绸缪的危机意识

主动培养危机意识，做到未雨绸缪，居安思危，把危机防范提上工作日程。

3. 远见卓识的预见能力

优秀的 CEO 必须具备战略眼光，深谋远虑，能够预测未来经济的走势和时代发展为企业带来的机遇和挑战。

4. 准确果断的决策能力

领导过程就是一个不断做出决策并实施决策的过程，理性决策是优秀 CEO 及企业成功的决定性因素之一。

5. 统筹全局的管理能力

好的管理技巧能够团结周围的人，为着共同的目标和共同的利益发挥各自所长，只要掌握管理技巧，CEO 在运作企业时就可以游刃有余。

6. 运筹帷幄的领导艺术

树立新领导观念，发挥特长，找准自己的领导定位。

7. 温文尔雅的亲和能力

“人和”产生内聚力，CEO 要塑造个人魅力，保持良好风度。

8. 敢闯敢干的冒险精神

在这个不进则退的时代，不冒风险就是冒最大的风险，CEO 应当具有相当的冒险精神和胆识，才能抓住机遇，取得成功。

9. 众志成城的团队意识

团队精神就是财富，就是生产力，如果 CEO 具备良好的团队精神，就会把这种思想灌输到企业的经营理念中。有团队意识的企业就具有生命力和竞争力。

10. 抢抓机遇的非凡本领

CEO 只有学会发现机遇、利用机遇、把握机遇和创造机遇，才能在严峻的市场竞争中取得成功。

11. 畅通无阻的沟通艺术

管理需要沟通，沟通从尊重人开始，CEO 良好的沟通能力对企业来说举足轻重。沟通才能成功。

12. 营造特色的企业文化

企业文化是企业利益和员工利益的结合体，优秀的 CEO 要重视营造企业文化，培育和塑造企业和员工的共同价值观。

13. 紧跟时代的商业意识

商品经济几乎渗透到全球的每个角落，围绕经济利益展开的竞争与合作成为商品经济的典型特征，这就要求企业的 CEO 具备现代商业意识。

14. 放眼未来的超前思维

在机遇与挑战并存的全球化经济中，任何一个 CEO 只有全面提升自己的全球化思维，才能更好地展示自己的抱负，并带领企业在市场竞争中不断取得成功。

（三）现代企业 CEO 的成功之道

“管理，就是让他人做事的艺术。”作为现代企业管理者，要使团队具有战斗力，不仅要有良好的个人品质和职业素质，更应具备卓越的管理艺术，用自己的人格魅力感染下属，使下属在理解的基础上尊重和服从，从而有效地形成合力，取得成功。

现代企业 CEO 的成功之道主要表现在以下十个方面：

1. 勇气与谨慎

一面是永不动摇的勇气，一面是如履薄冰的谨慎。

拿破仑说过一句话：“一只绵羊率领一百只雄狮打不过一只雄狮率领的一百只绵羊。”虽然有必胜的信心和决心，但在实际工作中必须要有危机感，如履薄冰、小心谨慎。正如比尔·盖茨所说：我们距关门倒闭永远只有十五天。只有居安思危，才能意识到逆水行舟、不进则退的困境，保持创新和活力。

2. 企业与个人发展

一面是企业的发展，一面是个人的发展——个人的发展必须和企业的发展结合在一起，才能取得共赢。只有企业发展了，个人才能发展。

3. “先之以身”与“后之以人”

一面是“先之以身”，一面是“后之以人”——遇到困难要“先之以身”，遇到享受要“后之以人”。要求别人做到的，自己首先做到，要求他人不做的，自己首先不做。只有这样才能服人，赢得下属的心。榜样的力量是无穷的。

4. 原则与宽厚

一面是原则，一面是宽厚——在工作中以温和的态度和下属接触，在谈笑中解决问题，但绝不能信奉无原则的调和主义，做一团和气的好好先生。

5. 以理服人与以情感人

一面是以理服人，一面是以情感人——批评会使人有不同反应，有人因此努力奋进，有人因此心灰意冷，有人因此恼羞成怒，因此管理者必须既善于批评，又善于抚慰。在生活中关心下属，缔造团队上下之间深厚的感情，使之产生“受人滴水，报之涌泉”的感激之情，从而发挥工作的主观能动性。

6. 尊重自主权与加强监控

一面是尊重自主权，一面是加强监控——在实际开展工作的过程当中，在下属的职权范围内的事，要放手让他去做，但也绝不能放松监控，对过程的适当控制是必要的。

7. 威信与“架子”

一面是树立威信，一面是不摆架子——为保障政令畅通，树立自己的威信是必要的。但是，在树立威信的同时，绝不能高高在上，乱摆架子。

8. 用人与“容”人

一面是不拘一格用人，一面是求贤不去求全——现代企业管理者必须善于发掘人才，并建立起提拔人才的有效机制。在不拘一格用人时，务必注意求贤不去求全。

9. 激励与鞭策

一面是正面激励，一面是反面鞭策——要让团队充满活力，必须要有行之有效的激励制度。做得好的，重奖；做得差的，重罚。否则就会是死水一潭。

10. 广开言路与实地调查

一面是广开言路，一面是实地调查——人为什么长两个耳朵、两只眼睛，却只有一张嘴巴？目的就是让我们多听多看少说！要了解市场的真实情况怎么办？认真地听！要了解公司员工的真实想法？认真地听！要规划未来的战略？认真地听！……只有了解到各方面的真实想法，才能制订行之有效的方案，从而解决问题。但在广开言路的同时，要注意判断分析，要深入实地调查。绝不能搞官僚主义。

如果现代企业CEO修炼好了以上十种“两面派”功夫，则一定能在管理中做到“人不忍欺，人不能欺，人不敢欺”，从而率领其团队取得一个又一个成功。

（四）现代企业CEO的十三种角色

1. 志存高远

心有多大，舞台就有多大；志有多高，路就有多远！只有具备高远的目光，才有可能成为真正的CEO。

2. 最具毅力

成功是忍耐的延续，机会只会眷顾那些有毅力的人，所有成就大事业的人都是持之以恒的人。

3. 反应机敏

一心做事的人总能找到工具，抓住稍纵即逝的宝贵时机，拖拉导致的后果只有懊悔。

4. 从不自我设限

一切创意的获得，都来源于开拓的思路、灵活的脑筋，创新是智慧的产物，它的本质就是特立独行。

5. 善于打开新局面

想快速晋升，就要作出大贡献；想成为 CEO，就要先去开疆拓土，干事业要有一种知难而进、坚韧不拔的“牛”精神。

6. 敢于应对挑战

有勇气的人，世界都会给他让路，没有不可解决的困难，只有无法逾越的心灵堡垒。

7. 注重资讯

谁掌握了资讯和信息，谁就掌握了世界。

8. 最具号召力

想做 CEO，一定要有号召力，同时不要缺少责任感，否则永远成不了 CEO。

9. 恪守原则

成为 CEO 的第一原则是忠诚，第二原则是坚持，忠于职守是成为 CEO 的第三个原则。

10. 洞察一切

没有洞察力，就没有成功，成功属于那些善于观察而又细心的人。一个优秀的 CEO，其成功往往是因为小事做得漂亮。

11. 永远和团队抱成团

必须打造团队精神，对上司有高度的认同感，对下属格外地注重细节管理，凝聚力是可依赖的资本。

12. 最具执行力

说得到不如做得到。执行，才是你真正的价值所在。工作，是在精益求精中得以升华；创造，会使你脱颖而出。

13. 知恩图报

别人没有义务帮助你，只有怀一颗感恩的心，你才会迎来更多伸向你的手。对生活永远保持积极、乐观的心态，幸运就会常常与你相伴。

四、现代企业富豪

成为现代企业富豪必须同时具备以下十大素质：

(1)敢于梦想　拿破仑说过："人人成亿万富豪并非虚妄之言，因为，只要在我们信念指引之下，我们的素质就能超常发挥，我们就可以做出一些一般人做不到的事，追求财富的道路将变得更宽广，我们将在不知不觉中攀上财富的巅峰。"梦想与欲望是通向财富之路的指路明灯。

(2)有丰富的想象力与远见　如果把欲望比喻成一炉炭火，不断地想象就是吹向欲望之炉的劲风，想象源自内心，滋养着欲望，指导人们的行为；远见召唤我们去行动。

(3)善于发现机会，把握机会。

(4)多谋善断　商场如战场，能够审时度势，先于别人分析出发展态势，早作准备，就会无往不胜。

(5)敢于承担风险。

(6)果敢坚毅，知难而进。

(7)诚信为本　信用可以让人成大事，信用有多高，财富就有多厚，诚信是开启财富大门的金钥匙，以诚信求利，方可成就大事业。

(8)有合作精神和团队组建能力。

(9)具有财商　财商是一个人在财务方面的智力，是理财的智慧，它包括两方面的能力：一是正确认识金钱及金钱规律的能力，二是正确使用金钱及金钱规律的能力。

(10)勇于创新　创富绝对离不开创新思维，许多百万富翁并非学识渊博、智力超群，他们大多是思维跳跃、不循规蹈矩的人，能在实践中根据情势的变化不断变换思维模式，适应社会竞争环境，创造更大的财富。难怪有学者认为"要想获得财富，只需换一种思想"。

第四节　现代企业的班组长

一、班组长的角色认知

人们常说"万丈高楼平地起"，所有事物都需要有一个良好的基础，企业的经营也是如此。一个成功的企业不仅要有优秀的领导,还需要坚实的基层团队。

《易经》中把天、人、地叫做三才,各自具有不同的功能,天有天的才能,人有人的表现,地有地的作用,这在西方被称为角色扮演。在一个企业组织中,根据角色扮演和分工的不同,通常划分为三个阶层:高层领导、中层管理和基层作业,

1. 高层领导

在我国古代,人们把皇帝称为天子,认为他代表天,具有至高无上的权力。而高层领导对企业的发展和企业人员的安排具有至关重要的作用,所以对企业而言就像“天”一样。这一阶层的特点是:“无”。天上没有任何东西,所有东西都在地上,所以天是“无”。在一个企业中,高层领导是不从事具体的产品生产的,所有产品都是基层人员生产出来的。

2. 中层管理

中层的管理干部对企业来说就是“人”,因为他必须像“人”一样能干,既要满足上层领导的要求,又是基层员工直接的学习榜样。这一阶层的特点是:有能力,在整个企业中发挥着承上启下的桥梁作用。

3. 基层作业

基层是企业的“地”,是所有工作实施的执行者和完成者,公司里所有实际的工作都是由基层人员完成,工厂里所有的机器都是由基层人员操作,所以基层人员必须踏踏实实地作业。基层应该抓住一个字:“有”。只要好好表现,一切都会有的。很多人认为在基层没有发展,事实上,一个人在得到升迁的机会之前,应安心在基层锻炼自己,这对今后的发展具有非常大的帮助。班组长作为企业最基层的管理者,对于企业的发展起着举足轻重的作用。

【案例】 两位顾客走进一家大饭店,其中一位顾客对另一位顾客说:“左边那个门童注定一辈子要当门童,他没有前途,而右边那个人的前途不可限量,迟早会出人头地,做一番事业。”同伴觉得很奇怪,追问为什么。这位顾客解释说:“你看左边的门童,有人来就开门,没有人的时候就呆呆地站着,什么事也不做,这样的人每天重复做一件事情,不会有什么前途;而右边那个就不一样了,你看他在闲着的时候会从口袋中拿出一块抹布,把门上的把手和玻璃仔细地擦干净,虽然这些不属于他的工作范围,但是由此可以看出这个人愿意动脑筋,愿意做事情,有时间就利用,有工作不推迟。如果现在让你从这两个人中提拔一个,你会选哪个?当然是后者了。”

二、班组长的能力素质要求

1. 专业能力

在所管辖的团队内，对自己的业务（人员、机器、材料、方法）娴熟，能够指导下属并向上司提供建议帮助正确判断，这是开展工作必须具备的能力，随着工作经验逐渐丰富。班组长作为基层管理人员，这方面的能力特别重要。

2. 管理能力

在处理业务时，设定主题、时限、数量等具体的目标，提高员工们的参与意识，具备 P—D—C—A 这一循环不断地周而复始的能力。

3. 问题解决能力

具有发现问题的意识和想象预测能力，一旦发现妨碍目标达成或业务开展的问题，立即分析现状，找到原因。善于用“为什么？为什么？为什么？”的三问思维，从 360°全方位思考对策，并提出对策直至解决工作上的问题。

4. 组织能力

为了达成部门的目标，利用班组每一个员工的特点进行任务的分担，发挥全体人员的能力，同心协力，使部门运作达到 $1+1\geqslant 2$ 的效应。

5. 交际沟通能力

为了能够进行直接的意见沟通，交流必要的信息，应该具备高度的说话、倾听、商谈、疏通及说服对方的能力。交流能力随着工作经验和悟性会逐渐提高。良好的沟通协调能减少摩擦，融洽气氛，提高士气，有助于构筑良好的信赖关系。

6. 倾听的能力

当一位因感到自己受到不公正待遇而愤愤不平的员工找你评理时，你只需认真地听他倾诉，当他倾诉完后，心情就会平静许多，甚至不需你作出什么决定来解决此事。这只是倾听的一大好处，善于倾听还有其他两大好处：一是让别人感觉你很谦虚；二是你会了解更多的事情。每个人都希望受到重视，并且都有表达自己意见的愿望。所以，友善的倾听者自然成为最受欢迎的人。

7. 幽默的能力

管理者进行管理的目的是为了使他的下属能够准确、高效地完成工作。轻松的工作气氛有助于达到这种效果，幽默可以使工作气氛变得轻松，使人感到亲切。幽默的管理者能使他的下属体会到工作的愉悦。在一些令人尴尬的场合，恰当的幽默也可以使气氛顿时变得轻松起来。可以利用幽默批评下属，这样不会使下属感到难堪。

8. **激励的能力**

要让员工充分地发挥自己的才能努力去工作,就要把员工的"要我去做"变成"我要去做",实现这种转变的最佳方法就是对员工进行激励。如果我们用激励的方式而非命令的方式安排员工工作,更能使员工体会到自己的重要性和工作的成就感。

9. **指导员工的能力**

在经过深思熟虑后,为了顺利地展开日常业务而传授必要的知识及方法;指出员工在意识和行动上的不足之处;使大家理解业务的定位、重要性;提高他们的工作积极性。

10. **控制情绪的能力**

一个成熟的管理者应该有很强的情绪控制能力。当一个领导者情绪很糟的时候,很少有下属敢汇报工作,因为担心他的坏情绪会影响到对工作和自己的评价,这是很自然的。从这点意义上讲,当你成为一个管理者的时候,你的情绪已经不单单是自己私人的事情了,会影响到你的下属及其他部门的员工;而你的职务越高,影响力越大。

三、班组长的基本工作职责

①依据生产计划的安排结合物料准备以及所属生产设备的情况,安排所属组别达成生产计划并切实保证生产效率和质量。

②按上级指示安排工作。

③正确应用相关工艺文件,检查监督生产员工严格执行工艺要求。

④针对生产线出现的问题进行分析,提出有效改进和处理措施。对不能自己解决的问题反馈给相关工程师和有关部门解决,保证生产顺畅。

⑤严格现场管理,检查和监督车间内部员工的工艺纪律 7S 执行要求。

⑥严格控制,检查所属班组的材料消耗,防止物料遗失、超标损耗,有效降低生产成本。

⑦有效召开班组早会,明确当日生产目标任务,分析存在问题,落实改进措施,宣传、执行公司的有关政策、制度、管理措施等。

⑧结合实际需求,在每月 10 日前申报相关的低值易耗品,生产辅料需求计划,汇总到统计员处。

⑨负责班组所属的工具、设备,仪器仪表的管理,安排有关人员每天检查确认完好,保证防静电设施可靠有效。对有故障的及时报相关科室和部门处理解决。

⑩现场生产安全直接负责人,下班前应检查本组责任范围的安全,包括

水、电、气、物料、工具、设备,仪器仪表等。

⑪协调班组内外的工序交接工作,了解员工的思想动态,做好员工的思想工作。

⑫依据员工的日常工作表现和绩效指标,在有效沟通的基础上对所属班组员工实行周考核和月考核。

四、现代企业所喜欢的班组长

(一)现代企业喜欢的班组长所具备的三个基本条件

1. 归属感——将公司的目标当成自己的目标

基层人员应该培养归属感,一旦你选择了一家公司,那么你就和公司的利益联系在一起,公司获利高,你才能得到更多的回报,如果公司破产,你也会失业。因此,既然选择了这里,就要本着“同舟共济”的原则,把公司的目标当作自己的目标,认真做好本职工作。

2. 生产力——不断增强自身的知识能力

现代社会非常重视生产力,一个没有生产力的人是不受企业欢迎的,因为企业要生产,要创造利润,这是最直接具体的目标,因此要求员工具备一定的生产力,并且越高越好,这样才能降低成本,增大利润。所以基层员工要注意不断提高生产力,通过学习、培训等方法增强自身的知识能力。

3. 能用心——不但努力而且用心全力以赴

做事不仅要努力而且要用心,只有用心才能把事情做好,不然就会像庙里的和尚,手里敲着木鱼,嘴里在念经,心却不知道跑到哪里去了。这样的和尚只能说他努力了,但是他却没有用心,所以才会有俗语“做一天和尚撞一天钟”。念经要专心一致,做其他事更应该用心。

把公司目标当成自己的目标已经是一件不容易的事,还要不断地发展自己,丰富自己的知识能力来把工作做好就会更加困难,而最大的困难是专心致志的做事,用心全力以赴。

(二)成为企业所喜欢的班组长要培养的态度

态度是一种习惯,可以培养形成,要想成为企业喜欢的班组长,应该努力培养3种良好的态度。

1. 重视自己

每个人都应该争取成为企业里独一无二、不可替代的人,千万不能有这样的想法“我不做反正有人做,我做不好上级自然会让做得好的人来给我帮忙”。这样的想法将会导致自己的地位逐渐被别人取代,最终在企业失去自己的位置。一个人只有首先重视自己,才能得到别人的重视。

【案例】 有经验的父母在带孩子出去玩的时候,都会事先告诉孩子:“你可以到处跑,但是不能离开我们的视线范围,要保证自己随时能看到我们,如果发现爸爸妈妈不见了,千万不要到处去找,你就站在原地,爸爸妈妈会找到你的。”这样孩子就不会丢失。员工也一样,最好不要擅做主张,而是随时了解上司要求自己做什么,这既是团队的要求,也是表明自己对上司的信心,对企业的信心。

2. 合理的表现自己

基层人员最了解现实的状况,越高的阶层对现状就越不了解,因此基层人员应该及时地向上级反馈现场状况,帮助领导层了解现状,尤其是在出现问题的时候,让领导根据你描述给他的现象来做判断。因此班组长要有端正的工作态度,严谨的工作作风,有问题要请示,同时要注意运用恰当的方式。

【案例】 质检员小王发现最近一批产品的质量不如以前,可是生产线的运行非常正常,小王就对整个生产程序进行追查,发现原来是用料的问题。于是他及时地向上司请示,说现在这批进料的质量不如以前,直接导致了我们的产品质量下降,上司立即对这件事进行了处理,并对小王大加表扬。

3. 作整体贡献

企业是一个团队,讲究的是整体合作,就好像一个合格的产品要求每一个零件都合格,而一个不合格的产品,只要一个零件不合格就应定为不合格一样。因此,每个人都应该记住,我们要的是整体贡献而不是个人表现,要随时提高警觉,保持主动与他人分工合作的自觉性,不要总是想着去超越同事,超越同事的意义远远没有大家齐心协力超越其他企业的意义更大。

企业员工应该做到分工合作,我们常常做到了分工,可是却忽略了合作,要记住分工的目的是为了合作,否则每个零件尽管做得很精密,但是和整体主机却不能咬合,那么再精密的零件也没有用,所以基层员工做事要从整体出发,为整体作贡献。

(三)三种最受现代企业欢迎的班组长

1. 参与人

参与人的最大特征就是积极主动,不消极等待,对工作、目标都积极争取,尽量使自己与任务妥善配合,以自我激励来代替抱怨与指责。具体说来,主要表现在乐于参与目标设定及执行;主动接受培训并提出建议;尽量配合企业需求作贡献,配合得越默契,整体的贡献就越大。班组长应当尽量使自己和任务妥善的配合,学会自我激励,不要抱怨和指责,因为抱怨和指责解决不了任何问题。

2. 成长人

成长人的特征之一是持续的充实自己，不断在工作中吸取经验。成长人的另一个特征是乐于与同事分享经验，在团队中共同追求成长。个人的成长要依靠企业整体的成长，只有每个人都好，企业才会好，个人才能得到更多的好处。就好像接力赛跑，一个人跑得很快，其他人却慢腾腾的，团队还是不能获胜，只有每一棒都跑好，才能成为第一名。如果每个人都把自己的经验和同事分享，这样一份经验就变成了很多份，大家都能得到进步，企业的利润更多，个人的回报也就更多。

3. 贴心人

贴心人的第一个特征是尽心尽力做好本职工作，只有这样，才能成为组织坚实持久的依靠。贴心人在企业是最受欢迎的人，因为他一心一意为企业着想，把同事看成自己的家人，全心投入无怨无悔。有人说这样做太傻，事实并不如此。因为企业成长了，自己的能力得到了锻炼，实力得到了提升，你就会具有很强的竞争力，能比其他人更早获得提升，获得更大的提升。

五、班组长在企业的特殊新角色

1. 知识型“兵头将尾”

号称“兵头将尾”的班组长正是一线战斗的直接组织者和指挥者。不仅具有兵的强悍，还要有将的谋略，兵不在多，在于精，将不在勇，在于谋。要成为这样的“兵头将尾”，要有一张“婆婆嘴”，肯动脑筋，敢管，会管，当一名“明白班长”；要学会“以心换心”，当职工的贴心人。关心他们在工作、生活、学习中遇到的所有困难和需求，及时为职工排忧解难，并帮助他们创造上升的空间。要严以律己，宽以待人，勤于学习，善于思考。不做“糊涂事”。能经常性地与员工沟通交流，调动他们的工作热情，通过各类例会制度，公平、公正、公开地考评激励，营造“你追我赶”的良好工作氛围。改善工作方法，勤于动笔，善于动脑，确保事事不漏项，并在各方面做好模范表率作用。

2. 智能型准高技能人才

班组长既是生产业务技术骨干，又是全班生产管理工作的组织者和实施者；既是企业生产网络中的“纽结”，也是企业这座大厦的“基石”，同时又是培养企业管理人才的“摇篮”。班组长熟知本班组的生产工艺和主要生产设备性能，掌握本班组各项经济指标，能解决生产中的实际问题，有开展班组劳动竞赛、技术革新、合理化建议活动的能力。这样的班组长被称为是智能型准高技能人才。

3. 技术型“发明能手”

班组长在生产第一线，是企业的技术能手，也可以通过营造小改小革、小发明的氛围，协助那些思路开阔，肯动脑筋的职工实现他们的“发明创造”，发挥每个人的聪明才智，挑战满足感，成为“发明能手”。

4. 创新型“基层领导”

现代班组长作为创新型“基层领导”，要以创建“学习型班组”为目标，在班组开展的自主管理、合理化建议、技术攻关、劳动竞赛、QC 小组等活动，并作为“学习型班组”创建的载体，班组文化建设寓教于乐，使大部分职工乐于接受，最终使车间文化理念潜移默化地成为班组职工的自觉行动。

【小结】

现代企业的竞争归根到底是企业间人力资源的竞争，尤其是高层企业管理人才的竞争。因此，任何企业要想在竞争中取得优势，形成核心竞争力，都要提高员工的整体素质，尤其是要提高管理层的能力。另外，企业家素质不高，必然带来生产经营管理上的落后，管理水平低，投入多，产出少，经济效益差。要以最小的投入创造最大的经济效益，是摆在企业家面前的首要任务，是检验企业家素质高低的重要标准。现代化建设需要现代企业管理，现代企业管理需要现代企业家，二者互相依存，互相促进，共同提高和发展。

【复习思考题】

1. 简要说明管理者的类别。
2. 管理者应具备的基本素质是什么？
3. 要成为有效管理者要把握哪些要素？
4. 哪些人被称为职业经理人？职业经理人要具备的能力和技能有哪些？
5. 举例说明现代企业领导的方法和艺术。
6. 如何当好现代企业的副职领导？
7. 现代企业家要具备的能力和素质有哪些？

【实训目标】

1. 了解在现代企业高层、中层、基层管理者的基本类型和素质要求；
2. 了解成为现代企业管理家应具备的能力和综合素质。

【实训内容与形式】

1. 管理故事引导：袋鼠与笼子、扁鹊的医术、曲突徙薪、买鹦鹉。

2. 案例分析:在很多管理学书籍中都记载了一句非常有名的话:由一头狮子率领的羊群可以打败由一只羊率领的狮子群。那么,狮子率领的狮子群呢?我们应该如何理解这句格言的深刻内涵?简单陈述你的观点。

3. 情景模拟一:假设你是公司总经理,公司有一名工作能力非常出色的员工,以他的能力完全可以替代目前的部门经理,但是该部门经理是公司的创业元老,如果将他降职,不仅可能会使其离开公司,还会为其他员工产生不好的印象。请处理此问题。

4. 情景模拟二:假设由于对市场信息把握不准,公司今年的销售业绩并不理想,公司出现了前所未有的亏损局面。假设你是公司的总经理,在年终总结大会上,请进行一段鼓舞士气的演讲。

5. 管理者基本素质测试:果断力测试、人际交往能力测试、压力应变能力测试、经营管理能力测试。

【思考】

现代企业管理人员应从哪些方面培养和训练自己?

第一章

C.A 现代企业管理基本理论

【开篇案例】

早在近一个世纪以前，占据全球药品食物链顶端的美国默克公司创始人乔治·默克就为默克公司勾勒出一幅协调了利润赚取与道德追求的素描。他说，默克的第一目的是用医学上的创新造福人类，赚取丰厚的利润只是圆满完成使命的附带结果。

1943年，默克公司投入巨资研发链霉素并获得成功，这是治疗肺结核的特效药。在当时，拥有了这种药的生产专利就等于拥有了一个聚宝盆。第二次世界大战后，日本遭受肺结核侵袭，疾病蔓延十分严重。于是默克主动放弃了该药的专利权，并把链霉素引进到日本，还传授给他们相关的生产技术。这一做法让许多人觉得不可思议，也引起了公司内部员工的不满。乔治·默克二世是这样解释如何调和理想与实际利益之间的矛盾的："本公司同仁所必须遵循的原则，简要地说就是我们要牢记药品旨在救人，不在求利，但利润会随之而来。如果我们记住这一点，就绝对不会没有利润。我们记得越清楚，利润就会越大。"

默克公司在这次专利授权中虽然没有赚到1分钱，但是，得到的回馈却远远超出经济上的回报。数年后，当默克公司的新任总裁魏吉罗第一次到日本时，受到了隆重的接待。因为默克公司的恩情，日本人民是不会忘记的。后来，默克公司成为日本最大的外资制药公司，日本政府对默克公司的各种优惠政策也是其他外资企业所无法比拟的。魏吉罗说，一点也不意外，一个企业的价值是具有长期影响的，它也许和利润无关，但它却可以带来更为丰厚的回报。

通过上述案例，你觉得企业是什么？将是什么？应该是什么？

第一节　现代企业

一、企业

(一)企业的概念

企业是从事生产、流通、服务等经济活动,向社会提供产品或劳务,满足社会需要并获取赢利,实行自主经营、自负盈亏、独立核算,具有法人资格的经济组织。

企业具有以下特征:

1.经济性

企业是从事生产、流通或服务性活动的经济组织。经济组织,是企业与不从事经济活动的行政单位、事业单位和群众组织的根本区别。

2.赢利性

任何企业必须以赢利为目的。不讲效益、没有赢利的企业将难以维持简单再生产,更谈不上扩大再生产,终将会被淘汰。当然,社会主义企业与资本主义企业的赢利在本质上是有区别的。

3.独立性

企业是实行独立经济核算、自负盈亏的商品生产者和经营者,不是行政机构的附属物。

4.社会性

企业是构成国民经济整体的基本组成单位,是国民经济有机体中的一个"细胞"。因此,它必然与国民经济其他部门相互依存、相互协作。一方面它的生存与发展有赖于其他部门的支持配合,另一方面它必须承担一定的社会责任,以促进整个社会的文明与进步。

(二)企业的目标

企业的目标有两个:第一是获利。企业首先要考虑的是在激烈的市场竞争中求得生存和发展,因为企业职工的生活要有保障,就要有很好的经济收入;企业要扩大生产规模,就要追加投资,这一切都要求企业通过生产经营活动实现一定的利润,以保证企业生存和发展目标的实现。第二是满足社会需要。企业不仅是一个经济组织,具有经济的功能,而且是一个社会性组织,是社会责任的承担者。首先,企业是吸收社会劳动者就业的的场所,是社会劳动力与其他劳动要素结合的场所,是实现人的价值,创作社会财富的场所。其次,作为社会物质与文化产品的生产者,企业最大的社会价值是不断地生产和提供人们需要的物质和文化产品,不断提高社会大众的生活水平和生活质量,促进人类的文明与进步。最后,作为社会经济活动的实体,企业是国家乃至社会引导、调节和管理经济的最终执行者。国家和社会有关经济的政策、法规、计划等最终要落实到企业执行,企业在维护社会经济秩序、营造良好的经济运行环境、促进社会和经济协调发展方面具有重要的功能。

(三)企业的类型

1. 个体企业

个体企业是由个人出资兴办,个人直接经营和所有的企业。经营成果和风险全部由个人承担,在法律是上是自然人企业,不是法人企业,是最古老和最简单的企业形式。在资本主义国家这种企业数量庞大,占到企业总数的大多数,但在整个经济中并不占据支配地位。如个体农业、个体服务业、自由职业者(注册医师、注册会计师、注册律师、职业投资者等)。

2. 合伙企业

合伙企业是由两个或两个以上的当事人联合经营的企业。合伙人按照协议共同出资、经营、分享利润并承担风险和责任(负连带无限清偿责任)。

3. 合作制企业

合作制企业是本企业和合作经济实体内的劳动者平等持股(只限于企业内部人员持股,外部人员不能入股)、合作经营,以股本和劳动共同分红为特征的企业。它既不同于合伙制企业,也不同于股份制公司。我国城乡许多小型工商企业实行股份合作制,它们在理顺产权关系和推动生产发展方面发挥了积极的作用。

4. 公司制企业

公司制企业也称公司,从严格的法律角度来说,是指依法设立并以赢利为目的的具有法人资格的经济组织。

【案例】 1841 年 10 月 5 日,美国西部铁路上发生了一次列车撞车事故,死伤多人,遭到了舆论的谴责,指责老板无能管理企业。在舆论的压力下,企业进行了改组,首先建立了各级责任制,选拔精通铁路技术的人员、专家来担任领导,而原来的领导退居二线,只拿股票,按期领取股息,实行了第一次企业的所有权和经营管理权的分离。出现了第一代由全部拿薪水的管理人员通过一个正式的管理机构来管理现代化的企业。这就是公司制的产生。公司制企业有三个方面的特点:首先，公司制企业可以发行股票募集资本，从而扩大生产经营规模；其次，股东和公司都只以出资为限承担公司的债务和责任，从而降低了经营风险；再次，公司的所有权和经营权分离，实行专家管理克服了家族式管理的局限性。

(1)无限责任公司　无限责任公司是指由两个以上的股东所组成，股东对公司的债务承担连带无限清偿责任的公司。所谓连带无限清偿责任是指股东不论出资多少，对公司债权人以全部个人财产承担共同或单独清偿全部债务的责任。无限责任公司是典型的人合公司，这种公司风险巨大。

(2)有限责任公司　有限责任公司是指由两个以上股东共同出资，每个股东以其认缴的出资额对公司行为承担有限责任，公司以其全部资产对其债务承担责任的企业法人。本质上是一种资合公司。它与无限责任公司的区别是只承担有限责任，而不负连带无限清偿责任；它与股份有限公司的区别是并不对外公开发行股票。

国有独资公司是指国家授权投资的机构单独出资设立的有限责任公司。它是一种特殊的有限责任公司，因为它的股东只有一个，即国家授权投资的机构单独开办。除此以外，具备一般有限责任公司的一切特征，并享有有限责任公司应有的权利和义务。

(3)股份有限公司　股份有限公司是指注册资本由等额股份构成，并通过发行股票筹集资本，公司以其全部资产对公司债务承担有限责任的企业法人。是典型的资合公司，在法律上具有独立的法人地位。特点：一是对公司债务只承担有限责任；二是公开发行股票，股东权益随股票的转移而转移。股份有限公司是现代企业最主要也是最典型的组织形式。

(4)两合公司　一般了解，它是由负无限责任的股东和负有限责任的股东组成的公司。

我国公司法规定的公司只指有限责任公司和股份有限公司两种。

(四)企业的社会责任

1. 企业社会责任的概念

企业社会责任(Corporate social responsibility，简称 CSR)，是指企业在创造利润、对股东承担法律责任的同时，还要承担对员工、消费者、社区和环境的责任。企业的社会责任要求企业必须超越把利润作为唯一目标的传统理念，强调要在生产过程中对人的价值的关注，强调对消费者、对环境、对社会的贡献。

2. 企业社会责任的作用

企业履行社会责任有助于解决就业问题。除通过增加投资、新增项目、扩大就业外，最重要的是提倡各企业科学安排劳动力，扩大就业门路，创造不减员而能增效的经验，尽量减少把人员推向社会而加大就业压力。

企业履行社会责任有助于保护资源和环境，实现可持续发展。企业作为社会公民对资源和环境的可持续发展负有不可推卸的责任，而企业履行社会责任，通过技术革新可首先减少生产活动各个环节对环境可能造成的污染，同时也可以降低能耗，节约资源，降低企业生产成本，从而使产品价格更具竞争力。企业还可通过公益事业与社区共同建设环保设施，以净化环境，保护社区及其他公民的利益。这将有助于缓解城市尤其是工业企业集中的城市经济发展与环境污染严重，人居环境恶化间的矛盾。

企业履行社会责任有助于缓解贫富差距，消除社会不安定的隐患。一方面，大中型企业可集中资本优势、管理优势和人力资源优势对贫困地区的资源进行开发，既可扩展自己的生产和经营，获得新的增长点，又可弥补贫困地区资金的不足，解决当地劳动力和资源闲置的问题，帮助当地脱贫致富。另一方面，企业也可通过慈善公益行为帮助落后地区的人民发展教育、社会保障和医疗卫生事业，既解决当地政府因资金困难而无力投资的问题，帮助落后地区逐步发展社会事业，又通过公益事业达到无与伦比的广告效应，提升企业的形象和消费者的认可程度，提高市场占有率。

3. 企业如何承担社会责任

首先，企业应该承担并履行好经济责任，为极大丰富人民的物质生活，为国民经济的快速稳定发展发挥自己应有的作用。最直接地说就是赢利，尽可能扩大销售，降低成本，正确决策，保证利益相关者的合法权益。

其次，企业在遵纪守法方面作出表率，遵守所有的法律、法规，包括环境保护法、消费者权益法和劳动保护法。完成所有的合同义务，带头诚信经营，合法经营，承兑保修允诺。带动企业的雇员、企业所在的社区等共同遵纪守法，共建法治社会。

第三，伦理责任是社会对企业的期望，企业应努力使社会不遭受自己的运营活动、产品及服务的消极影响。加速产业技术升级和产业结构的优化，大力发展绿色企业，增大企业吸纳就业的能力，为环境保护和社会安定尽职尽责。

最后，是企业的慈善责任。现阶段构建和谐社会的一个重要任务是要大力发展社会事业，教育、医疗卫生、社会保障等事业的发展直接关系人民的最直接利益，也直接决定着社会安定与否，和谐与否。很多地方在发展社会事业上投资不足或无力投资，这就需要调动一切可以调动的资本，企业应充分发挥资本优势，为发展社会公益事业，为成为一个好的企业公民而对外捐助。

二、现代企业

(一)现代企业的含义

现代企业是指所有者和经营者分离，并达到技术现代化和管理现代化的企业组织形式。也可表述为：现代企业是当代企业中具有某些特征的企业。现代企业是具有现代企业制度、采用现代化大生产方式、从事大规模产销活动的经济组织。

(二)现代企业的特征

1. 所有权和经营权相分离

现代企业的一个重要特点，就是所有权与经营权相分离。“公司制”成为现代企业的重要组织形式。

2. 拥有现代技术

技术作为第四个生产要素，在企业中起着越来越重要的作用。古典企业中生产要素的集合方式和现代企业中生产要素的集合方式，可以用下面两个关系式来概括：

古典企业生产要素 = 土地 + 劳动力 + 资本 + 技术

现代企业生产要素 =（土地 + 劳动力 + 资本）× 技术

在生产全过程中，现代企业广泛应用现代最新科学技术，不仅把繁重的体力劳动交给机器去做，而且把重复的、例行的脑力劳动也移交给计算机，人们将着重于创造性的劳动。

3. 拥有现代化的管理

现代企业内部生产社会化程度空前提高，使劳动分工更加细致，劳动协作更加严密。现代企业生产自动化程度的提高，要求有更严格的计划性、比例性和节奏性，因而要求在精细分工的基础上实行更加科学的管理。现代企业的管理是现代化管理。现代企业管理，是适应现代生产力发展的客观要求，运用科学的思想、组织、方法和手段，对企业的生产经营进行有效管理，创造最佳经济效益的过程。

4. 企业规模不断扩大

现代企业的成长过程，就是企业规模的扩张过程。实现规模扩张主要有以下三种形式：①垂直型或纵向型扩张；②水平型或横向型扩张；③混合型扩张。

也有学者把现代企业的特征简单表述为三点：①具有现代企业制度；②采用现代化大生产方式；③从事大规模产销活动。

第二节　现代企业管理

一、管理

（一）管理的含义

管理是人们为了既定的目标而有效利用资源的过程。它包含以下三个方面的含义：

1）管理是一个过程。这个过程通过计划、组织、指挥、激励、控制等加以实现。

2）管理的对象是组织的各项活动及其所使用的资源。

3）管理的目的是要达到其既定的目标。

（二）管理的特征

1. 权变性

权变性即管理具有应变性。“权变理论”亦叫做“超 Y 理论”，是西方管理理论之一。它主张结合 X 理论和 Y 理论及权宜应变的经营管理理论（也称 Z 理论）。这种学说认为，X 理论，Y 理论及管理方式，均有可取之处，主要应从实际出发，要使工作、组织和人三者配合适当。

2. 随机性

随着情况的变化，掌握时机，灵活采用适合具体情况的管理方法。

3. 实践性

理论只有通过实践才能检验其真伪。

4. 艺术性

管理的艺术性反映的是千变万化的管理现象，就是说管理在运用时具有较大的技巧性、创造性和灵活性，很难用规律或原理把它禁锢起来。管理常常遇到非常具体，很少重复的情况和问题，同样一件事，因时间、地点、人物不同，不能用同样的办法去处理，管理具有很大的艺术性和创造性。有的管理者认为：管理者的能力 = 科学知识 + 管理艺术 + 经验积累；同时指出，当代管理者如果仅有管理的艺术和经验，成功的概率只有 50%，如果仅有管理的科学知识，其成功的概率也只有 50%，这就是说管理既是科学又是艺术。

5. 边缘性

管理科学是一门边缘性很强的学科，它涉及生产力、生产关系、上层建筑等方面的问题,并且有社会科学和自然科学互相渗透的特点。

(三)管理的地位

20世纪以来,尤其是第二次世界大战以后,全世界掀起了管理发展热潮。当今管理已发展成为一门科学,管理队伍已成为一支大军。国际上公认管理、科学、技术是现代社会的三大支柱。有人说:"19世纪是工业世纪,20世纪则作为管理世纪载入史册。"美国在二战后一举成为世界第一经济强国的秘诀是三分靠技术,七分靠管理。日本也不甘落后,他们在20世纪50年代末期总结经验的基础上,结合自己的国情,在全国迅速掀起了学习科学管理的高潮。60年代,终于靠科学和管理两个车轮,经济开始腾飞。现今日本青出于蓝而胜于蓝,已成为世界第二经济强国。他们自己总结说:"管理与设备,管理更重要。管理出效率,管理出质量,管理可以提高经济效益,管理为采用更先进的技术准备条件。"

在我国,管理是制约经济腾飞的瓶颈。诸多国外考察者认为:中国工业急需要解决的问题,第一是管理,第二是管理,第三还是管理。

(四)管理的作用

(1)管理可以使潜在生产力变为现实生产力。

(2)管理是当代人类社会加速进步的杠杆。

(3)管理会使科学技术这个最先进的生产力得到最充分的发挥。

(4)管理制约着生产力总体能力的发挥(有专家认为,在现有的技术和设备条件下,倘若切实改进管理,可提高生产力水平三分之一以上)。

(五)管理的要素

管理要素是指构成管理活动的必要因素,主要有:观念(价值观念、经营观念、人性观念、法治观念)、目标(指组织目标和管理目标)、组织、人员、资金、信息、技术、物资、时间和环境等十大要素。

(六)管理的分类

管理的分类多种多样。按历史的发展阶段,可以分为古代管理、传统管理、科学管理、现代管理;按精确程度,可以分为定性管理、定量管理;按决策者的地位,可以分为专制管理、民主管理;按信息传递的特点与控制方式,可以分为单向管理和双向管理,或开环管理与闭环管理;按管理领域范围,可分为微观与宏观管理两大类,等等。

(七)管理的案例

【案例一】 一个领导者,若领导一些能力很强的下属,他就应多吸收下属的意见，采取民主型的领导方式；若领导一些能力和自觉性都很差的下属，他就应采取独断型的领导方式。

【案例二】 学校里是培养不出"成品"经理来的。要成为一个成熟的管理者，除了要掌握管理科学的基本理论知识外，还必须经过管理实践的长期锻炼，有一个经验积累的过程。因为管理的根本问题是人，而人不同于自然物，人的思想感情在完成各项工作任务中能起很大的作用。当代管理者如果仅有管理的艺术和经验，成功的概率只有50%，如果仅有管理的科学知识，其成功的概率也只有50%。因此，管理既是科学又是艺术。

二、企业管理

(一)企业管理的概念

企业管理就是由企业的经营者和管理者按照客观规律，对企业的生产经营活动进行计划、组织、指挥、协调和控制以适应企业外部环境变化，充分利用各种资源，调整企业内部管理机制，提高企业和社会经济效益的活动。

(二)企业管理的性质

企业管理具有二重性。一方面，它具有同社会生产力发展水平相联系的自然属性，这是资本主义企业管理和社会主义企业管理都具有的共性。另一方面，企业管理又具有同社会生产关系相联系的社会属性。不同的社会制度中企业管理具有不同的个性。

1. 企业管理的自然属性

管理作为一种独立的社会职能，首先是社会生产力发展和社会分工的结果。当社会生产力低下，社会分工不细，人们的生产活动基本上由自己单独完成的时候，就不需要专门的管理。随着生产力的发展，生产技术日益复杂，分工越来越细，生产的社会化程度越来越高，没有管理生产经营活动就难以正常进行。管理是合理组织生产过程，使劳动对象、劳动手段和劳动力有效组合，形成生产力的必要条件。一个现代化企业，即使具有先进的技术装备、合格的工程师和技术工人以及生产某种产品的各种资源，如果缺乏有效的管理，也不可能正常生产，取得好的经济效益。所以，管理是社会劳动过程中的一个组成部分。管理的这种特性对任何企业都是一样的，是一种自然属性。

2. 企业管理的社会属性

企业的生产经营活动都是在一定的生产关系下进行的，企业管理总是要服从生产资料所有者的利益和意志的。管理本来就是要为了达到某种预定目标而进行的活动。所以,管理始终是生产资料占有者为实现其生产目的的一种手段。不同生产关系的企业,其管理的社会属性存在着根本区别。

资本主义企业管理的社会属性就是剥削性和资本的独裁性。随着资本主义的发展,资本家管理企业的方式方法发生了很大变化,但他们仍然有效地占有和控制着企业的资本,并最后决定企业的命运。社会主义企业管理的社会属性则完全不同。社会主义企业的主人是职工,管理的目标是为了把国家、企业、职工三者的利益正确地结合起来,并得到最大限度的满足。

企业管理的二重性原理对于社会主义管理的实践具有十分重要的指导意义。它可以使我们分清社会主义企业管理与资本主义企业管理之间的共性与个性,从而正确地对待资本主义的管理科学和管理方法,科学地总结我国在企业管理方面的经验教训,把管理水平提高到一个新的阶段。

(三)企业管理的职能

1. 计划和预测

在社会主义市场经济形势下,企业要提高经济效益,创造更多利润,就必须按照市场需要和企业自身条件确定企业经营目标,运用综合平衡的方法,制订企业经营计划。制订计划就必须搞好市场调查和预测工作,掌握市场变化的规律,保证企业作出正确的生产经营决策。

2. 组织和指挥

企业为了实现生产经营活动的目标和计划,必须把生产经营活动的各要素、各部门、各环节以及同企业外部的各种联系,合理地组织起来。为此,就要有组织保证。合理设置组织机构,明确各职能机构的作用、分工和职责;要建立统一的、强有力的、高效率的生产指挥系统,保证企业统一步调,协调发展。

3. 监督和控制

在计划执行过程中,企业必须监督和控制计划的执行情况。把实际情况同原定的目标、计划、标准等作比较,找出偏差,采取措施加以纠正,使计划更好地落实。

4. 教育和鼓励

要使企业取得好的效益,必须调动人的积极性,教育广大职工爱国家、爱企业、遵守各种规章制度。采取多种形式,搞好职工技术、文化培训。贯彻按劳分配原则,建立合理的奖惩制度,注意物质鼓励和精神鼓励相结合。

5. 挖潜和创新

随着科学技术的不断进步及其在生产中的应用,企业应挖掘人力、物力、财力等各方面的潜力,并使之变为现实的生产力,不断革新技术,改进管理。

三、现代企业管理

（一）现代企业管理的含义

现代企业管理就是现代企业的管理，即具有现代企业制度，采用现代化大生产方式和从事大规模产销活动的企业的管理。

（二）现代企业管理的特性

1. 适应法人治理结构的组织管理

作为公司制企业的现代企业，有两项最基本的特征，一是公司在法律上具有独立的法人地位，这种法人地位的产权基础是它拥有的法人财产；二是公司不是由出资人作为个人来管理，而是由一个法人治理结构来经营和管理。公司的法人治理结构的设立，其目的是既保证作为经营专家的高层经理人员放手经营，又不至于失去出资者对经理人员的最终控制。为了适应法人治理结构的需要，公司制企业需要设立与其目标相一致的组织体系和管理方法。

法人治理结构是由股东大会、董事会和高层经理人员组成的执行机构三个部分构成。这三个部分的职权范围、责任层次都由公司法和公司章程加以确立，从而保证了法人治理结构的规范化和长久化。

法人治理结构实际上体现了股东大会、董事会、高级管理人员组成的执行机构的责权利划分和相互之间的关系。

2. 适应大规模产销活动展开的生产销售管理

现代企业具有实力从事大规模的产销活动，这种产销活动范围已不局限于本国市场，而扩展至多国市场。

3. 与大规模生产销售相适应的管理方法和手段

例如线性规划、网络计划技术等。这些管理方法和手段是现代企业管理的方法和手段，是现代企业管理不可缺少的一个组成部分。

（三）现代企业管理的共性

现代企业管理的共性方面是指一般企业管理都要涉及的方面。这些共性主要包括人机相当协调、生产环节紧密衔接、人际关系整合顺畅、资金筹用合理有效和适应环境及时灵活等五个方面。

（四）现代企业管理的重要性

①现代企业有着精细的分工和紧密的协作，需要科学地组织生产经营，通过人们集体分工协作的力量，对组织系统中个人的力量进行高倍放大，从而实现低投入、高产出。

②现代企业是用先进技术装备起来的，它具有大型化、连续化、自动化、高

效化的特点。必须依靠先进的管理方法作为保障，发挥先进技术的应有性能，保证先进技术装备正常运行。

③现代企业必须面向市场，适应外部环境变化，才能获得生存和发展。

④现代社会对员工的要求无论在思想觉悟还是在文化技术水平方面都越来越高，必须实行有效管理，全面提高员工的素质，才能担负起现代化建设的任务。

（五）我国现代企业管理的新特征

1. 战略决策将更加强调灵活性和迅速性

在变幻莫测的国内外环境中，企业能否制订和实现正确的战略构想，关系到企业的兴亡。具有迅速适应新变化的能力比有一个周密的计划更重要。它要求管理者审时度势，及时作出反应。这样，战略的灵活性便集中表现为决策的速度加快，开发新产品的时间缩短。速度越来越成为企业竞争的有力武器。由于企业战略决策至关重要，传统的高层个人决策将被专家组决策所取代，战略决策将更强调科学性、灵活性和迅速性。

2. 计划职能将大大加强

由于日常性的程序化工作大部分由计算机完成，高层领导者的注意力将主要集中在计划企业的未来（5～20 年的发展），而基层经理人员则着重近几年的计划安排。

3. 信息管理将成为保持竞争优势的重要手段

丰富而准确的信息是正确而迅速奖惩的前提。准确、全面、有效地收集、加工、使用信息是提高管理效率、保持竞争优势的重要手段。

4. 国际化和经营单位的细分化以及企业的组织结构进一步简化

股份有限公司的发展和股票的发行，促使跨国公司和多国公司得到发展，企业规模不断扩大。同时，人们消费观念不断变化，少品种、大批量生产正在被多品种、小批量生产所取代。在多样化需求面前，大企业逐步暴露出它的弱点：规模越大，组织层次越多，信息反馈渠道也就越长，组织结构也就越缺乏活力。这种“大企业病”成为大公司面临的共同危机。为此，大中含小、化大为小、在大公司（集团）中扩展小的实体，正在成为优秀的现代企业变革体制、调整规模的有效方式。

5. 企业家型领导成为企业的主宰

几乎所有优秀企业的发展历程都表明，企业的发展很大程度上取决于企业领导人的智慧、意志和魄力。现代企业领导人被划分为管理者型和企业家型两种。前者管理能力出色，但判断能力可能有限，后都则不仅要具有管理能力，而且还要有应变力、洞察力、决断力、承担危险的勇气和创新精神。随着变化的加剧,企业家型领导将成为企业的主宰。

6. 按国际惯例管理企业成为主导趋势

世界经济正日益国际化,为此,企业在信誉、质量、价格、服务和设计等方面都必须符合全球的标准,按国际惯例从事经营管理。

7. "软件资源"和定量工作受到空前的重视

企业文化、经营哲学、企业家精神、人才开发能力、技术和情报开发能力等等肉眼看不到的"软件资源"的有效运用,集中表现在对人的尊重上,"事业即人"正在成为寻求优势企业的信条。对员工自身价值的重视和对人才的珍惜,企业家精神同员工参与管理、参与变革的一致性,使企业上下团结一致、士气高昂地去应付变化,出奇制胜。

8. 风险型企业管理发展迅速

在经济环境变化不甚剧烈的时期,稳打稳扎的常规型企业备受推崇。但随着知识经济时代的到来,当今世界经济的发展比以往任何时候都更加依赖于知识的创新、扩散和应用。高新技术企业——风险型企业异军突起,这些企业以生产市场上的紧缺货品及新兴技术产品为主。由于这类企业在创立时对技术开发的评价和企业发展前途不可能做出准确的预测,因此要冒相当大的风险,开业率和倒闭率都十分高。但企业一旦成功,就可能取得巨大的收益,所以,风险型企业管理发展迅速。

(六)现代企业管理的任务

企业管理的任务因社会制度、企业形式而异。就我国现代企业而言,其管理的基本任务是按照社会主义市场经济的要求,通过计划、组织、领导、控制职能,有效地使用人力、物力、财力,合理组织生产经营,以较少的劳动消耗、劳动占用取得最佳的经济效益,实现企业经营目标。具体任务包括合理组织生产经营活动、合理配置和有效运用各种资源、正确处理各种经济关系、贯彻执行国家的方针、政策、法律、法规等四个方面。

第三节 现代企业制度

一、现代企业制度的基本含义及特征

现代企业制度是指适应市场要求,产权清晰、权责明确、政企分开、管理科学的新型企业制度。这是我国所要建立的现代企业制度。产权清晰、权责明确、政企分开、管理科学,这十六个字可以概括为现代企业制度的四个基本特征。

(一)产权明晰

现代企业制度要求有明晰的产权关系,这是建立现代企业制度的核心问题。完整的企业产权包含两个方面的内容:一是出资者的财产所有权;二是企业的法人财产权。出资者的财产所有权,是指出资者以各种形式对企业投资和投资效益所形成的财产,以及依据法律、法规认定的出资者财产所拥有的权利;企业法人财产权,是指企业对财产所有者授权其经营管理的财产所享有的占有、使用和依法处理的权力,成为享有独立民事权利、承担民事责任的经济实体。企业法人财产具有两个内涵:一是指企业的全部实有财产;二是指所有出资者的财产在企业的总和。因此,在现代企业制度中,除独资企业外,企业的任何出资者的资产都仅仅是企业法人财产中的一部分,而不是它的全部。出资者的资产所有权也就仅仅限于其出资的那个份额相应的部分,只有企业的法人财产权才是企业实有资产的全部。要明晰企业产权关系应包括:①明确产权主体和出资者的产权边界;②科学地评估资产的实有价值;③明确界定资产所有者和企业法人各自的职责、权力、利益;④出资者对企业的资产只作价值形态的管理,而对资产的实物形态则由企业法人管理;⑤企业以其全部法人财产,依法自主经营、自负盈亏、照章纳税,对出资者承担资产保值增值的责任;⑥有一套科学的资产监督管理体系和处理产权纠纷的仲裁机构。

(二)责权明确

现代企业制度要求明确界定出资者与企业法人各自应承担的责任与权力。就责任而言,可区分为有限责任、无限责任、有限责任与无限责任同时并存的两合责任这三种形式。在有限责任企业中,出资者在企业发生资不抵债而宣告破产时,所承担的经济责任只限于出资者出资的那个份额上;在无限责任企业中,出资者在企业发生资不抵债而宣告破产时,所承担的经济责任要包括连带的责任,直到还清为止;在有限责任与无限责任同时并存的两合企业中,承担有限责任的出资者和承担无限责任的出资者分别按前述两种形式承担各自应负的经济责任。企业法人的经济责任,是用其法人财产对日常生产经营活动中的亏损进行补偿,即实现企业的自负盈亏,同时,要对出资者的资产承担保值增值的责任。就权力而言,作为出资者,一是有权对企业的重大生产经营目标和方向进行决策;二是有权对企业的经营者做出选择。作为经营者,一是有权运用企业的全部法人财产自主经营,任何人不得对企业的日常生产经营活动进行干预;二是经营者要对企业的整个生产经营管理进行统一指挥，对员工进行考核、奖惩，等等。

（三）政企分开

现代企业制度要求企业自主经营、自负盈亏，政府不干预企业的日常生产经营活动。政府不干预企业的日常生产经营活动不等于政府不管理企业。政府对企业的管理和指导主要是通过宏观经济杠杆去进行；企业则根据税率、利率等经济杠杆的宏观导向，按照利润最大化的原则去自我调整行为。政府的行政管理与企业的关系，就如同运动场上的裁判员与运动员的关系一般，各自行使自己的职责与权力，不能相互兼职。

（四）管理科学

现代企业制度不同于古典企业制度的一个重要方面，就在于必须适应市场经济和社会化大生产的要求，突出科学管理，达到管理科学。现代企业制度所要求的科学管理，就是要求企业能够按照市场经济中的价值规律、供求规律、竞争规律和适用于社会化大生产的各种规律去组织、领导和管理企业。

二、公司制是现代企业制度的基本实现形式

党的十四届三中全会指出，建立现代企业制度，是发展社会化大生产和市场经济的必然要求。现代企业按财产构成来划分可以有多种组织形式，包括独资企业、合伙企业、合作企业、公司制企业等。公司制企业是现代企业的重要组织形式。《中共中央关于建立社会主义市场经济体制若干问题的决定》指出："国有企业实行公司制，是建立现代企业制度的有益探索。"中央把实行公司制纳入建立现代企业制度的范畴是我国企业改革的一个重大发展，也标志着我国企业改革进入了一个崭新的阶段。

国有企业为什么要实行公司制？

①这是由公司制本身具有的独立法人性质这一内在特性所决定的。公司制企业作为独立法人实体，其突出特征有：a. 依法成立，拥有独立的法人财产；b. 具有独立的法人地位，具有与自然人相同的民事行为能力，可以以自己的名义向法院提起诉讼；c. 自负盈亏，以公司独立的法人财产承担民事责任和民事义务；d. 依法纳税；e. 采用规范的成本会计制度和财务制度。

上述特征从根本上保证了企业的自主经营、自负盈亏的独立法人实体地位。

②实行公司制有利于明晰企业产权关系，能够有效地实现出资者所有权与法人财产权的分离，促进企业产权制度改革，从而从根本上解决企业深层次的矛盾。

③实行公司制有利于建立合理的公司治理结构。根据企业的权力机构、经营机构、监督机构相互分离、相互制衡和精干效能的原则,实行股东会、董事会、监事会和经理层组成的领导管理体制。其相应的组织机构权责明确,各司其职,分别行使决策、执行、监督权。这将为建立现代企业制度奠定坚实的组织基础。

④实行公司制有利于解决国有企业因政府行政干预,负债过重所造成的不公平竞争问题,从而可以大大增强企业的市场竞争力,这将为政企分开,企业真正实现自主经营创造有利条件。

⑤实行公司制,使企业具有真正的内在动力机制。以往,企业实际上是由国家统负盈亏,盈亏责任不清。在这种情况下,企业更多的是面向政府,而并非面向市场,企业缺乏激励因素。实行公司制后,企业自主经营,自负盈亏,因而必须转为面向市场,从市场竞争中寻求自下而上而发展的途径,这必将成为企业发展的内在动力。

第四节　现代企业管理基本原理

管理由经验到科学,总结出了许多基本原理,管理原理反映了管理活动的客观规律。

现代企业管理原理及其原则主要包括:系统原理及其整分合原则和封闭原则,人本原理及其能级原则和动力原则,动态调节原理及其反馈原则和弹性原则,效益统一原理及其价值原则和优化原则等四大原理八大原则。

一、系统原理及其相应的原则

(一)系统原理

1. 系统原理的主要含义

系统原理认为管理是一个系统,其各要素不是孤立的,要实现管理目标必须对企业经营管理活动及其要素进行系统分析,综合治理,这就是系统原理。

2. 系统原理的基本观点

运用系统原理从事企业管理,就是要把企业视作一个复杂的社会技术经济系统,把企业管理视作对该系统的设计、构筑及运作过程。管理者的任务就是要运用系统观点,采用系统分析方法从事计划、组织、领导和控制,协调好各方面的关系,实现企业系统的最佳整体目标。其中重要的前提是掌握系统理论的基本观点。

(1)全局的观点　系统原理认为,系统不是若干简单事物的堆砌,而是具有新的性质和功能的整体。企业系统是由若干个从属于它的子系统构成的有机整体,各个子系统之间、各子系统与整体之间都存在着有机联系,各子系统的作用和效益都会影响整个企业系统的作用和效益。整个企业最佳效益是各个局部紧密配合、协调发展的结果。因此,现代企业管理必须有全局观点。

(2)动态的观点　这是系统原理的一个重要观点。就是说,一切事物都是在不断地运动着的,任何系统都是处在运动状态之中,并在运动中产生、发展和消亡。系统运动的实质就是物质、能量、信息的流动。具体到企业,就是构成企业的人、财、物、技术、信息等要素的流动,以及这些要素的有机结合所形成的生产经营活动过程。这种流动中断了,企业系统也就不存在了。另外,企业系统不仅要求流动,而且要求有合理的流动。所谓合理流动,就是为达到企业生产经营目的的有利流动,反之,便是不合理的。

(3)有序的观点　系统具有有序的结构,构成系统的各要素也都有一个排列问题。运用系统原理进行管理,首先要分清管理层次,每一层次都具有一定的任务、职责、权利和利益,只有明确其相互关系,才能保证各个层次的人员协调地、积极地发挥作用;同时,管理的各种活动也要按照一定的顺序、一定的层次进行。

(4)人-机系统的观点　人-机系统是作为系统主体的人和他所控制的各种类型的机器的总称。传统的观点认为,人是思维的主体,人脑是信息加工的唯一器官。系统理论则认为,电子计算机是人脑的延伸物。计算机的显示系统是人的感觉器官的延伸。所以,人作为思维的主体,利用电子计算机组成人-机系统,可以最佳地处理系统问题。

(5)开放的观点　传统的思维往往把事物看作是封闭的系统。系统理论则认为,任何一个系统都是相对封闭又是相对开放的。如现代企业,它作为一个独立的商品生产者和经营者,具有内部自我调节和发展的能力;但是,它存于市场经济的环境里,又必然是一个开放的系统,同外部进行物质、能量和信息等方面的交换。

(二)整分合原则

1.整分合原则的主要含义

既然任何管理对象都是一个系统,系统又是由若干要素按一定的功能目的结合而成的有机整体,所以,管理首先要从整体上把握系统的目标,“详细了解”系统的整体全貌及其内在联系;并按照整体目标的要求,对总任务进行科学的“分解”、合理的分工,使系统各组成要素都有明确具体的任务和目标;

分工之后,管理者还要对各要素进行“适当的组织”,就是将系统中有机联系着的诸要素,进行最佳的综合、协调。现代高效率的管理,必须在整体规划下明确分工,在分工基础上有效地综合,这就是整分合原则。整体把握、科学分解、组织综合,这就是整分合原则的主要含义。

2. 整分合原则的应用案例

现代企业生产经营和管理的方方面面都应遵循整分合原则。具体操作上应注意以下问题:

【案例】 (1)科学分解并合理分工　在企业总目标确定之后,就有一个目标分解和分工的问题,即是将企业的总目标层层分解,按职责加以分工,经上下级充分协商和横向协调后,逐级落实到各部门、各岗位以及个人,构成纵横联系的目标网络体系。目标网络要做到纵向没断路,横向没短路,关系明确,要求具体。科学的管理关键在于搞好分工,优秀的企业管理者必须善于进行科学合理的分工。

(2)认真搞好组织协调　分工也不是万能的,它也会带来许多新问题,因此,必须进行强有力的组织管理,使各个部门、各个环节同步协调、综合平衡。

(3)保持管理功能的完整性　现代管理强调分工,但分工只是围绕目标对管理的工作进行分解,而不是对管理功能的分解(管理本身的功能是不能分解的)。

(三)封闭原则

1. 封闭原则的主要含义

管理对象是一个系统,对系统内实施管理的各种手段必须具有相互制约的关系,构成一个连续封闭的回路,才能自如地吸收、加工和作功,使各个环节的功能作用都得到充分发挥,这就是管理的封闭原则。其基本精神是,应把管理活动过程的各环节加以分割,使各环节之间处于相对独立状态,使之自主行事,充分发挥其功能作用;但是,各环节之间必须具有相互制约的关系,任何管理主体、管理活动、管理范围,同时又必须成为管理对象,受到必要的牵制。不封闭的管理等于没有回路的输电线,线再粗也输不出电;不封闭的管理等于数学上没有解的联立方程式,再多也无用。管理系统的基本封闭回路如图 2-1 所示。

2. 封闭原则的应用案例

现代企业实行封闭管理,建立健全组织机构和规章制度,形成互相制约的关系,这是基础。而在具体的管理过程中,封闭管理则应做到以下几点:

【案例】 (1)从评估后果出发　评估后果就是对后果进行质的评

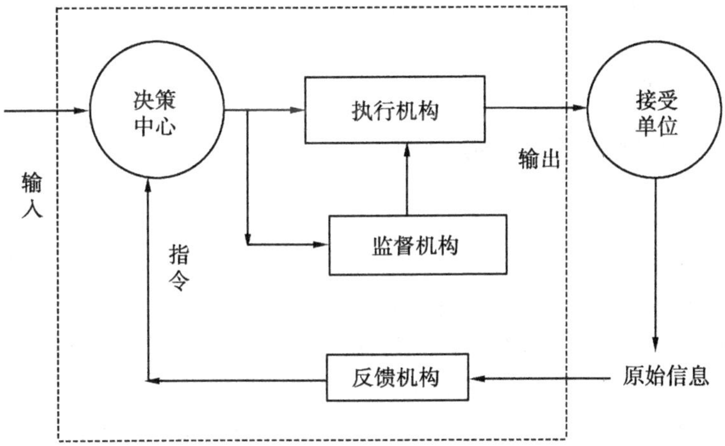

图 2-1 管理系统基本封闭回路图

议和量的估计。采取任何管理措施都要考虑它可能产生的后果。评价后果的标准从根本上说是目的,就是看后果是否能达到预期的目的。

(2)从各种后果中循踪追迹　从各种后果中循踪追迹,要特别注意选择可以反馈控制的主导线,加以封闭。例如,国有企业缺乏活力,效益不够理想,原因可以举出若干条,但最主要的是企业不是独立的商品生产者和经营者,没有经营管理自主权。于是国家就采取以放权让利为主要内容的一系列政策加以解决。这样一来,虽然企业有了一定的生产经营自主权,但又出现了诸如短期行为等一些新问题,于是进一步提出要转换企业经营机制,通过建立现代企业制度,使国有企业真正成为自主经营的法人实体。从封闭管理的角度看,国家针对国有企业活力不够、效益不高所采取的"放权让利"、"承包经营"、转换经营机制、建立现代企业制度等一系列的改革措施,就是从后果中层层追查原因,采取相应的措施,加以解决,这就是封闭。

(3)采取有效的封闭方法　封闭的基本方法有两种:一是从后果找出管理手段各环节中的原因,加以封闭。例如,企业虽然发了不少奖金,但是并没有起到调动员工工作积极性的作用,这是因为分配制度出了毛病:干多干少一个样,干好干坏一个样。为此,要进行分配制度改革,真正贯彻按劳分配原则,使个人的收入与其劳动的数量与质量挂钩,与企业的效益挂钩,从而拉开奖金的差距,以调动广大员工的积极性。二是直接从后果采取措施加以封闭。例如,企业生产造成环境污染,或生产销售的产品给社会造成危害,这就应该不论什么原因,都要严肃处理，决不能手软，所采取的处理措施就是直接对后果的封闭。

(4)封闭是相对的　一劳永逸的封闭是没有的。有效的管理要求动态而不断地进行封闭。

二、人本原理及其相应原则

(一)人本原理

1. 人本原理的主要含义

人的问题从来都是管理的根本问题。科学管理倡导的“有效地用人”、人群关系学主张的“善以用人”以及行为科学主张的“善以待人”，都是围绕对人的管理问题而提出的具有代表性的观点。现代管理思想把人的因素放在第一位，重视处理人与人的关系，强调人的自觉性和自我实现精神，主张以人及人的积极性、主动性、创造性为管理的核心和动力。为了实现管理目标，一切管理工作必须以提高人的素质，调动人的积极性、主动性和创造性，做好人的工作为根本，这就是管理的“人本”原理。

2. 人本原理的应用案例

【案例】 (1)现代企业管理者应当端正思想认识　运用“人本”原理，要求每个企业领导者必须从思想上明确，员工不仅是管理客体，而且对下属和物而言更是管理主体(管理者)。要做好整个管理工作，要想管好财、物、信息、技术等，必须抓住做好人的工作这个根本，使全体员工明确整体目标以及自己的职责和工作的意义，积极地、主动地、创造性地完成自己的任务。

(2)现代企业管理者应当正确处理人和物的关系　现代企业发展的决定力量不是资金、设备，而是广大员工，他们才是物质文明和精神文明的创造者。作为企业经营管理者，必须反对和防止见物不见人、见钱不见人、重技术不重人等错误的认识和做法，坚持把人的因素放在第一位。同时，还要认真处理好人与人的关系，创造融洽和谐的气氛，充分发挥人的作用，促进企业各项工作的开展。

(3)现代企业管理者应当正确处理整体调动和个别发挥员工积极性的关系　现代企业管理者不能满足于员工群众多数是好的这一状况，而对个别不能自觉地、积极地工作的员工置之不理。这就要求企业经营管理者运用有效的方法，做好他们的转化工作，变消极为积极，进而提高员工队伍的整体功能。

(4)现代企业管理者应当十分重视人才的培养　管理人才的培养和具有较高素质的员工队伍的形成，始终是头等重要的。因此，企业必须把人才培养、员工培训摆在重要位置,认真抓好。

(二)能级原则

1. 能级原则的主要含义

"能级"是现代物理学中一个重要的概念。"能"是作功的本领,能量有大小,把能量按大小排列,形如梯级,所以叫能级。物理学的能级概念,给予现代管理理论以深刻的启示:稳定的结构并不是均匀而连续的一团混乱,而是具有不同层次、不同能级的复杂系统。在这样的系统中,每一个单元依自身能量的大小而处于不同的位置,以此来保证结构的稳定性和有效性。在现代企业中,机构、规章制度和人员都有一个能量的问题。以人而言,能量大就是工作能力强,能量小就是工作能力小。能量既有大小之分,就必有等级之差。能级分等就是要建立一定的秩序、一定的规范、一定的标准,使所用的人能与级相适应。

能级原则的基本含义就是:在管理系统中建立一套合理的能级,即根据各个部门和个人的能量大小来安排其地位和任务,做到才职相称,使管理的内容动态地处于相应的能级中去。按此原则管理,才能充分发挥不同能级的能量,才能保证结构的稳定性和有效性。

【案例】 现代化大生产和传统的小生产的区别,不仅在于生产规模的大小,而且在于小生产条件下关心的只是个体的能量,而现代化大生产则着眼于具有不同能量的个体的有机结合。在现代化大生产条件下,大量的任务由集体去完成,从而就有可能将任务和承担任务的人都按照能量加以分级运用,既可避免只能挑50斤的人硬去挑100斤而被压垮,又可防止能挑100斤的人轻挑50斤而造成低效率。所以,一个总能量虽低而能有效分级组织的集体,完全可能比总能量虽高但组织混乱的集体做出更多、更大的事情来。由此可见,管理能级对于提高现代管理的效率,取得最理想的成果是多么重要。

2. 贯彻能级原则的应用案例

【案例】 (1)能级的确定必须保证管理结构具有最大的稳定性

在现代管理系统中,各部分的活动必须服从于系统具有高效率与高可靠性的要求。所以,管理系统中能量分级绝不能随意,能级层次也不能任意组合。在现代企业中,为使能级层次有稳定的组织形态,应注意两个问题:一是各机构、各管理层次的能量大小应成比例。各层次之间人员应保持一定比例,管理人员过多,机构臃肿,人浮于事,或者管理人员过少,每个管理人员负荷过重,都会影响结构的稳定性和管理效率。二是按照各机构、各层次能量大小确定它们在企业系统中的地位,能量大、责任重的层次高,上一个层次领导下一级层次,自上而下形成能级序列。

(2)对不同能级应授予与其责任相适应的不同的权力、物质利益和精神荣誉　权力、物质利益和精神荣誉是能量的一种外在体现,它们只有与能级、责任相对应,才符合管理的封闭原则。在其位,谋其政,尽其责,取其利,获其荣,失职者要惩其误。

(3)各类能级必须动态地对应　不同层次、不同类型的管理岗位有不同的能量,各种人员也有其大小不同、特长不同的才能。现代管理必须使具有相应才能的人得以处于相应能级的岗位上,做到各得其所、各尽所能。这里有两方面的含义:一是安排岗位要考虑人的才能大小。一般说来,高一级的管理人员应比下属具有更大的才能,尤其是管理才能。只有领导者是人才,他才能选择人才、聘用人才、发挥人才的作用。低庸的领导者,以其昏昏,使人昭昭,必然压抑人才,造成管理混乱。二是用人要考虑其气质和专长。气质是一个人比较稳定的对现实的态度和习惯化的行为方式,是一个人全部品质和特点的总和。通过对一个人气质的分析,不仅可以说明他现在的行为,而且可以预见到他未来的行为。所以,用人一定要考虑其气质特点,安排以适当工作。比如,外向型宜用在公关、供销等方面;内向型宜用在科学技术研究方面;中间型宜用在管理工作方面等。尊重人的气质,安排以适当的工作,有利于发挥其积极性和创造性。从知识结构来看,每个人的专长与所受的教育、实践经历有关。在不同层次上从事管理工作的人应具备不同的知识和专长。比如,上层领导应具备战略决策能力,要求更多地掌握观念技巧方面的知识;中层领导应具有战役决策能力,观念技巧方面的知识就不一定像上层领导要求那样高,但应掌握一定的技术技巧;基层领导主要应具有战斗决策能力,应更多地掌握技术技巧,而对观念技巧就不一定要求过高。只有混乱的管理,没有无用的人才。

(三)动力原则

1.动力原则的主要含义

动力的原意是指使机械作功的各种作用力,如水力、风力、电力等,常用来比喻推动工作、事业前进和发展的力量。随着生产的发展和管理复杂性的增大,动力作为现代管理中一个重要的问题,越来越被更多的人所认识。管理必须有强大的动力,并且要正确地运用动力,才能使管理运动持续而有效地进行下去,这就是动力原则的基本含义。

2.管理动力的基本类型

现代企业管理中有三类基本动力:物质动力、精神动力、信息动力。

(1)物质动力　是企业管理的根本动力,它包括企业及员工的物质利益和社会经济效益。从企业讲,物质动力不仅是物质刺激,更重要的是讲究经济效果。

(2)精神动力　包括信仰、精神鼓励和日常的政治思想工作。

(3)信息动力　是通过信息的交流产生的动力。在现代化大生产条件下,没有信息的经营管理是不可想象的。信息动力还包括具有传递和影响力的作风、传统等。企业风气、员工的志趣和爱好,都具有一种无形的力量,都属于信息动力。企业经营管理者若能为企业和员工树立一种健康的、奋发向上的风气,就可以推动员工积极进取,发挥他们巨大的创造力量,这样的企业才有旺盛的生命力。

3. 动力原则的应用案例

【案例一】　动力原则在很大程度上决定着其他原理、原则的效能。例如,能级原则必须有充分的能源才能实现,没有强有力的动力制约因素,能级就可能蜕化为封建等级;人才辈出,人尽其才,也只有当某种动力因素迫使人们非用人才不可时才能做到;如果没有一定的动力驱使,群众选举往往会选出能力不一定强的老好人;还有,如果动力不足,员工的积极性从何而来,企业又怎能有活力? 所以,研究和贯彻动力原则,对于现代企业管理具有重要的意义。

【案例二】　动力原则在现代企业管理中的正确运用:

(1)要综合而协调地运用三种动力　对于每一个管理系统,三种动力都是同时存在的。但是,在不同的管理中,三种动力又不会绝对平均,必然存在着差异,而且,由于任何系统的运转都随着时间、地点、条件的变化而变化,三种动力的比重也会随之变化。所以,现代企业管理要得以健康运转,必须辩证施治,针对不同的对象,在不同的情况下有针对性、有侧重地选择不同动力,而不能等量齐观。同时,还要注意三种动力的综合运用,发挥三种动力的整体效能。

(2)要正确处理个体动力和集体动力之间的关系　现代企业管理与社会化大生产融为一体,现代企业管理是以实现集体目标为目的。但是,集体是由个体组成的,集体目标的实现要靠全部个体的共同工作。然而,每个个体又往往有自己的目标。一种比较理想的模式,是让个体在大方向与集体目标基本一致的前提下,充分得到发挥,从而获得较大且较稳定、可靠的集体动力,保证企业集体目标的实现。

(3)要妥善运用暂时动力与持久动力　个体一般总是看重于眼前动力,而集体动力与持久动力又总是紧密相联的。暂时动力和持久动力可看作是“表本”关系，具体运用时，可借鉴“急则治表，缓则治本”的原则。在现代企业管理中，应妥善运用暂时动力推动当前的工作，如给予及时奖励和表扬等。但更主要的是应着眼于持久动力，如搞好现代企业管理的基础工作，对员工进行理想、纪律教育，加强业务技术培训，不断提高他们的思想、业务素质等。

(4)要掌握好各种管理动力刺激量的界限　运用管理动力，有一个“量”的正确掌握问题，否则，就不能有效地发挥管理动力的作用。刺激量过小，动力不足；刺激量过大，又会事与愿违，适得其反。在现代企业管理中，要充分注意对同一时期不同对象刺激量之间的横向对比，还要注意对同一对象不同时期刺激量之间的纵向对比，力求做到刺激量与它们所承担的实际工作相适应。

三、动态调节原理及其相应原则

(一)动态调节原理

1.动态调节原理的主要含义

唯物辩证法告诉我们，世间一切事物都处于运动状态，处于发展变化的过程中。作为管理对象的系统，受着内部各要素状况的限制和制约，同时也受到外部环境的制约和外界各有关因素的影响，同样处于发展变化之中。可以说，任何一个系统都是作为过程展开的动态系统。例如，企业系统的人、财、物、技术、信息等要素，在时间和空间上的不同组合，构成供、产、销等各个环节，形成生产经营活动过程。这些要素和环节都随着企业内外环境的变化而发展变化，这就决定了是一种动态的平衡过程。为了实现管理目标，使企业取得最佳效益，管理过程的每一个步骤都必须实行动态调节，这就是管理的动态调节原理。

2.现代企业管理中运用动态调节原理应注意两个问题

一是管理者要树立动态的、发展的观点，克服静止的、僵化的观点；二是管理者要十分重视信息的搜集，随时掌握企业内、外部环境的变化情况。

(二)反馈原则

1.反馈原则的主要含义

馈是赠送的意思，反馈就是回赠。反馈现象普遍存在于自然界和人类社会。反馈作为控制论的一个基本概念，也是现代管理中的一种普遍现象。反馈的基本含义是指由控制系统把信息输送出去，又把其作用的结果返送回来，并对信息的再输出产生影响，起到控制作用，以达到预定的目的。利用反馈了解和掌握指令信息执行的情况，并根据执行的情况调整未来的行动，这就是管理的反馈原则。

应用反馈方法进行控制时，一般产生两种不同的效果：如果反馈使系统的输入对输出的影响增大，导致系统的运动加剧，这种反馈叫正反馈。反之，如果反馈使系统的输入对输出的影响减少，使系统偏离目标的运动收敛，趋向于稳定状态，则叫做负反馈。

反馈是现代企业正常运行的重要条件。没有有效的反馈，就没有有效的管理。小生产的管理习惯于“平安无事”，“以不变应万变”。现代企业管理恰恰相反，它的信条是“善于找事”、“积小变为大变，不断完善”。决策、执行、反馈、再决策、再执行、再反馈，如此无穷地螺旋式上升，使管理不断进步和完善。如果没有适时、准确的反馈，企业就很难在竞争中取胜，求得生存和发展。

2. 现代企业管理对反馈的基本要求

就是及时、准确、适用。

3. 反馈原则的应用案例

【案例一】 实际上，反馈原则也就是“一切从实际出发”，是“实践是检验真理的唯一标准”这一马克思主义基本原理在现代管理中的贯彻和体现。比如，下级把执行决策的有关情况汇报给制订决策的上级，这就是管理中最普遍的反馈。决策者根据反馈回来的信息，检查了解决策的执行情况，也检查决策本身正确与否，在此基础上重新决策，对执行机构未来的活动实行更好的控制、使其沿着计划的轨道运作，达到预定的目标，这就是运用反馈原则进行管理。

【案例二】 现代企业质量管理中推行一种所谓 PDCA 法，P 代表计划，D 代表实行，C 代表检查，A 代表评价，周而复始，不断地循环前进，实际上就是反馈原则的一种应用。

【案例三】 如上级对下级所汇报的情况加以肯定，并鼓励下级继续做下去，就是正反馈。如上级认为下级的工作偏离了目标要求，需要改进、调整，就是负反馈。

（三）弹性原则

1. 弹性原则的主要含义

弹性，原意是指物体受到外力作用变形后，除去外力作用能恢复原来形状的性质。我们讲的弹性原则，可以简单地表述为：在管理活动中，管理方法、手段、措施都必须保持充分的弹性，留有余地，以适应客观事物各种可能的变化，才能有效地实现动态管理。

2. **弹性原则的应用案例**

就是分类运用弹性原则。

【案例】 (1)管理弹性按范围划分,可分为整体弹性和局部弹性

整体弹性指管理系统的整体可塑性或整体适应能力,是现代企业的经营活动对客观事物变化的适应性和应变能力。整体弹性反映整个现代企业的素质、机能及各方面的协调性,说明外部环境、内部条件发生变化后,现代企业各个方面的经营管理活动能否协同动作。如果某一方面没有反应,或反应缓慢,就会产生不协调,整体适应性就会削弱,或者遭到破坏。可见,增强整体弹性,是使现代企业适应环境变化,在竞争中立于不败之地,得以生存和发展的重要保障。增强整体弹性,一要具有整体弹性观念,二要舍得智力投资,加强员工培训,建立起学习型企业;局部弹性是指每个管理部门、管理环节所具有的可供调节的余地,亦即它们各自的对外部环境和内部条件的适应性,如技术弹性、财务弹性等都属局部弹性。

局部弹性只有和整体弹性结合起来,才能收到良好的效果。

(2)管理弹性按性质划分,可分为积极弹性和消极弹性　积极弹性是遇事有充分的准备,通过充分发挥智慧,进行科学预测,制订可供选择的多种调节方案以适应客观环境的可能变化,这就是所谓的遇事"多几手";消极弹性的根本特点,是把留有余地当作"留一手","头戴三尺帽,不怕砍一刀",如定计划松些,定指标低些,人员、资金要多些,费用预算打高些,时间定得宽松些等。

四、效益统一原理及其相应原则

(一)效益统一原理

1. **效益统一原理的主要含义**

效益统一原理就是指现代企业管理的根本目的在于充分发挥企业组织的职能作用,取得更多更好的经济效益和社会效益,做到经济效益和社会效益的统一。现代企业经营管理者在管理的过程中,要把追求企业经济效益和社会效益及其二者的统一作为根本目的,始终围绕这个目的去计划、组织、领导和控制企业整个系统。通过科学的方法、手段协调企业内外各方面的关系,组织好各方面的工作,以促进经济效益和社会效益的增加,这才是有效的管理。

2. **效益统一原理的应用案例**

现代企业管理中运用效益统一原理应注意的问题:

【案例】 (1)现代企业经营管理者要牢固树立以效益为中心的

思想 在市场经济条件下，就是要走投入少、产出多、经济效益好的路子。

(2)现代企业经营管理者要正确处理两种效益的关系 现代企业经济效益与社会效益有着十分密切的联系，两者既有一致的地方，又有矛盾的方面。现代企业经营管理者，一定要正确处理企业经济效益和社会效益的关系。处理两个效益关系的一条根本原则，就是当两者出现矛盾时，企业经济效益必须服从社会效益。

(二)价值原则

1. 价值原则的主要含义

效益统一原理在管理实践中具体化为价值原则。因为效益是由价值体现的，现代企业经营管理者所追求的经济效益与社会效益统一的目标，体现在具体的管理工作中，就是经济价值与社会价值的统一。所谓价值原则，就是管理过程的各个环节、各项工作都要紧紧围绕提高社会经济效益这个中心，科学地、节省地、有效地使用自己的财力、物力、人力、智力以及时间等资源，以创造最大的经济效益和社会效益。

2. 价值原则的应用案例

【案例】 现代企业经营管理者，在经营管理上如果只追求商品的价值和利润，或只追求经济价值，而不注意更高意义上的社会价值，并努力把两者结合起来，那他就会迷失方向；同样，现代企业管理者如果只把成本理解为财力和物力的耗费，而不考虑、不重视智力和时间的耗费，也不能正确运用价值原则并很好履行自己的责任。这就告诉我们，现代企业管理一定要按照价值原则的要求，不断完善自己的组织、结构、职责、目标，提高管理活动的整体效能，从而以尽可能少的资源投入，获取尽可能大的经济效益和社会效益。

(三)优化原则

1. 优化原则的主要含义

现代企业管理为了以尽可能少的综合耗费获取尽可能大的经济效益和社会效益，就要对生产经营活动中的一切因素、条件及其相互之间的关系进行全面、系统的分析，并在此基础上拟订出多种可供选择的方案，通过比较、论证，选择其中最能实现管理目的的一个方案，并进行充实、优化并最后形成实施方案。这就是管理的优化原则。

2. 优化原则的应用案例

【案例】 管理的优化原则在现代企业的经营管理中被广泛运用。可以说，现代企业的经营管理过程就是优化企业整体管理的动态过程。

例如，经营目标的确定、经营决策和实施计划的制订、各种资源的利用、生产要素结构、产品结构和劳动组合等，都应运用优化原则，使之在一定条件下达到最优化。

第五节　现代企业管理方法及手段

一、现代企业管理常用的方法

（一）行政方法

行政方法是指依靠行政组织，采取行政命令、指示、通知、规定，对生产经营活动等进行管理的方法。其实质是用行政权力、命令与指挥下属从事有关活动，属于政令性推动法。

（二）经济方法

经济方法是指运用各种经济手段，按照客观经济活动规律的要求，管理生产经营活动的方法。主要是通过经济利益来引导人们的行为，从而达到管理的目的。企业内实行的经济手段有工资、奖金、福利、住房、赠送股票、用车、医疗、保健等。目前在我国的企业中，采用经济方法有显著作用。

（三）法律方法

这里所说的法律方法是广义的，它泛指通过各种法律、法令、条例等，调节各种经济活动和企业生产经营中发生的各种关系的方法。它不仅包括国家各级政权机关颁发的有关法律，还包括本组织制定的规章、制度等，在企业的内部表现为厂规、厂纪、劳动合同、经济承包合同、经济承包责任制、岗位责任制、企业领导体制及企业法、公司法等。

（四）思想教育等方法

这是指通过对被管理者进行正确思想的宣传教育、说服教育、启发觉悟以及社会心理学和管理心理学的方法，引导员工树立正确的行为动机，从而使其自觉地按管理者的意志去行动，为实现企业目标自觉行动的方法。在应用中要坚持理论联系实际，密切联系群众，实行批评与自我批评，并坚持正面教育、表扬为主的方法。

（五）数学方法

运用数学知识和数据，对企业生产经营活动进行分析的方法。如资源配置、厂址选择、生产决策、成本优化、库存管理、运输、订货中都可应用。常用的数学方法有决策论、规划论、库存理论、排队论、搜索论等。

以上方法应视为一个有机整体,需综合运用,不可偏颇。关键的是针对问题,选好方法。

二、现代企业管理“新三论”的管理方法

如果说把系统论、控制论和信息论称为“老三论”的话,则“新三论”是指耗散结构论、协同论和突变论。

(一)耗散结构论方法

耗散结构论是针对非平衡的统一物理学的发展而提出的一种科学理论。主要研究对象是开放系统,研究一个系统由混沌向有序转化的机理、条件和规律。该理论认为,一个远离平衡状态的开放系统,在外界条件变化达到某一特定值时,量变可能引起质变,系统通过不断地与外界交换能量和物质,就可能从原来的混沌无序状态转变为一种时间、空间或功能的稳定有序状态。这种远离平衡状态的、稳定的、新的有序结构,称耗散结构。新的耗散结构具有很强的抗干扰能力与发展生机,它不会因外界微小变化而消失,往往能够适应外界条件的变化而进行自组织。

(二)协同论方法

协同论认为,在自然界和社会现象中,各种系统由无序向有序的转换机制是相似的,而各系统之所以具有特定功能,显然是各系统内的大量子系统之间相互协同内因的作用。由此。该理论认为,在系统中,协同是内因,开放是外因,协同与开放同时起作用,协同是主要因素,它能保证系统的整体性,使系统具有整体功能大于部分功能之和的放大功能。

(三)突变论方法

突变论通过数学模型,直观地描述了系统在临界点附近,因外部条件的微小变化引起系统突然的跳跃质变的规律。该理论通过耗散结构论、协同论同系统论联系起来,从而对一般系统论的发展起了推动作用。

(四)现代企业管理“新三论”的应用案例

【案例一】 应用耗散结构理论对认识现代企业经营环境与现代企业经营系统的关系尤为重要。现代企业生产经营系统不断与外界交换能量和物质,才能形成新的有序结构。就是说现代企业经营管理,必须研究外部环境,在生产经营系统输出与输入过程中形成有实力的、有发展能力的系统结构;同时要认识到,所谓新的有序的稳定结构,必须

是远离平衡状态的。因此,经营管理中的组织、协调和控制就是为实现平衡,发现新的不平衡,在实现瞬时平衡中从事大量活动的。

【案例二】 应用协同论方法进行管理,更应重视现代企业内部的各环节的协调配合,强调各分系统应为实现大系统的转换统一步调,密切协作,同心协力。

【案例三】 应用突变论的观点,我们对经营管理问题可否这样理解:现代企业生产经营系统内各环节的不平衡是绝对的,各环节作为分系统从协同观念出发应相互协调,实现动态的平衡,提高现代企业经营实力,当外界环境出现新的需要的萌芽时,现代企业要善于捕捉机遇,实行质的突变,满足新的需求,求得更大的发展生机。

三、现代企业管理的先进手段——电子计算机

现代企业管理的一个显著特征是,整个企业的运行和发展取向的实现,在很大程度上取决于管理现代化、科学化程度,进而又取决于由电子计算机及其网络系统构成的管理信息系统,尤其是决策支持系统的最优运作。可见,电子计算机在现代企业管理中的应用具有十分重要的意义。

(一)计算机在现代企业管理中的应用对实现企业现代化的作用

1. 支撑作用

主要表现为:一是对大量信息处理的支持;二是对应用现代管理方法的支持;三是对经营决策的支持。

2. 推动作用

计算机的应用对现代企业管理现代化具有强大的推动力。一方面应用计算机建立管理信息系统,是通过现代化的管理手段,用新的管理模式代替旧的管理模式的一场变革。另一方面,开发计算机应用,还能有力地促进企业管理基础工作的不断改善和加强,这又有助于实现现代企业管理的现代化。

3. 尺度作用

现代企业单项应用计算机只能实现管理的局部现代化,只有从单项应用过渡到系统应用,即建立现代企业管理信息系统,才能实现现代企业管理的全面的、真正的现代化。计算机的应用水平,不仅取决于计算机技术的水平,还要受到现代企业管理水平的制约。许多现代企业的实践说明,计算机应用水平与企业管理水平是互相促进、互相制约、相互匹配的关系。因此,一个现代企业的计算机应用水平,成为衡量这个现代企业管理水平的重要尺度。这就告诉我们,为了实现现代企业管理的现代化,在建立管理信息系统时,应当把管理现代化体现在管理信息系统的总体目标之中。换句话说,建立现代企业

管理信息系统,其主要目的是为了实现管理现代化。

综上所述,电子计算机对现代企业管理现代化具有决定性的作用,因此,必须把电子计算机的应用作为实现企业管理现代化的一件大事,认真抓好。

(二)我国现代企业应用电子计算机管理应采取的战略对策

1. 制定切实可行的总体规划

开发应用计算机管理,是一项系统工程,必须以全局观点、系统思想为指导,制订出科学、合理、切实可行的系统开发计划。现代企业管理人员应将更多的精力集中在计算机管理系统的分析和设计上,而不应盲目地购置硬件。

2. 充分注意软环境的改善和优化

应做到:提高企业管理层的素质、注意对专业人才的培养和建立有效的组织保证体系。

四、现代企业管理方法的发展

由于科学技术在生产过程中的广泛应用,以及越来越细的专业化分工,使得生产协作关系变得越来越复杂,也使得管理方法在实践中的作用,变得越来越重要了。在现代管理中,人们又总结出了很多管理方法,这里主要介绍:任务管理法、人本管理方法、目标管理方法以及系统管理方法等。

1. 任务管理法

任务管理,也可以称为任务作业。任务管理法其实质就是通过专门的人员对时间和动作进行研究,从而科学地设计工作任务,使工人满负荷工作,以达到提高企业生产效率目的。任务管理法只是从生产技术过程的角度研究作业管理的具体方法,涉及的范围基本上没有超出车间管理,而很少从企业经理人员的角度,研究企业经营的全局问题。如果孤立地使用任务管理法,企业规模越大,其不适应性越突出。

2. 人本管理法

管理学家们经过研究发现,提高人的积极性,发挥人的主动性和创造性对提高组织的效率更为重要。组织活动成果的大小是由领导方式与工作人员的情绪决定的,由此管理学将研究的重点转向了管理中的人本身,这就是以行为科学为主要内容的人际关系理论。人际关系学家主张采取行为管理的方法,即通过分析影响人的行为的各种心理因素,采用一定的措施改善人际关系,以此提高工作人员的情绪和士气,从而能产出最大的成果,达到提高组织效率的目的。

在人际关系理论的推动下,对于组织的管理和研究便从原来以“事”为中心发展到以“人”为中心,由原来对“纪律”的研究发展到对行为的分析,由原来的“监督”管理发展到“自主”管理，由原来的“独裁式”管理发展到“民主参与式”的管理。管理者在管理中采取以工作人员为中心的领导方式，即实行民主领导，让职工参加决策会议，领导者经常考虑下属的处境、想法、要求和希望，与下属采取合作态度，管理中的问题通过集体讨论，由集体来作出决定，监督也采取职工互相监督的方式，等等。这样，职工在情感上容易和组织融为一体，对上司不是恐惧疏远而是亲切信任，他们的工作情绪也就可以保持较高的状态，从而使组织活动取得更大的成果。这种以人为中心的管理理论和方法也包含着一系列更为具体的管理方法，常用的主要有参与管理、民主管理、工作扩大化、提案制度和走动管理等。

人本管理法是作为对任务管理法的革新而提出的一种新的管理方法。这种管理法和任务管理法的重大区别在于：任务管理法要求工作人员的活动标准化，工作人员在工作中的自由度是很小的，但对完成组织规定的任务较有保证。而行为管理法则有较大的灵活性，工作人员在组织中有相当的自由度，较能发挥其自主性和创造性，但这样一来，组织内的变动也较大，组织规定的任务有时却无法完成。为了吸取两种方法的长处和克服短处，一种新的管理方法提出来了，这就是目标管理法。

3. 目标管理方法

目标管理是美国著名管理学家德鲁克的首创，德鲁克认为，并不是有了工作才有目标，而是相反，有了目标才能确定每个人的工作。所以“企业的使命和任务，必须转化为目标”，如果一个领域没有目标，这个领域的工作必然被忽视。因此管理者应该通过目标对下级进行管理，当组织高层管理者确定了组织目标后，必须对其进行有效分解，转变成各部门以及各个人的分目标，管理者根据分目标的完成情况对下级进行考核、评价和奖惩。目标管理的最大优点在于它能使人们用自我控制的管理来代替受他人支配的管理，激发人们发挥最大的能力把事情做好。

目标管理是以相信人的积极性和能力为基础的，企业各级领导者对下属人员的领导，不是简单地依靠行政命令强迫他们去干，而是运用激励理论，引导职工自己制订工作目标，自主进行自我控制，自觉采取措施完成目标，自动进行自我评价。目标管理通过诱导启发职工自觉地去干，其最大特征是通过激发员工的生产潜能，提高员工的效率来促进企业总体目标的实现。

目标管理可能看起来简单，但要把它付诸实施，管理者必须对它有很好的领会和理解。首先，管理者必须知道什么是目标管理，为什么要实行目标管理。如果管理者本身不能很好地理解和掌握目标管理的原理，那么，由其来组织实施目标管理也是一件不可能的事。其次，管理者必须知道公司的目标是什么,以及他们自己的活动怎样适应这些目标。如果公司的一些目标含糊不清、不现实或不协调一致,那么主管人员想同这些目标协调一致,实际上是不可能的。再次,目标管理所设置的目标必须是正确的、合理的。所谓正确,是指目标的设定应符合企业的长远利益,和企业的目的相一致,而不能是短期的。合理的,是指设置目标的数量和标准应当是科学的,因为过于强调工作成果会给人的行为带来压力,导致不择手段的行为产生。为了减少选择不道德手段去达到这些效果的可能性,管理者必须确定合理的目标,明确表示行为的期望,使得员工始终具有正常的"紧张"和"费力"程度。最后,所设目标无论在数量或质量方面都具备可考核性,也许是目标管理成功的关键。任何目标都应该在数量上或质量上具有可考核性。有些目标,如"时刻注意顾客的需求并很好地为他们服务",或"使信用损失达到最小",或"改进提高人事部门的效率"等,都没多大意义,因为在将来某一特定时间没有人能准确地回答他们实现了这些目标没有。如果目标管理不可考核,就无益于对管理工作或工作效果的评价。

4.系统管理方法

第二次世界大战之后,企业组织规模日益扩大,企业内部的组织结构也更加复杂,从而提出了一个重要的管理课题,如何解决复杂大企业的管理问题。为了解决复杂大企业的效率问题,系统方法产生了。

所谓系统方法,就是按照事物本身的系统性把研究对象放在系统的形式中认识和考察的一种方法。具体地说,从系统的观点出发,始终着重从整体与部分(要素)之间、整体与外部环境之间、部分(要素)与部分(要素)之间的相互作用和相互制约的关系中考察对象,从而达到最佳地处理问题的一种方法。

系统方法的一般步骤是:

(1)确定问题,收集资料。在进行系统分析之初,必须首先明确地确定所要解决的问题的性质和范围,研究问题包含着哪些主要因素,分析系统的要素之间的相互关系,以及与外界环境之间的相互关系。

(2)系统分析。系统分析在于拟定出尽可能多的行动方案,并进行试验比较,以寻求费用最低而效果最好的方案。各种方案,经过系统分析后,哪个好?哪个差?可行性如何?都有了可靠的依据。但这些方法是否可靠?引用的情报是否准确?还需要决策者再作判断,这是决策者运用智慧及经验的过程。各种数学和计量方法也无法取代决策者的智慧和经验。

(3)方案决策。在一种或几种值得采用或进一步考虑的方案中选择方案,尽可能在待选方案选择出满足系统要求的最佳方案。

(4)实施计划。根据最后选定的方案,将按计划进行具体实施。如果实施中比较顺利，或遇到困难不大，略加修改即可顺利进行，那么整个步骤即告一段落。如果问题较多，这就需要回到前面几个步骤中的一个，重新做起。

在管理实践中，系统方法存在的最大问题就是最优方案难以确定，因为任何方案都不可能是从任何角度考虑都是最优的，对同一个方案，如果选定的影响因素不同，最优的结论往往也是不同的。方案的取舍缺乏一个明确的指标，这使得系统方法在实际操作过程中显得烦琐，组织最后实施的往往一定不是最优的方案。

五、现代企业管理模式

1. 金字塔型管理模式

由科学管理之父——弗雷德里克·温斯洛·泰罗创立。金字塔型组织是立体的三角锥体，等级森严，高层、中层、基层是逐层分级管理，这是一种在传统生产企业中最常见的一种组织形式。它机构简单、权责分明、组织稳定，并且决策迅速、命令统一。但在市场经济条件下，信息技术发达的今天，金字塔型的组织结构由于缺乏组织弹性，缺乏民主意识，过于依赖高层决策，高层对外部环境的变化反应缓慢，而凸显出刻板生硬、不懂得应变的机械弊端。

2. 学习型组织管理模式

由彼得圣吉五项修炼的基础上，通过大量的个人学习特别是团队学习，形成的一种能够认识环境、适应环境，进而能够能动地作用于环境的有效组织。也可以说是通过培养弥漫于整个组织的学习气氛，充分发挥员工的创造性思维能力而建立起来的一种有机的、高度柔性的、扁平的、符合人性的、能持续发展的组织。学习型组织为扁平化的圆锥型组织结构，金字塔式的棱角和等级没有了，管理者与被管理者的界限变得不再清晰，权力分层和等级差别的弱化，使个人或部门在一定程度上有了相对自由的空间，能有效地解决企业内部沟通的问题，因而学习型组织使企业面对市场的变化，不再是机械的和僵化的，而是“动”了起来。不过，随着全球经济一体化和社会分工细化的趋势日益明显，扁平化组织也会遇到越来越多的问题，在不断的分析问题、解决问题的过程当中，学习型组织“学习”的本质对人的要求将越来越高。

3. 智慧型组织管理模式(C 管理模式)

所谓C管理模式，就是构建一个以人为核心，能够不断修正、自我调节、随机应变的智慧型组织，并将中国人文国学(为人处事之道)与西方现代管理学(做事高效高量之法)相互融合，进行企业人性化管理的一种新型企业组织管理运营模式。

这种以人为运营核心的、具有更大的能动性和更强的应变能力的企业组织,简称为“智慧型组织”,由于它是继金字塔型管理模式、学习型组织管理模式之后出现的第三种组织模式,并且是在西方先进的现代管理学的基础上,融入了中国国学之大智慧的组织类型,因而取“CHINA”的第一个字母“C”,为这个智慧型组织命名为“企业C管理模式”。

C管理模式的关键是“以人为核心”,C管理模式的原则是“以人为本”,C管理模式的特征是遵循自然组织的普遍规律和基本法则。2008年以来,全球金融风暴持续蔓延,一大批欧美企业纷纷陷入破产倒闭的危机,与此同时,国内企业也愈加感受到全球性经济萧条带来的股股寒意。在此轮国际经济危机中,一些我们曾经耳熟能详、顶礼膜拜的全球知名企业,在一夜之间如巨人般轰然倒下,在剧烈的震撼中,国内众多专家、学者和企业界纷纷对西方现代企业管理模式进行了深刻的反思。C管理模式研究的课题,将引发对资本主义完全的自由市场经济的反思,对现行企业管理模式的反思,并将重新聚焦世界对中国特色社会主义市场经济模式的更多思考,这正是C模式的价值所在。

六、经典企业管理法则

1.“南风”法则

其也称为“温暖”法则,源于法国作家拉封丹的一则寓言:北风和南风比威力,看谁能把行人身上的大衣脱掉,北风首先来一个冷风凛冽寒冷刺骨,结果行人把大衣裹得紧紧地;南风则徐徐吹动,顿时风和日丽,行人因为觉得春意上身,始而解开纽扣,继而脱掉大衣,南风获得了胜利。

这则寓言形象地说明了一个道理:温暖胜于严寒,领导者在管理中运用“南风”法则,就是要尊重和关心下属,以下属为本,多点人情味,使下属真正感觉到领导者给予的温暖,从而去掉包袱,激发工作的积极性。

2.“刺猬”法则

两只困倦的刺猬,由于寒冷而拥在一起,可因为各自身上都长着刺,于是它们离开了一段距离,但又冷得受不了,于是凑到一起,几经折腾,两只刺猬终于找到一个合适的距离:既能互相获得对方的温暖而又不致于被扎。“刺猬”法则就是人际交往中的“心理距离效应”,领导者要搞好工作,应该与下属保持亲密关系,这样做可以获得下属的尊重,与下属保持“适当”心理距离,避免在工作中丧失原则。

3.“金鱼缸”法则

金鱼缸是玻璃做的,透明度很高,不论从哪个角度观察,里面的情况都一清二楚。将“金鱼缸”法则运用到管理中,就是要求领导者增加单位各项工作的透明度。单位的各项工作有了透明度，领导者的行为就会被置于全体下属的监督之下，就会有效地防止领导者享受特权、滥用权力，从而强化领导者的自我约束机制，增强单位的向心力和凝聚力。

4.“热炉”法则

就是每个单位都有自己的“天条”和规章制度，任何人触犯了都要受到惩罚。“热炉”法则形象地阐述了惩处原则：①热炉火红，不用手摸也知道炉子是热的，是会灼伤的——警告性原则。领导者要经常对下属进行规章制度教育，以警告或劝戒不要触犯规章制度，否则就会受到惩处。②每当你碰到热炉，肯定会被灼伤，也就是说只要触犯单位的规章制度，就必定会受到惩处。③当你碰到热炉时，立即就被灼伤——即时性原则。惩处必须在错误行为发生后立即进行，绝不拖泥带水，绝不能有时间差，以便达到及时改正错误行为的目的。④不管谁碰到热炉，都会被灼伤——公平性原则。

5.皮格马利翁效应

由美国著名心理学家罗森塔尔和雅格布森在小学教学上予以验证提出，皮格马利翁是古希腊神话中塞浦路斯国王，他常年一人独居。他善于雕刻，孤寂中用象牙雕刻了一座表现了他理想中的女性雕像，久而久之，他竟对自己的作品产生了爱慕之情，他祈求爱神赋予雕像以生命，爱神为他的真诚所感动，就使这座女雕像活了起来，并娶她为妻。在这个神话的基础上，美国著名心理学家罗森塔尔和雅格布森进行了一项有趣的研究。他们先找到了一个学校，从校方手中得到了一份全体学生的名单，在经过抽样后，他们向学校提供了一些学生名单，并告诉校方，他们通过一项测试发现，这些学生有很高的天赋，只不过尚未在学习中表现出来，其实，这是从学生的名单中随意抽取出来的几个人。有趣的是，在学年末的测试中，这些学生的学习成绩的确比其他学生高出很多。研究者认为，这就是由于教师期望的影响，由于教师认为这个学生是天才，因而寄予他更大的期望，在上课时给予他更多的关注，通过各种方式向他传达“你很优秀”的信息，学生感受到教师的关注，因而产生一种激励作用，学习时加倍努力，因而取得了好成绩。皮格马利翁效应告诉我们，对一个人传递积极的期望，就会使他进步得更快，发展得更好。反之，向一个人传递消极的期望则会使人自暴自弃，放弃努力。

6.霍桑效应

在美国芝加哥郊外的霍桑工厂是一个制造电话交换机的工厂，有较完善的娱乐设施和非常健全的社会福利，但工人们仍愤愤不平，生产效率也不高。后来，由哈佛大学教授梅奥专门对其进行了一项试验，用两年时间，专家们找工人个别谈话两万余人次，并且在谈话过程中，要耐心倾听工人对厂方的各种意见和不满,这一“谈话试验”取得了意想不到的效果:工厂的产值大幅度提高。霍桑试验的研究结果否定了传统管理理论对人的假设,表明了工人不是被动的、孤立的个体,影响生产效率的最重要因素不是待遇和工作条件,而是工作中的人际关系。由于工人们对工厂地各种管理制度和方法有诸多不满,无处发泄,“谈话试验”使他们的这些不满都发泄出来,从而感到心情舒畅,干劲倍增。

7. 互惠关系定律

“给予就会被给予,剥夺就会被剥夺;信任就会被信任,猜疑就会被猜疑;爱就会被爱,恨就会被恨。”这就是心理学上的互惠关系定律。当您真诚地辅助员工的时候,员工才能真心地辅助您,拥戴您。

8. 手表定理

一个人同时拥有两只表时,他会无法确定时间。你要做的就是选择其中较信赖的一只,尽量校准它,并以此作为你的标准,听从它的指引行事,手表定理在企业经营管理方面给我们一种非常直观的启发,就是对同一个人或同一个组织的管理不能同时采用两种不同的方法,不能同时设置两个不同的目标,甚至每一个人不能由两个人来同时指挥,否则将使这个企业或这个人无所适从。

9. 酒与污水定律

意思是一匙酒倒进一桶污水,得到的是一桶污水;把一匙污水倒进一桶酒里,得到的还是一桶污水。几乎在任何组织里,都存在几个难弄的人物,他们到处搬弄是非,传播流言、破坏组织内部的和谐。一个正直能干的人进入一个混乱的部门可能会被吞没,而一个无德无才者能很快将一个高效的部门变成一盘散沙。组织系统往往是脆弱的,它很容易被侵害、被毒化。破坏总比建设容易。一个能工巧匠花费时日精心制作的陶瓷器,一头驴子一秒钟就能毁坏掉。如果你的组织里有这样一头驴子,你应该马上把它清除掉;如果你无力这样做,你就应该把它拴起来。

10. 水桶定律

水桶定律是讲,一只水桶能装多少水,完全取决于它最短的那块木板。这就是说任何一个组织都可能面临的一个共同问题,即构成组织的各个部分往往决定了整个组织的水平。构成组织的各个部分往往是优劣不齐的,而劣质部分往往又决定整个组织的水平。

“水桶定律”与“酒与污水定律”不同,后者讨论的是组织中的破坏力量,而“最短的木板”却是组织中有用的一个部分,只不过比其他部分差一些,强弱只是相对而言的,无法消除。问题在于你容忍这种弱点到什么程度。如果它严重到成为阻碍工作的瓶颈,就不得不有所动作。

如果你在一个组织中,你应该确保你不是最薄弱的部分;避免或减少这一薄弱环节对你成功的影响;你正处在这一环节中,你还可以采取有效的方法改进,或者转职去谋另一份工作。

【小结】

本章主要介绍了企业的概念、特征、类型,企业结构的组成,现代企业的含义和特征,管理的特点、要素、地位、作用和分类等,企业管理的性质和职能,现代企业管理的概念、重要性、特征和任务,现代企业制度的基本含义和特征;详细介绍了现代企业管理的四个基本原理和对应的八个基本原则及现代企业管理方法和手段。

【复习思考题】

1. 什么是企业?
2. 现代企业有哪些特征?
3. 现代企业可分为哪些类型?
4. 企业管理的性质是什么?
5. 企业管理二重性的意义何在?
6. 我国现代企业管理的新特征有哪些?
7. 现代企业管理的任务主要有哪几个方面?
8. 现代企业制度的基本特征是什么?
9. 现代企业管理有哪些基本原理和管理原则?
10. 现代企业管理基本方法有哪几种?

【实训目标】

1. 掌握现代企业管理的基本概念:企业、现代企业、管理、企业管理。
2. 掌握企业管理的基本原理,即四大原理八大原则。
3. 理解现代企业的特点和内容。

【实训内容与形式】

1. 调查与访问:调查或访问某一实际企业,或网上、报刊杂志中,搜集一个或几个企业的实际案例或资料(最好是一事一议性的简短事例);说明现代企业的组织结构情况及其制度规范。主要需搜集的信息有:企业的组织结构系统图、各主要职位、部门的职责权限及职权关系、企业主要的制度规范等。

2. 管理故事：刺猬法则、木桶法则、南风法则、热炉法则、鱼缸法则。

3. 管理沙龙：在班级组织一次关于企业管理理论与企业管理思想的沙龙。每个成员都可以作介绍，谈体会，放开思路，自由畅想。应用所学理论，分析其企业管理的基本原则。

第三章 现代企业经营管理与经营战略

CA

【开篇案例】

沃尔玛的竞争战略

美国沃尔玛公司作为世界最大的零售业企业,已在全球拥有4 000多家连锁店,其中在美国有2 500多家,山姆俱乐部会员店500多家,海外机构1 000余家。公司已开设和即将开设的连锁店和会员店遍及巴西、加拿大、中国、德国、英国、韩国、墨西哥等国,员工总数达100多万人,其中国际员工25万多人。那么,到底是什么创造了沃尔玛如此辉煌的业绩?

1. 天天平价,始终如一

当你走进沃尔玛的大门,第一眼看到的一定是"天天平价,始终如一"的标语,就连沃尔玛的购物袋上印的也是这句话,这句话对沃尔玛的重要程度由此可见一斑。

天天平价和一般的削价让利有着本质的区别。天天平价是折扣销售额的基础,是把减价作为一种长期的营销战略手段,减价不再是一种短期促销行为,而是作为整个企业市场定价策略的核心,是企业存在的根本,是企业发展的依托。

沃尔玛公司正是在所有折扣连锁店中将这一战略贯彻得最为彻底的一家公司,它想尽一切方法来降低成本,力求使沃尔玛商品比其他商店更便宜。这一指导思想使得沃尔玛成为本行业中的成本控制专家,它最终将成本降至最低,真正做到天天平价。

2. 保证满意

“保证满意”是在沃尔玛商店中悬挂最多的标语之一，这是沃尔玛对顾客作出的承诺，也体现了沃尔玛的经营理念。

沃尔玛的经营哲学认为顾客永远第一，商店需要不断地了解顾客的需要，设身处地为顾客着想，最大程度地为顾客提供方便，沃尔玛把为顾客提供超一流的服务摆在和天天平价同等重要的战略高度。

在零售行业，舒适的购物环境，优质周到的服务必然与较高的价格相联系，而价格低廉的折扣商店，顾客可以得到价格上的优惠，却往往无法享受到优质的服务。而沃尔玛公司努力地将二者结合起来，做到在提供廉价商品的同时，保证顾客能享受到超值服务。

沃尔玛这样告诫第一天进店的新员工：“顾客来到商店，是他们给我们付工资的。这样无论如何，我们都要好好对待顾客，永远要尽力帮助顾客，永远要走到你的顾客身边，问他们你是否能帮助他们。”

在沃尔玛商店，你还随时可以看到这样的标语：“顾客永远是对的”，“顾客是上帝”，我们要“超越顾客的期望”等，这都说明沃尔玛卖的不止是商品，沃尔玛鼓励员工作到“三米微笑原则”，也就是当顾客进入商场时我们应该看着顾客的眼睛，向三米之外的顾客微笑打招呼是每一位顾客感觉到自己是受欢迎的。除此之外，沃尔玛还有“日落原则”，今天的工作必须今天完成，效率是非常重要的。

沃尔玛还宣称：“我们争取做到每件商品都保证让你满意。如果不满意，可以一个月内退货，并拿回全部货款。”

纵观所有取得成功的企业，它们正是正确实施某一种基本竞争战略，取得了某种竞争优势，才得以在市场上占有一席之地。

第一节　现代企业经营理念与经营目标

一、现代企业经营管理

（一）经营的概念

“经营”一词自古有之，只是各个时代的理解有所不同。古代通常将“经营”理解为：“经度营造”，即筹划、营谋、开拓、发展之意。近代，经营则多指“买卖、销售”等意。现代经济管理中的企业经营，是指商品生产者以市场为对象，以商品生产和商品交换为手段，为了实现企业目标，使企业的生产技术经济活动与企业外部环境达成动态均衡的一系列有组织的活动。

现代企业不仅通过生产过程把产品生产出来形成商品的价值和使用价值，而且还要进入市场，通过流通过程，以最有利的条件把产品销售出去，在满足用户和市场需要的同时，获取尽可能多的利润。企业从事商品生产和交换的全部经济活动，即对市场的选择，对产品、价格的选择，对材料、设备的选择以及对消费者、市场行情的研究，对竞争者的研究等，都属于经营活动。

（二）经营与管理

经营和管理是两个既有联系又有区别的概念。经营是商品经济高度发达、市场竞争的产物。它是使企业全部的经济活动达到预期的目标所做的决策，以及为实现这一决策所做的努力。它的实质是解决企业外部环境、企业经营目标和企业内部条件三者之间的动态平衡问题，保障企业的生存与发展。因此经营是一种具有方向性、长期性、战略性和决策性的领导艺术。

管理是劳动社会化的产物。它具有计划、组织、指挥、控制和协调五大职能。管理是靠科学的方法去研究解决日常的、具体的战术性问题。它的任务是根据企业的经营目标，正确处理好企业内部和外部的各种关系，保证企业目标的实现。因此，可将经营和管理的区别归纳为：

①它们产生的过程不同，管理是劳动社会化的产物，而经营则是商品经济的产物；②它们的适用范围不同，管理适用于一切组织，而经营则只适用于企业；③它们的功能不同，经营的功能是决策，它解决的是目标性、方向性和战略性的问题，而管理的功能是执行，它是涉及方法、手段等战术性问题；④它们要达到的目的不同，管理旨在提高作业效率，而经营则以提高经济效益为目标。

尽管经营与管理有区别，但是从企业的实际情况来研究，经营是管理职能的延伸和发展，二者是不可分割的整体。在商品经济尚未高度发达的卖方市场条件下，企业管理是以生产为中心，主要职能是对企业内部的活动进行计划、组织、指挥、控制和协调，经营的功能常被人们所忽视。在商品经济高度发达的市场经济条件下，企业管理由以生产为中心转变为以交换和流通过程为中心，经营的功能越来越重要而为人们所重视。企业管理的职能自然要延伸到研究市场需要，开发新产品，制定企业发展战略等方面，从而使企业管理必然地发展为企业经营管理。

二、现代企业经营理念与经营哲学

(一)现代企业经营理念

经营理念是指企业经营的理论指导与思想观念,是由一系列观念和观点构成的,是对经营过程中发生的各种关系的认识和态度的总和。企业经营成功的关键,是树立正确的指导思想、先进而科学的观念。

现代企业最基本的经营思想,就是扬长避短,发挥优势,以优质产品和服务满足社会需要,取得最好的经济效益。这一基本思想具体表现为九个观念。

1. 市场观念

市场观念是指企业要以市场为导向,以市场需求为中心开展生产经营活动。企业要成为市场的主体,就必须强化市场观念,学会按市场经济法则思考和处理问题,进一步了解市场、研究市场,根据市场需求组织生产、销售和服务,从而掌握市场的主动权。

2. 竞争观念

竞争是市场经济的基本特征,它是在同一市场上生产或销售同类产品的不同企业之间为争取市场份额和获得更多的利润而进行的正当努力和合法争夺,是市场经济条件下企业生存与发展的动力和压力。在激烈的市场竞争中,适者生存兴旺,逆者衰亡淘汰。因此,企业必须强化竞争意识,树立平等竞争的观念,树立全方位的国际竞争观念,敢于竞争,善于竞争。

3. 创新观念

所谓创新就是对现代企业生产要素、生产条件和生产组织进行重新组合,以建立效能更强、效率更高的新的生产体系的活动过程。创新必须突破经验、突破现实、突破权威、突破自我,企业要善于开发和利用企业的各种资源,不断地改进企业的经营战略和经营方法,不断创造新的产品,开辟新的生产领域和开拓新的市场,才能在竞争环境中永远处于领先地位。

4. 用户观念

用户是实现购买行为的消费者,是市场与消费者的具体组成部分,用户的多少决定着企业的命运。用户观念首先要求企业学会站在用户的立场看问题,想用户之想,为用户服务,对用户负责,树立用户至上的观点;用户观念要求企业树立优质服务的态度,通过服务接近用户,了解市场的潜在需求,使企业在为用户提供优质服务的前提下,获得经济利益。

5. 开发观念

开发观念要求经营者要善于有效地开发和利用企业的各种资源，企业的资源包括以下八个方面：①资金；②物质资源；③人力资源；④空间资源；⑤时间资源；⑥技术资源；⑦信息资源；⑧管理资源。

6. 效益观念

提高经济效益是企业的经营活动的中心任务。提高经济效益并不是单纯为了赢利。企业的经营活动要服从社会主义的生产目的，提高整个社会的生产力水平，节约劳动力和能源消耗，提供质优价廉的产品和服务，改善人民的物质文化生活。

7. 信息观念

当今社会已进入信息时代，竞争的成败已在很大程度上取决于掌握信息的速度和数量。

8. 质量观念

质量和品牌是相互依存的使企业成功的两个重要因素。名牌产品无不依赖于产品的质量，因此，质量—品牌—成功是企业发展壮大的重要途径。

9. 人本观念

人力资源是企业最宝贵的财富，要尊重人、信任人，充分发挥企业员工的积极性和创造性。

（二）现代企业经营哲学

经营哲学，就是经营者对经营过程中发生的各种关系发展变化的规律性认识和树立的信念。

正确的经营哲学能使人们以正确的思维方式认识和对待经营过程中发生的一切变化和关系。诸如：稳定与变化；风险与机会；强者与弱者；兴旺与衰退；成功与失败；进攻与撤退；长期利益与眼前利益；全局利益与局部利益等；都是一种对立统一及矛盾转化的关系。风险中潜藏着机会，机会中孕育着风险。久盛防衰，弱生于强。退一步可以进两步。有了这样的经营哲学，可以使经营者保持清醒的头脑，处于顺境而不迷，处于逆境而不惑。

经营哲学常常以某种信念的形式支配着人们的观念和行为。例如，日本许多企业经营者的信条是：用户是王，时间是钱，质量是命，安全是法，人多是祸。美国 IBM 公司的经营哲学为：提供世界上最好的服务。美国许多成功企业的信念是：采取行动；接近顾客；独立自主与企业精神；靠人来提高生产率；建立正确的价值观；做内行的事；组织单纯，人事精简；宽严并济。

我国企业在经营机制转化和制度创新的过程中,也逐步形成了自己的经营哲学,诸如:以质量求生存,以品种求发展;把竞争当日子过;用户至上,信誉至上;时间就是金钱;等等,都是我国企业经营者的信念。

日本松下电器公司,是由松下幸之助等3人生产销售灯泡插座和插头作为开端,发展到20世纪90年代已拥有职工19.3万人,年销售额417亿美元,纯利润16.2亿美元。综观该企业成功的历史,其中重要的原因之一,是它有一个正确的经营思想,这些经营思想对于我们树立企业使命感和正确的经营观念,值得研究和借鉴。例如:

企业是公有的,经营好企业是企业家的责任。

产业人的使命就像"自来水"那样,向消费者向社会源源不断地提供质量、性能优良的产品,提供优质服务,使物质不断丰富,使贫穷逐渐消除。

企业经营的目的不是为了赚钱,但确保适当的利润是义务——为了投资者,为了职工生活福利的改善,为了扩大再生产,为了回报社会。

为了追求利润,同时确保产品的竞争力,必须千方百计地降低成本,完善经营管理。

造物之前先造人,重视人才培养。

经营者应从长计议,超越自己的任期。

经营者应率先垂范,先苦后乐,具有一切责任在我的觉悟。

经营者不应怨天尤人,而应认为社会是公道的,相信路就在自己的脚下。

三、创新经营

企业要在复杂多变的环境下求得生存和发展,必须主动变革,锐意创新。因此,创新能力是决定企业经营成败的重要条件。创新经营,就是对企业经营管理的各个方面和各个环节进行变革,运用创造性思维,探索和开发新产品、新技术,寻求和采用新制度、新方法的过程。

1. 创新经营的特征

创新经营,也可表述为经营创新,从其内在含义看,具有以下几个特征:

①创新经营强调的不是"变革"的内容,而是创新精神和变革的实践,是促成、实现新事物的过程。

②创新经营依赖于企业中人的能力与素质。

③创新经营是企业管理能力的综合体现。

④创新经营包括企业经营管理活动的各个方面的创造和变革。

2. 创新经营的主要内容

(1)组织管理与制度的创新　企业的组织结构、管理思想、管理方法和管理制度等不应是僵化不变的,必须随着外部环境的变化而相应变化。

(2)经营目标与战略创新　企业经营目标与经营战略也要谋求与外部环境的动态适应,随着社会经济、政治的发展和市场需求的变化,作出相应的变革。

(3)产品与技术创新　企业要适应消费需求的变化与科技的迅速发展,必须不断地进行产品创新,发展新产品、新材料、新工艺、新技术,创造新的市场机会和消费需求。

(4)营销方式与策略、手段的创新　为适应市场的变化及开拓新的市场领域,企业必须经常对现有的营销、服务方式与策略手段进行总结,研究分析其单项或结构缺陷,从顾客那里吸取新的思想,不断寻求满足顾客需求的新方式、新手段。

3. 创新经营的原则

美国学者彼得·德鲁克概括的6条创新原则对我国企业创新经营同样具有重要意义。

①分析创新机会的各种来源,这是有目的、有计划创新的开始。

②走出去观察、访问,倾听消费者的要求和期望,这是创新的必由之路。

③有效的创新必须简单、集中,它应该只做一件事。

④有效的创新开始时不要把摊子铺得太大。

⑤创新一开始就以充当领导者为目标,争取成为标准的设计者,并决定新技术和新产业部门的方向。

⑥创新需要才干、机智和知识,但更需要努力和专心致志的工作。

4. 创新经营的条件

一个富于创新精神的企业,必须具备创新的条件,才能保证企业在创新经营活动中取得成功,这些必备的条件是:

(1)革新型的领导　企业创新经营的首要条件是有一个革新型的,而不是官僚式的领导群体。这个群体的成员自身首先要树立创新观念和实干精神,除了要具有一般意义上的领导能力外,还要具备带动、促成和领导企业创新活动的新的领导技能,即预见技能、想象技能、价值综合技能、授权技能和自知及反省技能。

(2)创造型人才　现代管理理论认为,创造型人才具有以下特征:

①思想活跃,具有丰富的想象力;②果敢坚毅,富于冒险精神;③满腔热情,充满献身精神;④突出自己,富有竞争精神。

(3)有利于创新的企业环境 这些环境条件包括:

①树立职工的主人翁感;②放松控制,鼓励创新;③容忍失败,鼓励试验和冒险;④有利于创新人才脱颖而出的提升和奖励制度。

四、现代企业经营目标与经营计划

(一)现代企业经营目标

经营目标是企业生产经营活动在一定时期内预期达到的经营成果。经营目标可以因企业的特点或经营方针与战略各异而有所不同,但其基本内容大体有3个方面,即成长性目标、稳定性目标和竞争性目标。

1.成长性目标

它是表明企业进步和发展水平的目标 。这种目标的实现,标志着企业的经营能力、经营水平有了明显提高。成长性指标包括:①销售额及其增长率;②利润额及其增长率;③资产总额;④设备能力、产品品种、生产量等。其中,销售额与利润额是最重要的成长性指标。销售额是企业实力的象征,而利润额不仅反映了企业的现实经营能力,同时也表明了它的发展潜力。

2.稳定性目标

它主要反映企业的经营安全状况,有无亏损或倒闭的危险。稳定性指标包括:①经营安全率;②利润率;③支付能力。

3.竞争性目标

它表明企业的竞争能力和企业形象。竞争性指标具体包括:①市场占有率;②企业形象。其中,市场占有率是最重要的指标,它不仅表明企业的竞争能力,同时也能表明企业的稳定性。市场占有率过低的企业是极不稳定的,企业只有通过提高市场占有率,才能在激烈的市场竞争中站稳脚跟。

在制订企业经营目标时需要注意以下几点:

(1)突出关键 在制订企业经营目标时,要突出企业经营成败的重要问题和关键问题,抓住重点,切不可主次不分和目标过多,以免滥用资源而因小失大。

(2)切实可行 经营目标既不能是现实中不可能达到的,也不应该是很容易就可以达到的。因此,在制订目标时必须全面分析企业各种资源条件和主观努力能够达到的程度。只有经过努力可以达到的经营目标才有意义。

(3)定性和定量相结合　将定性分析和定量分析结合起来,使经营目标尽可能用数量指标或质量指标来表示,并保持一定的可比性。

(二)现代企业经营计划

企业的经营计划,是指为实现企业经营目标而编制的,指导企业经营活动的综合性计划,是企业经营思想、经营目标和经营方针的具体化,是企业的行动纲领。

企业经营计划的任务,就是根据社会需要,充分挖掘企业内部潜力,有效利用企业外部环境条件,搞好企业的生产经营活动,实现企业的经营目标,为社会提供尽可能多的产品和服务,并增加企业的赢利。具体任务包括以下几方面:

(1)把经营目标具体化　企业要有效地组织生产经营活动,必须根据社会需求和企业的条件制订经营目标及其实现的先后顺序,并且为实现目标确定任务结构和分配任务。

(2)分配各种资源　合理分配资源,就是要按企业的目标及目标的重要程度,采用科学的方法来合理地分配各种资源,使有限的资源发挥出最大的效益,以确保企业经营目标的实现。

(3)协调生产经营活动　企业必须通过计划的编制、执行、控制,使企业的各个生产要素及生产经营的各个环节相互协调配合,协调一致。

(4)提高经济效益　制订计划一定要在市场预测的基础上,确定目标,分配资源,协调生产经营活动,通过计划的执行和控制,用尽可能少的投入,取得最大限度的产出,在满足社会需求的前提下取得较好的经济效益。

第二节　现代企业经营环境与竞争优势

一、企业经营环境与竞争优势

1. 企业经营环境

企业经营环境是指企业的经营活动所处的内外部条件与环境因素的总和。企业外部环境是指处于企业实体之外但对企业产生影响的诸多因素的综合体;企业内部条件分析是指对影响企业生存和发展的内部因素进行分析。

2. 企业的竞争优势

当一个企业的利润率高于行业平均水平时，则该企业具有竞争优势；当一个企业的利润率持续高于行业的平均水平时，则该企业具有持续竞争优势。企业在经营过程中，必须确立自己的竞争优势，才能在竞争中立于不败之地。而只有认真分析企业的经营环境，才能把握机会，规避风险，并正确认识自我，扬长避短，建立真正的竞争优势。

企业经营环境的分析，应包括外部环境和内部环境两大部分。外部环境分析包括对一般环境的分析、行业环境的分析和具体环境的分析。通过外部环境的分析，主要是找出企业的经营机会，发现企业面临的威胁，以抓住机会，规避风险。企业内部环境的分析，主要是对企业业绩的分析和企业战略选择的决策性因素的分析。通过内部环境的分析，主要是找出企业的优势和发现企业的隐忧，以发挥优势，铲除隐忧，真正构建企业的经营优势。

二、企业外部环境分析

企业的外部环境因素一般可分为三大类：一般环境因素、行业环境因素和具体环境因素。

（一）一般环境因素

一般环境因素是指对某一特定社会所有企业或其他经济组织都产生影响的环境因素，主要包括：

（1）经济因素　主要指国民经济的发展情况，包括利率、通胀率、可支配收入、证券市场指数以及一般的经济周期等。

（2）政治法律因素　指总的政治形势及立法和司法现状，包括国家政局的稳定性、社会制度、党派关系、相关法律法规以及产业政策等。

（3）社会文化因素　包括社会价值观的变化，以及由此引起的社会成员行为态度的变化和人口数量及结构的变化等。

（4）技术因素　主要指目前社会技术总水平及其变化趋势。

（5）自然因素　包括地理位置、气候、资源、自然灾害等因素。

（二）行业环境分析

行业环境是一般环境与具体环境的结合面，它是对本行业内的所有企业都产生影响的环境因素。行业环境的分析主要有以下两方面的内容：

1. **行业发展阶段、规模和趋势分析**

确定行业的各种阶段是行业分析的第一步。识别一个行业处于哪个发展阶段,可以用行业生命周期的理论和方法来进行,见表3-1。

表3-1　行业生命周期各阶段的特征

特征＼阶段	幼稚期	成长期	成熟期	衰退期
市场增长率	较高	高	不高	下降
技术	技术变动大	技术稳定	成熟	—
产品开发	不稳定	容易	困难	—
产品品种	有限	多	多	减少
获利性	不确定	高	不高	下降
竞争者数量	少	多	稳定	减少
进入障碍	低	提高	高	—

从表中可以看出,行业的发展也是有周期的,它同样会经历幼稚期、成长期、成熟期和衰退期四个阶段。在不同的阶段,有不同的市场和竞争特点,企业可根据这些特点来判断自己所处行业的发展阶段。

行业的规模和发展趋势与行业在社会经济中的地位和作用有着密切的联系。行业在社会经济中的地位高、影响面大,行业的规模就大,其各种速度就快。行业在社会经济中的地位和作用主要表现在三个方面:①行业的销售额占国民生产总值或国内生产总值的份额、利税额和就业量分别在全国国民生产总值或国内生产总值、财政收入和就业总量中的比重;②政府的产业政策以及行业的现状和未来对整个社会经济及其他行业发展的影响程度;③行业在国际市场的竞争能力。

2. **行业竞争结构分析——波特模型**

美国哈佛大学商学院教授波特将企业的竞争因素概括为五种基本力量,提出了一个产业竞争结构的基本模式,即“波特模型”(如图3-1所示)。

(1)新竞争者的入侵威胁　利用波特模型对新加入者进行分析的目的是要了解所在行业阻止新企业进入的能力和方法。

(2)现有竞争者之间的竞争　现有竞争者之间通常以价格竞争、广告战、改进产品和技术、增加顾客服务等方式争夺市场地位。

(3)分析买方和卖方力量　了解买方和卖方的力量是为了弄清在行业中

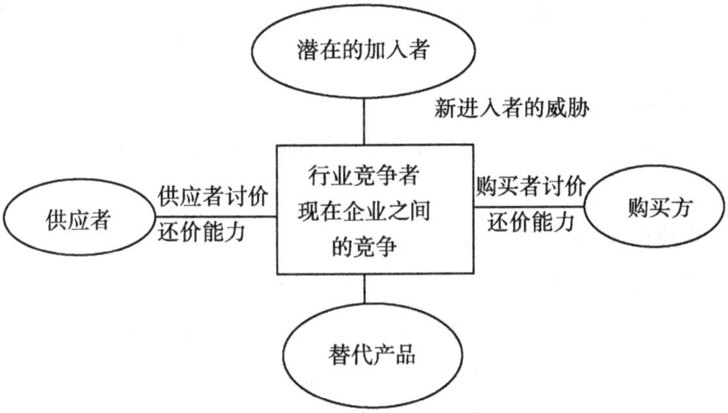

图 3-1　波特模型

企业与其客户和供应商之间谁占主导地位,从而基本确定企业与买方和卖方的关系。

(4)替代产品的威胁　替代产品是指在功能上能部分或全部代替某一产品的产品。当行业中的产品存在替代品时,替代品便对产品的生产企业构成威胁。为了减少替代品对企业的威胁,企业也会设法扩大产品的差别化程度,强调替代品所不能发生作用的方面。

这五种基本竞争力量都可能在企业竞争中产生影响。当然,在不同的行业中,这些因素对企业的竞争压力是不同的。分析竞争压力的来源,了解企业所处行业的竞争特点,使企业做到知己知彼,百战不殆。

(三)具体环境分析

企业的具体环境,是指对某一特定企业构成影响的环境因素。具体环境分析一般要考虑以下主要因素:

1. 销售市场

顾客的需求或市场需求以及竞争者的情况是销售市场最重要的因素,了解销售市场,必须对顾客和竞争者进行研究分析。

2. 供应市场

企业生产所需要的各种物资要从供应市场上取得,供应市场的变化会影响生产。企业应特别关注原材料、能源和协作件的供应情况,使企业生产能得到可靠的物质保证。

3. 资本市场和资金市场

资本市场的发展为企业的发展提供了资本来源。企业可以通过发行股票筹措资本,并通过资本的有效运营获得较高的经济效益,以增强企业的竞争能力。

4. 人力资源

人力资源在质与量方面的供应情况将影响经营战略的选择与实施,企业应看到人才的重要性。

5. 有关政府部门和社会组织

政府部门是指为国家和社会利益而监督企业经营的各有关部、局,如财政局、税务局、劳动局、质检局、工商局等。在社会上,为了公众利益,也有许多组织,如消费者协会、绿色和平组织等,会对企业进行监督。因此,企业的管理者也必须理顺同这些部门组织之间的关系,在它们的监督约束下进行生产经营活动。

三、企业内部环境分析

企业内部环境分析的主要内容有:绩效分析、对企业战略选择的决策性因素分析。

(一)绩效分析

绩效分析的意义在于通过对量化指标进行分析比较,了解和把握企业的现状和资源状况,找出企业的优势所在。企业经营绩效的指标可分为五大类:

①成长性指标,主要是反映企业的经营能力和扩张能力;②效益性指标,主要反映企业的获利能力;③安全性指标,主要反映企业的短期偿债能力和长期偿债能力;④流动性指标,从资本各种形态的流动性角度反映了企业资本的利用水平和经营效率状况;⑤生产性指标,从企业员工生产率的角度反映企业人均经营能力、经营成果以及经营成果的分配状况。

绩效分析的重点在于与历史时期、行业水平、主要竞争对手的比较,否则将失去意义。

(二)对企业战略选择的决策性因素分析

企业内部战略要素包括企业组织结构、企业文化和资源条件等。其中,企业组织结构、企业文化将在其他章节中加以论述,这里重点对影响企业战略选择的资源进行分析。

企业经营战略的制定必须建立在对企业资源条件全面认识的基础上,即通过对企业资源能力结构分析,识别资源条件的关键战略要素,找出其存在的战略优势与劣势。

1. **企业资源能力结构**

企业资源能力结构是由企业经营要素决定的。管理专家用“6M + T = I”八大要素本身的素质及其相互结合的形式体现企业资源能力结构。

(1)人力(Manpower)　人力资源通常是指企业内具有劳动能力的人的体力和脑力的总和,它是劳动力的数量、质量和专长的统一,是企业的第一资源。

(2)资金(Money)　资金是企业财产和物质的货币表现,企业的生产经营活动过程,也是资金运动过程。

(3)物料(Materials)　物料是指企业生产经营活动所需各种原材料和辅助材料等的总称。企业生产过程,也是物料的消耗过程。

(4)机器设备(Machine)　机器设备是企业的“骨骼”系统,是现代化生产物质技术基础。

(5)营销方法(Methods)　营销方法或技术是指企业在市场上所从事的旨在取得利润的各种活动。企业竞争优势在较大程度上取决于市场营销方法的优劣,特别是营销组合策略的优劣。因此,营销方法是企业资源的一种特别能力,关系到企业战略目标的实现。

(6)管理(Management)　管理是指利用各种企业管理职能,有效地运用人力、资金、物料、机器设备、营销方法等5M因素,使企业取得最大的经济效益。

(7)时间(Time)　时间是企业生产经营活动诸因素中最宝贵的资源。对企业战略管理来说,对时间的重视主要表现在:把握时机,抓住机会,才能出奇制胜;市场竞争要求快速响应;注重货币的时间价值。

(8)信息(Information)。信息是指为作出一项决策而必须具备的新知识。当今决定企业经营水平和企业能力的已不仅仅是装备、技术等,还取决于企业占有信息的程度。

2. **战略因素的分析与评价**

在对企业资源能力的结构系统认识的基础上,就可以对资源条件的战略因素进行分析与评价,从而弄清企业在资源条件方面的关键战略以及优势和劣势之所在。

(1)历史比较法　历史比较法要求企业战略层将本企业的历史状况作为对企业内部战略因素进行比较的基础。

(2)竞争对手比较法　同一行业内的不同企业在营销技术、资金来源、生产设施、专门技术、管理能力、人员素质等方面都存在着差别,这些差别便形成了企业间的相对优(劣)势。因此,在制订企业战略时,有必要将本企业主要内部能力与竞争对手相比较,从而找出企业的主要优劣势。

第三节　现代企业经营决策

一、现代企业经营决策概述

(一)现代企业经营决策的概念

决策是决策者在占有大量信息和丰富经验的基础上,对未来行动确定目标,并借助一定的计算手段、方法和技巧,对影响决策的诸因素进行分析、研究后,从两个以上的可行方案中选取一个满意方案的运筹过程。这一定义蕴涵着以下内容:首先,决策是为了达到组织的某一既定目标,没有目标就无从决策;其次,决策是在一定的条件下寻求实现目标的较为满意的方案;最后,决策必须进行多方案的优选。

(二)现代企业经营决策的内容

决策贯穿企业生产经营活动的全过程,在这一过程的每一个环节上都离不开决策。对于企业来讲,涉及的决策问题主要有:经营战略与目标决策、市场营销决策、新产品开发与老产品淘汰决策、技术开发与投资决策、成本决策、生产计划决策、价格决策、经营方式选择及人事决策等。

(三)现代企业经营决策的类型

企业生产经营活动涉及的决策问题范围十分广泛,内容较多,且各有特点,可将决策问题做如下分类:

1. 按决策层次分为战略决策、管理决策和业务决策

(1)战略决策　指事关企业未来发展的全局性、长期性的重大决策。这种决策旨在提高企业的经营效能,使企业的经营活动与外部环境的变化保持正常的动态协调。战略决策一般由企业的最高管理层制订,故又称高层决策。企业经营目标和方针的决策、新产品开发决策、投资决策、市场开发决策等都属于战略决策。

(2)管理决策　指为实施战略决策,在人、财、物等方面做出的战术性决策。这种决策旨在提高企业的管理效能,以实现企业内部各环节的高度协调和资源的有效利用。管理决策具有指令性、定量性的特点,其正确与否关系到战略决策的顺利实施。这种决策一般由企业的中间管理层做出,故又称中层决策。生产计划、设备更新改造决策等均属于此类决策。

(3)业务决策　指在日常生产管理中旨在提高生产效率和工作效率,合理组织生产过程的决策。这种决策一般由企业基层管理层做出,故又称为基层决策。属于这种决策的问题有,生产作业计划决策、库存决策等。

2. 按决策重复出现的程度可分为程序化决策和非程序化决策

(1)程序化决策　指对企业日常经营活动中经常出现的不断重复的问题所进行的决策。处理此类问题已有一定的经验、程序和方法,可以按照常规办法处理。决策程序可按标准化进行,如订货、采购、生产作业、库存决策等。

(2)非程序化决策　指对于不经常出现的新问题、新情况等受大量随机因素影响,很少重复发生的事件所进行的决策。这种决策一般没有现成的经验和固定的处理次序,决策不能按固定的标准进行,因此,决策者的洞察力、思维知识及经验将起重要作用。如企业经营方向、新产品开发、新市场开拓等均属于这种决策。

3. 按决策问题所处的环境条件可分为确定型决策、风险型决策和非确定型决策

(1)确定型决策　指事件未来的自然状态(客观条件)已经完全确定情况下的决策。这种决策,只要比较各个方案的结果,从中择优选取就可以了。确定型决策一般可用数学模型求得最优解,如产量、利润决策可采用线性规划、量本利分析模型,库存决策可用库存模型等。

(2)风险型决策　对未来事件的自然状态,只能估计出它发生的概率,并根据概率的大小进行决策。因此要承担一定的风险,所以称为风险型决策。风险型决策可采用决策收益表、决策树等方法。

(3)非确定型决策　指决策者对未来事件的自然状态发生与否不能肯定,而且事件发生的概率也无法估计,完全凭个人的经验和判断做出决策。目前,这种决策已经有一些决策准则供不同类型和风格的决策者选用。

4. 其他类型

按决策期限可划分为长期决策与短期决策;按决策方法类别可划分为计量决策与非计量决策(主观决策);按决策目标的多少可划分为单目标决策与多目标决策;按决策实施的层次可划分为单级决策与多级决策,等等。

经营决策是管理者的重要职能,关系到企业的兴衰。因此,对于企业各级管理者来说，应抓好不同层次、不同类型的决策。高层领导者应侧重于经营决策。为了减少经营决策的失误，应吸收中层管理者和基层执行者参与经营决策。各级管理层都要进行管理决策，但是，中层管理者应侧重于管理决策，基层执行者应侧重于业务决策。如图 3-2 所示。

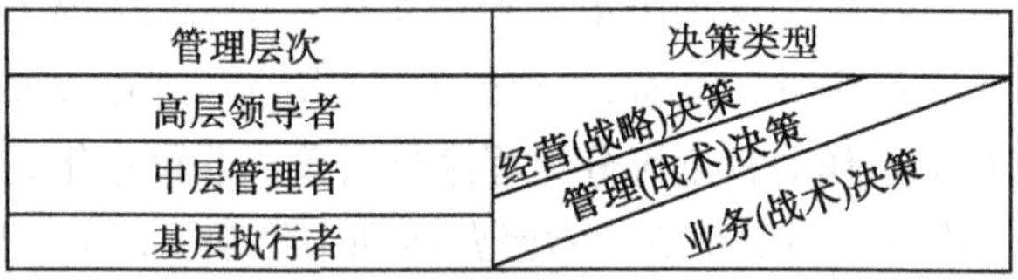

图 3-2　决策在企业中所处的地位和管理层次的关系

二、现代企业经营决策的科学化

科学地进行决策，是当代管理理论和实践提出的迫切要求，是企业经营决策正确性的根本保证。科学的决策包括四个方面的基本内容：

（一）决策者的决策能力

决策者可以是一个人，也可以是一个集体。它是进行科学决策的核心要素，是诸要素中最积极、最能动的因素。决策者的决策能力是决策成败的关键。决策者的决策能力主要取决于以下三个方面：

1. 决策集团合理的智力结构

智力结构是指为了发挥组织的特定功能而将具有不同智力的人有机组合起来形成的结构。一个具有合理智力结构的决策集团，不仅能使每个决策者人尽其才，而且通过有效的结构组合，迸发出巨大的集体能量。智力结构是一个多序多层次、多要素的动态综合体，主要包括：专业结构、年龄结构、智能结构和素质结构等。

具有合理的智力结构的决策集团应达到知识互补、能力迭加、性格包容、梯形年龄等要求。

2. 决策者的思维方式

人的思维方式可分为抽象思维、形象思维、灵感思维和创造性思维。抽象思维善于抛开事物千姿百态的具体形象而抓住本质，适用于程序化决策；形象思维用直观或艺术的形式在虚无缥缈的条件下来确定目标，适用于非确定型决策；创造性思维往往可以在山穷水尽的情况下，思路纵横、茅塞顿开，创造出常人意想不到的新成果。

对于成功的决策者来说,良好的思维应具有深刻性、敏捷性、灵活性和创造性等特征。

3. 决策者的品德修养

一个成功的决策者应具备以下品德修养:①不是靠强迫命令而是靠以身作则来树立权威;②要有民主作风;③能够主动承担责任,敢于做理智的冒险,要有决断魄力。

(二)科学的决策原则

1. 系统性原则

按照系统的观念,企业在进行经营决策时,首先要分析企业经济系统由哪些因素和力量构成,这些因素和力量之间存在着怎样的关系。在此基础上,设计经济系统的目标、战略、产供销、财务等整体结构、营运结构和反馈控制子系统,实现决策实施运转过程中的动态平衡。

2. 信息原则

现代社会各种信息量大、面广,根本不能靠人们的记忆来传递,必须建立有效的管理信息系统。所谓有效性就是信息的收集、加工、传递要及时、准确、适用、经济。所谓管理信息系统是指能生产并向用户提供有用信息的整体。计算机信息系统是最先进、最高效的信息系统。

3. 差异性原则

即对不同类型的决策,要按不同的逻辑去思考。对于确定型决策,关键是善于抓住时机,勇于下决心,及时决断,决策后雷厉风行地实施,不能拖延观望而贻误战机。

对于风险型决策,关键在于敢于冒一定风险,并设法将风险减少到最低限度。注重重点试验和及时收集新情报,努力使风险型决策转化为确定型决策。对风险型决策,最忌讳孤注一掷。

对于不确定型决策,首先要尽量减少决策的不确定因素。由于事物的不确定性,“摸着石头过河”和“不同方案有原则差异”是科学决策的原则之一。对这种决策还要把力量集中在信息反馈上,以便随时调整目标和制定应变措施。当确认原定决策目标毫无希望实现或原定方案毫无补救办法时,要立即取消,将损失减少到最低限度。

4. 合理性原则

经营决策很难达到完全的“最优化”标准,这是因为完全合理的决策需要几个前提条件:①决策者对各种方案及其执行结果要无所不知;②决策者有无限的预测能力；③决策者对各种期望目标有一个贯彻始终的优先顺序。但是，由于决策者在认识能力、时间、经费、情报来源等方面的限制，不可能完全具备这些条件，所以尽管数学模型、计算机在决策中的应用日益广泛，而决策却由“足够满意化”代替了“最优化”的标准。

5. 满意原则

西蒙提出的“满意化”原则是：适当的市场份额，适当的利润，公平的价格。现代企业要达到足够满意化，应该是在对社会无害的前提下，选择经济合算和技术可行的方案。

(三)科学的决策程序

科学的决策要遵循一定的认识规律，从提出问题开始，经分析问题，最终确定所要解决问题的一个系统分析过程。关于科学的决策程序，美国管理学家西蒙将其分为三个步骤，第一步提出决策目标；第二步拟定各种可行方案；第三步分析、比较各种可行方案，从中选出最合适的方案。这三个阶段又称为参谋活动阶段、设计活动阶段和选择活动阶段。

无论具体的决策过程怎样复杂，这三个阶段都是不可缺少的。但在经营过程中，为了更详细地阐明科学决策的过程，人们又将决策分为更具体的步骤，如提出问题；确定决策目标；拟定各种可行方案；进行方案的比较；选择最佳方案；方案的实施、追踪等。

(四)科学的决策方法

掌握科学的决策技术和方法是决策科学化的重要方面。科学决策的技术和方法很多，但一般可分为两大类，即“硬”技术和“软”技术。这两种技术在实践中相互影响，交叉使用，对提高决策的综合水平起到了重要作用。

1. 决策的“硬”技术

是指建立在数学模型基础上，运用电子计算机辅助决策的方法。运筹学和系统分析中常用的一些方法，如线性规划、动态规划、模拟技术等已经越来越广泛地运用到企业经营决策中来。决策“硬”技术的广泛运用大大提高了决策的准确性和实用性，使以往“想当然”的直观决策相形见绌。但是，决策硬技术又有其局限性。由于它使用的数学手段很多，要求的条件必须是明确的、有规律的。而社会经济生活和管理活动是不断变化的，许多因素决策者很难控制，条件因素亦不太容易明确，所以，并不是所有的决策问题都能用决策“硬”技术来解决。

2. 决策的“软”技术

是指直接利用专家的综合判断力，并通过各种有效的组织形式、方法步骤和环境气氛促使专家发挥创新潜能的决策方法。而专家的创造力，又是建立在经济学、心理学、社会学、行为科学等基础上的集体才智，现代决策的“软”技术已经初步形成了一套充分利用专家创造力的理论和方法，决策“软”技术已粗具规模，它最适合于受社会诸因素影响较大、所含不确定因素多的综合性经营决策，它弥补了“硬”技术对某些政治、社会及人文等因素无法定量测算分析的缺陷。

可见，“硬”技术和“软”技术各有所长，决策者要根据具体情况、采用不同的方法或将两种技术配合使用，取长补短，使决策科学化。

三、现代企业经营决策的基本方法

(一)决策的“软”技术

科学技术至今仍不能完全代替人的头脑的主观作用，尤其是解决比较复杂的综合性的战略决策问题，更需要有非凡的洞察力，巧运筹而操胜券，临全局而善决策。决策“软”技术的方法很多，常用的有以下几种：

1. 头脑风暴法

“头脑风暴”的原意为神经病患者的胡思乱想。这里借来形容参加会议的人思想奔放、创造性地思考问题。该法由美国 BBDO 广告公司的奥斯本于 1939 年首次提出。这种方法是召集一些有经验、有专长的人参加会议。会前将讨论的内容通知大家，开会时，会议主持人不宜过多介绍背景材料，更忌讳透露自己的观点，以免使与会者思想上有条条框框。在讨论意见接近实质性问题时，再进行诱导。并要求与会者严格遵守四条规则：①不许评论和反驳他人的意见；②提倡自由思考，思路越广、意见越新奇越受欢迎；③提建议多多益善；④共同寻求意见的改进与完善。

2. 哥顿法

该法是美国人哥顿 1961 年提出的。这种方法的基本思想是把所研究的问题适当抽象，以利于开拓思路，提出较多的富有成效的方案。与会者不直接讨论决策问题本身，只讨论与决策问题有类似之处的另一问题，最后再回到决策问题本身，使与会者免受约束，以便激发新思路，从更大范围提出解决问题的方案。

3. 特性举例决策法

此法根据所要解决的问题先确定重点内容与问题，通过对问题提出“希望”、“缺点”、“要求”等，去激发决策者思考，然后征询各位参加决策人员的意见，从中归纳整理出决策的方案。

决策“软”技术的优点是灵活简便，省时省力。有利于调动人们的积极性。它特别适应于受社会影响较大，所含因素错综复杂的综合性的战略决策问题。其缺点是主观成分多，严格论证少，具有一定的局限性。

（二）决策“硬”技术

经营决策的“硬”技术是建立在数学理论基础上的决策方法。它的核心是把决策的变量与变量、变量与目标之间的关系用数学模型表达出来。然后通过计算求解，选择满意的方案。决策的硬技术分为三种类型：

1. 确定型决策

确定型决策是指决策者对决策的各种条件和因素完全掌握的决策。它必须具备四个条件：①具有决策者希望达到的目标；②客观条件相对稳定；③有两个以上可供选择的方案；④各方案执行的结果是明确的。确定型决策一般用于程序化的管理性或业务性的决策。确定型决策的主要方法有：

（1）直观判断法　它是指决策的因素很简明，无需复杂的计算，可以直接选择出最优方案的决策方法。

［例3-1］　某企业生产所需的原材料可从 A,B,C 三地购得，如果 A,B,C 三地距该企业的距离相等，运费相同，A,B,C 三地的同种原材料价格如表3-2所示，问该企业应从何地购进原材料？

表3-2　三地同种原材料价格

产　地	A	B	C
价格/(元·吨$^{-1}$)	1 000	1 100	1 200

解　显而易见，在其他条件相同的情况下选择价格最低的，即选择从 A 地购进原材料是最佳方案。

（2）线性规划法　线性规划是研究在线性约束条件下，使一个线性目标函数最优化的理论和方法。线性规划法在经营决策中常用于解决利润最大、成本最低、时间最省、资源调配最合理等问题。

［例3-2］　某企业生产四种产品，其型号、各生产车间设备每日生产能

力、每件产品的利润，以及生产各种产品所需要的设备台时数如表 3-3 所示，问如何组织生产使企业的利润最大？

表 3-3　某企业各产品所需的设备台时数

产品／台时／车间	A	B	C	D	生产能力
Ⅰ	8	18	14	20	3 600
Ⅱ	2	2	6	80	2 400
利润/元	24	40	36	80	

解　用线性规划求解。

①设置决策变量：

设 X_1, X_2, X_3, X_4 分别为四种产品的计划产量，Z 表示利润。

②建立目标函数：

$\max f(Z) = 24X_1 + 40X_2 + 36X_3 + 80X_4$

③列约束方程：

$$\begin{cases} 8X_1 + 18X_2 + 14X_3 + 20X_4 \leqslant 3\ 600 \\ 2X_1 + 2X_2 + 6X_3 + 80X_4 \leqslant 2\ 400 \\ X_j \geqslant 0 \ (j = 1,2,3,4) \end{cases}$$

④求解：

求解过程略，解得 $X_1 = 400, X_2 = 0, X_3 - 0, X_4 = 20$；

这时目标函数的最佳值为：

$\max f(Z) = 24$ 元/件 ×400 件 +80 元/件 ×20 件 = 11 200 元

即 A 产品生产 400 件，B 产品、C 产品不生产，D 产品生产 20 件，可获得最大利润为 11 200 元。

(3)盈亏分析法　盈亏分析是依据与决策方案相关的产品产量（销售量）、成本（费用）和赢利的相互关系，分析决策方案对企业赢利和亏损发生的影响，据此来评价、选择决策的方法。

盈亏平衡分析的原理可用图 3-3 说明。在直角坐标内，横轴表示产量（销售量），纵轴表示费用和销售收入。

根据费用与产量的关系将总费用分成固定费用和变动费用。固定费用是不随产量变化而变化的。它是一个固定的值，比如固定资产折旧费用等，在图

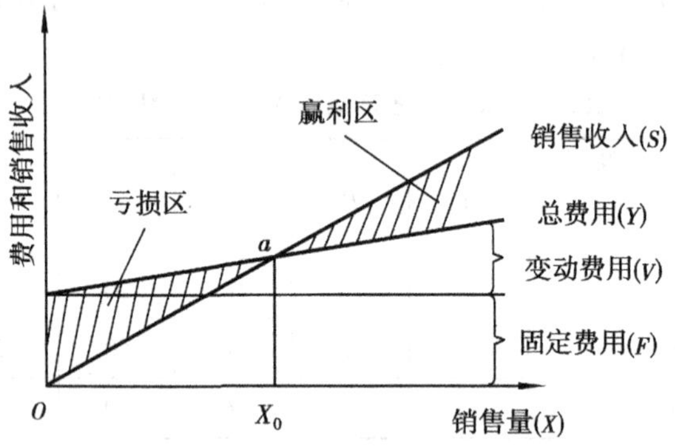

图 3-3　盈亏平衡分析原理

上是一条与横坐标平行的线,变动费用是随产量的变化而变化的,而且是成正比例变化,如材料费等,在图上是一条斜线。把固定费用与变动费用相加就是总费用线(Y)。销售收入线 S 和总费用线 Y 的交点 a 称为盈亏平衡点(又称保本点),a 点对应的产量叫盈亏平衡点产量,此时销售收入恰好等于总费用,即企业处于不亏不盈的保本状态。a 点把这两条线所夹的范围分成两个区域,a 点右边的是赢利区,a 点左边的是亏损区。通过盈亏平衡图可以分析如下问题:

①可以判断企业目前的销售量对企业赢利和亏损的影响。当 $X > X_0$ 时,企业在赢利区;当 $X < X_0$ 时,企业在亏损区;当 $X = X_0$ 时,企业保本经营。

②可以确定企业的经营安全率。经营安全率是反映企业经营状况的一个指标,其计算公式为:

$$\eta = \frac{X - X_0}{X} \times 100\%$$

式中,η——经营安全率。η 值越大,说明企业对市场的适应能力越强,企业经营状况越好;η 值越小,企业经营的风险越大,经营状况越差。增加销售量而盈亏平衡点不变,可增大经营安全率。采取措施,降低盈亏平衡点也可以增大经营安全率。一般可根据表 3-4 的标准来判定企业经营安全状况。

表 3-4　企业经营安全状况

经营安全率/%	30 以上	20 ~ 30	15 ~ 25	10 ~ 15	10 以下
经营安全状况	安全	较安全	不太好	要警惕	危险

盈亏平衡分析的中心内容是盈亏平衡点的确定及分析,它的确定就是找

出这一点所对应的产量或销售量。其计算公式有以下三种:

(1)产量销售量法　即以某一产品的固定费用与变动费用确定盈亏平衡点。此法适用于单一品种生产的决策分析,或虽属多品种生产,但各品种的固定费用可以划分清楚。

令 W 为单件产品价格,C_V为单件产品变动费用,则销售收入和总费用可表述为:

销售收入:$S = W \cdot X$

总费用:$Y = F + V = F + C_V \cdot X$

当盈亏平衡时,则 $S = Y$,即:$W \cdot X_0 = F + C_V \cdot X$

盈亏平衡点的产(销)量,计算公式为:

$$X_0 = \frac{F}{W - C_V}$$

根据此公式,可求产量为 X 时的利润(P):

$$P = (W - C_V) \cdot X - F$$

也可求利润为 P 时的产(销)量(X):

$$X = \frac{P + F}{W - C_V}$$

(2)销售额法　即以某一产品销售额的固定费用与变动费用来确定盈亏平衡点。此法适用于多品种生产而每个品种的固定费用又不能划分清楚的情况,计算公式为:

$$S_0 = \frac{F}{1 - V/S}$$

用销售额法亦可求得或验证盈亏平衡点的产(销)量。

$$X_0 = \left(\frac{F}{1 - V/S}\right) \div W$$

(3)边际利润率法　边际利润率(m)是指边际利润(M)与销售收入之比,而边际利润则是销售收入扣除变动费用后的余额。此法是以某一产品的边际利润率与固定成本的关系来求盈亏平衡点,又分为两种情况。

单一品种生产时盈亏平衡点的计算:

$$S_0 = \frac{F}{1 - V/S} = \frac{F}{M/S} = \frac{F}{m}$$

多品种生产时,先求全部产品综合平均边际利润率,然后用它去除总固定费用。

$$S_0 = \frac{F}{\sum M_i \Big/ \sum S_i}$$

式中，M_i——某一产品的边际利润；

S_i——某一产品的销售收入。

现举例说明盈亏平衡分析法的应用。

[例3-3] 某企业生产某种产品，年固定费用为50万元，生产单位产品的单位变动成本为60元/台，销售价格为100元/台，年计划安排生产17 500台，企业能否赢利？赢利多少？

解 企业不亏损时至少应生产和销售的数量(即盈亏平衡点产量)：

$$X_0 = \frac{F}{W - C_V} = \frac{500\ 000\text{ 元}}{(100 - 60)\text{ 元/台}} = \frac{500\ 000\text{ 元}}{40\text{ 元/台}} = 12\ 500\text{ 台}$$

即该企业至少应生产销售12 500台，企业才不会亏损。现计划生产17 500台，大于盈亏平衡点产量，故企业肯定赢利，其赢利额为：

$$P = (W - C_V) \cdot X - F = (100 - 60)\text{ 元/台} \times 17\ 500\text{ 台} - 500\ 000\text{ 元}$$
$$= 200\ 000\text{ 元}$$

所以该企业如能生产销售17 500台产品，可获利200 000元。

[例3-4] 某企业生产A,B,C三种产品，有关资料见表3-5，试计算各种产品盈亏平衡点的销售量。

表3-5 三种产品的资料

品种	销售量	单价	销售收入/元	变动成本总额/元	固定成本总额/元
A	10 000件	200元/件	2 000 000	1 400 000	400 000
B	120台	2 000元/台	240 000	168 000	
C	600吨	100元/吨	60 000	42 000	
合计			2 300 000	1 610 000	400 000

解 ①计算边际利润率：

$$\text{边际利润率} = 1 - \frac{\text{变动成本总额}(V)}{\text{销售收入总额}(S)} = 1 - \frac{1\ 610\ 000\text{ 元}}{2\ 300\ 000\text{ 元}} = 0.3$$

②计算盈亏平衡销售额：

$$\text{盈亏平衡销售额}(S_0) = \frac{\text{固定成本总额}(F)}{\text{边际利润率}(m)} = \frac{400\ 000\text{ 元}}{0.3} = 1\ 333\ 333\text{ 元}$$

③计算各种产品的盈亏平衡点的销售额：

$$S_A = 1\ 333\ 333\ 元 \times \frac{2\ 000\ 000}{2\ 300\ 000} = 1\ 159\ 420\ 元$$

$$S_B = 1\ 333\ 333\ 元 \times \frac{240\ 000}{2\ 300\ 000} = 139\ 130.4\ 元$$

$$S_C = 1\ 333\ 333\ 元 \times \frac{60\ 000}{2\ 300\ 000} = 34\ 782.5\ 元$$

A 产品盈亏平衡点的销售量 = 1 159 420 元 ÷ 200 元/件 ≈ 5 797 件

B 产品盈亏平衡点的销售量 = 139 130.4 元 ÷ 2 000 元/台 ≈ 70 台

C 产品盈亏平衡点的销售量 = 34 782.5 元 ÷ 100 元/吨 ≈ 348 吨

2. 风险型决策

风险型决策也叫随机性决策或概率性决策。它需要具备下列条件:第一，有一个明确的决策目标;第二,存在着决策者可以选择的两个以上的可行方案;第三,存在着决策者无法控制的两个以上的客观自然状态;第四,不同方案在不同自然状态下的损益值可以计算出来。由于风险型决策自然状态出现的概率不肯定,只能估计出一个概率,所以决策人要承担因估计失误而带来的风险。这种决策方法主要应用于有远期目标的战略决策或随机因素较多的非程序化决策。如投资决策、技术改造决策等。常用的方法有：

(1)期望值法　首先计算出每个方案的损益期望值,并以此为目标,选择收益最大或最小的方案为最优方案。期望值等于各自然状态下损益值与发生概率的乘积之和,计算公式：

$$\mathrm{EMV}_{(i)} = \sum V_{ij} \cdot P_j$$

式中,$\mathrm{EMV}_{(i)}$——第 i 个方案的损益期望值;

V_{ij}——第 i 个方案在第 j 种自然状态下的损益值;$(i=1,2,\cdots,n)$;

P_j——自然状态(S_j)的概率值$(j=1,2,\cdots,m)$。

期望值法以决策矩阵表为工具,见表 3-6。

[**例** 3-5]　某冷食厂夏季生产冰淇淋,每箱成本 50 元,售出价格为 100 元,每箱销售后可获利 50 元,如果当天售不出去,剩余一箱就要损失冷藏保管费 30 元。去年夏季日销售量资料如表 3-7 所示。据预测,今年夏季市场需求量与去年同期无大变化,应怎样安排今年的日生产计划,才能使期望利润最大?

解　用最大期望收益值作为决策的标准,决策分析步骤如下：

①根据去年夏季日销售量资料,确定不同日销售量的概率值;

表 3-6　决策矩阵表

自然状态 S_j 概率 P_j 损益值 V_{ij}/ 元 方案 A_i	S_1	S_2	…	S_j	…	S_m
	P_1	P_2	…	P_j	…	P_m
A_1	V_{11}	V_{12}	…	V_{1j}	…	V_{1m}
A_2	V_{21}	V_{22}	…	V_{2j}	…	V_{2m}
⋮	⋮	⋮		⋮		⋮
A_n	V_{n1}	V_{n2}	…	V_{nj}	…	V_{nm}

表 3-7　去年夏季日销售量资料

日销售量/箱	完成日销售量的天数/天	概　率
100	18	0.2
110	36	0.4
120	27	0.3
130	9	0.1
合计	90	1.0

②根据有关数据编制决策矩阵表(如表 3-8)；

表 3-8　决策矩阵表

自然状态 S_j 概率 P_j 损益值 V_{ij}/ 元 方案 A_i	每日销售量/箱				期望值/元 ($\sum V_{ij} \cdot P_j$)
	100	110	120	130	
	0.2	0.4	0.3	0.1	
生产 100 箱	5 000	5 000	5 000	5 000	5 000
生产 110 箱	4 700	5 500	5 500	5 500	5 340
生产 120 箱	4 400	5 200	6 000	6 000	5 360
生产 130 箱	4 100	4 900	5 700	6 500	5 140
最大期望值 $\left[EMV_{(j)} = Max\left(\sum V_{ij} \cdot P_j \right) \right]$					5 360

表中收益值（V_{ij}）的计算方法，以产量 120 箱为例：

日销售量为 100 箱的收益值：V_{31} = (100 × 50 − 20 × 30) 元 = 4 400 元

日销售量为 110 箱的收益值：V_{30} = (110 × 50 − 10 × 30) 元 = 5 200 元

日销售量为 120 箱的收益值：V_{33} = (120 × 50) 元 = 6 000 元

日销售量为 130 箱的收益值：V_{34} = (120 × 50) 元 = 6 000 元

其余各方案的收益值以此类推。

③计算每个备选方案的期望值。仍以日产量 120 箱方案为例，代入公式得：

$$\begin{aligned}\text{EMV} &= (4\,400 \times 0.2 + 5\,200 \times 0.4 + 6\,000 \times 0.3 + 6\,000 \times 0.1)\text{ 元}\\ &= 5\,360\text{ 元}\end{aligned}$$

其余各方案的期望值均以此类推。

④比较不同方案的期望值并选择最大值为最优决策。从计算结果看，以日产 120 箱方案的期望值最大。故列为最终决策方案。

（2）决策树法　决策树法是以决策损益值为依据，通过计算比较各个方案的损益值，绘制树枝图形，再根据决策目标，利用修枝寻求最优方案的决策方法。该方法最大的优点是能够形象地显示出整个决策问题在不同时间和不同阶段的决策过程，逻辑思维清晰，层次分明，特别是对复杂的多级决策尤为适用。

决策树的结构要素：

决策节点：通常用□表示，决策节点是要选择的点，从它引出的分枝叫方案分枝，有几条分枝就有几个方案。

状态节点：通常用○表示，状态节点表示一个方案可能获得的损益值。从它引出的分枝叫概率分枝，每一条分枝代表一个自然状态。

末梢：通常用△表示，末梢是状态节点的终点，在末梢处标明每一个方案在不同的自然状态下的损益值。如图 3-4 所示。

运用决策树决策的步骤是：

第一步，自左向右绘制决策树，并标出数据。

第二步，自右向左逐级计算出同一方案在不同自然状态下的损益值，进而计算出方案期望值，并标在节点上。

第三步，逐个比较不同方案期望值的大小，然后修枝，并剪去（在舍去的方案枝上划上"//"符号）期望值较小的方案枝，如果是期望损失值，则剪去较大的方案枝。

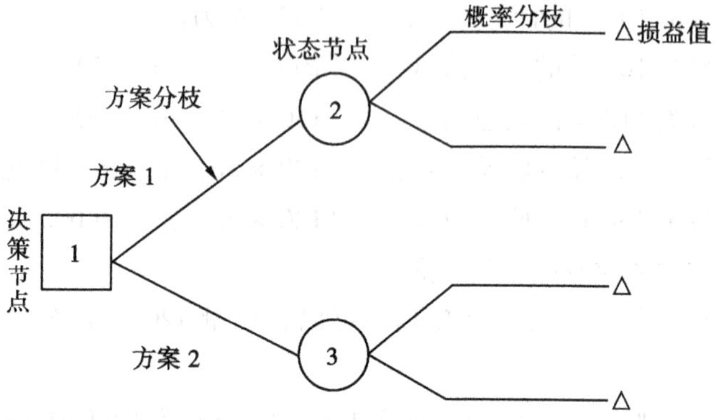

图 3-4 决策树的结构要素

下面举例说明决策树法的应用,决策树法可分为单级决策和多级决策。

单级决策。单级决策是指决策问题在整个决策期中只进行一次决策,就能选择满意方案的决策过程。

[例 3-6] 某企业准备生产某种产品,预计该产品的销售有两种可能:销路好,其概率为 0.7;销路差,其概率为 0.3。可采用的方案有两个:一个是新建一条流水线,需投资 220 万元;另一个是对原有的设备进行技术改造,需投资 70 万元。两个方案的使用期均为 10 年,损益资料如表 3-9 所示,试对方案进行决策。

表 3-9 损益资料

方案	投资/万元	年收益/万元		使用期/年
		销路好(0.7)	销路差(0.3)	
1. 新建流水线	220	90	-30	10
2. 技术改造	70	50	10	10

解 绘制决策树,如图 3-5 所示。

然后计算期望值:

节点②的期望值为:

$\{[90\times0.7+(-30)\times0.3]\times10-220\}$万元$=320$万元

节点③的期望值为:

$[(50\times0.7+10\times0.3)\times10-70]$万元$=310$万元

从期望收益值来看,方案 1 较高。因此,应采用此方案。

多级决策。多级决策又称序列决策,是指面临的决策问题比较复杂,非一

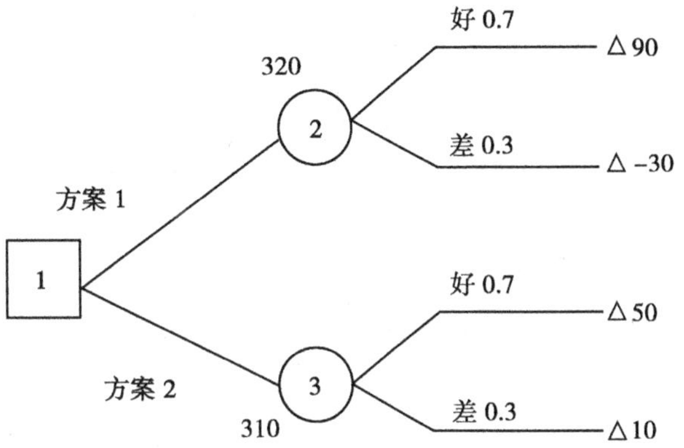

图 3-5 决策树

次决策所能解决问题，而需进行一系列的决策过程才能选出满意方案的决策。

[例 3-7] 某厂为生产某种新产品设计了两个建厂方案，一是建大厂，二是建小厂。建大厂需投资 300 万元，建小厂需投资 160 万元。两方案的经济寿命均为 10 年。估计在 10 年内，前 3 年销路好的概率为 0.7；销路差的概率为 0.3。同时预测投产后，如果前 3 年销路好，后 7 年销路好的概率是 0.9；销路差的概率是 0.1。如果前 3 年销路不好，后 7 年销路也一定不好。在这种情况下，有人又提出第三个方案，即先建小厂，如果全年销路好，再扩建成大厂，这样更有把握。扩建需投资 140 万元。各方案的年损益值如表 3-10 所示，试问应如何决策？

表 3-10 各方案的损益值

方案	年收益/万元		寿命/年	投资/万元
	销路好(0.7)	销路差(0.3)		
1. 建大厂	100	-20	10	300
2. 建小厂	40	10	10	160
3. 先建小厂后扩建				140

解 根据题意，绘出决策树如图 3-6 所示。

根据决策树图计算各点期望收益值。先计算后 7 年的，后计算前 3 年的。

点⑧$EMV_8 = \{[0.9\times100+0.1\times(-20)]\times7-140\}$万元 $=476$ 万元

点⑨$EMV_9 = [(0.9\times40+0.1\times10)\times7]$万元 $=259$ 万元

这两点的期望收益值计算出来后，进行比较。由于 $EMV_8 > EMV_9$，故决

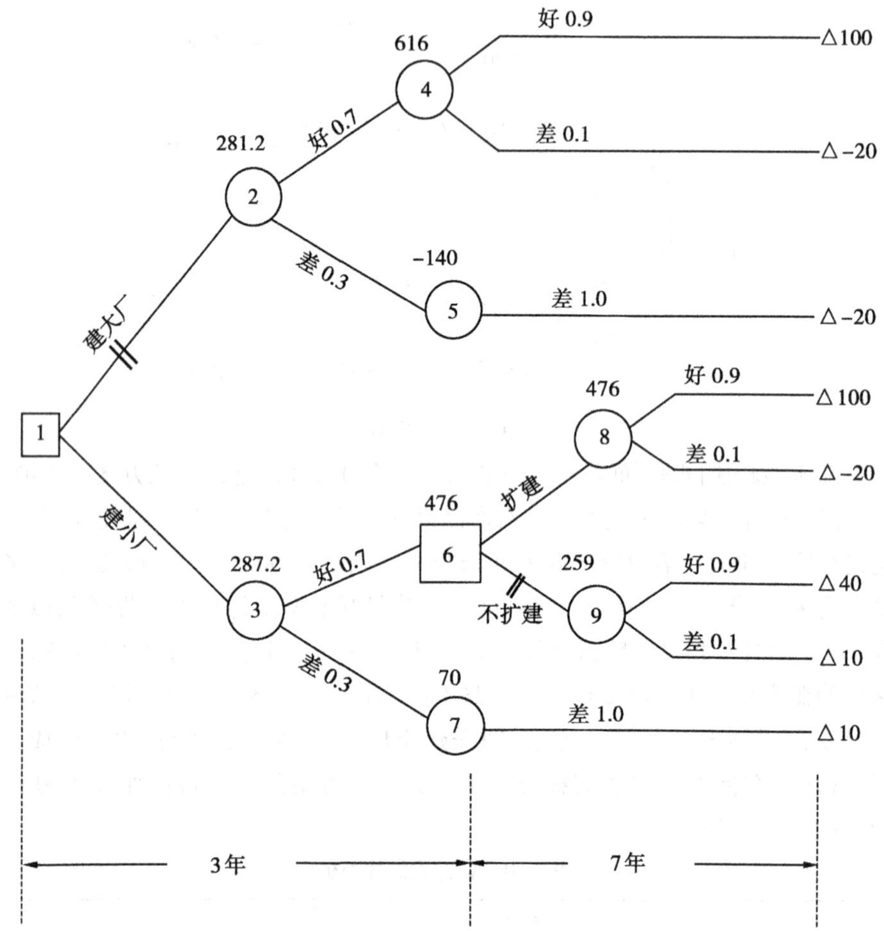

图 3-6 决策树

定选择扩建方案，把不扩建的方案剪掉，并把点⑧的期望收益值移至⑥点。

点④$EMV_4 = \{[0.9 \times 100 + 0.1 \times (-20)] \times 7\}$万元 = 616 万元

点⑤$EMV_5 = [1.0 \times (-20)] \times 7]$万元 = -140 万元

点⑦$EMV_7 = (1.0 \times 10 \times 7)$万元 = 70 万元

点②$EMV_2 = [0.7 \times 100 \times 3 + 0.7 \times 616 + 0.3 \times (-20) \times 3 + 0.3 \times (-140) - 300]$万元 = 281.2 万元

点③$EMV_3 = (0.7 \times 40 \times 3 + 0.7 \times 476 + 0.3 \times 10 \times 3 + 0.3 \times 70 - 160)$万元 = 287.2 万元

因 $EMV_3 > EMV_2$，故选择先建小厂后扩建的方案。

3. 非确定型决策

非确定型决策的条件与风险型决策基本相同,只是无法测算各种状态出现的概率。这时的决策主要取决于决策者的经验、智能和思维判断。由于决策者面临哪一种自然状态是完全不确定的,因而决策的结果也是完全不确定的,所以称为非确定型决策。

[**例 3-8**] 某决策问题的收益如表 3-11 所示,试用非确定型决策的方法进行决策。乐观系数 $a=0.8$。

表 3-11 决策问题的收益 单位:万元

收益值 / 自然状态 / 方案	S_1	S_2	S_3	S_4
A_1	50	60	70	80
A_2	40	60	90	100
A_3	70	30	50	60
A_4	20	60	80	90

解 非确定型决策的方法有乐观准则、悲观准则、乐观系数准则、机会均等准则、后悔准则。

(1)乐观准则(大中取大) 这是决策者对客观情况抱乐观态度。它是先找出各种行动方案在各种自然状态下的最大收益值,并选取最大收益中的最大值所对应的行动方案作为决策方案。其决策如表 3-12 所示。

表 3-12 乐观准则决策表 单位:万元

收益值 / 自然状态 / 方案	S_1	S_2	S_3	S_4	最大收益值
A_1	52	60	70	80	80
A_2	40	60	90	100	100
A_3	70	30	50	60	70
A_4	20	60	80	90	90
最大收益值中的最大收益值					100
所选定的决策方案					A_2

这种方法的特点是,决策者对决策事件未来前景的估计乐观并有成功的把握。因此愿意以承担风险的代价去获得最大收益。

(2)悲观准则(小中取大)　这种决策方法与乐观准则正相反,它要先算出各种许多方案在各种自然状态下可能有的收益值,再找出各种自然状态下的最小收益值,把最小收益值中的最大值对应的方案作为决策方案。决策表如表3-13所示。

表3-13　悲观准则决策表　　单位:万元

收益值 / 方案 \ 自然状态	S_1	S_2	S_3	S_4	最小收益值
A_1	50	60	70	80	50
A_2	40	60	90	100	40
A_3	70	30	50	60	30
A_4	20	60	80	90	20
最小收益值中的最大收益值					50
所选定的决策方案					A_1

采用这种方法是非常保守的,决策者唯恐决策失误造成较大的经济损失。因此在进行决策分析时,比较小心谨慎,从最不利的客观条件出发来考虑问题,力求损失最小。

(3)乐观系数准则(折衷准则)　这是介于上述两个准则之间的一个准则,把自然状态好和差的概率变成人为地估计一种可能性,对乐观和悲观出现的可能性估计就是乐观系数。决策人根据市场预测和经验判断确定一个乐观系数 a 为主观概率,其值在 $0\leq a\leq 1$ 之间,每个方案的估计损益期望值 $= a \times$ 最大损益值 $+ (1-a) \times$ 最小损益值。

如上例:$a=0.8$

A_1方案的损益期望值 $=0.8\times 80$ 万元 $+0.2\times 50$ 万元 $=74$ 万元

A_2方案的损益期望值 $=0.8\times 100$ 万元 $+0.2\times 40$ 万元 $=88$ 万元

A_3方案的损益期望值 $=0.8\times 70$ 万元 $+0.2\times 30$ 万元 $=62$ 万元

A_4方案的损益期望值 $=0.8\times 90$ 万元 $+0.2\times 20$ 万元 $=76$ 万元

然后根据各个方案估算损益期望值的大小,选择最大值为决策方案,故应选方案 A_2。

乐观系数准则比较接近实际,但乐观系数的决定很关键,常带有决策者的主观性。

(4)机会均等准则(等可能准则) 假定各个自然状态发生的概率相等,计算各个方案损益期望值,再以损益期望值为决策标准。

如前例:

A_1方案的损益期望值 = 1/4 × (50 + 60 + 70 + 80)万元 = 65 万元

A_2方案的损益期望值 = 1/4 × (40 + 60 + 90 + 100)万元 = 72.5 万元

A_3方案的损益期望值 = 1/4 × (70 + 30 + 50 + 60)万元 = 52.5 万元

A_4方案的损益期望值 = 1/4 × (20 + 60 + 80 + 90)万元 = 62.5 万元

故以损益期望值最大的 A_2方案为最优方案。

(5)后悔值准则 这是因决策的失误造成机会损失而后悔。我们的目的是使折衷后悔减少到最低程度,故以各个方案机会损失大小来判断方案的优劣。决策过程是在计算出各个方案在各种自然状态下的后悔值,从中选择每个方案的最大后悔值,然后从最大后悔值中选取最小者为决策方案。

决策后悔值 = 理想效益值 - 现实结果值

用表 3-14 说明,按后悔值准则决策,应采用方案 A_1。

表 3-14 后悔值准则决策表 单位:万元

方案	收益值				后悔值				最大后悔值
	S_1	S_2	S_3	S_4	S_1	S_2	S_3	S_4	
A_1	50	60	70	80	20	0	20	20	20
A_2	40	60	90	100	30	0	0	0	30
A_3	70	30	50	60	0	30	40	40	40
A_4	20	60	80	90	50	0	10	10	50
最大后悔值中的最小值					20				
应选择的决策方案					A_1				

以上五种方法,作为非确定型决策优选方案的依据,都带有相当程度的随意性,从本例中可以看出,由于决策方法不同,决策的结果是不一样的。因此,在实际工作中,决策方法的选择,主要取决于决策者的知识、经验、观念、综合分析判断能力和魄力。

第四节　现代企业经营战略

一、现代企业经营战略的本质

"战略"一词来源于希腊单词"Stratege",其含义是"将军指挥军队的艺术"。孙子兵法云"上兵伐谋",谋就是战略。可见,战略出自于军事术语。"战略"与企业经营联系在一起并得到广泛应用的时间并不长。现代社会常把战略用于政治与经济领域,20世纪60年代初开始用于企业,出现了战略经营或经营战略。

现代企业经营战略是企业在社会主义市场经济条件下,根据企业内外环境及可取得资源的情况,为求得企业生存和长期稳定发展,对企业发展目标、达成目标的途径和手段的总体谋划,它是企业经营思想的集中体现,是一系列战略决策的结果,同时又是制定企业规划和计划的基础。这个定义说明了:

①战略是有形的,不仅是一种指导思想和原则,而且是一种具体设计或规划;②这个规划首先是根据竞争环境的形势分析为企业确定长期发展或成长目标;③战略的重点是选择实现企业成长目标的途径和指导方针;④实现企业成长目标的途径与方针的选择,必须以扬长避短发挥企业竞争优势为基准。

二、现代企业经营战略的结构与制定

(一)现代企业经营战略的结构

企业战略是一个多层次结构,就一个现代化大企业而言,可把企业经营战略划分为公司战略、竞争战略和职能战略三个层次:

1. 公司战略

公司战略也称总体战略,是企业最高层次的战略。这种战略主要解决:①从全局出发,选择企业的经营范围,其选择的出发点包括赢利性和关联性;②在各项事业之间的资源分配的问题;③如何提高企业的投资回报率的问题;④选择最优企业投资组合与回报问题。

2. 竞争战略

竞争战略也称事业战略,这是一种分散型经营战略。在分散经营的条件下，各事业单位根据所经营的产品、市场及地区范围，并根据竞争能力的优劣，确定扩展、维持或撤退的战略。

3. 职能战略

职能战略也称部门战略，这种战略的特点是按经营职能分别确定积累与运用经营资源的方法。具体内容是通过生产、销售、技术、财务等部门为保证事业战略所追求的竞争优势制定长期发展规划。

(二)企业战略的制定

图 3-7 显示了企业制定经营战略的步骤，从图中可以看出，企业外部环境分析是企业制定经营战略的第一步。它包括企业的微观环境和宏观环境，这些环境因素对企业来说基本上是不可控的，把握住外部环境的现状及未来发展变化的趋势，掌握了足够的信息，就为正确确定企业经营方向和思想，提出经营目标，确定经营战略打下了良好的基础。

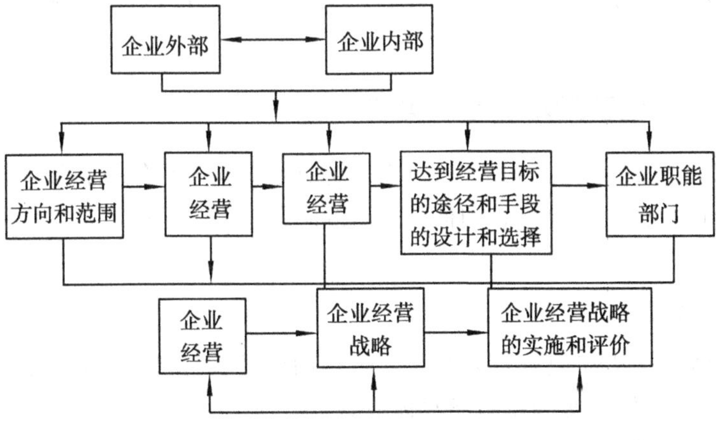

图 3-7 企业经营战略制定及实施步骤图

①企业内部实力分析是指要评价本企业在经营中已具备的和可取得的资源的数量和质量，不仅包括人、财、物等资源，而且还包括企业组织结构、信息、时间、企业文化及企业信誉等无形资源。明确企业的优势和劣势，为企业在长远发展中如何扬长避短指明了方向。

②企业的经营领域，是指企业将在哪些产品、市场和技术领域内经营，实际上确定企业经营领域是企业外部环境细分的结果，从外部环境细分和对本企业实力的估量中，企业要找到适合自己从事经营活动的舞台。

③企业经营思想是企业在正确认识了外部环境和内部实力以后，为实现

企业经营目标在整个生产经营活动中的指导思想。

④企业经营目标是企业在一定时期内，按照企业经营思想，考虑企业内外条件和可能，沿其经营方向所要达到的理想成果，它是企业经营战略的基本内容之一。

⑤达到经营目标的途径和手段的设计与选择是企业内外条件结合进行机会分析的结果，可按其经营方向提出几个可能的、符合要求的长期目标和经营战略的方案，并对这些方案进行比较和评价，求得一个能最好地实现企业经营方向的机会——目标战略的组合。

⑥企业经营战略是指为实现长期经营目标、达成目标的途径和手段的总体谋划，是企业在动态环境中确定的企业经营的重大战略决策。

⑦战略的实施是指企业通过一系列行政的和经济的手段，组织职工为达到战略目标所采取的一切行动。

⑧战略实施的评价与控制是要确定战略在实施过程中在达成目标上取得了多大的成效。

三、总体经营战略的基本类型

总体经营战略，即公司战略，重点是解决企业投资的合理组合与有效回报问题，是解决企业经营什么，向何处发展的问题。企业的总体战略一般包括三大战略。

(一)成长战略

成长战略，也称扩张战略，是企业依据内外环境与目标需要，实行扩张与发展的一种战略，主要包括以下具体战略：

1. 单一产品增长战略

这是指不扩展新的产品而集中力量增加现有产品的产量与市场份额。这对于现有产品有市场潜力的企业而言，是一种稳妥的选择。要实现这一战略，一是要提高产品质量，增加产品品种；二是要加大营销力度。

2. 同心多样化战略

这是指利用现有技术与优势，增加与现有产品相类似的新产品的一种战略。适应于拥有技术和经营优势的企业，是一种低风险的发展战略。要实现这一战略，一是以技术为核心进行多样化经营；二是向相关行业进行拓展。

3. 纵向一体化战略

这是指企业通过纵向延伸的方式拓展业务领域的一种战略。包括前向一体化和后向一体化。一体化战略的优点是:前向一体化可以控制销售和分销渠道;后向一体化可以增加对原材料的控制权。一体化战略可以使企业获得原来由下游企业或上游企业获得的利润,获得由于规模扩大带来的规模效应。一体化战略的缺点是:由于规模过大而使管理上的复杂化和工作难度增大;对行业介入过深,退出难度大。

4. **多元化战略**

这是指企业增加与现有产品、技术或市场都没有联系的全新产品,以建立多种产品领域的复合经营战略。这是当代大型集团企业经常选择的一种发展战略。多元化战略的优点是:可以分散经营风险,获得稳定收益;可以在企业内部进行资源的协调;具有规模优势,增强整体实力。缺点是:导致企业规模的膨胀、管理的复杂化和资源的分散。

(二)稳定战略

稳定战略是指企业继续生产经营原有的产品,维持原有经营目标的一种战略,其特点是:企业以原有的产品供应原有的市场;企业管理上采取渐进式的改革。稳定战略主要适用于企业绩效较好,内外部环境较稳定,企业发展空间不大的情况。

稳定战略有四种基本类型:①维持现状战略;②谨慎行事战略;③休整战略;④重视短期效益战略。

(三)紧缩战略

紧缩战略是一种在特定环境下调整缩减经营规模的战略。这种战略是通过减少企业产品线与经营职能、缩小市场范围和企业规模来改善企业的绩效。紧缩战略主要适应于企业绩效不理想,企业无发展空间或发现其他经营机会等情况。

紧缩战略的基本类型有:①抽资转向战略;②消减调整战略;③放弃战略;④清算战略。

四、竞争战略的基本类型

竞争战略是指企业在特定的产品和市场范围内,维持和扩大市场占有率所采取的战略。竞争战略要从企业所处的竞争地位出发,处于优势地位的企业要通过战略来维持这种优势并伺机扩大这种优势。处于劣势的企业要以竞争战略去改变这种劣势或缩小同优势企业的差距,竞争战略的重点是提高市场占有率和销售利润率。大型企业多采用竞争战略,常用的竞争战略有成本领先战略、差异化战略、集中一点战略。

（一）成本领先战略

成本领先战略是指企业通过降低成本，使本企业的总成本低于竞争对手的成本，甚至达到全行业最低，以低成本构建竞争优势的战略。

企业实施成本领先战略的途径有：①实现产品的大批量生产；②科学设计便于制造和维修的系列产品；③更新设备，实现生产设施现代化；④推行价值工程等先进方法；⑤建立科学完善的成本控制系统，实行有效的成本控制。

（二）差异化战略

差异化战略是指企业形成有别于竞争对手的产品的特殊品质与功能，以构建竞争优势的战略。实施差异化战略，要求企业在产品质量与技术上优先；有较强的产品开发和创造能力；有很强的消费需求研究能力与市场营销能力。

差异化战略的基本类型有：①产品技术差异化战略；②品牌的差异化战略；③顾客服务的差异化战略；④分销渠道的差异化战略。

（三）集中一点战略

集中一点战略是指企业的经营集中在某一特定的市场面，以此提供比竞争对手更为有效的服务并获得更高收益的战略。集中一点战略主要适应于实力有限的中小企业。

企业实施集中一点战略的途径有：①将企业经营活动集中于较狭窄的市场范围内，进行重点经营；②为顾客提供优质的服务；③在一定的市场范围内实现低成本战略。

【小结】

学习现代企业经营管理基本原理，首先要了解有关企业经营的基本概念、经营与管理的关系；其次，要了解企业经营目标是现代企业生产经营活动在一定时期内预期达到的经营成果，是现代企业经营活动的方向和奋斗目标，而现代企业经营计划则是现代企业经营目标、经营方针的具体化；最后，要树立现代企业经营思想和经营哲学，必须了解科学决策的程序，掌握现代企业经营决策的方法。

企业经营环境是指企业的经营活动所处的内外部条件与环境因素的总和。企业外部环境分析是指对处于企业实体之外但对企业发生影响的诸多因素的综合分析；企业内部条件分析是指对影响企业生存和发展的内部因素进行分析。只有认真分析企业的经营环境,才能把握机会,规避风险,并正确认识自我,扬长避短,建立现代企业真正的竞争优势。

现代企业经营战略是为了实现企业目标,对全局性、长远性的和重大的经营活动所进行的运筹与规划。要了解现代企业经营战略的构成和制订,了解经营战略的主要类型,实现企业的战略经营。

【复习思考题】

1. 简述现代企业经营的基本含义。
2. 现代企业经营思想是什么?
3. 何谓经营目标?制定现代企业经营目标应遵循哪些原则?
4. 现代企业经营计划的具体任务是什么?
5. 简述现代企业经营科学决策的基本要素。
6. 现代企业经营战略主要有哪些分类方法?如何分类?
7. 简述现代企业战略的制订和实施步骤。
8. 计算题

(1)一企业产品的月销售量为100件,单价为400元,固定成本为12 000元,总变动成本为24 000元,问保本点的月产量应该是多少?假定该企业的目标利润为6 400元,产品单位售价和固定成本不变,单位变动成本下降为96元,销售量和销售额应该为多少?

(2)某企业生产甲产品,该产品销售单价为500元,2004年销售量为48 000台,每年固定成本为800万元,变动总成本为1 200万元。试求:

①盈亏平衡点的产量;

②年产量为60 000台时的赢利额和经营安全率;

③目标利润为1 000万元时的销售量。

(3)某食品加工厂2004年6—8月,熟食品的销售情况如下表:

日销售量/吨	销售天数/天	概　率
100	18	0.2
110	36	0.4
120	27	0.3
130	9	0.1
$\sum$	90	1.0

预计2005年6—8月的需求量与2004年同期无变化。每销售1吨可获利50元,每剩余1吨需要支出30元冷冻费,日产量计划定为多少,才能获得最大利润?(用决策收益表计算)

(4)某摩托车厂欲建立一个方便消费者的商店。经研究拟订了建立大型、中型、小型商店的三个方案。各种商店在不同状态下的销售概率及利润数值预测如下表。试问:该摩托车厂应兴建哪种类型的商店?(用决策树法进行决策)

自然状态 / 概率 / 利润/万元 / 方案	较好	一般	较差	投资额/万元
	0.2	0.5	0.3	
大型商店	25	12	-5	5
中型商店	20	10	5	3
小型商店	15	8	3	2

【实训目标】

1. 了解现代企业经营思想和经营理念。

2. 理解企业经营决策基本方法的应用。

3. 了解经营战略的内容和类型。

4. 能举例说明BCG矩阵和SWOT分析方法的应用。

5. 理解竞争优势,掌握行业内五个决定竞争性质和程度的因素:买方还价力量、来自替代品的威胁、供货商的还价能力、已有竞争者的威胁、新竞争者的威胁。

【实训内容与形式】

1. 管理故事引导:田忌赛马、出师表。

2. 案例分析:海尔的战略方案设计、沃尔玛的竞争战略分析。

3. 计算与分析:复习思考题中计算题(4)你会选择哪种方案?运用正确的决策程序对企业战略方案进行评价及提出改进建议。

第四章

C.A 现代企业资源管理

ERP 是英文 Enterprise Resourse Planning 的缩写，中文意思是企业资源规划。它是一个以管理会计为核心的信息系统，识别和规划企业资源，从而获取客户订单，完成加工和交付，最后得到客户付款。换言之，ERP 将企业内部所有资源整合在一起，对采购、生产、成本、库存、分销、运输、财务、人力资源进行规划，从而达到最佳资源组合，取得最佳效益。以下我们用有趣的故事让你明白什么是 ERP？

【开篇案例】

一天中午，丈夫在外给家里打电话："亲爱的老婆，晚上我想带几个同事回家吃饭可以吗？"（订货意向）

妻子："当然可以，来几个人，几点来，想吃什么菜？"

丈夫："6 个人，我们 7 点左右回来，准备些酒、烤鸭、番茄炒蛋、凉菜、蛋花汤……。你看可以吗？"（商务沟通）

妻子："没问题，我会准备好的。"（订单确认）

妻子记录下需要做的菜单（生产计划），具体要准备的东西：鸭、酒、番茄、鸡蛋、调料……（物料清单），发现需要：1 只鸭，5 瓶酒，10 个鸡蛋……，炒蛋需要 6 个鸡蛋，蛋花汤需要 4 个鸡蛋（共用物料）。

打开冰箱一看（库房），只剩下 2 个鸡蛋（缺料）。

来到自由市场，妻子："请问鸡蛋怎么卖？"（采购询价）

小贩："1 个 1 元，半打 5 元，1 打 9.5 元。"

妻子："我只需要 8 个，但这次买 1 打。"（经济批量采购）

妻子："这有一个坏的，换一个。"（验收、退料、换料）

回到家中，准备洗菜、切菜、炒菜……（工艺线路），厨房中有燃气灶、微波炉、电饭煲……（工作中心）。

妻子发现拔鸭毛最费时间（瓶颈工序，关键工艺路线），用微波炉自己做烤鸭可能来不及（产能不足），于是在楼下的餐厅里买现成的（产品委外）。

下午4点，接到儿子的电话："妈妈，晚上几个同学想来家里吃饭，您帮忙准备一下。"（紧急订单）

"好的，你们想吃什么，爸爸晚上也有客人，你愿意和他们一起吃吗？"

"菜您看着办吧，但一定要有番茄炒鸡蛋，我们不和大人一起吃，6:30左右回来。"（不能并单处理）

"好的，肯定让你们满意。"（订单确定）

"鸡蛋又不够了，打电话叫超市外送的送来。"（紧急采购）

6:30，一切准备就绪，可烤鸭还没送来，急忙打电话询问："我是李太太，怎么订的烤鸭还不送来？"（采购委外单跟催）

"不好意思，送货的人已经走了，可能是堵车吧，马上就会到的。"

门铃响了。

"李太太，这是您要的烤鸭。请在单上签一个字。"（验收、入库、转应付账款）

6:45，女儿的电话："妈妈，我想现在带几个朋友回家吃饭可以吗？"（呵呵，又是紧急订购意向，要求现货）

"不行呀，女儿，今天妈已经需要准备两桌饭了，时间实在是来不及，真的非常抱歉，下次早点说，一定给你们准备好。"（要有稳定的外部环境，要有一个起码的提前期）。

……

送走了所有客人，疲惫的妻子坐在沙发上对丈夫说："亲爱的，现在咱们家请客的频率非常高，应该要买些厨房用品了（设备采购），最好能再雇个小保姆（连人力资源系统也有缺口了）。

丈夫："家里你做主，需要什么你就去办吧。"（通过审核）

这个有趣的故事简要地说明了企业的资源如何有效的管理和利用。厂房、生产线、加工设备、检测设备、运输工具等都是企业的硬件资源，人力、管理、信誉、融资能力、组织结构、信息等是企业的软件资源。企业运行发展中，这些资源相互作用，形成企业进行生产活动、完成客户订单、创造社会财富、实现企业价值的基础，反映企业在竞争发展中的地位。企业发展的重要标志便是合理调整和运用企业的资源。

第一节 现代企业人力资源管理

伴随知识经济时代的到来,人的智能化的地位获得空前提高,人力资本已超越了物质资本及货币资本而成为最主要的生产要素和社会财富的组成部分。知识经济时代的新特征对人力资源的开发提出了更高的目标要求,相应地,现代企业人力资源管理也必将发生重大的变化。由此,在新的形势下,人力资源的开发、管理将必然更具有科学性,因为人力资源的开发有其自然的基本规律,如用进废退、人事相宜、竞争发展等规律。在知识经济时代,一个最根本的基本特征是知识的生产速度加快了,知识的传播方式发生了根本性变化。信息化、网络化、数字化为人力资源开发与管理的方式提供了创新的基础。人们可以更容易地获取知识,加大信息交流。所以,人力资源是第一资源,是衡量一个国家综合国力的重要指标,人力资源在人类社会经济生活中的核心地位,决定了国与国之间、企业与企业之间的竞争,其更主要体现在智力资本与知识管理的竞争上,即是人才的竞争。这种态势既带来了空前的机遇,也提出了紧迫的挑战。

一、什么是人力资源

人力资源的概念是在20世纪60年代开始形成并逐步被人们广泛接受的。所谓人力资源,是对能够推动生产力发展,创造社会财富的具有智力劳动和体力劳动能力的人们的总称。

人力资源开发与管理,是指由一定管理主体为实现人力扩大再生产和合理分配使用人力而进行的人力开发、配置、使用、评价等环节的总和。

所谓现代企业人力资源管理,是将组织内的所有人力资源作适当的获取、维护、激励以及活用与发展的全部管理过程。换言之,即以科学方法使企业的人与事作适当的配合,发挥最有效的人力作用,促进企业的发展。简单地说,即为“人与事配合,事得其人,人尽其才”。

二、现代企业人力资源规划

要保证企业组织战略目标的实现,就必须对组织的现今和未来各种人力资源的需求进行科学的预测和规划。现代企业人力资源规划主要由以下几个过程来完成,如图4-1所示。

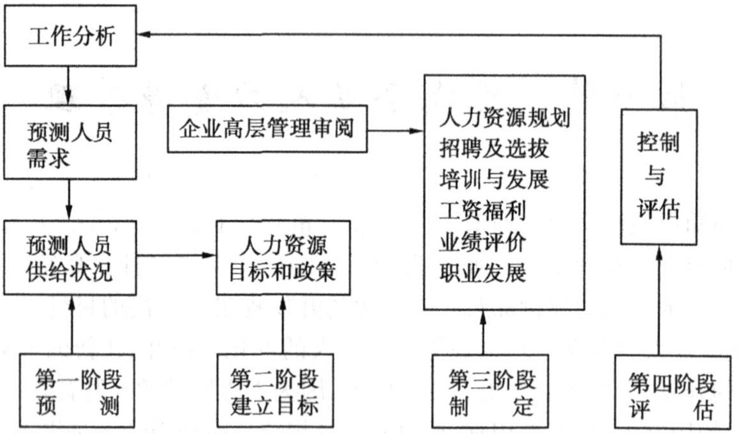

图 4-1 现代企业人力资源规划的程序

(一)工作分析

工作分析包括两个方面的内容:

①对企业内的每一工作岗位的设计都要进行具体的描述,对这一工作岗位的具体工作内容或任务范围,工作条件以及所需的工作设备、工作环境等,都要具体的了解和说明。

②对从事这项工作的人要求明确而具体,知识水平、技术能力等都要做出具体的规定。工作分析在现代企业人力资源管理中占有极重要的位置,只有通过工作分析才能了解本企业所需要的各方面的人才数目,也才能正确地选择人才、合理地安排人才。同时,工作分析也是确定从事某一工作的人的报酬和补偿的一个重要依据。因此,人力资源部门在制订本企业的人力资源计划时,必须以本企业的工作分析资料为依据制订计划。

(二)现代企业人力资源的需求预测

现代企业人力资源需求预测,是指以现代企业的战略目标、发展规划和工作任务为依据,综合考虑各种因素,对现代企业未来某一时期人力资源需求的数量、质量等进行估计的活动。现代企业人力资源需求预测是现代企业人力资源规划的前提条件,是一种动态的预测,要根据客观环境条件的变化而不断调整。

现代企业人力资源需求的影响因素主要包括外部环境因素和企业内部因素两个方面。其中企业外部环境因素包括政治、经济、法律、技术、竞争状况等。企业内部因素则主要是企业的经营战略计划、工作设计、预算、销售预测等,以及企业自身人力资源状况,如辞职、退休人员比例,正式工、临时工的比例等。

(三)现代企业人力资源供给预测

现代企业人力资源的供给预测是为满足现代企业对人力资源的需求,而对未来某个时期内,企业能从其内部和外部所得到的人力资源的数量和质量所进行的预测。现代企业人力资源供给来自两个方面,即企业内部的人力资源供给和企业外部人员的补充。

企业内部人力资源的供给是现代企业人力资源供给的重要方面,如企业内部人力资源的轮换、提拔或降职等。现代企业在面临人力资源需求时,常常优先考虑企业内部人力资源供给。企业内部人力资源供给预测一般包括以下几个方面的内容:①分析企业目前的人力资源状况,如员工的部门分布、年龄构成、知识技能等;②分析目前人力资源流动的原因,预测来来人力资源流动态势,以采取相应措施;③分析工作条件的改变对人力资源流动率和供给的影响;④掌握企业内部提拔和人员轮换的状况,保证工作的连续性。

企业外部人力资源供给来源于:大中专学校毕业生、职业技术学校毕业生、转业军人、失业人员及其他企业人员等。

影响企业外部人力供给状况的因素很多,如人口和体制背景、教育状况、国家就业政策和分配政策、用人单位竞争状况、就业者的心理和价值取向等,预测时要充分考虑这些因素的影响,深入劳动力市场和人才市场进行调查研究。预测的方法应以定性方法与定量方法相结合,才能收到较好的预测效果。常用的方法有:德尔菲法、时间序列预测法、因果预测法等。

(四)现代企业人力资源的供求平衡

现代企业人力资源供求平衡是编制人力资源规划的目的。现代企业人力资源供求关系可能是:人力资源供求平衡;人力资源供大于求;人力资源供不应求。现代企业人力资源规划就是根据现代企业未来供求关系的预测结果,制订相应措施,取得人力资源的供求平衡。

人力资源的供求平衡一方面表现为量的平衡,更重要的是人力资源素质、类别等供求结构上的平衡,因此企业要作好综合平衡,必须着手员工的潜力分析,从质量上提高人力资源素质。另外,企业在制订人力资源措施时,要依据不同部门的具体情况具体分析,使各部门的人力资源在数量、质量、层次、结构等方面都达到平衡。

三、现代企业人力资源的开发

现代企业为了发展,首先是设法招聘到本企业所需要的人员。招聘应从“人”和“事”两个方面出发,挑选出最合适的人来担任某一职务,而录用则主要涉及如何做出录用决策及最初的人力资源安排。这些活动就是人们平时所说的“招聘”。

成功的人才选聘,可以使企业获得优秀的人员,有效地提高单位人力资源的素质,为单位的发展打下了良好的基础。

对人员招聘录用的途径主要有两种:一种是内部选聘,一种是外部招聘。

1.内部招聘

指在单位出现职务空缺后,从单位内部选择合适的人来填补这个位置。内部招聘主要有以下几种方法:

(1)提拔晋升　选择可以胜任这项空缺工作的优秀人员。这种作法给员工以升职的机会,会使员工感到有希望、有发展的机会,对于激励员工非常有利。

(2)工作调换　工作调换也叫做平调,是在内部寻找合适人选的一种基本方法。这样做的目的是要填补空缺,但实际上它还起到许多其他的作用。

(3)工作轮换　工作轮换和工作调换有些相似,但又有不同。如工作调换从时间上来讲往往较长,而工作轮换则通常是短期的,有时间界限的。另外,工作调换往往是单独的、临时的,而工作轮换往往是两个以上的、有计划进行的。工作轮换可以使单位内部的管理人员或普通人员有机会了解单位内部的不同工作,给那些有潜力的人员提供以后可能晋升的条件,同时也可以减少部分人员由于长期从事某项工作而带来的烦躁和厌倦等感觉。

(4)人员重聘　一些单位由于某些原因会有一批不在位的员工,如下岗人员、长期休假人员等。在这些人员中,有的恰好是内部空缺需要的人员。他们中有的人素质较好,对这些人员的重聘会使他们有再为单位尽力的机会。另外,单位使用这些人员可以使他们尽快上岗,同时减少了培训等方面的费用。

2.外部招聘

在许多情况下,内部招聘往往满足不了单位对人员的需求,尤其当一个单位在创业初期或者快速发展时期,或者因为扩大了业务范围、工作领域等,单位领导会把目光转向社会这个巨大的外部人才市场。外部招聘的主要方法有以下几种:

(1)广告媒介　许多单位通过媒体以广告的形式获得所需的人选。

(2)院校预定　每年都有成千上万的学生从大、中专院校毕业。有的单位已经与有关院校挂钩,预定本单位所需的人员。还有的单位甚至在相关院校设奖学金,为自己培养专业人才。

(3)人才交流　随着经济的发展和社会的进步,人才流动的现象越来越普遍,越来越活跃。

(4)网络招聘　就是通过先进可靠的计算机网络来直接招聘所需人员。

现代企业在进行人员的招聘和选拔时，在程序和方法上，可以采用应聘者申请表分析、笔试、绩效模拟测试、面试、面谈、履历调查等手段。但不管是内部还是外部，在选聘工作中应坚持计划性、科学性和公正性的原则。

四、现代企业人力资源的培训

培训是指现代企业为改变员工的工作态度和工作能力，不断提高他们的工作业绩而进行的知识教育和技能培训。从某种意义上讲，员工培训是现代企业提高工作效率和经济效益，增强发展潜力的重要途径。

(一)现代企业人力资源培训的目的和意义

1. 提高自我意识水平

通过培训，员工能够更好地了解自己在单位的角色和应该承担的责任、义务，认识到自己是在一个集体当中，不但要为自己负责，更重要的是要为集体和单位负责。通过培训，使员工更好地适应单位的工作环境和单位的团队环境，更好地完成任务并和其他员工加强交往和沟通。

2. 提高员工的技术能力和知识水平

许多单位由于长期进行的都是技术培训，所以管理者的能力跟不上发展的需要就成了主要问题。为此，现在有许多单位除了进行技术方面的培训外，还加大了对管理人员的培训，尤其是对高级管理人员的培训和开发。当经过不断强化、培训的管理人员，在人数和水平上达到一定程度后，必然会给企业在管理上带来明显改进。

3. 转变态度和动机

如果员工仅仅具有比较好的技术、知识能力，但由于管理的落后，反而不能发挥其能力，或者是成效不高，这就是员工和管理者没有受到良好的激励，没有形成对工作良好的愿望和态度。而经过培训和开发后，员工和管理者学到了有关方面的知识，对单位的发展目标以及它对自己今后发展的密切联系有了较深刻的认识，就会产生努力工作并积极提出合理建议的行为。

优秀的管理人员总是注视着未来并时刻为未来做好准备，而做好准备的一个重要内容就是对管理人员进行培训，以便使他们能适应新的需要，应付新的问题并迎接新的挑战。

(二)现代企业人力资源培训的主要方式

对人才的培训应因材施教。在现代企业中，对员工的培训方法一般有表4-1所列的几种。

表 4-1 人员培训和开发的方法

方 法	说 明
阅读材料方法	让受训人阅读一些有关材料
行为模式训练	利用录像机、电视等放映正确的行为表演,进行讨论,明确正确的行为标准,并进行人际关系相互促进方面的训练
业务工作模拟训练	进行笔头练习模拟和电子计算机模拟,学习和提高管理技能,由于他们参与了这个单位在某方面的实际操作训练,使得他们能以更加投入的精神去做好本职工作
案例讨论	以小组形式进行实地考察或假设案例分析讨论
研讨会或报告会	研讨会和报告会一般是为了解决单位出现的某个问题,或者为了探讨向哪个方向发展、如何发展等而进行的一个种培训方式。这种方法的好处是:目的明确、层次高、时间短,能深入研究某个专题,效果明显。尤其是研讨会,可以使参与者有机会与其他人员交流经验和看法等
讲座形式	请专人讲有关题材方面内容,目的是提高管理人员的基本素质和开阔眼界,接受新的知识和信息,提高认识水平,增加对各种问题的认识能力,为提高工作能力和解决问题的能力打下了良好的基础
在职培训	由有经验的人作指导,在工作中提高,方式有“师徒制”培训、工作轮换等,根本目的是拓宽管理人员的视野和知识面
自学	有目的的编写讲义,让其自学
任务培训	在受训人之间实行类似“上级对下级评价”和“下级对上级评语的反应”等,以增加人际关系经验
敏感性训练	着重进行相互尊重、社交联络和对小组工作了解等方面的训练
新雇员训练	对新员工进行多方面实际训练,目的在于强调学习、安全,掌握知识、技术,不在于生产数量的多少

五、现代企业人力资源的激励

激励最根本的目的,就是要善于正确地引导员工的工作动机,调动他们工作的积极性和创造性,使他们在实现企业目标的同时,实现自身的需要。

(一)激励的原则

1. 组织目标与个人目标相结合的原则

在激励机制中,设置目标是一个关键环节。目标设置必须体现组织目标的要求,否则激励将偏离实现组织目标的方向。目标设置还必须能满足职工个人的需要,否则无法提高职工的目标效价,达不到满意的激励强度。只有将企业目标与个人目标结合好,使企业目标包含较多的个人目标,使个人目标的实现离不开为实现企业目标所做的努力,这样才会收到良好的激励效果。

2. 物质激励与精神激励相结合的原则

职工存在着物质需要和精神需要,相应的激励方式也应该是物质激励与精神激励相结合。

3. 外在激励与内在激励相结合的原则

根据美国学者赫茨伯格的"双因素理论",在激励中可区分两种因素:保健因素和激励因素。凡是满足职工生存、安全和社交需要的因素都属于保健因素,其作用只是消除不满,但不会产生满意。这类因素如工资、奖金、福利、人际关系,均属于创造工作环境方面,也叫做外在激励。满足职工自尊和自我实现需要最具有激发力量,可以产生满意,从而使职工更积极地工作,这些因素属于内在激励因素。

4. 正激励与负激励相结合的原则

根据美国心理学家斯金纳的强化理论,可把强化(即激励)划分为正强化和负强化。所谓正激励(正强化)就是对职工的符合组织目标的期望行为进行奖励,使这种行为能更多地出现,即职工积极性更高;所谓负激励(负强化)就是对职工的违背组织目的的非期望行为进行惩罚,使得这种行为不再发生,即使犯错误的职工弃恶从善,积极性向正确方向转移。显然正激励与负激励都是必要而且有效的。因此,领导者在激励时应该把正激励与负激励巧妙地结合起来,并坚持以正激励为主,负激励为辅。

5. 按需激励原则

激励旨在满足职工的需要。但职工的需要存在着个体差异性和动态性,因人而异,因时而异,并且只有满足最迫切需要(主导需要)的措施,其效力才高,其激励强度才大。因此,管理者在进行激励时,切不可犯经验主义,搞几年一贯制。要知道,在激励上不存在一劳永逸的解决办法,更没有放之四海而皆准的法宝。管理者必须深入地进行调查研究,不断了解职工需要层次和需要结构的变化趋势,有针对性地采取激励措施,才能收到实效。

6. 民主公正原则

公正是激励的一个基本原则。如果不公正,奖不当奖,罚不当罚,不仅收不到预期的效果,反而会造成许多消极后果。公正就是赏罚严明,并且赏罚适度。赏罚严明就是铁面无私、不论亲疏、不分远近、一视同仁。民主是公正的保证,也是激励的本质特征,这需要企业有完善的机制和健全的制度以及良好的现代企业文化作保证。

(二)薪金、福利的激励方式

薪金、福利是激励员工的重要手段。科学而合理地确定员工的工作报酬,不仅能有效地激发员工的积极性,为实现企业的目标而努力,并且能吸引和留住一支精干的、富有竞争力的员工队伍。薪金、福利是对员工为企业所付出劳动的一种回报,这种回报包括精神和物质两个方面。由于每个员工的能力不同,所做出的贡献也不一样,因此所获得的报酬也应该不一样。

(1)薪金、福利的组成　由工资、奖励和福利组成。

(2)薪金、福利的作用　①它能够保证劳动力的生产和再生产。②合理的报酬可以有效地引导人力资源的合理使用并发挥相应作用。③合理的报酬可以调动员工的内在积极性。④合理的报酬制度可以培育员工对单位的归属感。⑤合理的报酬制度可以有效地降低管理上的难度。

(3)薪金、福利制度的制定原则　主要需体现公平性、竞争性和激励性。

(三)其他激励方法

在管理中除了以薪金、福利的方式进行激励外,其他常见的还有事业激励、目标激励、物质激励、荣誉激励、责任激励、晋升激励等激励手段。

六、现代企业人力资源的评价

各级现代企业管理者和所有员工的工作好坏,是一个企业能否发展的重大问题,而怎样去评估、考核一个管理者或一个员工的工作业绩,直接影响着企业的整体效率和效益。考核就是为了实现企业的目的而对员工所实施的一种具体的衡量手段,它是对企业内员工的工作进行的识别、测量和反馈的过程。单位要发展,就一定要在考核、评估上做文章。

(一)现代企业人力资源绩效评估的原则

绩效评估是一项复杂的工作,要提高评估工作的质量,达到预期的效果,应坚持以下原则。

1. 客观原则

绩效评估应尽可能科学地进行评价,使之具有可靠性、客观性、公平性。

2. 评估方法可行原则

指评估采用的方法要为人们所接受并能长期使用。

3. 评估经常化、制度化原则

企业应制定一套科学的评估制度体系,将评估工作落实到具体部门,另外要进行经常性的评估，尽可能多地获得有关员工的实际资料，加强评估效果。

4. 多层次评估原则

主要包括上级评估、同事评估、自我评估、下级评估、专家评估、客户评估等。综合运用几种方法评估，扬长避短，保证评估的客观性、全面性、系统性。

5. 反馈原则

考评结果一定要反馈给被考评者本人，以保证考评的公正与合理，使绩优者再接再厉，考评不好者心悦诚服，奋起上进。

（二）现代企业人力资源绩效评估的标准

考核、评估是管理者的事，但管理者本身也在考核、评估的范围内，所以，每个单位的考核评估标准都应体现这个单位的特性。一个有效的考核评估体系应该具有以下功能。

①准确地测评出每个职员的工作业绩和行为。

②明确识别一个职员的缺点和不足。

③能够有效地激励职员去发扬好的、纠正错的、改进差的。

④及时地给予职员以测评结果的反馈，让他们知道自己的问题所在。

⑤有一个连续性的、跟踪性的记录，以便于职员今后的发展、晋升和调动等。

（三）现代企业人力资源评估的内容

1. 按考评内容侧重点的不同，分为工作绩效和行为表现

工作绩效就是员工在各自岗位上对企业的实际贡献，即完成的工作数量和质量。行为表现即员工在执行岗位职责和任务时所表现出来的行为。它包括职业道德、积极性、责任性、事业性、协作性、出勤率等诸多方面。

2. 按考评时间的不同，分为日常考评与定期考评

日常考评就是对考评者的出勤情况、产量和质量、平时的工作行为所做的经常性考评。定期考评是按照一定的固定周期所进行的考评，如年度考评、季度考评等。

3. 按考评主体的不同，分为主管考评、自我考评、同事考评和下属考评

4. 按考评结果的表现形式不同，分为定性考评与定量考评

定性考评的结果表现为对某人工作评价的文字描述，或对人员之间评价高低的相对次序用优、良、中、可、差等来表示。定量考评的结果则以分值或系数等数量形式表示。

七、人力资源管理案例

【案例一】

IBM:企业后备人才发展计划

人常说,不想当元帅的士兵不是好士兵,但是话说回来,只有为士兵提供领导力培养平台的军队才有可能使普通士兵从上尉、上校、将军一路上升,从而最终成为统军的元帅。IBM 就是这样一个能够培养“将军”和“元帅”的地方,这个企业的“人才新干线”就是为了全方位打造企业领导力的后备军而设的。

IBM 后备力量的发展是从两个基本层面着手的。一个是从 IBM China 四千多人的员工队伍中选出 15% ~20% 的有突出表现和发展潜力的顶尖人才。一个是领导梯队,通过“长板凳接班人计划”确任每一个关键性职位的未来 3 ~5 年的接班人。并有针对性地制订培养计划。

制订培养计划的过程中,首先要从业务需求出发。通过人才需求的调查,访问各个业务部门的总经理,了解他们未来的业务计划及对未来人才的计划和需求。培养方法用简单的语言描述就是“向人学习,从做事中学习,从课堂上学习”。“向人学习”如导师制和做总经理的特别助理。“从做事中学习”如“岗位轮换”,及作为“智囊团”参与由总经理主持的公司中长期业务发展战略规划。“从课堂上学习”则是为各种专业职位而量身订制的技能培训和为提高领导力而专门开发的 G100 计划等。

评估是人才质量的保证。由一些高级经理,高级技术人员组成的认证资格审查委员会负责评估关键职位的候选人的资格和技能水平。在任用方面,通过“内部人才市场计划”把所有空缺的位置,先向内部员工公开。在个人与经理充分沟通的基础上,基于岗位标准及个人兴趣进行选择。

“保留人才”就是让上述这些 IBM 选拔培养的人才承担更重要的责任,在公司里得到更大的发展。首先要与他们有很好的沟通,当一个人了解到自己是未来的接班人,他会知道这对他意味着的是公司的重视,更多的机会,更好的发展空间,更多的培养计划,同时也更加自信和努力,目标明确地向前发展。

从人才生命周期规划、识别、吸引到雇用、融入、培育、激励、保留,不合格的则放弃，IBM 人才新干线计划是一个超越执行层面的单点计划，全面地应对企业对人才的全盘需求，并实现人才发展的路线图每个环节的连贯性。从中也可以看出，IBM 的人才管理体系实际上是以鉴别“好手”为目标的。留用人才，预防重于治疗。当一个人提出要走的时候，能留下来的可能性已经不大了，这与他是不是重要员工并无关系。因此，主管必须及早知道哪些人是好手，在平常时间里照顾他的需求，这叫早期鉴别。IBM 的 G100 计划，就是一种早期鉴别，因此高层都会备加重视，以防他们突然离职，造成公司被动。

“无论你进 IBM 时是什么颜色，经过培训，最后都变成蓝色。”这是在 IBM 内部流传最广的一句话。但是细看会发现，IBM 人的蓝色深浅不一，职位越高，蓝色越深越纯，人数越少，形成了一个规则的分层的“金字塔”。这个塔层结构造成一个自然的竞争机制，工作时间越长，员工和公司都更加了解对方，越往上走，最终使员工的生涯发展与公司的业务发展成为一个互动和优化的状态。IBM 相信员工都要从塔底往上走，其严谨的流程能把不同深浅的人配置到“调色板”最准确的位置上。IBM 人才新干线从人才战略的高度，通过大量的创新实践，打造出人才快速发展的体系架构，为企业持续发展输送源源不断的后备军，提高了企业核心竞争力。（来源：中国人力资源网）

【案例二】

F 公司的烦恼

F 公司是一家生产电信产品的公司。在创业初期，依靠一批志同道合的朋友，大家不怕苦不怕累，从早到晚拼命干。公司发展迅速，几年之后，员工由原来的十几人发展到几百人，业务收入由原来的每月十来万发展到每月上千万。企业大了，人也多了，但公司领导明显感觉到，大家的工作积极性越来越低，也越来越计较。

F 公司的黄总为此特别到书店买了一些有关成功企业经营管理方面的书籍来研究，他在书中看到这样一段话：“经营的原则自然是希望能做到‘高效率、高薪资’。效率提高了，公司才可能支付高薪资。同时借着提高薪资，来提高员工的工作意愿，然后再达到高效率。”他想，公司发展了，确实应该考虑提高员工的待遇，一方面是对老员工为公司辛勤工作的回报，另一方面是吸引高素质人才加盟公司的需要。为此，F 公司重新制订了报酬制度，大幅度提高了员工的工资，并且对办公环境进行了重新装修。

高薪的效果立竿见影,F公司很快就聚集了一大批有才华有能力的人。所有的员工都很满意,大家的热情高,工作十分卖力,公司的精神面貌也焕然一新。但这种好势头不到两个月,大家又慢慢回复到懒洋洋、慢吞吞的状态。这是怎么啦?

F公司的高工资没有换来员工工作的高效率,公司领导陷入两难的困惑境地,既苦恼又彷徨不知所措。那么症结在哪儿呢?

分析:

F公司出现的这种情况是一个普遍现象,很多企业都经历了这样一个过程,在创业初期,每个人都可以不计报酬、不计得失、不辞辛劳、不分彼此,甚至加班加点、废寝忘食。但是,只要企业一大,大家这种艰苦奋斗、不计报酬的奉献精神没有了。公司大了,其管理方式应该改变,激励方式也应该改变,遗憾的是,我们很多企业把钱作为唯一的激励手段,在一些老板的意识里,花高价钱就能打动人才的心。美国行为科学家弗雷德里克·赫茨伯格的双因素理论告诉我们,满足各种需要所引起的激励深度和效果是不一样的。物质需求的满足是必要的,没有它会导致不满,但是即使获得满足,它的作用往往是很有限的、不能持久的。要调动人的积极性,不仅要注意物质利益和工作条件等外部因素,更重要的是要注意工作的安排,量才录用,注意对人进行精神鼓励,给予表扬和认可,注意给人以成长、发展、晋升的机会。

还有一点是必须指出的,就是F公司把工资提上去了,工作环境和条件也改善了,但没有把员工的工资奖金同工作目标相联系,同业绩挂钩,也就是说,每个员工在没有压力的情况下就能稳稳当当拿到高工资。既然如此,大家为什么要卖力干呢?! 下面两个小故事很能说明问题。

国外一家森林公园曾养殖几百只梅花鹿,尽管环境幽静,水草丰美,又没有天敌,而几年以后,鹿群非但没有发展,反而病的病,死的死,竟然出现了负增长。经专家分析。主要是由于鹿的生活过于安逸。后来他们买回几只狼放置在公园里,在狼的追赶捕食下,鹿群只得紧张地奔跑以逃命。这样一来,除了那些老弱病残者被狼捕食外,其他鹿的体质日益增强,数量也迅速地增长着。

挪威人喜欢吃沙丁鱼,尤其爱买活鲜的。渔民们为了避免沙丁鱼在运输途中死去,往往在船舱里放上几条鲶鱼。鲶鱼滑溜无鳞,常爱四处乱钻乱窜,弄得沙丁鱼十分紧张,不得安生,也只好跟着鲶鱼一起游动。这样,不但避免了沙丁鱼因窒息而死亡,而且抵达渔港后还能保持鲜活,人们称这种现象为“鲶鱼效应”。

由以上分析可知,F公司的问题就在于:首先,对快速成长企业的经营管理缺乏经验;其次,怎样让高工资发挥激励作用认识肤浅;再次,激励手段简单且不配套、不系统。

解决方案:

针对F公司的现状,其重点是建立以薪酬制度为基础的激励系统,使企业进入“高工资、高效率、高效益”的良性循环。必要时,让员工参与报酬制度的设计与管理,这无疑有助于一个更适合员工的需要和更符合实际的报酬制度的形成。

其次是配套相应的激励措施,重视内在激励。在注重企业为员工提供高工资、福利和晋升机会的同时,强化基于工作任务本身带给员工的胜任感、成就感、责任感、受重视、有影响力、个人成长和富有价值的贡献等。引入适度竞争。让员工感觉到差距的存在,让他们感觉到竞争的危机,落后就意味失去工作。同时重视对团队的奖励,更要创造公平的企业环境,建立双赢的观念。要充分认识激励机制的关键在于不断满足企业和个人的发展需要,只有同时满足企业和个人双重发展需要的激励机制,才是真正的有生命力的激励机制。高工资是给人的动力和压力,以产生高效率和高效益,有了高效益别忘了高工资,这一良性循环,才使公司能长久、持续、高速发展。

第二节　现代企业财力资源管理

资金是现代企业的“血液”,是现代企业财力资源的重要表现形式,资金是现代企业资源中的一个重要组成部分。任何一个企业为了维持其正常的生产经营活动,都必须有一定数量的资金。因此,及时地筹集资金、合理使用和正确分配资金,最大限度地发挥资金资源的功效,是每个企业都必然遇到和必须解决的重大问题,而这正是现代企业财力资源管理的内容。

一、现代企业资金的筹集

现代企业筹集资金简称为筹资。筹资是指现代企业为从事生产经营活动,从不同资金所有者手中筹措资金的财务活动。筹集资金是现代企业资金运动的起始阶段，是决定资金运动规模和生产经营发展程度的重要环节。

在筹资管理中要求合理确定资金的需要量，根据不同时间的需要，合理安排和控制资金投放时间，减少资金占用，加速资金周转；其次，要周密研究投资的方向，大力提高投资效果；同时，还要考虑各种筹资渠道与方式，研究各种资金来源的构成，以求获得筹资方式的最优组合，降低综合资金成本。总之，企业应从总体角度出发，适当安排自有资金与借入资金的比例，既要利用负债经营的作用，提高企业收益水平，又要维护企业财务信誉，减少财务风险。

在市场经济条件下，企业资金来源的途径很多，已趋向多元化，方式也是多种多样。从目前的情况看，企业的筹资途径主要有以下几种情况：

（一）现代企业自有资金的筹集

现代企业自有资金是投资者投入企业的资本金及经营中所形成的积累，它反映所有者的权益，又称主权资金。其出资人是企业的所有者，拥有对企业的所有权，企业则可以独立支配其所占有的财产。

1. 吸收直接投资

吸收直接投资是指企业按照“共同投资，共同经营，共享利润”的原则吸收国家、单位、个人、外商投入资金的一种筹资方式。出资者是企业的所有者，可通过一定方式参与企业经营决策，有关各方按出资额的比例分享利润，承担损失。

吸收直接投资的出资方式是多种多样的，有现金投资、实物投资；还有以工业产权和非工业产权与土地使用权进行投资的。

现代企业通过吸收直接投资方式筹集的资金主要有以下四种。

①吸收国家投资，形成国家资本金。

②吸收企事业等法人单位的投资，形成法人资本金。

③吸收城乡居民和企业内部职工的投资，形成个人资本金。

④吸收外商投资，形成外商资本金。

2. 现代企业资本循环积累自有资金

通过资本循环积累自有资金，让资本最大限度地增值，这是现代企业最基础、最根本的筹资渠道。要搞好商品经营的资本循环，必须从市场需求的实际出发，重点抓好从商品资本到货币资本的“惊险一跳”。其中，资金积累的关键，一是在于附加值的大小，重点是提高科技附加值、销售附加值与名牌附加值；二是在于加速资金周转，提高资金周转次数。现代企业通过商品经营的资本循环，可以从生产成本中提取科技发展基金与折旧基金用于现代企业的发展，尤其是科技发展基金达销售额的1%以上，是现代企业经营良性循环的根本保证。还可以从利润中提取生产发展基金，或用于扩大再生产，或补充流动资金的不足。

3. 发行股票

吸收股份筹资，主要是组建公司制企业时，向社会法人定向募集股份，以及向本企业职工按改制的要求实施职工持股。对国家有关部门批准的上市公司，则还可通过股票上市，向社会公众募集股份。发行股票可以筹措社会资金，并分散企业风险，但股票也决不是如某些经营者误认为的“不要还本付息的长期资金”。发行股票是向社会公众交出一部分企业资产所有权，同时也意味着公众拥有所有权、收益权与对企业经营的公开监督。如果企业经营不理想，社会小股民虽然对经营者没有足够的投票否决权，但可以抛出股票，使企业的产权价格迅速下跌。

发行股票是企业筹集长期资金的一个重要途径。它可以使大量社会游资得到集中和运用，并把一部分消费基金转化为生产资金。股票是股份公司为筹集自有资金而发行的有价证券，按股东权利和义务的不同，可分为普通股和优先股。

(1)普通股的筹资特点　普通股是公司发行的具有管理权而股权不固定的股票。股票持有者作为公司的股东，是公司的最终所有者。经过发行股票筹集到的资金一般称为股本，它是构成公司资本的主体，而且是保证公司可以向外借债的基础。

普通股股东有以下权利：①经营管理权（对公司的一些重大问题有投票表决权）；②股利分配权（股东有权获得公司派发的股利）；③剩余财产请求权（在公司破产清算时，普通股股东有权在债权人、优先股股东分得公司资产后，按投资份额分享公司的剩余财产）；④认股优先权（普通股股东有权优先认购公司发行的新股票）。

(2)优先股的筹资特点　优先股是较普通股有某些优先权同时也有一定限制的股票。优先股也是企业的主权资金之一。与普通股相比，有以下优先权利：①优先获得股利（优先股的股利分配在普通股之前，其股利率是固定的）；②优先分配剩余财产（在公司破产时，优先股的剩余财产的请求权在债权人之后，但位于普通股之前）；③有限制的经营管理权（优先股股东在股东大会无表决权，仅在涉及优先股股利问题时例外）。

股票筹资的优点是：筹集的是主权资金，可提高企业的信誉。资金稳定，股票筹集的是永久性资金，企业不需返还股本。风险小，与债券筹资相比，股票筹资没有固定的利息负担，股东只负有限责任。

其缺点是：筹资成本高，与借入资金相比，股利要从公司税后利润中支付；另外筹资费用也较高；发行新股，易分散对企业经营活动的控制权。

4. 创业风险资金方式筹资

对于高科技企业来说，由于存在高风险、高潜在利润的特点，因而在创业阶段可以通过社会上的创业风险基金实行筹资。美国著名的苹果电脑公司就是在20世纪70年代由风险投资家马克库拉进行创业风险投资而发展起来的，马克库拉当年对苹果公司投资9.1万美元，十几年后便拥有了苹果公司1.54亿美元的股票。这种高风险、高回报的创业风险投资也正是我国一些有眼光的投资企业目前正在大力开展的事业。1998年初，上海新黄浦集团投资1亿元与复旦大学合作开发人类基因工程，就是一种创业风险投资。

（二）借入资金的筹集

借入资金是指企业向银行、其他金融机构、其他企业单位等吸收的资金。它反映债权人的权益，又称负债资金。借入资金的出资人是企业的债权人，对企业拥有债权，有权要求企业按期还本付息。企业借入资金的筹集方式主要有：银行借款、发行债券、商业信用、融资租赁等。

1. 银行借款

银行是经营货币资金的企业。企业以利息为代价向银行购买有限时间内的资金支配权。商业银行只能向那些保证能按时还本付息的人或法人出售资金的支配权。银行贷款筹资是当前企业筹资的主要渠道之一。银行贷款以贷款是否需要担保为标准，可分为信用贷款与抵押贷款。信用贷款主要凭借借款企业或担保人的信誉，没有实物担保，这种贷款方式只能用于真正有良好信誉的优秀企业；抵押贷款则是由借款企业提供一定的固定资产抵押或证券抵押作为抵押品，也有少数情况可用名牌商标的无形资产价值进行抵押，如果借款方违约，不能如期归还贷款，则可拍卖商标权进行还贷。

银行贷款还有短期、中期与长期贷款之分，利率各不相同，企业需根据贷款的用途与期限，选择恰当的贷款种类。

2. 发行债券

对于市场信誉较好、现有负债比率较低、企业资产控制权又较重要，而且销售额与赢利情况相对稳定，增加资本可以大幅度增加赢利的企业，不要轻易发行股票，可选择申请发行债券来开展社会筹资。但发行债券也必然增加企业的负债率与经营风险，因此需要慎重决策，并作好到期还本付息的计划。

3. 商业信用

商业信用是指商品交易中以延期付款或预收货款方式进行购销活动而形成的借贷关系，是企业之间的直接信用行为。商业信用是由商品交换中货与钱在空间上和时间上的分离而产生的，是企业筹集短期资金的一种方式。

商业信用的主要形式有应付账款、商业汇票、票据贴现、预收货款等。

4. **租赁融资**

租赁筹资是企业作为承租人，根据与出租人签订的租赁契约，付出一定的租金，来获得在规定时期内租赁物的使用权或经营权的一种筹资方式。租赁筹资分为对生产设备的租赁筹资与对企业的租赁筹资两类。对生产设备的租赁筹资又分为融资租赁方式与服务性租赁方式两种。

融资租赁是一种世界性的现代融资手段，在国外已十分普遍。融资租赁以专业性的租赁公司为出租人，租赁公司按承租企业的要求，由租赁公司向银行贷款，再从国外或国内购入承租企业选定的新设备，并租赁给承租企业使用。租赁公司一般先收设备价款的 15% ~20% 作订金，其余租金则在设备投产后按月分期收取，承租企业所交的租金内容则包括设备的价款、租赁公司应取的利润及租赁公司贷款所付的利息三部分。一般设备在 3 ~5 年内交清，大型设备可 10 年交清。

二、现代企业资产的管理

资产是现代企业拥有或控制的、可用货币计量的并能为企业提供经济效益的经济资源。资产按其流动性质可分为流动资产、长期投资、固定资产、无形资产等。

(一)流动资产的管理

流动资产是可以在一年内或超过一年的一个经营周期内变现或者运用的资产，主要包括货币资金、应收账款、预付款项、存货、短期投资等。流动资产在现代企业资产中占有相当大的比重，而且周期短，形态易变，因此要用好这部分资产，必须加强对流动资产的管理。

在流动资产管理中，要做好以下几方面的工作：①既要保证生产经营需要，又要合理使用资金；②管资金的要管资产，管资产的要管资金，资金管理和资产管理相结合，做到责、权、人、物四结合；③保证物资运用和资金使用相结合，坚持钱货两清，遵守结算纪律，不得无故拖欠，这是保证生产经营顺利进行的前提条件。

1. **现代企业货币资产管理**

现代企业为了获得最大利润，必须有相当数量的货币资金和货币资产，包括库存现金、银行存款、银行本票、银行汇票等。货币资产的主要特点是有较强的流通性，是企业流动性最大的资产。

(1)现代企业持有货币资产的主要原因　①支付性需要：是指企业保留一定数额的货币资产以满足日常支付，如用于购买原材料，支付工资与其他费用，交纳税款等。由于企业的日常货币资金的收支不可能同时等额发生，所以应保留一定数额的货币资金,保证在收小于支的情况下交易不致中断。②预防性需要:是指企业为应付意外事故对现金的需要。这部分货币资金的大小依赖于企业预测货币资金收支的可靠性、企业对风险的态度以及企业的举债能力。③投机性需要:是指企业用于有利的购买机会,如廉价材料、证券投资等。

(2)企业货币资金管理的主要内容　①做好日常现金收支管理。《现金管理条例》对库存现金管理有明确的要求和规定。主要有以下几项:国家规定的库存现金的使用范围;核定库存现金定额;实行内部牵制制度,即管钱不管账,管账不管钱;坚持复核,减少差错;严格现金存取手续,不得坐支现金。②制订货币资金收支预算,按预算安排相关收支。③做好转账结算工作。

2.现代企业应收账款管理

应收账款是现代企业应收取而尚未收到的各项款项,包括应收账款、应收票据、其他应收款等。

应收账款的产生,可以扩大企业产品销售量,提高企业竞争力,但也易因管理不善,产生坏账损失,增加相应成本。加强应收款项管理的目的在于以最小的成本求得最大的赢利。应收账款管理的主要内容包括两个方面,一是应收账款政策的制定,另一方面是应收账款的日常管理。

(1)应收账款政策包括　①信用标准:指企业接受用户赊销条件时,用户必须具备的最低财务能力。通常用预计的坏账损失率来衡量。②信用条件:指企业要求客户支付赊销款项的条件。包括信用期限、折扣期限和现金折扣。如信用条件为“2/10,net/30”,则表示用户在10天内付款,可获得2%的现金折扣,超过10天就要求在30天内付清全款。③收账政策:指企业的信用条件被违反时,企业应采取的收账策略。收账政策的确定要通过对收账过程的成本与收回账款的收益的权衡来实现。

(2)应收账款的日常管理主要有　①客户信用调查通过直接法与间接法去调查客户的基本信用。②客户信用状况评估即对客户的特点(Character)、能力(Capacity)、资本(Capital)、抵押品(Collateral)、条件(Conditions)进行评估,又称为“5C”评估法。其中,特点指顾客的信誉,即履行偿债义务的可能性;能力指顾客的偿债能力;资本指顾客的财务实力和财务状况;抵押品指顾客拒付款项和无力支付款项时,能被用作抵押的资产;条件指可能影响顾客付款能力的经济环境。③收账包括制订合理的收账程序,以及有效的催收欠款的方法。④预计坏账损失,计提坏账准备金。

3.现代企业存货资产的管理

存货是企业生产经营过程中为销售或者耗用而储备的各种物资。包括原材料、燃料、低值易耗品、在产品、半成品、产成品、外购商品等。从占用形态来看,可以分为储备资金、生产资金、成品资金等。

企业保持一定数量的存货,一方面是为了保证生产经营连续正常进行,但另一方面也会为此负担一定的成本费用。存货控制的目的就是为了使存货的效益与成本达到最优化。

在企业内部,不同部门对存货管理有不同的要求:

①财务部门希望存货占用资金越少越好。它的职责是为企业生产经营提供资金,能在存货上少占用一些资金,就可以将这些资金用于别处,或减少贷款的利息支出,因此,财务部门十分关注存货的积压,希望尽可能地降低存货。

②采购部门希望能大量采购物资,以便节约运输费用和取得价格上的优惠,采购部门还希望及早进购,减少紧急订货造成的额外支出,并且避免中断供应而遭受的指责。

③生产部门希望能保持较高的存货水平,以避免或减少生产延误,希望大批量、均衡地进行生产。

④销售部门希望企业有大量产成品存货,存货的品种齐全,这样可以避免存货短缺而造成的销售损失,而且现货交易也有利于增加销售额。

可见,企业内部各部门对存货的要求在很多方面是冲突的,因此,存货管理不仅要了解各部门的要求,更要科学妥善处理,使之相互和谐,达到企业总体优化。

要达到企业存货的效益与成本的最优化,就要进行存货控制。所谓存货控制是指在日常生产经营过程中,按照存货计划的要求,对存货使用和周转的情况进行组织、调节和监督。

存货控制的方法有:最优订货批量、最优生产批量、保险储备量、数量折扣条件下的订货批量等。

(二)现代企业固定资产管理

1.现代企业固定资产的定义及特点

固定资产是指使用期限超过1年,单位价值在规定标准以上,并且在使用过程中保持原有物质形态的资产。包括房屋及建筑物、机器设备、运输设备、工具器具等。

按现行财务制度规定,企业拥有的各种劳动资料,必须同时具备以下两个条件标准,才能列入固定资产。这两个标准是:使用年限在1年以上;单位价值在规定的标准(1 000元,1 500元,2 000元)以上。不同时具备这两个条件的一般应列为低值易耗品。在工业企业中有些不属于生产经营主要设备的物品，单位价值在 2 000 元以上，使用期限超过 2 年的，也应当作固定资产。

2. 现代企业固定资产管理的要求

(1)保证固定资产的完整无缺　保证固定资产的完整无缺是管好用好固定资产的基础，是企业生产经营正常进行的客观要求。为此，企业应加强固定资产日常管理工作，定期进行固定资产清查。

(2)提高固定资产的完好程度和利用效率　应加强固定资产的保管、维护和修理工作，使之保持良好的技术状态并充分发挥效能，提高固定资产的完好率和利用率，减少固定资产资金占用，节省固定资产寿命周期内的费用支出。

(3)正确核定固定资产需用量　应促使固定资产合理配置，提高其利用效率。

(4)正确计算固定资产折旧额，有计划地计提固定资产折旧　企业必须根据实际情况，选用适当的计算固定资产折旧额的方法，正确计算固定资产折旧额，编制固定资产折旧计划，按规定有计划有步骤地计提固定资产折旧，保证固定资产更新的资金供应。

(5)要进行固定资产投资的预测　企业进行固定资产投资的目的是为了提高企业的技术装备水平，改善固定资产使用状况，提高效率和性能，从而增加企业的经济效益。为此，企业要做好投资决策工作，运用科学的方法，比较不同投资方案的优劣，选择效益与效果均较好的方案。

3. 固定资产折旧

固定资产在使用过程中会发生各种损耗。固定资产折旧是指固定资产因损耗而转移到产品上去的那部分价值。

固定资产折旧额，是对固定资产损耗进行价值补偿的依据。计算固定资产折旧额，要根据固定资产的损耗情况，采用合理的计算方法。

(1)平均年限法(直线法)　平均年限法是根据固定资产的原值，考虑残值和清理费用，按照预计使用年限平均计算折旧额的一种方法。计算公式如下：

$$\text{年折旧额} = \frac{\text{原值} - \text{残值} + \text{预计清理费用}}{\text{折旧年限}}$$

$$\text{年折旧率} = \frac{\text{年折旧额}}{\text{原值}} \times 100\%$$

该方法计算简单，易于使用，适用个别折旧和分类折旧。

(2)工作量法　按照行驶里程或工作小时计算固定资产折旧额。它是以固定资产折旧总额除以预计使用期内可以完成的行驶里程或总工作小时，而求得每行驶里程折旧额或每工作小时折旧额的方式。计算公式如下：

$$\text{每行驶里程折旧额} = \frac{\text{原值} + \text{清理费用} - \text{残值}}{\text{预计总行驶里程（总工作小时）}}$$

工作量法适用于价值量较大，不经常使用的固定资产，可保证折旧额与固定资产使用程度相匹配，使成本趋于合理，但未考虑无形损耗的影响。

(3)双倍余额递减法　它是以两倍的直线法折旧率为折旧率计算年折旧额的方法，计算公式如下：

$$\text{年折旧率} = \frac{2 \times \text{年折旧额}}{\text{折旧年限}} \times 100\%$$

$$\text{年折旧额} = \text{期初固定资产账面净值} \times \text{年折旧率}$$

现行财务制度规定，实行双倍余额递减法折旧的固定资产，应当在其固定资产折旧年限到期前 2 年内，将其账面净值扣除预计净残值后平均摊销。

(4)年数总和法　这种方法根据折旧总额乘以递减分数(折旧率)，确定年折旧额。折旧总额系原值加上清理费用，再减去残值后的余额。递减分数的分母，为固定资产使用年限的各年年数之和，即年数总和。如使用年限为 5 年，则年数总和为 $1+2+3+4+5=15$。递减分数的分子为固定资产尚可利用的年数，如第 1 年为 5，第 2 年为 4，以后各年依次为 3，2，1。这样计算出来的折旧额是递减的，它是一种递减折旧法。其折旧率是每年变化的，因此又称为变率递减法。其计算公式为：

$$\text{固定资产年折旧率} = \frac{\text{折旧年限} - \text{已使用年限}}{\text{折旧年限} \times (\text{折旧年限} + 1) \div 2} \times 100\%$$

$$\text{固定资产月折旧率} = \text{年折旧率} \div 12$$

$$\text{固定资产月折旧额} = (\text{固定资产原值} - \text{净残值}) \times \text{月折旧额}$$

后两种方法为快速折旧法，其特点是固定资产使用开始阶段计提折旧多，以后逐渐递减。目前按规定只运用于在国民经济中具有重要地位、技术进步较快的电子、船舶、飞机、汽车、化工、医药等生产企业。

(三)现代企业无形资产的管理

无形资产，是指不具有物质实体但能给企业提供某种特殊的经济权利，有助于企业在较长时期内获取利润的财产。无形资产包括专利权、商标权、著作权、土地使用权、非专利技术、商誉等。

无形资产属于资产，因而具有资产的一般特征。此外，作为无形资产，它还同时具有以下三个特点：①没有物质形态(它是不依存于某一部分或特定的物件的资产)；②不具有流动性、变现能力差，它能在较长时期内(至少 1 年以上)使企业受益;③它获得未来的经济效益具有很大程度的不确定性。

无形资产按照取得时的实际成本计价:投资者作为资本金或者合作条件投入的,按照评估确认或者合同、协议约定的金额计价;购入的,按照实际支付的价款计价;自行开发并且依法申请取得的,按照开发过程中实际支出计价;接受捐赠的,按照发票账单中所列金额或者同类无形资产市价计价。除企业合并外,商誉不得作价入账。非专利技术和商誉的计价应当经法定评估机构评估确认。

无形资产从开始使用之日起,在有效使用期限内平均摊入管理费用。无形资产的有效使用期限按照下列原则确定:法律和合同或者企业申请书分别规定有法定有效期限和受益年限的,按照法定有效期限与合同或者企业申请书规定的受益年限孰短的原则确定;法律没有规定有效期限,企业合同或者企业申请书中规定有受益年限的,按照合同或者企业申请书规定的受益年限确定;法律和合同或者企业申请书均未规定法定有效期限或者受益年限的,按照不少于10年的期限确定。

三、现代企业资金的分配

资金的分配是指现代企业将取得的营业收入和利润进行分配,它涉及营业收入管理和税金管理、利润管理三个方面的内容。

(一)营业收入管理

收入按其与企业生产经营活动的相关程度,可分为营业收入和营业外收入两大类。营业收入是指企业在生产经营活动中由于销售商品或产品、提供劳务或从事其他经营活动而获得的收入;营业外收入则是指与企业生产经营活动无直接关系的非经营性收入。

营业收入确认应采用以收入实现原则为基础的确认方法,即收入的确认应当同时满足两个标准:①商品所有权已经转移或劳务已经提供;②已经收到货款或者取得收取货款的只有法律效力的凭证。

企业加强营业收入管理,要做好多个方面的工作。

(二)税金管理

税金是企业依法向国家交纳的货币金额,是企业必须履行的义务。搞好税金管理,遵章纳税,也是现代企业资金管理的一项重要内容。

企业所需交纳的税种一般有:增值税、消费税、营业税、企业所得税等。前三种税统称为流转税,是以发生在流通领域内的商品流转额和非商品流转额作为课税对象而征收的税。

(三)利润管理

利润是指现代企业在一定时期内的经营成果,是现代企业最终的经济效益的综合反映。利润管理是财务管理的最后一个环节,也是财务管理的重要内容。企业利润由三部分组成:营业利润(销售利润)、投资净收益和营业外收支净额等。

营业利润即营业收入扣减相应的费用(成本)及有关的税金及附加费后的余额。

投资净收益是指企业对外投资所得的收益扣除投资损失后的余额。投资收益包括对外投资分得的利润、股利和债券利息等。投资损失包括对外投资到期收回或中途转让所取得的款项低于账面价值的差额。

营业外收支净额,是指与本企业生产经营无直接关系的各项收入和支出的净额。其中,营业外收入包括固定资产的盘盈和出售净收入、罚款收入、无法偿还的应付款和教育费附加返还等。

营业外支出包括固定资产盘亏、固定资产出售净损失、非常损失、公益救济性捐赠和赔偿金、违约金等。

利润的分配程序指现代企业缴纳所得税后的利润,除国家另有规定外,应当按下列顺序分配:

①支付由于违反某些规定而被没收的财产损失以及违反税法规定的滞纳金和罚款。

②弥补延续5年用税前利润还不能弥补的经营性亏损。

③提取法定盈余公积金。

④提取公益金。

⑤向投资者分配利润。

股份有限公司的利润分配顺序除上述前四项顺序相同外,后面的顺序为:支付优先股股利,提取任意盈余公积金,支付普通股股利。

四、财力资源管理案例

【案例】

成本下降1%,价格提高1%,销量提高1%,利润怎么变化

一个企业的销售额等于成本加利润,假设能够把成本下降1%,价格提高1%,销量提高1%,利润变化会是多少?下面举一个例子来说明这个问题。

∵ 销量:100 条

售价:1 美元/条

生产成本:0.20 美元/条

销售成本:0.70 美元/条

销售额 = 价格 × 销量
利润 = 销售额 - 成本

利润 $=100\times1-(0.20+0.70)\times100=10$ 美元

当成本下降 1%、价格提高 1%、销量提高 1% 时,其成本、价格、销量变化分别是:

成本下降 1% 变成 $(0.2+0.7)\times(1-1\%)=0.891$ 美元/条

价格提高 1% 变成 $1+1\times1\%=1.01$ 美元/条

销售提高 1% 变成 $=100+100\times1\%=101$ 条

销售额 = 价格 × 销量 = 1.01 美元/条 × 101 条 = 102.01 美元

利润 = 销售额 - 成本 = 102.01 美元 - 0.891 美元/条 × 101 条 = 12.019 美元

现在的利润:12.019 美元

原来的利润:10.00 美元

成本下降 1% + 价格提高 1% + 销量提高 1%

∴ 利润的提高:20.19%

上面的例子告诉我们,如果成本下降 1%,价格提高 1%,销量提高 1%,利润会提高 20.19%。这个答案非常令人吃惊。其实这个问题的答案不是固定的,你输入不同的数值,得到的结果也会不一样。但是你会发现,每当你输入一次数值就会吓自己一跳,三个 1% 给你带来的利润变化可能是 20%,30%,50%,甚至 70%。越是高成本、低毛率的行业,三个 1% 的变化越能带来更可观、更大的利润率变化。

所以,管理人员一定要建立利润管理观念和费用核算意识。一个真正成熟的管理者,一定要学习一点财务管理知识,不管公司是否考核你的利润,你都要学会用财务经理的眼光去看待自己的业绩,将你给公司带来的销售毛利减去你的办公费用、人员费用、销售费用、广告费用、行政费用后,看看能获得的毛利有多少。通过计算你会发现,这个利润简直低得可怜,你会发现当一个企业达到一定规模以后,它的利润根本不是赚出来的,而是省出来、挤出来的。

第三节　现代企业物力资源管理

现代企业物力资源管理工作是现代企业保证生产经营正常进行的重要条件,也是合理地使用和节约物资的重要手段。加强物力资源管理对提高产品质量、促进工艺和装备的变革、降低消耗成本、加速资金周转、增加现代企业赢利等都有重要的意义。

一、现代企业物力资源

现代企业物力资源是指现代企业从事生产经营活动的物质基础。任何企业,要从事生产经营活动,都必须拥有一定的物质资源。

不同类型的企业,物力资源的内容也是不同的。在现代企业中,物力资源按其在生产过程中的作用不同,可分为两类。

①原材料、辅助材料、燃料等属于劳动对象的物资资源。

②机器设备、工具、厂房等属于劳动手段的设备资源。

而在商业企业中,由于商品购进后,企业不必面对其进行加工生产,所以物力资源的内容相对简单,包括:

①商业企业从事流通活动的对象即各式各样的商品体;

②商业企业赖以活动的物质设备,如房屋、柜台、出纳机等,但仍可以大体上归于物资与设备两大类资源中。

二、现代企业物资管理

(一)现代企业物资管理的任务

现代企业物资管理的目的,就是根据现代企业生产经营任务要求,以提高经济效益为核心,科学及时地满足生产经营对物资的需要,保证成本目标的实现,并努力降低消耗,节约成本。因此,现代企业物资管理的任务主要表现为:

①按质、按量、按时,成套齐备地供应企业所需要的各种物资,保证企业生产经营活动顺利进行。

②在保证产品质量的前提下,尽量选用供应充足、价格低廉、路程较近、交通便利的资源,以节约采购、运输、保管费用。

③制订先进合理的物资消耗定额,实行集中下料和限额发料,搞好物资综合利用和修旧利废,降低物耗成本。

④制订科学合理的物资储备定额，实行库存控制，加强仓库管理，加速物资流转，减少流动资金的占用。

⑤积极采用新材料、新工艺、新装备，促进技术进步。

⑥严格遵守法规，建立、健全物资管理制度和手续。严格组织物资的验收、保管和发放工作，减少物资的损失与浪费。

(二)现代企业物资供应计划

现代企业物资供应计划，就是确定计划期内为保证生产正常进行所需各种物资的计划，是现代企业组织物资采购和供应的指导与依据。

现代企业物资供应计划一般包括以下主要内容:各种物资的需用量、计划期初和期末的物资储备量、物资供需平衡表、物资采购量表。因此，物资供应计划的编制是为了保证生产、节约物资占用。

要编制物资供应计划，需做好以下工作。

①掌握物资供应动态，如充分了解物资供应的各类有关资料(货源、价格、地点)、新材料、新产品的发展状况与趋势。

②掌握内部有关资料，如计划期生产任务量与生产进度安排、物资消耗定额与储备定额、新产品试制与技术改造的计划。

③掌握上期企业各项生产计划的实际完成情况的有关资料。

④清仓查库，核实库存。

⑤分析上期物资供应计划的执行情况及对影响其执行情况工作的因素进行分析。

(三)现代企业物资采购

现代企业物资采购就是按照企业物资需求计划，通过各种渠道和方式，取得企业所需的各种物资的经济活动，物资采购是企业生产经营活动正常进行的前提条件。

物资采购管理，主要包括采购品种、数量、价格、时间、地点和方式等六个方面的内容。

(四)现代企业物资储备定额

现代企业物资储备定额是在一定的生产组织条件下，企业为完成一定的生产任务，并保证生产正常进行所必需的、经济合理的物资储备数量标准。物资储备定额虽然是保证企业生产经营正常进行的必要条件，但不宜占用过多的流动资金和增加保管费用，影响企业的效益。因此，制订科学、合理的物资储备定额非常重要。

一般来说，物资储备定额由两部分构成的，即经常性储备定额和保险储备定额。由于某些物资供应季节性的原因,有些企业还会采用季节性储备定额。

1. 经常储备定额的制订

经常储备定额,是指在前后两批物资进厂的供应间隔期内,为保证生产正常进行而建立的物资储备量。经常储备定额的制订有两种方法:

(1)以期定量法　由前后两批物资到货的供应间隔期和平均每日需用量来决定储备量大小。另外,还要考虑物资入库及投产使用前所耗用的时间,因此,

经常储备定额 = 平均每日需用量 ×(供应间隔天数 + 物资准备天数)

这种方法考虑企业外部供应条件多,考虑企业自身的经济合理性少。

(2)经济订购批量法　订购批量的确定要考虑两项费用:一是订购费用,即订货全过程中为订购所发生的全部费用,包括差旅费、通讯费、手续费、招待费以及订货人员的费用等;二是保管费用,即保管过程中所发生的全部费用,包括入库或出库的装卸、搬运、验收等费用、保管用品费用、仓库租金、水电费以及被保管物资所占用流动资金的银行利息等。这两项费用的关系是:在总需用量一定的条件下,订购批量大,订购次数少,订购费用就小,保管费用则增大;反之,在总需用量一定的条件下,订购批量少,订购次数多,订购费用就大,保管费用则减少。只有在两项费用之和最小时,订购批量才是经济合理的。

$$\text{经济订购批量(EOQ)} = \sqrt{\frac{2 \times \text{每次订购费用}(K) \times \text{年物资需要量}(Q)}{\text{单件物资年平均保管费用}(h)}}$$

2. 保险储备定额的制订

保险储备定额,是为了预防物资供应过程中可能发生的到货误期或到货品种规格不符等不正常情况下,保证生产工具继续进行所必需的物资储备量。

保险储备定额 = 平均每日需用量 × 保险储备天数

其中,保险储备天数一般凭经验或根据报告期平均误期天数来确定。

(五)现代企业物资消耗定额

在物资的使用中,物资消耗定额是一个很重要的指标。所谓物资消耗定额是指在一定的生产技术和经济条件下,生产企业产品或完成单位工作量所必须消耗的某种物资数量的标准。物资消耗定额是物资科学管理的基础。

1. 现代企业物资消耗定额的主要构成

①构成产品量的物资消耗。

②工艺性物资消耗,即在加工过程中不可避免的损耗。

③非工艺损耗,即工艺以外的其他消耗。

制订物资消耗定额,必须遵循先进合理的原则,即介于行业内领先与平均水平之内。这样的标准,也就意味着企业只要经过努力还是能够达到这样的

水平。当然，在制订消耗定额时，还必须充分考虑企业的实际情况。

现代企业物资消耗定额是编制物资需求计划的基础，也是控制企业合理使用和节约物资的有力工具，同时还是促进企业提高技术水平、管理水平的重要手段。

现代企业物资管理的中心任务就是提高物资使用的经济效益，使物资消耗定额更加科学和合理。

2. 提高物资使用经济效益的途径

(1)物资的节约　节约物资，从节约中求效益是企业运营的基本原则之一。节约物资的途径很多，一般有以下几个方面：①改革产品设计，以减少物资消耗；②采用先进工艺，提高材料利用率；③采用新材料和代用材料；④充分利用废旧物资，增加回收和复用量。

(2)物资的综合利用　综合利用物资是提高物资使用经济效益的又一重要途径。每一个企业都可根据自己的特点研究技术上可行、经济上合理的物资综合利用方法。如对"三废"的处理，化废为宝，化害为利，为企业和社会造福。

(六)现代企业物资库存控制与仓库管理

1. 企业库存控制的主要方法

(1)定期库存控制　它是以固定盘点和订购周期为基础的一种库存控制方法，见图 4-2。

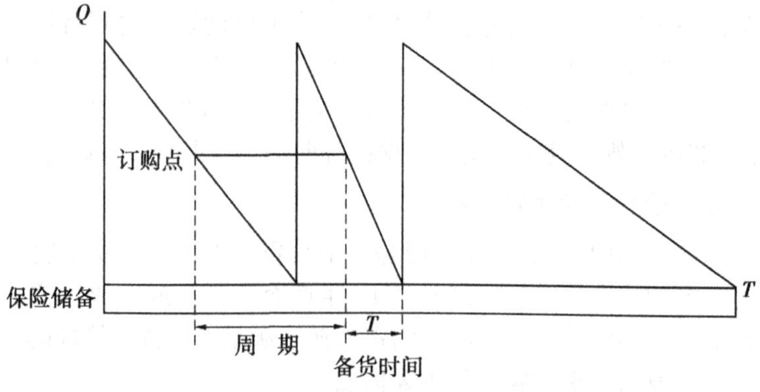

图 4-2　定期库存控制

定期库存控制法是预先固定订购时间，每次订购的数量却不固定，根据库存盘点情况来调整。这种方式，每次订购时都要检查实际库存情况，并对每次订购量做出调整，是一种比较严格的控制方法。

(2)定量库存控制　它是以固定订购点和订购批量为基础的一种库存控制方法,见图4-3。

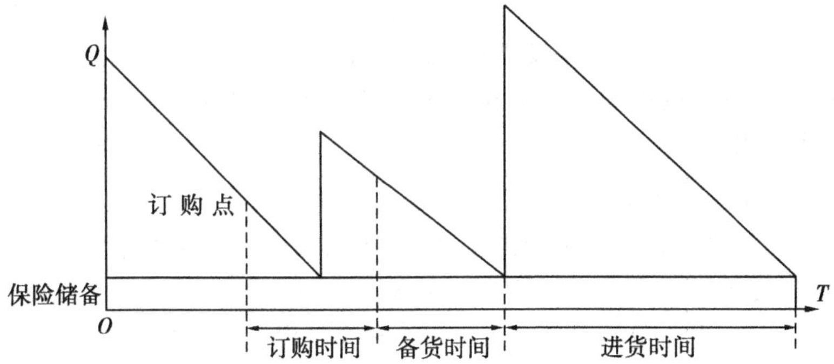

图4-3　定量库存控制

定量库存控制法是预先固定订购数量和订货点量,当实际库存降到订货点时,就按订购数量提出订购。订购数量的确定往往采用经济批量方法。这种方式只考虑库存量是否达到订货点量而决定发出订货通知。订货点量的确定没有考虑实际库存量。所以,该方法较粗放、简便。

(3)ABC分类控制　它是把企业需要的品种繁多的原材料,按其重要程度、消耗数量、价值大小、资金占用情况分成ABC三大类,实行重点管理,兼顾一般。其中,A类品种很少,占总品种的10%~20%,却占资金70%~80%;B类品种占25%左右,资金占15%~20%;C类品种多,占55%~65%,资金占5%~10%。因而对于A类必须严格控制,B类适当控制,C类可放宽控制。

2.仓库管理的内容

(1)物资验收入库　这是仓库管理的基础,主要包括两方面工作:①数量、品种、规格的验收。②质量的验收。有相应的检验合格证明,才能点收入库。

(2)物资的保管　物资保管的基本要求是:摆放科学、数量准确、质量不变、消灭差错。常用的摆放方法有"五五摆放"和"四号定位"两种。"五五摆放",即物资的摆放根据物资的特征、形状,实行五五成行、五五成方、五五成串、五五成堆、五五成层,能够过目不忘。"四号定位",即按库号、架号、层号、位号对物资进行统一编号,便于迅速查账和发料。

(3)物资的发放　实行定额供料制,即严格按定额供料凭单所列内容供料,实行补料审核制度,坚持退库与核销制度,实行核算、奖惩制度。

三、现代企业设备管理

现代企业从事生产经营活动，就要有一定的设备。机器设备是现代企业进行生产的物质基础。机器设备状况的好坏，直接决定着现代企业生产的发展状况、生产效率的提高和经济效益的增加。因此，设备管理是现代企业管理的一个重要组成部分。

（一）设备综合管理的产生

现代企业设备管理是在设备维修管理的基础上，将系统理论引入设备管理之中，对设备进行全面管理的阶段，即对设备实行综合管理。现代设备管理的理论和方法，主要包括设备综合工程学和全员设备维修制。

1. **设备综合工程学**（Terotechnology）

由英国人丹尼斯·帕克斯于1971年首先提出。设备综合工程学的要点是：

①从整体角度出发去研究设备寿命周期费用的最小化问题。由此，应追求的是设备全过程费用最低，而不是某个环节费用最低。

②从技术、管理、财务等方面对设备进行综合管理，保证设备具有独特的技术性能和经济效益；在技术方面，不仅注重从设计环节开始提高设备的技术水平，而且要从纵向与横向两个角度开展技术研究；在管理上，要解决组织机构问题；在财务上，要以全过程费用作为研究对象。

③从设备的规划、设计，到制造安装、使用维修、改造、更新直至报废的全过程进行系统的分析处理，以提高各个环节的机能。

④设备综合工程学重视设备的可靠性、维修性设计，其最高境界是“零维修”。

⑤设备综合工程学也需要强大的设备管理信息系统的支撑。通过有效的信息反馈管理，把设备的各个环节有机地结合起来，不断提高设备的整体机能。

2. **全员设备维修制**

全员设备维修制又叫全员生产维修（Total Productive Maintenance，TPM）。其要点是：

①全员设备维修制的基本特点是“三全”，即全效率、全系统和全员参加。全效率指设备的综合效率，即设备的总费用与总所得之比。总费用是设备的寿命周期费用。总所得包括产量（P）、质量（Q）、成本（C）、交货期（D）、安全（S）、劳动情绪（M）等方面，其基本要求是：以尽可能少的寿命周期费用来达到设备的综合效率最高；全系统指对设备要进行从研究、设计、制造、安装、使

用、维修、改造到报废为止的全过程管理；全员参加是指从企业的高层领导到第一线生产工人都参加设备管理，企业基层组织生产维修（PM）小组，开展自主活动。

②设备维修方式包括日常维修、事后维修、预防维修、生产维修、改善维修、预知维修、维修预防等。

③通过设备的分类，对重点设备实行预防修理，对一般设备采取事后修理。既保证正常生产的要求，又可节省维修费用。

④通过推行设备维修目标管理，来确定设备维修工作的方向和具体奋斗目标，并以此作为评定维修工作成绩的依据。

⑤为了保证好的工作作风，可开展五项活动，即：整理（整理工作环境）、整顿（整顿操作秩序）、清洁、清扫、素养（良好的工作态度和习惯）。

（二）设备的选择与购买

不同行业、不同规模的企业，使用的设备有很大的区别，在购买之前，应仔细地选择。设备的选择，一方面应根据企业本身生产经营活动的特点，另一方面要根据设备本身寿命的长短、效率高低等。总的来说，设备选择要选择技术上先进、经济上合理、生产上可行的设备，保证企业生产发展，实现技术进步，提高效率。

1. 设备选择应考虑的因素

（1）生产效率　一般以设备在单位时间的产品产量来表示。这是衡量机器设备好坏的一个重要标志。当然在选择设备时，除了要考虑这一指标外，还要结合企业的管理能力与技术水平，决不能引入自己无法把握的高效率的设备。

（2）可靠性　它是指在规定的使用期限内，在特定的使用环境中，设备无故障正常运转的概率。实际上就是要求设备能安全生产出高质量的产品或高质量的工程。

（3）安全性　指的是设备对生产安全的保障性能。

（4）节能性　即从可能与能力两个方面去考虑设备对资源的节约。

（5）耐用性　一般来讲是指设备在使用过程中所经历的自然寿命。

（6）维修性　设备要便于检查、维护和修理。

（7）环保性　指设备可能给环境带来的影响，要全面考虑设备使用可能带来的伤害。

（8）成套性　指设备的配套水平。设备配套包括单机配套、机组配套与项目配套。

（9）灵活性　指设备对不同工作条件、不同产品、不同零件的适应性。

以上是选择设备要考虑的一些主要因素，对这些因素要统筹兼顾，全面地权衡利弊。

在选购设备时，除了考虑上述因素外，还必须进行一定的经济评价。通过几个方案的对比分析，选择最优方案。

2. 设备选择的经济评价方法

一般分为两类方法：第一类是静态分析法，包括投资回收期法与投资收益率法等；第二类是动态分析法，包括年费用法、现值总费用法、净现值法和现值系数法等。这里简单介绍静态分析法。

（1）投资回收期法　通过计算各种不同设备的投资费用，再计算新设备所带来的利润，然后计算各自的投资回收期。在其他条件大致相同的情况下，选择回收期最短的设备，其计算公式如下：

$$T = \frac{M}{F}$$

式中，T——投资回收期/年；

M——设备投资费；

F——采用新设备后每年新增利润或每年节约费用。

利用投资回收期法计算投资回收期后，应与标准投资回收期进行比较，小于标准投资回收期者可取。投资回收期越短的方案，其经济效益越好。

（2）投资收益率法　是指单位投资所获得的年收益。它是投资回收期的倒数。投资收益率越高的方案，其经济效益越好。

以上两种方法计算简便，易于理解。但有其缺点：一是没有考虑货币的时间价值对方案经济效益的影响，二是忽视了投资回收期后方案的收益情况。

（三）设备的使用与维护保养

设备的使用与维护保养，是一项经常性的工作。正确合理地使用设备是指按照操作规程的要求使用设备，尽量延长使用寿命。设备的维护保养是指设备使用人员和专业维护人员在规定的时间及维护保养范围内，对设备进行预防性的技术护理。

合理的使用设备，可以减轻磨损，保持良好的性能和应有的精度，从而充分发挥设备正常的生产效率。合理使用机械设备，需要做到如下几点。

（1）为设备配备相适应的操作工人　要求操作者熟悉并掌握设备的结构、性能、加工范围和维护保养技术。

（2）为机器设备创造良好的工作环境　不仅对高精度的设备的温度、湿度、防尘、防震等工作条件应有严格的控制，对于普通精度的设备也要创造适当的条件。

(3)制订有关规章制度　规章制度是指导工人操作维护和检修设备的技术法规。正确的制订和贯彻这些规章制度是合理使用设备的重要保障。

设备维护主要由日常维护和定期维护组成。定期维护又由一级保养和二级保养组成,这就是通常所说的“三级保养制”。三级保养制的内容与区别见表4-2。各个行业情况不同,实施的保养制度也不同。

表4-2　三级保养制的内容

保养级别	保养时间	保养内容	保养人员
日常保养	每天例行保养	班前班后认真检查,擦拭设备各个部件和注油,发生故障及时予以排除,并做好交接班记录	操作工人进行
一级保养	设备累计运转500小时可进行一次,保养停机时间约8小时	对设备进行局部解体,清洗检查及定期维护	操作工人为主,维修工人辅助
二级保养(相当于小修)	设备累计运行2 500小时可进行一次,停修时间约为32小时	对设备进行部分解体、检查和局部修理、全面清洗的一种计划检修工作	维修工人为主,操作人员参加

(四)现代企业设备的更新与改造

1.设备的更新

设备的更新是客观的需要。一方面由于设备本身有一定的使用寿命,另一方面,科学技术的不断进步,不断出现性能更高的设备,而使用同类旧设备,可能已无法满足企业日益提高的要求,因此,就有了更新设备的必要。当然,对于设备的更新,应掌握更新的时机,这不仅要结合企业自身的情况,而且要研究市场状况,正确地确定设备的更新周期。设备更新应注意以下问题:

①设备更新之前,要做好调查研究工作,根据企业的实际情况和可能,制订更新计划,使设备更新工作做到有计划、有步骤、有重点地进行。

②设备更新要注意克服薄弱环节,提高企业的综合生产能力。尽可能首先更新薄弱环节的陈旧设备,以保证生产不断向前发展。

③设备的更新要同加强原有设备的维修和改造相结合。

④设备更新所需资金的筹措,是更新工作的一个重要课题。

⑤更新设备要注意减轻工人的劳动强度,提高安全性和环保性。

2. 设备的改造

设备的改造主要指企业对机器设备进行技术改革，一般常见于工业企业中。它是在原有基础上，对机器设备的结构作局部的改革，改善它的性能，提高生产效率，一般是结合设备的大修理进行的。设备改造对于解决设备陈旧问题来说，具有以下优点：

①设备改造与更新相比，针对性强，适应性好。

②在多数情况下，改造旧设备比更新设备投资少、时间短、人工省、收效快，具有更好的经济效益。

四、物力资源管理案例

【案例】

工友集团公司设备管理法

工友集团公司的管理逐步实现科学化、系统化、标准化和制度化。在完善各项管理制度、强化内部管理工作上有了明显的起色。在设备管理上实行了“三好”、“四会”操作标准化。

三好——管好、用好、修好。管好：操作者对设备负有保管责任，未经领导批准不能任意乱动。对设备的附件、仪器、仪表、冷却、安全防护等装置应保持完整无损。每日做好交接班工作。用好：严格执行操作规程，禁止超压、超负荷使用设备等。修好：操作者应使设备经常保持新安装或大修后的良好状态，仪器、仪表和润滑、冷却系统灵敏可靠。

四会——会使用、会保养、会检查、会排除故障。会使用：操作者应严格遵守操作规程，要熟悉设备构成部件、设备性能、传动原理和加工范围，熟悉加工工艺，会合理使用工装、刀具。会保养：操作者应经常保持设备内外清洁，要定质、定量、定时、定点加油换油，保持油路畅通；要做好设备的日常保养、一级保养、二级保养等。会检查：熟悉设备结构性能，了解设备精度、标准和检验项目。接班时如发现上一班造成事故或部件故障，要立即报告，作出鉴定，设备修好后再运行。会排除故障：操作者发现电器断路，应协助电工排除。

通过推行设备管理标准化，车间生产按一定程序操作，真正做到有章可循，有条不紊，促进了企业文明生产。

第四节　现代企业信息资源管理

当今社会，被称为“信息社会”，各种高科技手段造就的媒体，不仅大大加快了信息的传递速度，同时也使企业有机会获得更多的信息资源，信息资源在企业运转中发挥着物质资源无法替代的作用，其重要性已被人们所认识。在激烈的市场竞争中，缺乏信息资源的企业，犹如失去方向的航船，永远不可能驶向希望的彼岸。

一、信息资源的概念及特征

（一）信息的概念

信息是指依据一定需要而搜集起来的，经过加工整理后具有某种使用价值的图形、图像、文字、公式、方法、数据等知识元素的总称。企业信息资源，是指企业搜集到的经过加工、整理，用于生产、经营和管理等方面的各种信息。

（二）信息的特征

信息资源作为现代企业的一种无形资源，广泛地用于指导企业的生产经营活动，它不同于能源和物质材料资源，具有以下基本特征：

1. **真实性**

信息是环境事实的可通信知识，其价值的大小，主要取决于它是否符合事实。可以说，真实是信息的中心价值。

2. **时间性**

时间性指信息在一定时间范围内的有效性。信息是有寿命周期的，如供求信息、新技术信息有效时间短，而资源、能源信息有效时间长。

3. **不定性**

不定性指对于客观事物的认识，往往不能全部得到，所谓的“全”是相对的，不完全则是绝对的。

4. **与信息载体的不可分性**

任何信息都是由信息实体和信息载体构成的整体。信息实体是指信息的内容；载体是指反映这些内容的数据、文字、声波、光波等。

5. **可利用性**

可利用性指其必须有使用价值，必须能为企业带来效益。没有使用价值的信息对于现代企业来讲,是毫无意义的,也不能称其为资源。

二、现代企业信息资源的管理

信息资源在现代企业的管理活动中起着举足轻重的作用。如何搞好信息的搜集、加工、传输、储存、探索以及建立合理的、先进的信息资源管理系统,是现代企业信息资源管理的重要内容。

(一)信息的搜集

信息资源的搜集是指搜集原始的资料和数据,它是企业信息资源管理的起点,原始资料和数据的完整性、真实性直接关系到信息资源管理工作的质量。资料的搜集方法一般有:资料查询法、询问法、阅读法、收听法、观察法、购买法、采集法、调查预测法。上述各种方法,有些可以独立进行,有些可以交叉进行,企业要根据自身实际,灵活选择。

(二)信息的加工

通过各种方法搜集到的信息在未加工前是杂乱无章的,彼此独立存在,必须经过加工处理,才能成为企业需要的、有用的信息资源。所谓的“信息加工”就是把搜集到的信息,按照一定的程序方法进行整理,使之成为真实准确的信息资源,便于企业利用。它主要经过以下几个步骤:①核查数据。检验所搜集到的数据的真实性、准确性。②归档整理。将搜集到的信息分类、归档处理,形成一个系统资料。③分析研究、形成有用信息。在归档整理的基础上进一步筛选出与企业的生产经营活动相关的信息。

(三)信息的储输

原始资料和数据经过整理加工,形成了有用的信息资源后,能否及时到达企业各经营决策部门,以便其迅速地采取对策,信息的传输工作就显得非常重要。企业的信息工作部门、各生产经营部门应密切配合,相互融通,同时要采用现代化的通讯工具、传送设施,使信息的传递迅速、及时、准确。

(四)信息的储存

由于信息资源的性质和时效不同,经过加工整理后的信息,有的要立刻投入使用;有的则暂时不用,处于停滞状态;有的则只有一次使用价值;有的则要求多次反复使用。这就要求企业把那些暂时不用和多次使用的信息资源储存起来,从而形成了信息的储存。信息的储存有助于对企业的经济情况作全面系统的、动态的分析研究。

三、企业信息资源管理的概念、特点及方式

(一)企业信息资源管理的概念

信息资源管理(Information Resource Management,IRM)是对整个组织信息资源开发利用的全面管理。IRM 把经济管理和信息技术结合起来,使信息作为一种资源而得到优化的配置和使用。搞好信息资源管理的目的是通过企业内外信息流的畅道和信息资源的有效利用,来提高企业的效益和竞争力。信息资源包括信息及其载体、信息处理和通迅的软硬件设施、制造上述设施的关键设备以及有关标准规范与政策法规。IRM 包括数据资源管理和信息处理管理。前者强调对数据的控制,后者则关心企业管理人员在一定条件下如何获取和处理信息,且强调企业中信息资源的重要性。

IRM 的目标是通过增强企业处理动态和静态条件下内外信息需求的能力来提高管理的效益。IRM 追求“3E”——Efficient,Effective 和 Economical,即高效、实效、经济,“3E”之间关系密切,相互制约。

(二)企业信息资源管理的主要特点

企业信息资源管理侧重的是信息资源的整体综合效益,而非设备、技术和方法的复杂性或某一要素的单一效益。企业信息资源管理具有如下主要特点:

①是一种以系统科学和管理科学的基本原理为基础的新型资源管理方法。

②是为了企业战略目标和实现对信息资源进行的综合管理,而非单纯的技术性管理。

③强调信息资源的战略和高层管理,而不仅仅是在操作层、执行层实施管理,并从战略规划和决策的层次上确立信息资源管理的权力结构。

④追求在整个企业组织中全面发挥信息资源的整体作用,为企业的整体战略目标服务。

⑤强调全部信息资源集成一体、统一配置和系统管理,以追求资源配置的全局最优。

(三)企业信息资源的管理方式

企业信息资源管理分为集中式和分散式两种基本方式。

①集中式企业信息资源管理是将所有信息资源的配置、协调、控制和管理权集中在一个统一的信息管理机构中,集中式信息资源管理需要有集中式的主机系统、通信网络、用户终端和相应的集中式软件操作系统的支持。

集中式信息资源管理的主要特点是:便于进行统一集中、高度专业化的资源管理与控制;有利于组织内全部信息资源的协调与平衡;便于形成统一的信息资源标准和操作规范;容易实现信息资源的完整性约束和安全性控制;并且可以使专业人员在专业岗位和环境中不断积累经验、充分发挥能力,以达到较高的技术水平。

②分散式企业信息资源管理是将信息资源分别置于组织中各部门的直接管理和控制之下,其主要特点是:由于分散的信息资源缩小了部门内的信息技术设备的规模和能力,降低了通信费用,使信息资源的技术成本和管理成本都比较低;由于信息资源直接由部门进行控制,能够较准确、迅速地满足部门内部的信息资源需求,信息资源的控制和使用十分方便。

集中式与分散式这两种信息资源的组织方式各有特点,并无绝对的优劣之分。确定信息资源管理的组织方式时,主要考虑企业的决策原则、经营管理特点、信息资源需求以及在市场竞争中的基本策略、信息技术的发展水平等因素。

四、用信息技术改造企业经营方式

美国著名未来学家阿尔温·托夫勒曾经预言:“电脑网络的建立与普及将彻底地改变人类生存及生活的模式,而控制与掌握网络的人就是人类未来命运的主宰。谁掌握了信息,控制了网络,谁就将拥有整个世界。”21 世纪的世界是信息技术广泛应用的世界。信息技术通过信息交换网络渗透到社会各个领域,将导致社会资源配置方式、企业生产及管理方式的重大变革。信息技术使世界越来越小,而互联网的发展又将使企业发展的空间无限扩展。

在新经济时代,信息技术对传统企业的改造是经营模式、经营方式、经营思维的又一次革命。应用信息技术,进行信息化建设已成为企业获取竞争优势的最终选择,是企业在市场竞争中充满生机和活力的起码条件,也是企业经营现代化的主要标志。

(一)电子商务

1. 电子商务的定义及内涵

广义的电子商务是指电子工具在商务活动中的应用。狭义的电子商务定义为:在技术、经济高度发达的现代社会里,掌握信息技术和商务规则的人,系统化运用电子工具,高效率、低成本地从事以商品交换为中心的各种活动的全过程。广义的电子商务可以简称为:商务电子化。狭义的定义可以简称为:电子化商务系统。

完整的电子商务的内涵由四个方面组成,即前提条件、人的知识和技能、系列化系统化的电子工具以及以商品交易为中心的各种商业事务活动。当今人类社会技术、经济的代表应该是电子信息技术和信息经济，它是电子商务发展的前提条件；电子商务是一个社会系统，它的中心必然是人，因为商务系统实际上是由围绕商品贸易的各方面代表、各方面利益的人所组成的关系网；我们强调的电子工具应该是从商品需求咨询、配送、订货、买卖、货款结算、售后服务等伴随商品生产、消费，甚至再生产的全过程的系列化，和商品的需求、生产、交换要构成一个有机整体的系统化；从社会再生产发展的环节看，在生产、流通、分配、交换、消费这个链条中，发展变化最快、最活的就是中间环节的流通、分配和交换，这些中间环节我们把它们看成是以商品贸易为中心来展开的，所以，以商品贸易为中心的各种经济事务活动可以统称为商务活动。

2. 电子商务的作用

①实现商务信息获取的多（全面）、快（及时）、好（准确、安全、可靠）、省（省钱、省力、省人、省事）。

②易于实现实物商品、物资的优化配送，提高运输效率，减少运输费用。

③使电子货币的使用成为必要，与金融电子化相互促进，极大减少现金的生产、存储、流通和管理电子货币与电子商务互为推动力，相辅相成，明显的间接效益是减少观念货币。

④有利于形成全国统一的大市场、大流通、大贸易。借助电子网络可以打破条块分割、地域分割限制。

⑤有利于规范商品贸易行为，形成新的贸易机制。利用电子化信息对商品的描述、买卖进行规范化，非常有效。

⑥有利于形成集中约束的贸易管理体制，建立在电子商务基础上的管理体制是集约型的、高效的管理体制。

⑦能将市场与生产、生产与消费直接沟通，利于生产企业模拟市场，生产适销对路的产品，提高企业的经济效益。同时，有利于消费者“足不出户、货比三家”，实现电子订货，提高社会效益。

⑧有利于缩小工农差别、城乡差别，实现共同富裕。在电子商务市场中，地差、时差等被消除，有利于实现生产要素的最佳配置和极大地节约物质、能源资源等。

3. 电子商务的实现

首先，现代企业需要主动地向用户和其他企业提供自身信息；其次，是把企业的信息管理系统建立起来，把企业内部与对外接入的窗口结合起来，以便对用户的反馈作出反应；再次，企业形成内外互通的信息网络；最后，形成一个内部网与外联网相结合的网络，使得企业内部、分销商和企业伙伴之间，都可以通过这一网络进行交流。

(1)商情发布　随着网络应用的普及,现代企业或个人开始建立自己的网页,并将有关商业信息上网,互联网将提供厂家与客户联络的新渠道。组建企业营销网站,把企业信息与产品信息发布在网上,以获取更多的贸易机会和市场竞争力,是企业走进电子商务的第一步。通过企业营销网站,可以建立客户网络,掌握用户群体,提供企业相关信息,掌握顾客的需求,及时提供企业的最新消息,提供照片、声音及图片等多媒体信息,有利于开发潜力无穷的新客户群,降低顾客咨询服务成本,与销售人员经常保持紧密联系。同时,还可提供24小时服务,快速将产品及服务推进市场,为开拓国际市场、进行全球贸易创造条件。在国内外商贸活动中,应用电子信息技术,重视对信息流的有效管理和利用,已成为提高竞争力的一个重要手段。

(2)建立现代企业内部网和外联网　现代企业成长到一定规模后,管理就会成为突出的问题。要解决这个问题,就要使公司内部的工作流程和业务流程逐步实现自动化。这个阶段为办公自动化(OA)和现代企业内部网建设阶段。目的是使信息不仅在企业内部流动,也在公司间流动。此后要建设外联网,更多的动态信息将在网上出现,包括各类商业文件。这样与商业伙伴(供应商、分销商等)进行合作就成为可能。

(3)开展网上商务交易活动　完整的电子商务,包括四个方面的具体应用:一是市场营销与售前服务,主要是通过建立主页等手段树立产品的品牌形象;二是销售活动,如POS机管理、智能目录、安全付款等;三是客户服务,即完成电子订单及售后服务;四是电子购物和电子交易。金融行业和零售行业除了建立网上购买环境,还可以发展一些提供准交易方式的公共贸易网。

在建设现代企业电子商务系统、实施电子商务管理时,应该建立企业电子商务运作规则,包括电子商务关系的企业业务模式,应立足于现有基础上构建电子商务,从简单开始,快速增长,并制订可预期的目标和计划。

(二)扩大现代企业的外部环境

在商业活动日渐增加的今天,现代企业需要进行国际和全球性的贸易,要求快速地通信,要求获取最新的信息,要寻求新的市场和新的潜在的顾客群体,而所有这些需求,通过网络都可以方便容易地得以满足。

1. 宣传现代企业形象

作为现代企业,没有自己的Internet网址简直是不可想象的。互联网是一个对外宣传的阵地,是一个覆盖范围广泛的媒介,谁也不会轻易放弃。

2. 广告宣传

与传统广告媒体不同的是,在互联网上做广告有着巨大的优势:不受地域、时间的限制,享受全球用户24小时的主动查询,而费用却极为低廉,特别适合中小型企业进行产品广告宣传。

3. 实现无纸化办公

通过电子邮件和网络电话进行企业内外部的通讯,公司总部与分支机构通过网络的远程会议进行企业管理和决策,节约办公成本,有效地提高办公效率。以波音公司为例,1999年在线订购原材料,节约了1/3的成本,高达上亿美元。

4. 开展贸易、投资、合作方面的联系

5. 参加网上博览会、交易会

网上博览会、交易会已被越来越多的商家所钟爱,数以万计的企业在网上开设了展示产品的"交易窗口"。

6. 提供售后服务和技术支持

通过Internet提供售后服务,大大地方便了用户,同时也可减少了人力、物力的开支。对于一般问题,可以免除长途跋涉之苦及相关费用,可通过电子邮件使用图示、照片显示故障部位,并反复讨论,快速方便地排除故障,对用户的共性问题,可在主页上集中解答,介绍保养知识及维护方式等。

7. 开发新产品

开展异地、异国产品设计,共同开发新产品,快速模仿国外新产品。

8. 查询信息,调查市场

可以通过查询政府法律、技术标准、统计数据、专利、商标等帮助企业进行决策与整体规模;通过网络透析整个市场供需情况,掌握相关商品的价格信息,从而了解市场行情,审时度势,使企业处于主动位置。

9. 降低企业成本,提高经济效益

网上商业应用已得到社会积极的反馈,取得了良好的商业效果,大大提高了现代企业的经济效益。

10. 利用网上教室为现代企业培训、教育员工

伴随着网络技术的发展,还会出现许多新的服务和功能,Internet将给现代企业员工的生活、工作带来根本性的变化。

通过上述内容,我们得出下面的结论:首先,信息网络使现代企业可以高效率、低支出、跨地域、安全地传递信息、文件、数据,可以统一管理、一次录入运行资料,高效率地管理整个企业各部门、各环节、全流程,共享企业的资源;其次,实现完全的Internet功能。现代企业可以利用Internet发布信息,与公众沟通,已经或正在建立联系的客户通过现代企业提供的网址,可以访问现代企业的相关信息,并通过网络来实现信息的交流和查询。企业的原料供应商、零部件供应商、技术开发单位、生产制造厂、销售服务单位通过网络可以更方便地协同作业。现代企业可以通过 Internet 采用多媒体技术发布信息，介绍现代企业的策略方针、市场定位、服务承诺，搜集客户需求、意见信息，提供电话支持、现场维护之外的服务等。

现代企业可以利用信息技术，创造传统形态上并不存在的组件。如某些制造商利用电子数据交换（EDI）技术与原材料供应商及时地保持联系，而原材料供应商则可根据制造商的生产进度随时调整供货的时间和数量，利用这一先进的信息技术使得制造企业可以实现零库存的目标。因此，在制造企业中，“原材料”这一概念可完全由原材料供应商的角色代替。又如，随着制造企业与销售企业信息联结的日渐紧密，销售企业的“存货”亦可由制造商的角色取而代之。因此，现代信息技术的运用将使得企业的外部环境延伸成为企业的一个“虚拟组件”，企业的外延由此得到了扩大和发展，多个相关企业将在现代信息技术的作用下有机地联系起来，从而有效地降低了各企业的资源浪费和企业间的交易成本。

（三）提高现代企业的运营效率

①在现代企业的生产流程中广泛应用信息技术，可以容易地实现产品设计自动化、生产过程自动化和生产设备智能化。信息技术的引入，能够减少生产部门的从业人员，大大降低现代企业的生产成本，从而有效地提高生产效率。

②信息技术的引入，可将传统的文件式管理工作流程改造为电子工作流程，可以减少纸张等办公用品的使用率，简化管理工作流程，消除传统工作方式易引起的指令迂回、阻塞等现象，从而提高现代企业的管理效率。

③从全社会范围看，随着各行各业信息化程度的进一步提高，整个社会的信息流通更为顺畅。这样，单个企业的人流、物流和资金流也将相应随之畅通起来。因而，信息技术在全社会范围内的广泛应用将有助于提高所有企业的运营效率。

（四）拓展现代企业经营方式，增强现代企业竞争优势

信息技术的发展深刻影响着现代企业的生存方式和管理方式，环境的变化使现代企业处于充满机遇和风险的空间中。一方面信息技术对经济生活的广泛渗透，给现代企业带来大幅提高生产效率的可能性。另一方面，现代企业迎接挑战，求得生存也依赖于信息技术。

在信息网络条件下，现代企业将体现如下特点：

1. 生产自动化、柔性化

信息技术对现代企业产生作用的最基本而普遍的方式是，运用信息技术

部分或全部地取代以人工方式进行的活动的业务职能,促进生产、经营和管理过程的自动化,用以提高效率和降低成本。如工资核算电脑化、会计电算化、报表生成自动化、商业和服务业结账 POS 化等。随着自动化程度的提高,原有的手工管理方式、步骤和环节在自动化动作条件下会暴露出不适应性或不合理性,显现出新的瓶颈和问题。在这种情况下,信息技术对企业的作用将会进入一个新的层次,即促使生产、经营和管理过程的合理化,以进一步提高效率、能力和水平。另外,市场需求的多样化、复杂化,使多品种、小批量的柔性生产成为当今企业发展规律的主要趋势。现代企业必须综合地、战略地运用现代信息技术改造现代企业的生产技术系统。

2. 从过程重组走向全新管理模式

无论是现代企业运作过程的自动化还是智能化,都是在原有的生产、经营和管理过程基础上进行的。然而,对这些过程的重新研究和设计,将会在更高的层次上形成现代企业的竞争优势,提高市场竞争能力,这就是现代企业过程重组(BPR)。BPR 是立足于从现代企业的经营目标出发,从根本上重新分析和设计现代企业生产、经营管理的职能与过程,简化或省略重复性、非增值(No-Value-Added)过程,应用信息技术彻底而全面地改造和重构职能运作方式、业务工作流程,使现代企业的生产、经营管理能力和水平得到全面的提高。例如,应用基于网络通信的数据库共享技术将原来串行的业务环节改为并行处理,提高反应速度;利用 Internet 技术将传统的低效、高成本会议、电话等人际沟通方式改变成为高效、廉价而有效的电子通信方式等。

可见,信息技术对现代企业的作用程度和方式不同,其效果也截然不同。随着信息技术作用程度的提高,作用效果在改善,风险也在加大,其风险体现在信息技术带来的不仅仅是现代企业经营管理质量、效率的变化,同时也将带来工作流程、业务运行方式、组织机构、权力布局、人际关系甚至观念等多方面的变化,而现代企业的性质、结构、业务、人员等能否适应这些变化是极难把握和控制的。现代企业组织适应变化的能力是不同的,特别是对"过程重组"或"模式与理念"层次的变化,风险是极大的。在激烈的市场竞争中,现代企业面对网络信息技术带来的挑战和机遇决不能无动于衷,否则将被历史无情地淘汰。

信息作为一种资源已为广大的现代企业家们所共识。在现代经济活动中,它的作用将会日益突出,随着社会的不断进步、生产力的不断发展,高效、综合的信息资源管理系统将对企业生存发展产生深远的影响。

五、信息资源管理案例

【案例】

沃尔玛应用信息技术引发的零售业革命

沃尔玛创业于1945年，如今，在世界各地已开设3 000家商店，可以称得上是无处不在。

沃尔玛是最早对信息技术大量投资的零售商之一。它投资2 400万美元建立了自己的卫星通讯系统，该系统使沃尔玛能够及时获取自己所需要的信息。老板山姆·沃尔顿通过录像带可以同时对所有员工进行培训，每一家分店都与阿肯色Bentonville总部相连，分店的温度、销售业绩、顾客的停留时间、购买行为模式等信息统统汇集到总部。沃尔玛还是世界上第一家试用条形码即通用产品码(UPC)技术的折扣零售商。1980年试用，结果收银员效率提高50%，故所有Wal-mart分店改用条形码系统。

沃尔玛的计算机系统与它的制造商直接相连，跳过了经纪人和其他中间商。沃尔玛要求它的供应商在运送的商品上挂上标签，以便直接进入商店的销售地点，减少仓储和数据处理成本。在决定顾客需要什么方面，它处于比制造商更为优越的位置。在这一过程中，它不断排挤小的制造商和小零售商，并把节约下来的钱转移给顾客。所有这些都极大地改变了零售业对大小制造商、其他零售商和消费者的意义。正如山姆·沃尔顿所说的："作为一个公司(沃尔玛)，我们的目标是不仅为顾客提供最好的服务，而且具有传奇色彩。"

【小结】

现代企业资源主要包括人力、物力、财力、信息等四大资源，现代企业管理不仅针对各种资源的特性、作用、构成等做好各项管理，更重要的是把各项资源的管理活动加以调节，使之统一起来，更有效地完成现代企业管理目标。

现代企业人力资源是第一资源，只有有效地开发人力资源，合理、科学地管理人力资源，这个企业才能蓬勃发展，蒸蒸日上。

现代企业财力资源管理是现代企业管理的重要组成部分，它借助价值形式来组织企业的经济管理工作，主要包括资金筹集、使用和分配三个环节的内容。

现代企业物力资源管理是对现代企业生产经营所需的各种物资、设备进行计划、采购、使用和节约等的组织和控制，关系到现代企业生产经营的正常连续进行和流动资金的节约。

随着经济全球化发展，现代企业信息资源管理在现代企业经营决策中的作用更加突出，只有重视信息资源管理，把信息作为战略资源加以开发和利用，并与现代科学管理方法有机集成，才能实现现代企业系统内的人力、资金、物资、信息等要素的综合优化管理。

总之，加强现代企业资源管理，发挥现代企业资源整体功效，是现代企业管理的重要内容之一，只有了解并学会如何管理好现代企业资源，才能使现代企业走上现代化管理的轨道。

【复习思考题】

1. 什么是现代企业资源？请谈谈你对现代企业资源内涵的看法。
2. 现代企业人力资源开发与管理的主要内容是什么？
3. 你如何评价“如今企业人员流动性较大，员工培训是得不偿失”的说法？
4. 请简述现代企业筹集资金的主要渠道。
5. 试比较股票和债券有什么不同。
6. 现代企业物力资源包括哪些内容？企业在进行物资采购时，应考虑哪些因素？
7. 设备综合工程学的要点与内容包括哪些？
8. 试述现代企业信息资源的重要性，以及现代企业信息资源管理的基本过程。
9. 什么是电子商务？电子商务如何实现？
10. 试述信息技术的发展对现代企业管理产生的影响。

【实训目标】

1. 了解现代企业人力资源管理，描述一支强有力的管理队伍的特征与价值。
2. 培养有关聘任、培训、考核与奖酬的能力。
3. 培养人员组合与团队建设的能力。
4. 解现代企业财力资源管理，理解如何预测一个企业的获利能力，即评价企业盈利能力。
5. 增强对投资与筹资的感性认识；学会简单的投资的成本-效益分析方

法;培养财务管理的初步能力。企业的获利能力取决于企业预计的销售量、销售成本和经营费用、利息费和税费。

6. 了解现代企业物力资源管理。

7. 了解现代企业信息资源管理。

【实训内容与形式】

1. 管理故事引导:如何分骨头。

2. 案例分析:麦当劳经理的成长、沃尔玛的信息管理系统。

3. 学生讲授:通过会计报表对某公司基本经营情况进行说明。

4. 情景模拟一:班级内分小组组成模拟公司的招聘各部门负责人,公司要制订招聘计划,包括招聘目的、招聘岗位、任用条件、招聘程序,特别是聘用的决定办法。各模拟公司招聘由总经理主持,公司成员均为招聘组成员;每名学生可向不超过三家公司(不含本公司)应聘;各公司根据每个应聘者的表现决定聘任;招聘程序按课程讲授内容进行。同学们先在课下进行精心准备,在课上完成角色扮演。每个人要写出应聘提纲,或应聘讲演稿。特别要体现出应聘竞争优势。

5. 情景模拟二:假设你是公司人力资源部经理,公司一位重要员工希望辞职,由你想办法了解辞职的原因,并进行规劝。

第五章

CA 现代企业生产管理

【开篇案例】

耐克的虚拟生产

中国企业正进入一个学习的时代，这种学习不单纯是指对知识的学习，也包括对别人的学习。学习能力的强与弱，往往会决定企业的持续发展。模仿未必成功，但是学习一定有益。耐克绝对不是新经济的产物，但是耐克作为“虚拟生产”的典范，其成功之道相信会给我们提供更多的启示。

一、全球名牌运动鞋持续扩张，耐克保持销售第一

同样是一双运动鞋，同样一个生产厂商，为什么贴上耐克的标志就可以卖几十美金，而贴上我们自己的商标，就只值几十人民币？

很简单，因为耐克的品牌。对于大众消费者而言，穿上耐克的鞋子，就有一种自己成为时尚运动青年的感觉，为了这种感觉，消费者愿意为一双鞋子支付超过制造成本几倍甚至几十倍的价格。在美国，约有高达七成的青少年的梦想便是有一双耐克鞋，“耐克”成为消费者追求的一个“梦”。耐克正式命名于1978年，后来居上，超过了曾雄居市场领导品牌的阿迪达斯、彪马、锐步，被誉为是“近20年世界新创建的最成功的消费品公司”。耐克公司现在年销售收入近百亿美元。

据资料显示，2000年全球名牌运动鞋的市场规模达到164.39亿美元，占全球运动鞋销售总额的90.5%。以地区而言，美国为全球规模最大的名牌运动鞋市场，规模达78亿美元，约占全球市场的50%。以鞋类品牌而言，耐克以56.9亿美元的销售额，稳居全球运动鞋市场的龙头宝座，市场占有率达到35%。

二、耐克的虚拟生产

美国耐克公司是全球最大的运动鞋等体育产品知名品牌企业,其成功在于创新出完全的“虚拟生产”。耐克公司没有投资建造用于制造产品的工厂,这全靠极具现代商业意识的总裁菲尔·耐克的精心策划,奋力开拓,选择了适当灵活的借鸡下蛋的生产方式。

创业初期,由于菲尔·耐克准确预测到弹性好又能防潮的运动鞋的市场前景,耐克鞋凭借独特的设计、新颖的造型迅速在美国打开了市场。随着公司的壮大,菲尔·耐克把眼光投向了国际市场。但是,耐克鞋价格较高,如果依靠出口进入其他国家市场,本身的高价位再加上各国,尤其是发展中国家的高关税,是很难被这些国家的顾客所接受的。

那么,如何解决这一难题呢?这便是耐克公司生产上的借鸡下蛋法。耐克公司通过在爱尔兰设厂进入了欧洲市场并以此躲过高关税,又在日本联合设厂打入了日本市场,所以,如果向公众说明耐克公司是一家没有厂房的美国公司,它是依靠别的企业为它生产的,人们就会明白“借鸡”的含义了。

耐克在生产上采取了一种虚拟化策略,即:向外部借力,通过整合外部资源,使其为我所有,从而拓展自身的疆域,利用外部的能力和优势来弥补自身的不足投资建设生产场地,不装配生产线,耐克公司的所有产品都不自己生产制造的,而是全部外包给其他的生产厂家加工制造出来的。耐克公司的这一妙招,不仅节约了大量的生产基建投资、设备购置费用以及工人人工费用,而且它又充分发挥了其他生产能力强的厂家的能力,尤其是将产品的生产加工外包给东南亚等地的许多发展中国家的企业,这些地方的劳动力成要极其低廉,从而为耐克公司节约了大量的人工费用,这也是耐克运动鞋之所以能以较低的价格与其他名牌产品竞争的一个重要原因。实施虚拟化生产,耐克公司将设计图纸交给生产厂家,让他们严格按图纸式样进行生产,并保证相应的质量,耐克公司再将自己的品牌和商标贴在这些产品上,并将产品交给公司营销人员。通过公司的行销网络将产品销售出去。这种模式充分实现了优势互补的作用。

由于耐克公司在生产上采取了借鸡下蛋法,从而本部人员相当精简而又有活力,这样避免了很多生产问题的拖累,使公司能集中精力关注产品设计和市场营销等方面的问题,及时搜集市场信息,及时将它反映在产品设计上,然后快速由世界各地的签约厂商生产出来满足需求。耐克公司的成功之道,给我们提供了很好的启示。

第一节　现代企业生产管理概述

一、现代企业生产管理在现代企业管理中的重要地位

现代企业是一个有机的整体，现代企业管理就是一个完整的大系统。它是由许多子系统组成的。生产管理作为一个子系统，在现代企业管理系统中处于十分重要的地位。我们可从它和其他几个主要子系统之间的关系上来考察，见图 5-1。

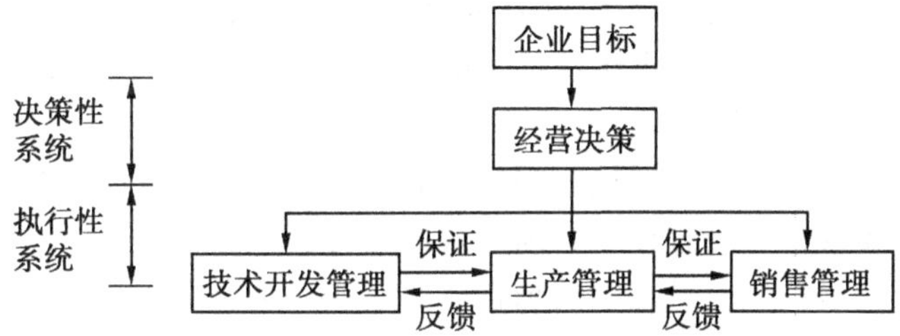

图 5-1　现代企业管理主要活动系统图

从图 5-1 可以看出，生产管理和其他子系统的关系及生产管理和经营决策的关系。生产管理是现代企业管理的重要组成部分，它要根据企业经营决策所确定的一定时期内的经营意图，即经营方针、目标、战略、计划的要求以及下达的具体生产任务，组织生产活动，并保证实现。从企业管理系统的分层看，经营决策处于企业的上层，即领导层；生产管理处于企业的中层，即管理层。所以，它们之间是决策和执行的关系。生产管理对经营决策起保证作用。

二、现代企业生产管理的任务

现代企业生产管理作为一个子系统，有它本身的运动规律。其运动规律如图 5-2 所示。

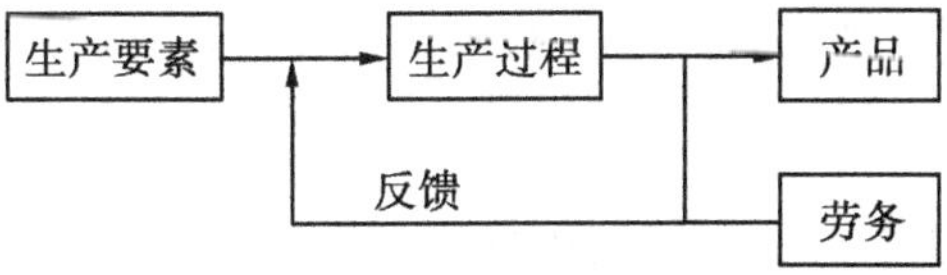

图 5-2　生产管理系统图

从图中看出，现代企业生产管理系统的运动规律就是输入生产要素，经过

生产过程,输出产品或劳务,并且在生产过程的进行中不停地进行信息反馈。这个系统由四个部分组成。

(一)产品或劳务

产品是指新制造的具有一定使用价值的成品或半成品。劳务是指来料加工以及对已有机器设备的修理,恢复它们的功能。产品是由一定的产品要素构成的。产品要素有品种、数量、质量、交货期、成本等。企业生产出什么样的产品或劳务,主要取决于用户和市场的需要。所以,生产满足社会需要的产品或劳务,就成为生产管理的目标。不言而喻,这个目标就是品种对路、质量优良、价格便宜(即成本低廉),数量满足需要,以及交货及时。

(二)生产要素

在现代化大生产的情况下,生产要素一般包括人、财、物、信息等。

这些生产要素既是从事生产活动必须具有的前提条件,又是实现目标的保证。为此,对生产要素就有三条要求。

①生产要素在质量、数量、时间等方面,必须符合生产过程的需要。

②生产要素在生产过程中必须有效地结合起来。

③生产要素在生产过程中的结合还要形成一个有机的整体。

(三)生产过程

对生产厂来说,这是产品的制造过程。对矿山来说,这是资源的采掘和集运过程。对修理厂来说,这是被修理的机器设备的功能恢复过程。这个过程的特点是运动的,变化的。

(四)反馈

这是指把生产过程输出的信息,返回到输入的一端。目的是使生产管理人员掌握生产过程的运行情况,使出现的问题能够及时得到解决,以保证生产过程的正常运行和生产计划任务的完成。反馈在生产管理系统中起着对生产过程的控制及时提供信息的作用。

以上四个部分构成了生产管理系统,它们之间是互相影响、互相制约的。从整个系统的运行规律看,生产管理的任务就是运用组织、计划、控制的职能,把投入生产过程的各种生产要素有效地结合起来,形成有机的体系,按照最经济的方式,生产出满足社会需要的产品(或劳务)。

三、现代企业生产管理的内容

现代企业生产管理要实现自己的任务,就需要做许多工作。它的工作内容如图 5-3 所示。图 5-3 所表示的生产管理内容,其中一部分,如工艺路线和工艺方法的制订,设备和工艺装备管理以及质量管理等内容,将在以后章节中详细论述,本节不再重复。

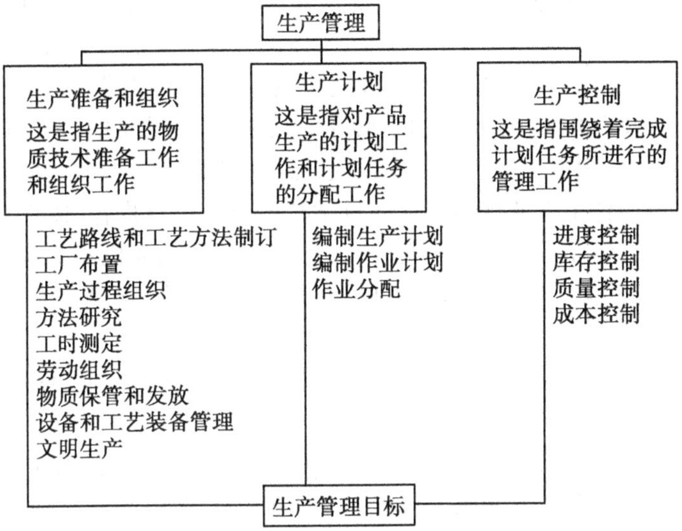

图 5-3 现代企业生产管理内容图

四、现代企业生产管理的指导原则

现代企业生产管理需要遵循以下几条指导原则:

(一)讲求经济效益

讲求经济效益就是要用最少的劳动消耗和资金占用,生产出尽可能多的适销对路的产品。

(二)坚持以销定产

在现代企业生产管理中坚持以销定产的原则,务必做到三点。

①加强对生产管理人员的教育,树立正确的经营思想,克服只埋头生产,不顾市场需要,不重视销售的单纯生产观点。

②要正确地处理生产同销售的关系。处理这个关系的原则是既满足销售,又兼顾生产。生产要为销售服务,满足销售需要,这是生产的方向。

③要不断地提高生产管理对市场的适应能力。

(三)实行科学管理

实行科学管理,是指在生产过程中运用符合现代化大工业生产要求的一套管理制度和方法。现代化大工业生产和工场手工业生产不同。工场手工业生产规模小、环节少、分工粗，主要是靠人的体力和经验，所以，这种生产管理是经验管理。而现代化大工业生产规模大、环节多、分工细、关系复杂，运用机器体系从事生产，这种生产方式，主要是靠在生产中系统地应用科学技术知识。例如，一个火力发电厂生产过程的主体部分是由锅炉、汽轮机、发电机、输变电设备等组成的一个机器体系。发送电就是靠这个机器体系的作用，由锅炉产生蒸汽（即热能），推动汽轮机，转化为机械能，带动发电机，转化为电能，通过输变电系统把电送给用户。人在生产过程中根据这个机器体系的要求分工，在各自的岗位上按照机器本身的科学技术要求进行操作、监视，共同协作配合，保证机器体系安全经济地运行。可见，在现代化大机器工业生产中，主要不再靠人的体力和经验，而是靠自然力和科学。因此，必须实行科学管理。

实行科学管理至少要做好以下三方面的工作：

①必须建立统一的生产指挥系统，进行组织、计划和控制，保证生产过程正常地进行。

②要做好基础工作，即建立和贯彻各项规章制度，如工艺规程、操作规程、设备维护和修理规程、安全技术规程以及岗位责任制等；要建立和实行各种标准，如质量标准、各项定额、定量标准等；要加强信息管理，做好各项原始记录的整理、加工和分析工作，这是搞好科学管理的前提条件。

③加强职工培训，不断地增加他们的科学技术知识和科学管理知识。同时，教育他们树立适应大生产和科学管理要求的工作作风，克服手工业的生产习惯和管理习惯。

（四）组织均衡生产

均衡生产，是指在相等时间内，产出产品和完成某些工作在数量上基本相等或稳定递增。比如，某机械厂的旬均衡率为3，3，4，即上、中、下旬分别完成全月生产任务的30%，30%，40%。均衡生产是有节奏、按比例的生产。

组织均衡生产是科学管理的要求。因为，均衡生产有利于保证设备和人力的均衡负荷，提高设备利用率和工时利用率；有利于建立正常的生产秩序和管理秩序，保证产品质量和安全生产；有利于节约物资消耗，减少在制品占用，加速流动资金周转，降低产品成本。总之，组织均衡生产能够取得比较好的经济效益。

总体来说，现代企业生产管理的原则就是经济性、适应性、科学性和均衡性。其中经济性是基本的，其他三项是为经济性服务的。

第二节 现代企业生产管理的特征

一、生产管理范围大为扩展

生产的概念扩展到服务业。在过去,生产往往被看作工厂的事情,产品的制造过程才是生产,因此,生产系统管理就等同于工厂管理。在今天,随着第三产业的迅速发展,生产的概念已从制造业的工厂进入了服务业的医院、商场和办公室,人们在服务业所进行的许多业务活动也被认为是生产活动。

二、多品种、中小批量混合生产将成为生产方式的主流

随着科学技术的进步,人们生活条件的不断改善,消费者的价值观念不断变化,消费需求更加多样化,从而引起产品的寿命周期相应缩短。一度被当作20世纪六七十年代生产特征的单一品种大批量生产方式,进入80年代后已是时过境迁。从大批量生产方式到以多品种、中小批量生产方式的转化,给生产管理带来了新的变化。

三、计算机技术和现代化管理方法在生产管理中得到综合应用

随着计算机广泛应用于科技和工程计算、生产过程控制、数据处理(企业管理)等领域,一系列现代化管理方法才有在现代企业生产管理中得到应用的可能。20多年来,计算机技术和现代化管理方法在现代企业生产管理中的综合应用,已经给企业的生产经营活动和包括生产管理在内的企业管理带来了巨大的变化。

四、生产管理模式不断更新

新技术革命的加速,高新技术产业的蓬勃发展,市场需求的多样化,使以往生产什么就供应什么的卖方市场,转变为需要什么就生产什么的买方市场。这就要求生产组织与管理做出相应的变革。

技术现代化必须有相应的管理现代化,否则,高新技术就难以实施,高新技术就不可能带来高效率和高效益,而实现管理现代化就要求既要引进和吸收国外的先进经营管理方式和方法,又要继承和发扬我国企业管理中的经验,把引进、继承和创新结合起来,逐步形成具有中国特色的现代企业生产管理新模式。

第三节 现代企业生产过程管理

现代企业生产过程组织与控制是现代企业生产管理的重要内容,它是研究现代企业怎样从空间上和时间上合理地组织产品生产,使生产过程能以尽量少的劳动消耗和劳动占用,生产出尽可能多的符合市场需求的产品,从而获得最好的经济效益。

一、现代企业生产过程组织的要求

(一)现代企业生产过程

任何工业产品的生产,都必须经过一定的生产过程。产品的生产过程,是指从原材料投入生产开始到成品制造出来为止的全部过程。产品生产过程是人们的劳动过程和自然过程的有机结合。劳动过程,就是劳动者利用劳动工具作用于劳动对象,使其按照预定的目的改变产品的形状、结构、性质或位置的过程。自然过程是指在某些情况下,生产过程的进行还需借助于自然力的作用,使劳动对象发生物理或化学的变化,如冷却、干燥、自然时效、发酵等。

(二)现代企业生产过程的组成

现代企业的生产过程,就其对产品出产所起的作用来看,主要可分为生产技术准备过程、基本生产过程、辅助生产过程、生产服务过程等。生产技术准备过程,是指产品投产前所做的全部生产准备工作,如产品设计、工艺准备、材料与工时定额的制订与修改、调整劳动组织和设备布置等。基本生产过程,是指企业直接从事加工、制造产品的生产过程,如汽车零件的加工、装配过程等。辅助生产过程,是指为保证基本生产正常进行所必需的各种辅助性生产活动,如动力生产、工艺装备制造、设备维修等。生产服务过程,是指为了保证基本生产和辅助生产所进行的各种生产服务活动,如原材料、半成品、工具的保管与发放、厂内运输等。此外,有的企业还有附属生产过程或副业生产过程。

现代企业产品生产过程中,基本生产过程是最主要的组成部分。按产品结构和工艺特点不同,基本生产过程可以分为工艺流程式生产过程和加工装配式生产过程两类。工艺流程式生产过程,是指原材料从工厂的一端投入生产,按照固定的程序,经过连续加工而成为产品的过程。加工装配式生产过程,是指先将原材料加工成毛坯、零件,然后将各种零件进行部装、总装、试车,最后经检验合格而成为产品。

（三）合理组织生产过程的要求

合理组织生产过程的目的，是使产品在生产过程中行程最短、时间最省、耗费最小、效益最高。为此，组织生产过程必须努力实现以下要求：

1. 连续性

连续性指产品在生产过程各阶段、各工序之间的流动，在时间上是紧密而连续的。

2. 比例性

比例性指产品在各工艺阶段、各工序之间的生产能力要保持适当的比例关系。

3. 均衡性

均衡性指企业及各个生产环节在相等的一段时间内生产相等或递增数量的产品，使各工作的负荷充分并相对稳定，不会出现前松后紧、时松时紧等不良现象。

4. 平行性

平行性指生产过程的各个阶段、各道工序实行平行作业，对产品的各个零件、部分尽可能地组织平行加工制造。

5. 适应性

适应性指生产过程适应市场复杂多变的特点，能灵活进行多品种、小批量生产的适应能力。

上述要求是相互联系、相互制约的。生产过程的比例性是实现连续性、平行性的重要条件，是保证均衡性的前提；均衡性、连续性、平行性又相互影响，相互作用。

二、现代企业生产过程的空间组织和时间组织

工业产品的生产过程，既要占用一定的空间，又要经历一定的时间。因此，合理组织生产过程，就需要将生产过程的空间组织与时间组织有机结合起来，充分发挥它们的综合效率。

（一）生产过程的空间组织

任何产品的生产过程，都需要在一定空间内，通过许多相互联系的生产单位来实现，所以，现代企业必须根据生产需要，设置一定的空间场所，建立相应的生产单位（车间、工段、小组）和其他设施（仓库、运输路线、管道、办公室等）进行生产活动。企业内部生产单位的设置，通常有工艺专业化和对象专业化两种基本形式。

1. 工艺专业化（又称机群式）

工艺专业化，是按生产工艺性质的不同来设置生产单位。在工艺专业化

的生产单位里,集中着同种类型的设备和同工种的工人,对企业生产的各种产品进行相同工艺的加工。按工艺专业化形式组织生产单位的优点:有利于充分利用生产设备和生产面积;便于对工艺进行专业化管理和组织同工种工人的技术学习与交流;较灵活地适应品种变化的要求。其缺点:产品在加工过程中的周转环节多,运输路线长;生产周期长,占用流动资金多;各生产单位之间的协作往来频繁,质量管理等工作复杂。

2. 对象专业化

对象专业化是按照产品的不同来设置生产单位(车间、工段、小组)。在对象专业的生产单位里,集中着为制造某种产品所需要的各种设备和各工种的工人,能独立地完成产品生产,是封闭式的生产单位。如汽车制造厂的发动机车间、齿轮车间等。按照对象专业化组成的生产单位,其优点:产品在加工过程中,可采用先进的生产组织形式,生产周期短、运输路线短、在制品和流动资产占用量少;减小各生产单位协作往来联系,从而简化计划、调度、核算等管理工作。其缺点:在产量不大时,难于充分利用生产设备和生产面积;难于对工艺进行专业化管理;对品种变换适应能力差。

在实际工作中,上述两种形式,往往可以结合起来应用,在一个企业内,有些车间按对象专业化设置,另一些车间按工艺专业化设置;在一个车间内,有些工段和小组按对象专业化设置,而另一些工段和小组按工艺专业化设置。究竟采用哪一种专业化形式来设置生产单位,必须从企业的生产特点和具体条件出发,全面提高企业技术经济效益。

(二)生产过程的时间组织

合理组织生产过程,不仅要求企业各生产单位、各工序之间,在空间上密切配合,而且要求劳动对象在生产过程的时间上精密衔接,使人机料有效组合和运行,实现有节奏的连续生产,以达到提高设备利用率,缩短产品生产周期,加速流动资金周转,提高劳动生产率和降低产品成本的目的。

生产过程的时间组织,主要是研究一批零件在加工过程中,采用何种移动方式。一般来说,一批零件在工序间的移动方式有顺序移动、平行移动、平行顺序移动三种方式。

1. 顺序移动方式

顺序移动是指一批零件在上道工序全部完工以后,才送到下道工序进行加工。这种方式的特点在于零件在工序之间是按次序连续的整批运送,生产周期长。这种移动方式加工周期的计算公式如下:

$$T_{顺} = n \sum_{i=1}^{m} t_i$$

式中，$T_{顺}$——一批零件顺序移动的加工周期；

n——零件批量；

m——零件加工工序数目；

t_i——第 i 道工序的加工时间。

2. 平行移动方式

指一批零件中的每个零件在前一道工序完工后，立即传送到下一道工序继续加工。这种方式的特点是：零件在各工序之间是逐件运送，并在不同工序上平行加工。这种移动方式的加工周期的计算公式如下：

$$T_{平} = \sum_{i=1}^{m} t_i + (n-1)t_{长}$$

式中，$T_{平}$——一批零件平行移动的加工周期；

$t_{长}$——各道工序中最长工序的单件时间。

3. 平行顺序移动方式

它是顺序移动和平行移动两种方式结合使用。也就是一批零件在前一道工序尚未全部完工时，将已加工好的一部分零件转送到下一道工序加工，并使下道工序能连续地加工完该批零件。其具体做法是，当后道工序单件加工时间比前道工序单件加工时间长，则前道工序往后道工序按件运送；当后道工序单件加工时间比前道工序单件加工时间短，后道工序的最后一个零件只能等到前道工序所有零件加工完毕后，才能开始加工，则后道工序的第一个零件的加工时间，可从最后一个零件的加工时间依次向前倒推确定。这种移动方法的加工周期计算公式如下：

$$T_{平顺} = T_{顺} - (n-1)\sum t_{较短}$$

式中，$T_{平顺}$——平行顺序移动方式加工周期；

$t_{较短}$——较短工序，是指某一道工序的单件加工时间比前道工序短，或比后道工序短。

现举例，将上述三种移动方式的加工周期用图表加以对比。设某种零件批量 $n=3$ 件；加工工序数 $m=3$；每道工序的单件加工时间：$t_1=3$ 小时，$t_2=1$ 小时，$t_3=4$ 小时。则该批零件的加工周期（T）如图 5-4 所示。

在实际工作中，运用上述计算公式求出各种移动方式的加工周期：

$$T_{顺} = n\sum_{i=1}^{m} t_i = 3 \times (3+1+4)\text{ 小时} = 24\text{ 小时}$$

$$T_{平} = \sum_{i=1}^{m} t_i + (n-1)t_{长} = (3+1+4)\text{ 小时} + (3-1) \times 4\text{ 小时} = 16\text{ 小时}$$

零件加工周期（T）

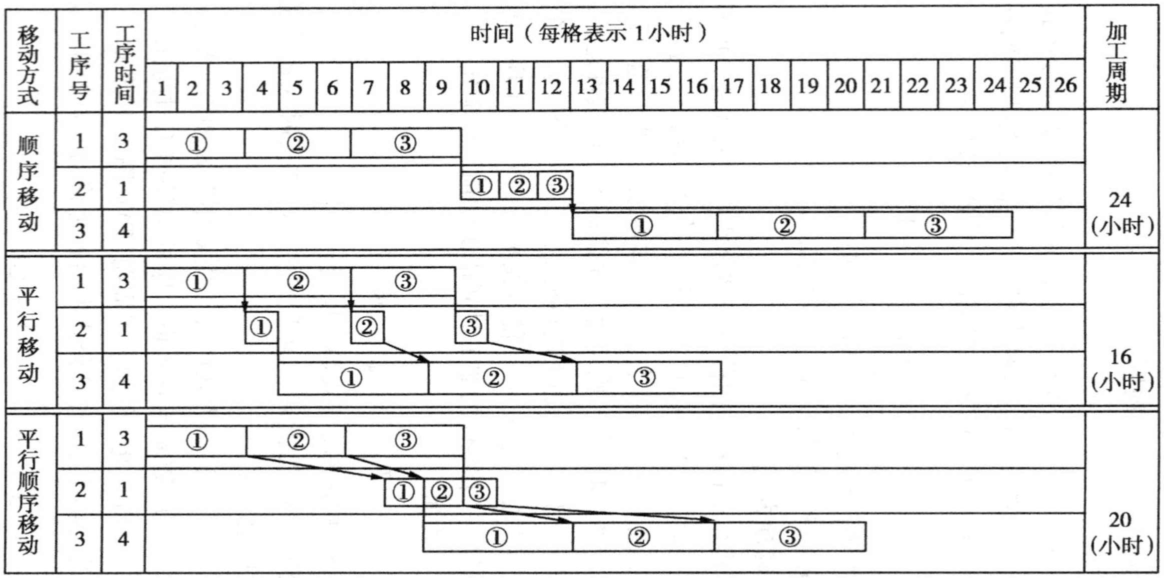

图5-4 顺序、平行、平行顺序移动加工周期示意图

$T_{平顺} = T_{顺} - (n-1)\sum t_{较短} = 24小时 - (3-1) \times (1+1)小时 = 20小时$

从上述三种移动方式可以看出,顺序移动方式的生产周期最长,平行顺序移动方式的生产周期较短,平行移动方式的生产周期最短。在设备利用方面,当前道工序的单件加工时间大于后道工序的单件加工时间时,平行移动方式会产生机床停歇时间;在组织管理方面,顺序移动方式最简单,平行顺序移动方式最复杂。因此,在具体选择零件的移动方式时,应根据各自特点,结合生产的各种条件确定。当批量小,一道工序单件加工时间短,可采用顺序移动方式;当批量大,一道工序单件加工时间长,宜采用平行顺序移动或平行移动方式。对于工艺专业化的车间、工段、小组宜采用顺序移动方式;对象专业化的车间、工段、小组,宜采用平行或平行顺序移动方式。

三、流水生产的组织与控制

(一)流水生产及其优越性

流水生产是对象专业化组织的进一步发展,是一种高效率的先进生产组织形式。它是指产品(零件)在生产过程中,按照规定的路线和速度,从一台设备到另一台设备,从一个工作地到另一个工作地,像流水般地进行移动。流水生产与非流水生产相比,具有多方面的优越性:有利于提高劳动生产率和设备利用率;有利于缩短产品生产周期,减少在制品占用量,降低产品成本;有利于满足合同交货期的要求,极大地提高企业经济效益。

1. 流水生产线的特征

①流水生产线上每个工作地完成一道或几道工序都是固定的,因此,工作地专业化程度高。

②工作地和设备按产品加工顺序排列。

③各道工序的加工时间之间,规定着相等和倍比关系。

④按规定的节拍或时间间隔出产产品。

⑤生产过程具有高度的连续性。

2. 流水生产线的分类

流水生产线可按不同的方法进行分类。

①按生产对象移动方式不同,可分为固定流水线和移动流水线。

②按生产对象的数目不同,可分为单一对象流水线和多对象流水线。

③按生产对象轮换方式不同,可分为不变流水线和可变流水线。

④按生产过程连续程度不同,可分为连续流水线和间断流水线。

⑤按流水线节奏性不同,可分为强制节拍流水线和自由节拍流水线。

⑥按流水线的机械化和程度不同，可分为手工流水线、机械流水线和自动生产线。

3. 组织流水生产线的条件

①要有足够大的产品产量，以保证流水线上各工作地充分负荷。

②产品结构和工艺过程相对稳定。

③工艺过程能划分为简单的工序，而工序的分解与合并可以满足工序同步化的要求。

(二)流水线的组织设计

流水线设计包括技术设计和组织设计。技术设计的任务是设计流水线上所需各种专用设备和工艺装备，主要由工程技术人员来承担；组织设计的任务主要由生产组织管理人员来承担。

流水线组织设计的步骤与有关计算方法如下。

1. 确定流水线平均节拍

平均节拍是指流水线上连续出产前后两件产品之间的时间间隔。平均节拍的计算公式如下：

$$r_{平} = T_{效}/Q$$

式中，$r_{平}$——流水线的平均节拍(分/件)；

$T_{效}$——计划期有效工作时间(分)；

Q——计划期产品出产量(件)，包括计划产量和预计废品量。

2. 组织工序同步化(同期化)

工序同步化是指通过采取技术组织措施，使各道工序的加工时间与流水线的平均节拍相等或成倍比关系。这是组织连续流水生产线的必要条件。

3. 确定设备(或工作地)数量

流水线上各道工序的加工时间，都必须接近节拍和节拍的倍数，但实际上各道工序的加工时间长短不一。为了适应节拍的要求，必须计算每道工序确切需要的设备(或工作地)数量。其计算公式如下。

$$N_{计} = T_i/r_{平}$$

式中，$N_{计}$——某工序需配置的设备(或工作地)数量；

T_i——第 i 道工序单件时间定额。

按上式计算出来的设备(工作地)数量可能是小数，而在实际取设备(工作地)数时，应取接近于计算数的整数。

4. 计算设备(或工作地)负荷率和流水线的平均负荷率

在确定各工序实际采用的设备(工作地)数后，还应分别计算各工序的负荷率与整条流水线的平均负荷率。计算公式如下：

$$n_i = N_{计}/N_{实}$$

$$\tilde{n} = \sum N_{计}/\sum N_{实}$$

式中，n_i——第 i 道工序的设备（工作地）负荷率；

$\tilde{n}$——整条流水线平均负荷率；

$N_{计}$——某工序计算所需设备（工作地）数；

$N_{实}$——某工序实际采用设备（工作地）数。

一般要求 $\tilde{n} \geqslant 75\%$。

5. 确定流水线所需工人人数

流水线上工人人数，要根据工作地数、工作轮班数、一名工人可同时看管的设备（工作地）数和工人的缺勤率来确定。整条流水线还要安排几名多面手工人，以替换缺勤的工人，流水线所需工人数的计算公式如下：

$$S_{总} = \sum_{i=1}^{m} S_i(1+a) + c$$

式中，$S_{总}$——所需工人总数；

S_i——第 i 道工序所需工人数；

a——缺勤率；

c——后备多面手工人。

$$S_i = N_{实}/V_i \times b$$

式中，V_i——第 i 道工序一个工人同时看管的设备（工作地）数；

b——流水线工作轮班数。

6. 选择流水线的运输工具

流水线上采用的运输工具很多，如皮带、传送带、辊道、回转台、各种运输车、重力滑道、传送链等。最常用的是传送带，可节省辅助工人数量，缩短运输时间，按规定节拍进行生产。传送带的长度和速度的计算公式如下：

$$L = 2(\sum l_1 + \sum l_2) + l_3$$

式中，L——传送带长度；

$\sum l_1$——工作的长度之和；

$\sum l_2$——工作地之间距离之和；

l_3——传送带两端需要长度。

$$V_{速} = l_4/r_{平}$$

式中，$V_{速}$——传送带速度；

l_4——相邻两件加工产品之间的中心距离。

7. 流水线的平面布置和设备（工作地）的排列

流水线的平面布置要有利于工人操作、运输路线最短以及有效利用生产面积。流水线上设备（工作地）的排列，要符合工艺路线的顺序，符合产品总的流向，以尽可能缩短运输路线，减少运输工作量。

第四节　现代企业提高生产效率的方法

为保证现代企业按照最经济的方式，生产出满足社会需要的产品，现代企业应遵循经济规律和生产技术规律对生产过程进行管理，实行生产管理工作的标准化、准确化和最优化，并积极应用和推广先进的管理方法，如目标管理、价值工程、网络计划技术、线性规划等等，以提高生产效率。

一、对生产任务进行合理分配的匈牙利法

在编制生产作业计划分配生产任务时，会碰到这样的问题：有若干项任务，要分配给若干个小组或个人去完成，由于每个小组或个人完成各项任务的效率不同，应如何分配才能发挥每个小组或个人的优势，使完成这些任务的总效率最高。

例如，某种产品有 4 个部件分配给 4 个小组分别去完成。规定每个小组承担一个部件，不同小组完成这一部件的作业时间不同（见表 5-1），求怎样分配任务所花时间最少。

表 5-1　作业时间表　　单位：天

小组＼部件	A	B	C	D
甲	10	8	12	6
乙	16	12	14	24
丙	32	26	20	22
丁	34	24	16	20

用匈牙利法求解此类问题的步骤如下：

第一步，按表 5-1 作业时间表列出矩阵 A。

$$A\begin{pmatrix}10 & 8 & 12 & 6\\16 & 12 & 14 & 24\\32 & 26 & 20 & 22\\34 & 24 & 16 & 20\end{pmatrix}$$

第二步,将矩阵行约简。在矩阵的每行中选出最小(值)元素,然后将该行的各元素减去此数,得新矩阵 B。

$$B\begin{pmatrix}4 & 2 & 6 & 0\\4 & 0 & 2 & 12\\12 & 6 & 0 & 2\\18 & 8 & 0 & 4\end{pmatrix} \qquad C\begin{pmatrix}0 & 2 & 6 & 0\\0 & 0 & 2 & 12\\8 & 6 & 0 & 2\\14 & 8 & 0 & 4\end{pmatrix}$$

第三步,将矩阵列约简。在行约简后的矩阵中没有"0"的列再约简,即从该列中选出最小元素,并用其他元素减去此数,得新矩阵 C。

第四步,检验是否取得最优分配方案 D。检验方法是作过零覆盖线。即对有"0"的行或列划一条覆盖线,能覆盖所有零元素的最少覆盖线称为维数,当维数等于矩阵的阶数时,就可得出最优分配方案,若维数少于阶数,还要进行调整,本例为 4 阶矩阵,而维数为 3,故需再调整。

$$D\begin{pmatrix}0 & 2 & 6 & 0\\0 & 0 & 2 & 12\\8 & 6 & 0 & 2\\14 & 8 & 0 & 4\end{pmatrix} \qquad E\begin{pmatrix}0 & 2 & 8 & 0\\0 & 0 & 4 & 12\\6 & 4 & 0 & 0\\12 & 6 & 0 & 2\end{pmatrix}$$

第五步,调整。找出所有没有被覆盖元素中的最小元素,这里是"2",将不在覆盖线上的元素都减去"2",而在 2 条覆盖线交叉点上的元素加上"2",其余元素不变,得新矩阵 E。

第六步,再作零覆盖线,并检查是否取得最优方案。现在最小覆盖线的条数为 4,与矩阵阶数相等,可知已取得最优分配方案,见矩阵 F。

$$F\begin{pmatrix}0 & 2 & 8 & 0\\0 & 0 & 4 & 12\\6 & 4 & 0 & 0\\12 & 6 & 0 & 2\end{pmatrix} \qquad G\begin{pmatrix}0^{\triangle} & 2 & 8 & 0^{\times}\\0^{\times} & 0^{\triangle} & 4 & 12\\6 & 4 & 0^{\times} & 0^{\triangle}\\12 & 6 & 0^{\triangle} & 2\end{pmatrix}$$

第七步,确定最优分配方案 G。方法是按列(或行),对只有一个零元素的列(或行)先分配(记△号),分配后,划去与该零元素同行(或列)的其他零元素(记✕号)。分配结果为:

最优分配方案:甲(A)、乙(B)、丙(D)、丁(C)

总消耗工时 = (10 + 12 + 22 + 16) 天 = 60 天

二、线性规划法

线性规划法是在环境条件已定，在满足规定约束条件下，寻求目标函数的最大值（或最小值），以求取最优方案的方法。这种方法的步骤是：首先确定一个目标函数，如利润、产值、产量等；其次建立为实现该目标函数所需满足的各种约束条件，如设备、原材料、能源、劳动力的使用限制等；最后对上述联立方程求解，以取得最优方案。

例如，某厂计划生产甲、乙两种自销产品，甲产品每台利润 70 元，乙产品每台 120 元。它们的钢材、铜材、设备资源和消耗定额如表 5-2 所示。

表 5-2　钢材、铜材、设备资源和消耗定额

项目 / 消耗定额 / 资源	甲产品	乙产品	资源限制
钢　材/千克	9	4	3 600
铜　材/千克	4	5	2 000
专用设备能力/台·时	3	10	3 000

求：在现有条件下，甲、乙两种产品怎样搭配生产，才能使企业获利最大？

对这类问题，可用线性规划法求最优解。

设 X_1 为甲产品产量，X_2 为乙产品产量，最大利润用 Max Z 表示，这样，根据已知条件可建立下列联立方程组：

目标函数　$\text{Max } Z = 70X_1 + 120X_2$

$$\text{约束条件}\quad \begin{cases} 9X_1 + 4X_2 \leqslant 3\ 600 \\ 4X_1 + 5X_2 \leqslant 2\ 000 \\ 3X_1 + 10X_2 \leqslant 3\ 000 \\ x_1, x_2 \geqslant 0 \end{cases}$$

若运用图解法求解：将各不等式变为等式方程，并将各方程所代表的直线画在直角坐标上，如图 5-5 所示。

图 5-5 中 AP_2P_1DO 凸多边形，就是线性规划的可行解域。根据目标函数 $\text{Max } Z = 70X_1 + 120X_2$，移项 $X_2 = -7/12X_1 + Z/12$，令 $Z = 0$，可得斜率 $M = -7/12$的直线（用虚线表示），将此直线向右上方平移，直至 P_2 点，该点 P_2 就是所求线性规划问题的最优解点。再通过解上述联立方程式，求得 P_2 点的坐标值为：

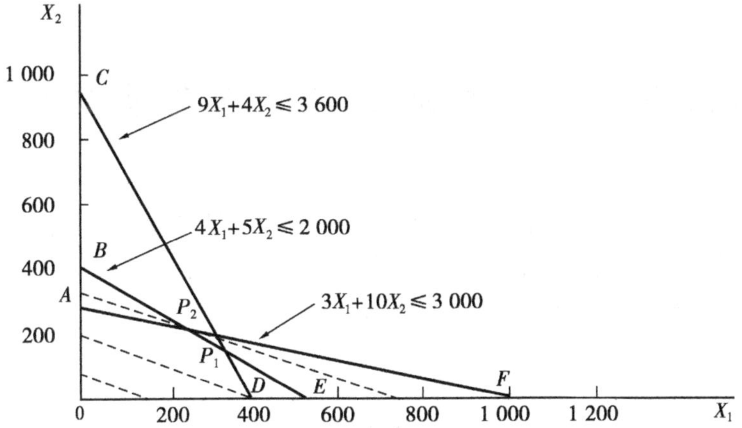

图 5-5 图解法

$X_1=200$，$X_2=240$，将其代入目标函数方程，可得：

Max $Z=70\times 200$ 元 $+120\times 240$ 元 $=42\ 800$ 元为最优解。

三、网络计划技术

运用网络计划技术安排计划的突出优点是：能反映出各个工作之间相互衔接、协调的关系，对整个工程进行系统的分析和管理，帮助管理人员在复杂的工程项目中，合理安排生产计划，调配利用物资和控制成本，在一定的人力、物力、投资下，以最短的时间、最省的人力、最佳的经济效果，完成一项任务或工程。

网络计划技术的应用，是通过绘制网络图来实现的。例如：某项工程由挖沟、埋管、覆土 3 道工序组成，这 3 道工序的先后关系是：先挖沟，再埋管，最后覆土，挖沟需要 20 天，埋管需要 5 天，覆土需要 2 天。如果我们用图 5-6 来表示这项工程计划，那么，像这样一张既有各项活动之间的先后衔接关系，又标有所需的作业时间的有向网络（相互联系，不是孤立的）图，就是网络计划图。

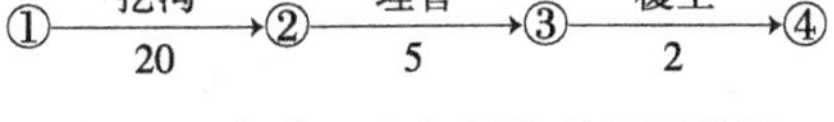

图 5-6 表达工序先后关系的网络图

因此，网络计划图是一种表示整个计划中各项活动之间的先后、衔接关系，并标有所需的作业时间的有向网络图。利用它可计算有关的时间值，确定关键路线，分析整个计划，保证计划的有效实施。

第五节　现代企业生产管理的最新趋势

现代企业生产管理,除上述介绍外,还有不少新的理论和方法。如 MRP,JIT,LP,AM 等,作为现代企业生产管理的最新趋势,本节主要简要介绍以下几种现代企业生产管理的最新理论和方法。

一、物料需求计划(MRP)

从实现计算机管理的目标和要求出发,需要一个规范的、标准的生产作业计划模式。这个模式就是 MRP,直译为物料需求计划——一个适用于多级制造装配系统的,可以实现计算机管理的成熟的模式。

MRP 开始于主生产作业计划,然后根据产品的零件表和材料单及库存状况制订出材料需求计划,以下简称材料计划,这是 MRP 的核心。接下来,根据材料计划和产品的生产周期标准编制作业计划,确定零部件加工的提前期及批量,以及确定材料采购的提前期和批量,与此同时,依据零件加工的工艺路线和工时定额,编制详细的能力计划,对每一个主要工作地和工序的负荷和能力进行平衡,使作业计划切实可行。下一步是向生产单位(车间、工作地)发出作业指令和向采购部门发出采购和外协指令,由车间组织生产和由采购部门组织供应。最后,通过车间生产控制将作业计划执行情况和结果及时反馈给计划部门。

二、准时制生产方式(JIT)

20 世纪 70 年代中期以后,伴随着日本丰田汽车公司在世界市场竞争中的节节胜利,众多的西方企业界人士和管理学家开始探索日本企业成功的秘密,从而,准时制生产方式(Just-In-Time,JIT)被当作日本企业成功的秘诀而受到广泛的关注。所谓准时制生产方式,简单地说就是将必要的原材料和零部件,以恰好的数量和完美的质量,在即将被使用之前,送到工厂内指定的地点。因此,JIT 又被称为"零库存"管理。在整个 80 年代中,零库存管理代表了一种生产管理的时尚,但也招来了不少非议。有人认为零库存是不可能实现的,有人批评追求零库存会把企业推向全面停产灾难的边缘。不过世界上的事情就是这么奇妙,成功与失败仅一步之遥,最佳状态与崩溃状态共享着同一条界限。

JIT之所以成功,首先是因为它大胆地向传统管理观念提出了挑战,使得生产管理的观念发生了一场革命。因此推行JIT,最重要的还不在于模仿某种JIT的作法,如“看板管理”,而是彻底更新传统的生产管理观念,是换脑筋。什么零库存是不可能的,什么JIT只适合大批量重复生产不适合多品种小批量生产,什么JIT只适合备货生产方式不适合订货生产方式,这些固有的偏见都应转变,要用新的思维方式看待和解决一切生产管理问题,那么什么是JIT的生产哲学呢?它的精髓何在呢?

(一)无情地消除浪费

按照日本丰田汽车公司准时制生产方式的推行者大野耐一的信条:

企业现有生产能力=产出+浪费

这个公式不是要人们去仔细地核定生产能力,而是提醒人们去发现和消除浪费及其根源。JIT就是靠不断地、无情地消除浪费来使生产系统的效率和绩效最大化的。那么什么是浪费?显然要消除浪费必须先搞清楚什么是浪费。

浪费的含义包括:仓库库存和在制品库存;作业更换时间;废品和返工;一切不增加产品价值的活动;一切治标不治本的解决问题的活动。

比如原材料的进厂检验和零件的工序检验,统计质量控制将其作为主要对象来研究,质量管理把它当作主要环节来设计,但这种看似必要的活动,却不增加产品的价值,故应当作为一种潜在的浪费活动逐步将其减至最小。如果供应商送来的原材料和零部件以及每个工作地加工的零部件都能保证是百分之百合格的,那进厂检验和工序检验便可经常性地省去。

这种无情地消除浪费活动的最大障碍,来自于人们的思想阻力。例如,人们习惯上都会这样认为:怎么可能保证100%的质量呢?谁能担保不出一点差错呢?但是,没有100%的质量保证,就不得不加大生产批量,因为缺一个零件,产品也不能装配出厂。而每个零件的加工批量都加上一点安全裕量,每道工序或工作地的完工零件都要检验的话,则最终的安全在制品将是一个很大的数量,最终的检验人员将是一支庞大的队伍。而且浪费和消除浪费均有一种连锁效应,在一个环节上消除了浪费,会在其他环节上收到连锁效应,而在一个环节上出现了浪费,会在其他的环节上造成进一步的浪费。

(二)持续地降低在制品库存

在制品库存的基本功能是使生产过程保持均衡和连续。它本来应当是一种解决生产问题的手段,如防止设备意外故障造成的生产中断,防止供应拖期造成的停工待料,但实际上却成了一种掩盖生产问题的手段。比起解决这些生产问题来,增加在制品库存要容易得多。

与传统管理相反,JIT 的生产哲学是欢迎问题的出现,把问题看作是一种机会,认为只有不断地发现问题、解决问题,生产管理才能够不断地改进,效率才能不断地提高,成本才能不断地降低。没有了问题,也就没有了努力的方向,也就不可能再有任何改进。

那么怎么发现问题呢?从问题的定义可以找到思路。

$$问题 = 目标 - 现状$$

显然,要不断发现问题,就要不断提出更高的目标。实践中,JIT 就是通过不断地重新规定在制品库存的目标水平,使得潜在的问题暴露出来,从而得到解决。

JIT 的实践表明,只有消除造成在制品库存上升的根源,才能有效地降低在制品库存。而要解决诸如设备意外故障、供应拖期、作业准备和机器调整时间长、运输距离远等问题,根本上在于不断地改进生产过程,如改进生产过程组织形式,建立健全设备预防维修制度,开展时间与动作分析,进行供应商的质量认证等等。正如俗话所说:"只有改变生活习惯才可能减肥"。不改进生产过程,不消除在制品居高不下的根源,单纯降低在制品库存水平,甚至可能是一场灾难。

(三)实现生产过程的同步化

美国著名企业史学家 A. D. 钱德勒(Alfred D. Chandler, Jr.)曾指出,经济规模的实质是物流通过生产系统的速度。流水生产方式以其作业流动的高效率和几乎没有在制品库存的优越的技术经济性,自被发明出来以后,吸引着工业工程师和生产与作业管理人员。但传统的流水生产因其品种单一、生产线刚性和只适合大批量生产的性质,使之应用范围大受限制。尤其是在当今,生产类型日益转向多品种小批量的订货生产方式,人们更难免将这种需要大量投资的刚性流水线视为畏途。

而 JIT 的生产哲学,是要将大量流水生产方式引入间断的成批轮番生产方式中。这里关键是缩短作业更换时间和使生产过程同步化。作业更换时间越短,加工批量就可以越小;生产过程越接近同步化,材料和零部件在生产过程中的停放和等候时间就越短,流动就越顺畅、越连续,从而整个生产过程就越接近流水生产状态。

使生产过程同步化,关键是发现和克服"瓶颈"环节。问题的困难在于,对于多品种的订货生产方式,瓶颈环节是个动态概念,它随产品结构的改变而变化,这是对 JIT 的一个严峻挑战。这个问题的解决,根本上要靠提高制造系统的柔性,主要是提高工艺路线柔性,加工批量柔性和产品结构柔性。

使生产同步化就要稳定日产出率。流水生产是以接近恒定的生产率进行生产的,因此比较容易发现和消除瓶颈环节,实现生产同步化。而间断性的多品种成批轮番生产能不能实现稳定的日产率?能不能以日为单位制定生产作业计划?这是对JIT的又一个挑战。这个问题的最终解决,要靠采用成组技术和成组加工单元的生产过程组织形式,使工作地的日生产率趋于稳定,在此基础上实现整个生产系统的日产出率稳定。

(四)推行以人为本的管理

一般认为,对JIT来说,最困难的问题是如何管理人,如何充分调动工人的积极性和发挥其创造性,并使之具有高度的责任感。

操作者在生产与作业管理中的地位和作用,取决于生产与作业的目的和性质。在传统的流水线生产中,作业在细致分工的基础上高度专业化和简化了。作业的性质要求工人遵循流水线的节拍,按标准化的操作程序在规定的时间里完成规定的作业,工人是被动的,只需要尽可能熟练准确地重复简单的操作,对操作质量负责,不需要发挥什么创造性,工作本身不能构成对工人的激励和满足。

在传统的成批轮番或单件小批生产方式下,设备按工艺原则布置,在一个工作地中全部是同种设备,工人固定地操纵某台机器,所需掌握的是某种专门技能,变换工种既无必要也很少有可能。由于整批零件的数量较大,尽管鼓励工人首检、自检,但仍需设立专门的检验工序确保整批零部件的质量。且由于每个工作地上的操作工人仅完成零件的某种或部分工艺的加工,故只承担工序质量责任,整个和整批零件的质量和成本责任是分担的。

但在JIT生产方式中,设备是按成组加工单元形式布置的,在一个加工单元中往往包括多种工艺设备,如车、铣、钻、磨等。工人以小组形式承担全部零件的加工任务和质量责任、交货期责任以及成本责任。此外,像安排零件在加工单元中的加工次序,决定零件加工的工艺路线,甚至设备预防维修等管理工作也被下放到加工单元。因此,JIT客观上要求操作工人承担更多的责任,从而就必须授予他们更多的作业管理决策权。

不仅如此,JIT还要求不断地和持之以恒地改进生产过程,缩短作业更换时间,减小批量和确保100%的合格品,这就必须充分发挥工人的主动性、创造性和参与管理的热情,并使之熟练掌握多种技能。这使得开展交叉培训成为推行JIT的一项基本任务。

(五)JIT的战略优势

现代企业经营战略,强调一个基本观点,这就是:重要的是建立一种持久的竞争优势,而不是只在一次竞争中取得优胜。JIT是最好的体现,也是最能够实现这一思想的生产方式。

首先，通过持续地消除浪费使得产品成本不断降低，从而使实现了JIT生产方式的企业取得了价格竞争优势。

其次，JIT所要求的加工过程的不断改进，从根本上改进和完善了产品质量，故而提高了企业信誉，增强了产品对顾客的吸引力。

再次，降低库存不仅使成本降低而且缩短了生产周期，从而使企业比竞争对手更迅速地响应顾客需求的变化。

最后，长期投资于工人的培训和教育，极大地提高了工人的责任和技能，加速了质量和工作改进的PDCA循环，这更是令竞争者难以企及的优势。

这就是为什么丰田的管理者毫不隐瞒地向来访的参观者、学习者甚至竞争对手介绍JIT的经验的原因，他们知道这一切成果和优势是不可能靠短期的努力取得的。

如果今天有人问准时制生产方式是什么，恰当的回答是，它是重新塑造一个企业，使之成为精干的、高度柔性的、低成本的、世界级竞争者的战略武器。

三、精益生产LP

精益生产(Lean Production，LP)方式是适用于现代制造企业的组织管理方法。这种生产方式是以整体优化的观点，科学、合理地组织与配置企业拥有的生产要素，消除生产过程中一切不产生附加价值的劳动和资源，以人为中心，以“简化”为手段，以“尽善尽美”为最终目标，达到增强企业适应市场的应变能力，取得更高的经济效益。它的特征是：

①以销售部门作为企业生产过程的起点。

②产品开发采用并行工程方法，确保质量、成本和用户要求，缩短产品开发周期。

③按销售合同组织多品种小批量生产。

④生产过程变上道工序推动下道工序生产，为以下道工序要求拉动上道工序生产。

⑤以“人”为中心，充分调动人的积极性，普遍推行多机操作、多工序管理，提高劳动生产率。

⑥追求无废品、零库存等，降低产品成本。

⑦消除一切影响工作的“松弛点”，以最佳工作环境、条件和最佳工作态度，从事最佳工作，从而全面追求“尽善尽美”，适应市场多元化要求，用户需要什么则生产什么、需要多少则生产多少，达到以尽可能少的投入获取尽可能多的产出。

四、敏捷制造 AM

(一)特征

20 世纪 80 年代以来,随着市场变化越来越快,竞争日益激烈,人们不得不重新认识制造业的作用。敏捷制造(Agile Manufacturing,AM)就是在这种背景下提出来的,其指导思想是“灵活性”,其优势在于:通过提高灵活性,增强企业的应变能力和竞争能力。

(二)功能

①借助信息技术,把企业内部与外部供应商、客户有机地联为整体,快速响应市场需求,迅速设计和制造全新的产品。

②不断改进老产品,用以满足顾客不断提高的要求,延长产品寿命。

③采用先进制造技术和高度柔性化设备,做到完全按订单生产,着眼获得长期经济效益。

④改变金字塔式的多级管理,采用多变的动态组织结构,即把企业内部优势和其他企业的各种优势力量集合到一起,使每个项目都选用将产生最大竞争优势的管理工具,赢得竞争。

⑤最大限度地调动和发挥人的主动性、创造性,把它作为强有力的竞争武器。

五、生产管理案例

【案例】

盼盼集团在生产管理中实行四定法则见成效

四定管理是盼盼集团走向科学化管理的重要法则。它贯穿于生产管理的全过程,涉及生产、技术、质检、劳务等多个管理部分,是盼盼牌防撬门的产量、产值、利税都以每年 80% 左右的速度稳定增长的制度基础。生产车间四定法则的主要内容是:

(1)定料　生产车间根据其实际生产能力和生产计划的要求,选择从公司进料的规格、种类和数量。生产车间根据进料价格,实行独立核算。

(2)定量　生产处根据各车间购进的原材料,确定生产的产品件数,目的是提高原材料的利用率。

(3)定质　质检处根据各车间定料定件的标准,确定符合质量检测标准的合格产品。定质的目的是提高产品的合格率。

(4)定资　在三定的基础上确定工人的工资额。依据定量的原材料生产出高质量的合格产品,来确定每件产品的工资额。生产出的废品和次品首先由车间负责赔偿原材料费,然后生产车间依据责任人的责任,对责任人实施每件罚款和赔偿原材料费的规定。

“四定法则”是企业管理科学化的重要内容之一,实现了责、权、利量化到个人的目标管理,做到了贡献与工资、责任与罚款相挂钩,极大地调动了生产者的积极性、主动性和创造性,提高了产品质量,降低了成本,增强了产品在市场上的竞争能力。

【小结】

本章着重讲解了现代企业生产管理在企业管理系统中所处的经营决策保证作用等特殊地位;讲解了现代企业生产管理在企业管理系统中所担任的生产准备、组织、生产计划的制定及完成生产计划任务所应该进行的管理工作等内容,并强调了组织现代企业生产管理应遵循的讲求经济效益、坚持以销定产、实行科学管理、组织均衡生产等原则,以及现代企业生产管理可采纳的组织机构等内容。

要求在掌握现代企业生产管理基础理论知识的前提下,掌握提高现代企业生产效率的匈牙利法、线性规划法和网络计划技术等现代化手段,从而科学地组织现代生产,合理地调配企业有限的资源,挖掘生产潜力,以最经济方式、最低成本实现现代企业的生产经营目标。

【复习思考题】

1. 现代企业生产管理在现代企业管理中处于怎样的地位?

2. 试述现代企业的生产过程由哪四个过程组成?

3. 现代企业内部生产单位的设置,通常有哪两种基本形式,它们各有何特点?

4. 已知一批零件,批量为 5,经过 4 道工序加工,按照工艺顺序,各工序加工时间为 5 分、15 分、10 分、5 分。试求在平行移动、平行顺序移动条件下的加工周期。

5. 现有 4 项作业交给 4 个人去完成,规定每人只能承担 1 项作业,问如何分配任务,才能使所花时间最少?

单位：小时

人　员	作　业			
	A	B	C	D
甲	4	8	3	9
乙	10	5	7	4
丙	3	4	9	8
丁	7	9	4	5

【实训目标】

1. 了解现代企业生产管理、生产过程的概念，以及合理组织生产过程的基本要求。

2. 训练分析生产过程中问题的能力；培养有效控制生产过程的初步能力。

3. 增强对生产计划与控制的感性认识。

4. 培养编制生产作业计划的初步能力。

【实训内容与形式】

1. 参观调查：到某企业参观了解生产组织、控制、管理过程，进一步认识“产品是如何生产出来的。”

2. 案例分析：丰田公司的精益生产模式

第六章

C.A 现代企业质量管理

【开篇案例】

一个中国人和一个德国人每天早餐都是一杯牛奶一个鸡蛋。中国人把鸡蛋往锅里一放，然后出去洗漱洗漱或干点别的，等再回来鸡蛋就煮好了。但德国人会用一个差不多刚好装得下一个鸡蛋的专门容器，下面焊一托盘，然后加满水，1 分钟水就开了，3 分钟就关火。关火之后他们利用余热再煮 3 分钟，把鸡蛋煮到刚刚达到营养价值最高的状态。接下来用凉水泡 3 分钟，使这个蛋很好打开，德国人认为这样做很标准。跟中国人相比，他们节约了 4/5 的水、2/3 的热，同时还让鸡蛋达到了最佳的营养状态。

这则故事给我们两点启示：

第一，同样的结果，不同的方式、方法能够带来不一样的效果。

拿煮鸡蛋来说，我们可以发现中国人和德国人的煮法有较大的差别。两者同样是把鸡蛋煮熟，但德国人按照严格的标准和规范去执行，不但鸡蛋能煮熟，而且资源占用最少，效果也最佳(营养价值)。在工作和管理的方式方法上都有各自“煮鸡蛋”的技巧和控制的方法，因此，在管理工作中不但要把工作“煮熟”，还要注重“煮”的过程中及管理控制的方法，更在意资源占用和工作效果的部门和个人。

第二，要学会总结，制订适宜的制度和标准，并严格执行。

故事里的德国人在煮鸡蛋的过程中摸索出了一套非常适用的煮蛋程序和控制方法，并严格执行，结果每次用水、耗热最少，鸡蛋营养价值还最大。而中国人只求鸡蛋煮熟，没有注意观察并认真总结煮的学问，在煮的方式方法中较之德国人有明显的“水”和“热”的浪费现象，而且破坏了鸡蛋的营养价值。在平时的管理工作中，若不善于及时总结，工作就不可能得以持续改进，就难免会出现要么制度或标准不适应，要么执行不严、管理不细而偏离制度和标准。

我们都知道质量是企业的生命，是企业管理的中心环节。质量控制管理包括计划的制订、产品配方的设计、原料的采购进厂、生产加工、产品的包装、运输和售后服务等一系列活动的全过程。而生产加工过程中的质量控制是其中的重中之重，通过这个故事，我们得到的一个启示，质量管理要“重过程控制、重细节管理”。

拿这个故事来分享，并非要诋毁中国人而赞美德国人，而是透过这种现象来剖析，其给到我们的警示和启发尤为明显。

第一节　现代企业质量与质量管理

一、现代企业提高产品质量的重要意义

（一）提高产品质量是不断提高人民生活水平的重要保证

质量影响着亿万人民的工作和生活，关系着千千万万个家庭的舒适和安乐。美国的质量管理专家朱兰博士说过，人类社会的发展，使现代社会的人们生活在“质量大堤”的后面，“质量大堤”的安危决定着人类和社会安全。武器的质量关系到一个国家的防卫实力；药物、食品、家用电器的质量关系到人们的健康、安全和生活的舒适；还有飞机、汽车、电梯、桥梁……所有的质量无不与人们的生活紧密相关。

（二）产品质量的好坏关系到企业的竞争能力、信誉和兴衰存亡

质量是现代企业的生命，现代企业之间的竞争，其实质是产品质量的竞争。质量好的企业在竞争中就会不断发展，质量差的企业就会被淘汰。

（三）提高产品质量是降低社会资源消耗，增加社会财富的一条基本途径

产品质量高、性能好、效率高、使用寿命长，就等于产量的成倍增长和资源的节约。

（四）提高产品质量是加速发展国民经济，提高经济效益的必由之路

我们全部经济工作的出发点和归宿点都是为了提高经济效益，而经济效益的核心是质量问题。提高经济效益，从根本上讲主要是提高质量、降低消耗，没有质量就没有数量，同样没有质量就没有经济效益，质量既是数量的基

础,又是经济效益的基础。

由此可见,产品质量也是一个国家、一个民族的科学技术水平、管理水平和其他各项工作的综合反映。因而,必须把提高产品质量作为我国的一项长期战略任务来抓。

二、质量的概念

(一)狭义的质量概念——产品质量

人们通常所说的质量,往往是指物品的好坏,即产品质量。产品质量也就是指产品本身的使用价值,即产品适合一定用途,满足人们的一定需要所具备的自然属性或特性。这些特征表现为产品的外观、手感、音响、色彩等外部特征,也包括结构、材质、物理、化学性能等内在特征。

产品质量的好坏,不能单凭直觉来判断,而必须有一套科学的标准。为衡量产品质量而判定的技术尺度就是质量标准。它的主要内容有:①产品名称;②产品用途;③规格和使用范围;④对该产品各种专门的技术要求;⑤检验工具;⑥检验方法或测试手段。对有些产品还需制定包装和运输等方面的要求。符合质量标准的产品就是合格品,不符合质量标准的产品就是不合格品。质量标准有国际标准、国家标准、部颁标准和企业标准。

(二)广义的质量概念——全面质量

广义的质量概念是指产品质量、工程(工序)质量和工作质量的总和,亦称全面质量。它比产品质量具有更深刻、更全面的含义。

1. 产品质量

除了狭义的质量概念以外,产品质量还包括用户对产品的意见。生产的产品不仅要质量好,价格也要合理,要尽量争取更多的用户。为此必须应用技术经济分析方法,生产出用户满意的产品。任何一种产品都有它的特殊性,因此有它不同的质量特性,概括起来有以下四个方面:

(1)适用性　指产品适合用户使用的性能。

(2)可靠性　即产品在规定时间和条件下,完成规定工作任务的能力大小或可能性。

(3)经济性　指产品制造和使用过程中成本低、效益高、经济合理。

(4)外观满意性　指产品要美观大方,满足人们在外形上对产品的需要。

除此之外,特殊产品还有其特殊质量特性的要求。如电子产品更强调其准确性和显示清楚;机械产品还强调其耐用性或寿命性、高效性;化工产品则要求防止环境污染;纺织产品又要求款式新颖,穿着舒适;食品产品应具有适口性和营养性等。

2. **工程(工序)质量**

在产品制造过程中,影响产品质量或使产品质量发生波动的有许多因素。操作者、原材料、机械设备、工艺和环境等统称质量因素。这五个因素对产品质量发生综合作用的过程称为"工程"。工程质量就是指这个综合作用过程的质量。更明确地说,在产品生产的整个过程中,都有一个质量好坏的问题,这就是工程质量。产品质量取决于工程质量,也就是取决于质量形成过程中各质量因素的变化。因此可以断定,工程质量好,则产品质量一定好。更重要的是,只要掌握了以上五种质量因素,使其基本固定,则产品质量也就不会产生大的变化,这是全面质量管理的关键所在。

3. **工作质量**

工作质量是指企业的管理、技术和组织等工作对实现产品质量标准和提高产品质量的保证程度。工作质量不同于产品质量,它不直接反映产品本身质量,而是反映生产中保证质量标准的工作质量水平。产品质量指标一般可用质量特性来表示,也可用优等品率、一等品率等指标来反映整个合格品中的产品质量水平。而工作质量指标则是以产品合格率、废品率、返修率等指标来表示。产品质量与企业的每一项工作都有密切联系,只有提高企业的各种工作质量,才能提高产品质量。

三、现代企业质量管理

现代企业质量管理就是达到或实现产品质量的所有职能和活动的管理。它包括质量政策的制定、质量目标或水平的确定,以及现代企业内部和外部有关质量保证和质量控制的组织和措施。现代质量管理既有微观的方面,也有宏观的方面。对现代企业来说,现代企业质量管理主要包括两方面的内容,即质量保证和质量控制。质量保证是现代企业对用户来说的,就是要对用户实行质量保证。其内容是为了维护用户利益,使用户满意,并取得质量信誉的一系列有组织、有计划的活动。质量保证是现代企业质量管理的核心。质量控制则是对现代企业内部来说的,是指为保证某一产品生产过程或服务的质量所采取的作业技术和有关活动。更具体地说,质量控制是测量实际的质量结果与标准对比,并对其差异采取措施的调节管理过程。所以说质量控制是质量保证的基础。如果从宏观角度来研究质量管理,则内容还包括:维护消费者的利益和群众对质量的监督;国家和各级主管部门通过法规、条例等手段对企业质量管理工作的领导和干预；市场机制对产品质量的调节和控制；标准化管理；国家对出口产品的检验和监督；产品生产许可证制度；优质名牌产品的命名和奖励制度等。

四、现代企业质量管理发展的阶段

自从有了手工业生产，就出现了质量管理的萌芽，但是作为科学管理方法，它只有几十年的历史，质量管理经历了一个由低级到高级、由片面到全面的发展过程。大体可分为三个阶段：

（一）质量检验阶段

大约从20世纪初到40年代，在美国质量检验开始作为专门的工序，从直接生产工序中划分出来，企业中出现了检验组织和专职检验人员，把不合格的产品剔出来不准出厂。这一阶段的最大特点是事后把关，虽然产品质量有了保证，但检验出的废品造成的损失已无可挽回，是一种消极的质量管理。这一阶段存在的问题是设计人员、生产人员、检验人员之间缺乏协调配合，管理的作用非常薄弱。

（二）统计质量控制阶段

从20世纪40—50年代开始，质量管理除了严格把关以外，在产品的生产制造过程中利用数理统计的原理，控制影响产品质量的各种因素，做到预防为主。它是对生产过程随时进行观察，当生产出现不正常的情况，有产生废品的趋势时，能发出警告，寻找生产不正常的原因，并及时采取措施，预防不合格品的出现。因此它在质量管理的发展上是一个很大的转折，使质量管理从事后把关转入事前预防，从消极管理转向积极管理，既能提高质量，又能减少废品损失，降低成本，效果十分显著。但是由于片面强调数理统计方法，忽视了组织管理工作在质量管理中的作用，再加上这种方法仅对产品制造过程控制，对影响产品质量的其他因素却无能为力，因此还不够完善。

（三）全面质量管理阶段

20世纪50年代后期，随着科技和高精尖产品的发展，对质量控制提出更高要求，许多企业认识到，光靠统计质量控制已不能满足要求，要对设计、制造、生产准备以及产品使用等所有环节都进行质量管理。60年代初美国通用电气公司的菲根·鲍姆博士首先提出了全面质量管理（Total Quality Control，TQC）的概念。把质量管理的范围扩展到了所有对产品有影响的因素，把预防不合格品的措施渗透到了所有与质量有关的环节，把经营管理、生产技术和统计方法三者有机地结合起来，形成一套比较完整的管理体系，以确保产品的高质量。

第二节　现代企业全面质量管理与质量保证体系

一、全面质量管理的概念和特点

所谓全面质量管理就是现代企业全体职工及有关部门同心协力，把专业技术、经营管理、数理统计和思想教育结合起来，建立起产品的研究设计、生产制造、售后服务等活动全过程的质量保证体系，最有效最经济地研究和生产出在质量、价格、交货期和数量方面用户满意的产品。其基本核心是强调提高职工的工作质量，保证和提高产品质量，达到全面提高企业社会经济效益的目的。现代企业全面质量管理从过去的事后检验、把关，转向事前预防；从管结果转变为管因素；把被动管理转为主动管理，把消极防御变为积极进攻，因而它是进攻性管理和重在预防的管理。

现代企业全面质量管理贵在一个“全”字，其特点概括起来可归纳为“四全”、“三性”。所谓“四全”是指全企业的质量管理、全过程的质量管理、全员参加的质量管理和采用全面方法的质量管理。“三性”是指预防性、科学性和服务性。

（一）全企业的管理

这是指质量管理的对象是全面的，既要管产品质量，还要管产品质量赖以形成的工作质量。在工作质量方面，要管好影响产品质量的设计质量、工程质量、检验质量、交货期质量、使用质量和服务质量等。总之要求质优、价廉、交货及时、服务周到，以满足用户的需要为宗旨。

（二）全过程的管理

指对产品生产经营全过程都要进行质量管理，产品的质量始于设计，成于制造，终于使用，这一过程的各个环节都会对产品质量产生不同程度的影响，因而必须对全过程进行管理，这样就把质量管理的范围从原来的制造过程向前后扩展或延伸，形成一个螺旋形的上升过程，从访问用户、市场调查、产品设计方案论证开始，到设计、试制、生产、测试检验、销售、使用、服务的全过程，都要严格地实施质量管理，保证达到原定的质量标准，这个过程不断循环，则产品质量将不断改进和提高。

（三）全员参加管理

质量管理环环相扣，人人有责，不能把质量管理看成只是质量管理部门的事，企业各个部门的工作和各个环节的活动都直接或间接影响着产品质量。要提高产品质量就需要依靠所有人员共同努力，从企业领导、技术人员、经营管理人员到生产工人都要学习质量管理的理论和方法，树立质量第一的观念，提高工作质量和产品质量。

（四）采用全面方法的管理

指采取的管理手段不是单一的，而是综合运用质量管理的管理技术和科学方法，组成多样化的复合的质量管理方法体系。要把质量检验、数理统计、改善经营管理和革新生产技术等有机结合起来，全面综合地管好质量。

（五）预防性

就是要充分认识到良好的产品是设计和生产出来的，不是检验出来的，要把管理工作重点从事后把关，转移到事前控制上来，实行防检结合，以防为主，把不合格产品消灭在它的形成过程中。

（六）服务性

主要表现在三个方面：①企业对用户做好售后服务；②企业内部上道工序为下道工序服务，树立“下道工序是用户”的思想；③辅助部门为生产车间做好服务。

（七）科学性

就是不能凭直观判断，凭感觉、经验办事。要按科学程序调查研究，用科学数据、科学方法和科学原理说话。

二、现代企业质量保证体系

（一）质量保证体系的概念

质量保证体系就是现代企业根据质量保证的要求，从现代企业的整体出发，运用系统的理论和方法，把现代企业各部门、各环节严密地组织起来，规定它们在质量管理方面的职责、任务和权限，并建立组织和协调各方面质量管理活动的组织机构，在现代企业内形成一个完整的有机的质量保证系统。建立健全现代企业质量保证体系是保证质量目标得以实现的重要手段，是取得长期稳定生产优质产品的组织保证和制度保证。

为了建立现代企业的质量保证体系，要建立质量管理的组织保证体系。一般的做法是在厂部设全面质量管理办公室，负责组织、协调、督促、检查全厂各部门、车间的质量管理活动，制订质量攻关目标，组织审批 QC 质量小组活动计划和成果鉴定；在车间、科室则普遍建立群众性的 QC 质量管理小组，负责判定本车间、本工序、本科室的质量攻关项目和具体措施，并提出对策；班组设质量管理点，以明确每个人的职责。

建立健全现代企业质量保证体系要有明确的质量目标、协调的组织结构、完善的信息反馈系统、严格的质量检验系统、管理业务标准化和管理流程程序化。

（二）现代企业质量保证体系的内容

现代企业质量保证体系的内容由设计过程、制造过程、辅助过程和使用过程的质量管理四个部分组成，涉及整个企业生产经营管理的全过程。

1. 设计过程的质量管理

质量第一步开始于设计，设计质量是质量管理的首要环节。设计过程质量管理的任务有两项：一是企业要设计出对用户具有更高更好使用效果的产品；二是在满足用户前提下，企业要有利于利用现有条件和发展可能，取得较高的生产效率和良好的经济效果。据此，设计过程质量管理着重抓以下六个环节：

①搞好调查研究，制订产品质量目标。

②搞好设计审查和工艺性审查。

③组织好试制鉴定工作。

④开展产品设计的经济活动分析。

⑤保证技术文件的质量。

⑥加强标准化工作。

2. 制造过程的质量管理

这一过程是保证和提高产品质量的关键，也是质量管理的中心环节。它的工作任务概括起来就是“把关”和帮助“过关”。“把关”就是严密组织对生产过程各个环节的质量检验工作；帮助“过关”就是贯彻预防为主的方针，通过检验和质量分析，找出产生质量缺陷的原因，推动生产部门和操作者采取预防措施，把废次品减少到最低程度。据此，制造过程的质量管理着重抓以下五个环节：

①加强工艺管理，使生产过程处于严密的监督和控制下。

②组织好技术检验。

③搞好质量状况的统计分析，掌握质量动态和发生变化的原因。

④加强废品管理。

⑤加强关键零件和重点工序的质量控制。

3. 辅助过程的质量管理

这一过程包括物资供应、工具准备、设备维修、燃料及水电供应等。其任务有两项:一是搞好本身的质量管理;二是提高服务质量。

物资供应的质量管理要做到:①对进厂的物资进行严格的检查和验收;②工具准备的管理工作要做好工具的验收、保养、发放、鉴定、校正和修理等工作;③设备维修的质量管理要保证把设备维修好,使其经常保持良好的技术状态。

4. 使用过程的质量管理

使用过程的质量管理既是全面质量管理工作在广度上的自然延伸和归宿,又是全面质量管理工作的起点。它主要抓好以下三项工作:

①开展对用户的技术服务工作。

②对产品的使用效果和使用要求进行调查。

③认真处理出厂产品的质量问题。

(三)现代企业质量保证体系的 PDCA 循环

1. PDCA 循环的含义

PDCA 质量管理循环保证体系是由美国质量管理专家戴明提出的,所以又称"戴明环"。它是由 Plan(计划)、Do(实施)、Check(检查)、Action(处理)四个英语单词的第一个字母组成的。PDCA 循环保证体系反映了做质量管理工作必须经过的四个阶段,也体现了全面质量管理的思想方法和工作程序。

2. PDCA 循环包括的四个阶段和八个工作步骤

(1)计划阶段(P)　①分析现状,找出质量问题;②分析产生问题的原因;③从各种原因中找出影响质量的主要原因;④制订计划,制订措施。

(2)实施阶段(D)　⑤执行计划,落实措施。

(3)检查阶段(C)　⑥检查计划执行情况和措施实行效果。

(4)处理阶段(A)　⑦把有效措施纳入各种标准或规程中加以巩固,无效的不再实施。⑧将遗留问题转入下一个循环继续解决。见图 6-1、图 6-2。

3. PDCA 循环运转的特点

①大环套小环,一环扣一环;小环保大环,推动大循环。整个企业、各科室、车间、工段、班组和个人都有自己的 PDCA 管理循环,所有的循环圈都在转动,并且相互协调,互相促进。上一级循环是下一级循环的依据,下一级循环

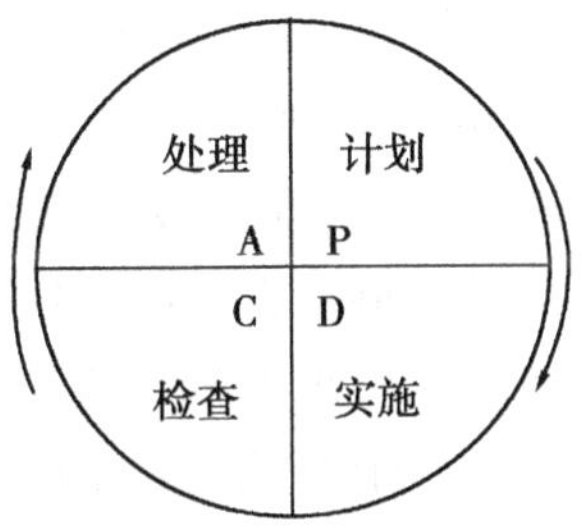

图 6-1　PDCA 循环阶段

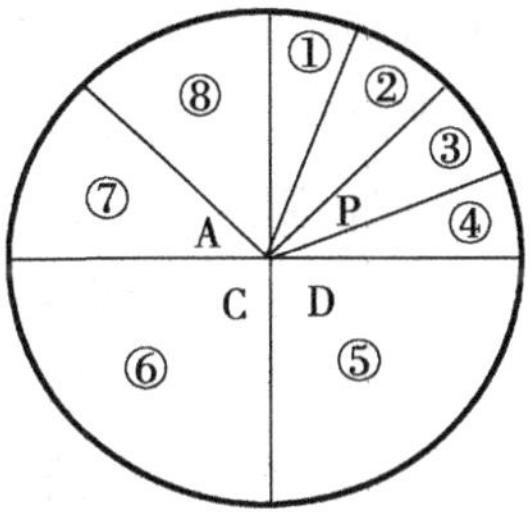

图 6-2　PDCA 循环八个步骤

是上一级循环的组成部分和具体保证。见图 6-3。

②管理循环如同爬楼梯一样螺旋式上升,每转动一圈,就上升一步,就实现一个新的目标,不停转动就不断提高。如此反复不断地循环,质量问题不断得到解决,管理水平、工作质量和产品质量就步步提高。见图 6-4。

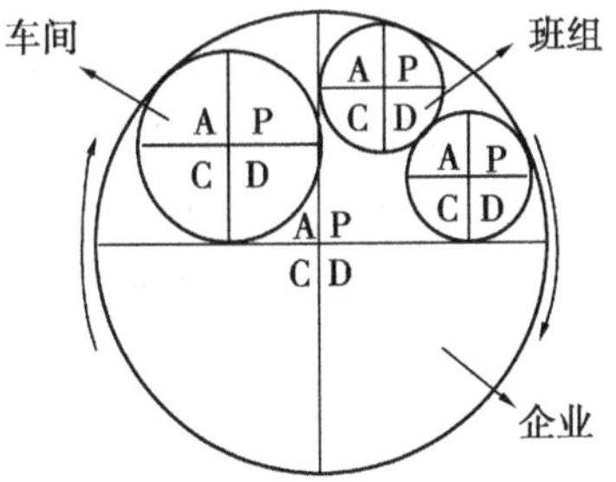

图 6-3　PDCA 循环运转特点之一

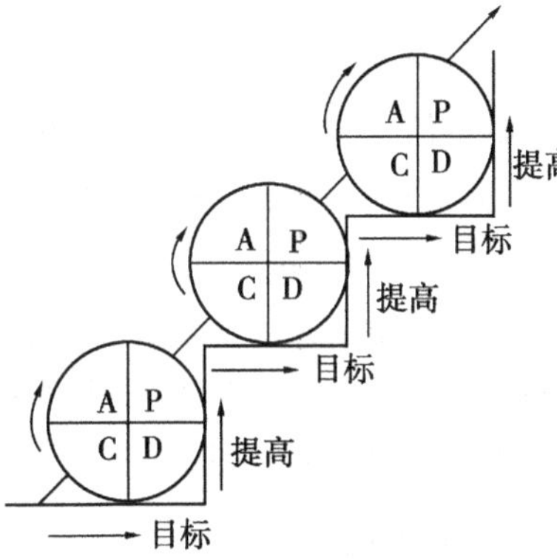

图 6-4　PDCA 循环运转特点之二

③管理循环是综合性循环,四个阶段划分是相对的,不能机械地把它们分开,而要紧密衔接,而且各阶段之间存在一定的交叉。实际工作中,往往是边计划边执行,边执行边检查,边检查边处理,边处理边调整计划。质量管理工作正是在这样的循环往复中达到预定目标的。

④管理循环关键在于"A"阶段,只有把成功的经验和失败的教训都纳入各项标准、规程和制度中,才能使今后的工作少走弯路和不断提高。

三、现代企业全面质量管理的基础工作

(一)标准化工作

标准化工作是人们在生产经营管理中,为了社会各方面的利益,对技术、

经济和管理等活动中需要统一协调的各类现象，制定统一的准则，并组织贯彻实施的全部活动过程。标准包括技术标准和管理标准两方面的内容。我国的技术标准，按管理权限可分为企业标准、部颁标准和国家标准，为了便于国际交往还制定了国际标准。标准要具有权威性、科学性、群众性、连贯性和明确性。标准化工作的基本任务是收集和保管各种技术和管理的标准资料，推行和贯彻统一标准，保证产品在技术和管理上的衔接与协作配合，要明确执行标准的目的是生产出能满足用户要求的优良产品，并使标准配套。

(二)计量工作

质量管理要用数据来说话，准确的数据是建立在准确的计量工作基础上的。加强计量工作，主要抓好以下环节：一是正确合理使用计量器具；二是定期检查和维修计量器具；三是及时修理和报废不合格的计量器具；四是建立健全计量管理制度；五是改革计量检测方法，实现检测手段现代化。

(三)质量信息工作

质量信息工作就是对质量的各种信息、数据、记录和资料等进行收集、整理、分类、归纳和立档，去粗取精，去伪存真，精心研究，并及时反馈。质量信息来源有：一是生产前和生产中有关工作质量、工程质量和成品、半成品、原材料等方面的质量信息。二是产品实际使用过程中反映的情况。三是国内外同行中的产品质量信息。四是国内外科技信息。五是市场调查和预测获得的信息。质量信息要做到准确、及时、全面、系统。

(四)质量责任制

质量管理责任制是对企业每个部门、每个人都明确规定在质量工作上的具体任务、责任、要求和权限，以便做到质量工作事事有人管，人人有专责，办事有标准，工作有检查，检查有考核。实践证明，只有建立健全质量责任制，才能使质量管理的职能真正落到实处。

(五)质量教育工作

推行全面质量管理，首先要提高人的素质，要把质量教育作为“第一道工序”来抓。质量教育工作包括两方面内容：

①进行“质量第一”的思想教育，解决质量管理的认识问题。

②加强对职工质量管理业务培训，使职工了解质量管理的全过程，掌握其理论和方法。

第三节　现代企业产品质量控制方法

一、产品质量波动

任何企业生产的产品，不可能每个质量特性都丝毫不差。即使是技术很高的工人用相同的原材料，按照同样的工艺规程，在同一台机器上生产一批产品，也不能做到丝毫不差，这些产品质量只能做到基本相同。这种产品质量特性的差别，称为质量波动。造成质量波动的五大因素是：人、机器、材料、方法和环境。

（一）产品质量波动的原因

1. 偶然性波动

它是由于原材料的材质稍有一些差别，或机器在工作时有轻微的震动，或工具正常的磨损，或车间温度、湿度、电压有微弱的变化等导致产品质量的差异，这些因素不易被发现，在技术上难以消除，经济上无多大损失。它们引起的质量差异不会产生废品，甚至不会影响产品的同一性和互换性，因此应视为正常。

2. 系统性波动

它是由于不同规格、材质相差很大的原材料混杂在一起，或是机器发生故障，或是工具磨损太厉害，或是车间的温度、湿度、电压有显著的变化，或是由于工人不遵守工艺规程等造成的，上述原因对质量影响很大，可造成次品或废品。这些系统性波动的质量差异是不正常的，应加以消除。

研究质量波动的目的就是通过收集、整理数据，找出波动的规律，把偶然性波动控制在最低限度，消除系统性原因造成的异常波动。

（二）质量波动的表示方法

产品质量不但有波动，而且波动有大小，反映产品质量水平和波动程度一般用统计特征值来表示。例如有五个数据，分别为7，9，10，11，12，反映质量波动的特征值有：

（1）质量特性平均数　它是表示数据集中位置的一种统计量，通常用 $\bar{x}$ 表示，其计算公式是：

$$\bar{x} = \frac{\sum_{i=1}^{n} x_i}{n}$$

式中，$\sum$ —— 求和；

$\bar{x}$—— 各产品质量特性；

n ——产品数量。

$$\bar{x} = \frac{7 + 9 + 10 + 11 + 12}{5} = 9.8$$

(2)质量特性中位数　它也是表示数据集中位置的一种统计量，通常用X表示。当数据的数量是奇数时，将数据按大小排列，居于中间位置的数即中位数；当数据的数量是偶数时，则先按大小排列，再取居于中间位置的两个数求其算术平均数。这里$X=10$。此种方法精度不高，但可节省计算工作量。

(3)质量特性标准偏差　它是表示数据离散程度的统计量，用s表示，计算公式为：

$$s = \sqrt{\frac{1}{n-1}\sum_{i=1}^{n}(x_1 - \bar{x})^2}$$

$$= \sqrt{\frac{(7-9.8)^2 + (9-9.8)^2 + (10-9.8)^2 + (11-9.8)^2 + (12-9.8)^2}{5-1}}$$

$$= 1.924$$

可见标准偏差是以每个产品和这批产品质量特性平均偏差综合反映一批产品的离散程度。

(4)质量特性极差　它是一组数据中最大数和最小数之差，通常用R表示。这里$R=12-7=5$。它是数据分散程度的最简单的一种统计方法。由于极差只利用了数据中最大数和最小数，未能充分利用数据所提供的全部信息，因此精度差，但计算简单。

二、现代企业产品质量控制方法

在质量管理中，常用统计方法有七种，被称为质量管理的“七种工具”。分别介绍如下：

(一)分层法

分层法又叫分类法、分组法。这种方法就是把收集来的数据，根据一定的目的，按其性质、来源、影响因素等加以分类，进行研究，使杂乱的数据系统化、条理化，从而找出质量问题的症结，采取相应的措施加以解决。在质量管理中，数据分层的标志多种多样，一般可先按时间、操作人员、使用的设备、使用的原材料、操作方法、测量工作、工序等进行分类,然后再进一步细分。分层法常常和其他方法结合起来使用,如分层法与排列图法、与直方图法结合使用。

(二)调查表法

调查表又称统计分析表或检查表,它是利用统计图表登记有关数据,并据以粗略分析影响产品质量的原因。一般来说,调查表经常和分层表一起用效果更好。根据不同的调查对象、目的、范围,可将调查表设计成多种形式。通常有:缺陷位置调查表、不合格项目调查表、质量特性值分布调查表和不良品产生原因统计表等。

(三)排列图法

排列图法又称主次因素图法或巴雷特图法。它是用来找出影响产品质量主要问题的一种图解方法。在排列图中有两个纵坐标,一个横坐标,几个直方图形和一条曲线。左边的纵坐标表示频数(件数、金额等),右边的纵坐标表示频率(以百分比表示)。有时也可以把两个纵坐标都画在左边。横坐标表示影响质量的各个因素,按影响程度的大小由左至右排列,直方形的高度表示某个因素影响程度的大小。曲线表示各影响因素大小的累计百分数,这条曲线叫巴雷特曲线。通常把累计百分数分为三类:0% ~80% 的为 A 类,是重要因素;累计百分数在 80% ~90% 的为 B 类,是次要因素;累计百分数在 90% ~100% 的为 C 类,是一般因素。表 6-1 为某饲料厂饲料不合格品统计表,其排列图如图 6-5 所示。

表 6-1 某饲料厂饲料不合格品统计表

原 因	废品数/袋	总计废品数/袋	百分比/%	在总数中的累计百分比/%
水分过多	182	182	72.8	72.8
蛋白质过少	34	216	13.6	86.4
维生素不足	15	231	6.0	92.4
含黄曲霉素	13	244	5.2	97.6
其 他	6	250	2.4	100.0
合 计	250	—	100.0	—

在做排列图时应注意以下几点:

①A 类因素不宜超过 3 个,否则就失去了找主要因素的意义。

②纵坐标除了用袋数、件数表示外,也可用损失的工时、重量、价值等

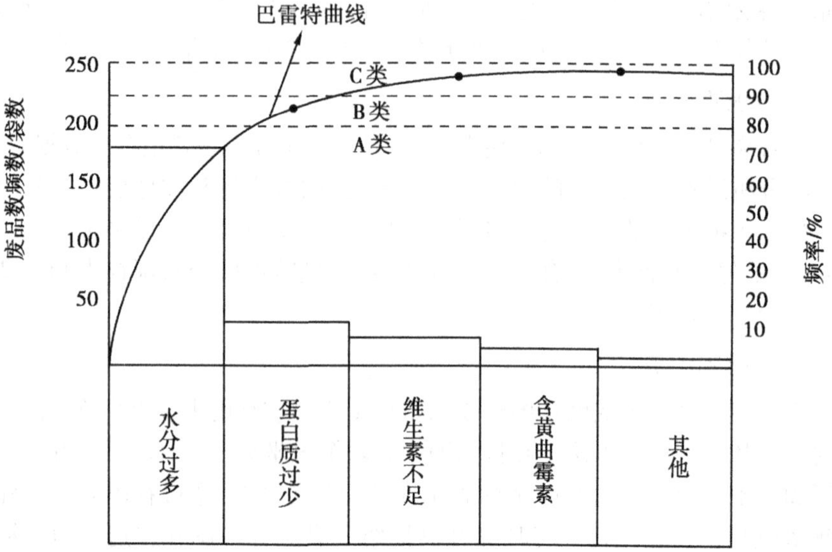

图6-5　排列图

表示。

③不太重要的项目太多时，横轴会变得很长，通常将其列入“其他”栏内并置于排列图末端。

④若各项因素频数差异甚小，则要考虑横坐标的因素分类是否恰当，或选用纵坐标的计量单位是否合理。

⑤选定了主要因素，采取相应措施以后，为了检查实施效果，还可重新画排列图。

(四)因果分析图法

使用排列图找出影响产品质量的主要因素后，可用因果分析图找出影响质量的根源。因果分析图因其形状而被称为树枝图或鱼刺图，它是用来表示产品质量特性与影响质量的有关因素之间关系的图表，因此它又被称为特性因素图。它通过分析，把造成质量问题的各种原因，系统地分出不同层次，并形象地用箭头线表示它们的因果关系，以迅速正确地找出问题所在，针对主要原因，制订具体措施加以解决，如图6-6所示。

绘制因果分析图时要注意以下几点：

①影响质量问题的原因由人、机器、材料、工艺、环境等五大方面组成。

②充分发扬民主，集思广益，将反映的原因都画在图上。

③原因分析应从大到小，从粗到细，寻根究底，直到能具体采取措施为止。

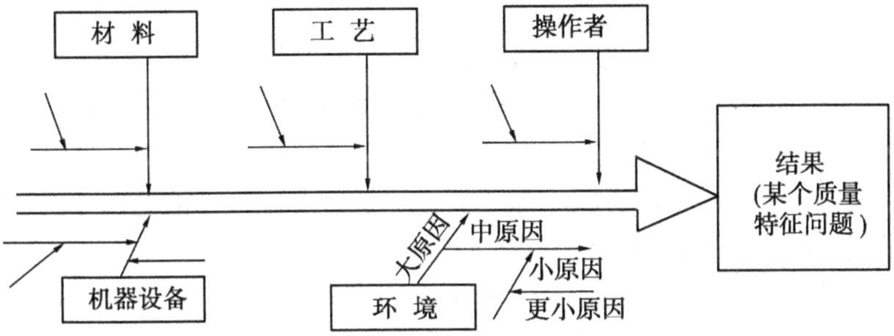

图 6-6 因果分析图

④措施采取后,还应用排列图等调查实际结果。

（五）直方图法

直方图又称质量分布图,它是用来整理质量数据,从中找出质量运动规律,预测工序质量好坏和估算工序不合格品率的一种常用工具。绘制直方图的具体方法是对生产工序加工出来的产品,根据抽样原理,从中抽出一定数量的样本,经过测量取得一批数据,然后把这些数据进行系统整理,适当分组和统计,以组距为横坐标,以频数为纵坐标,以组距为底,以频数为高画出一条列矩形。

作直方图的目的,是要通过观察图的形状判断生产过程是否稳定,预测不合格品率,以便采取措施,控制产品质量水平。直方图的观察分析用法如下:

1. 对图形形状的观察分析

观察图形形状,遇到一些参差不齐的形状,不必太计较,而主要注意图形的整个形状。常见的典型形状有以下几种:

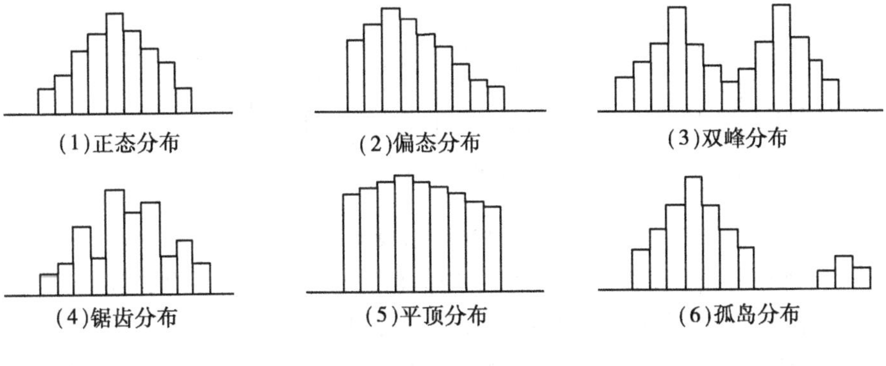

图 6-7 常见的六种直方图形状

(1)正态分布　正常的直方图一般以中间为顶峰,左右对称地分散,呈正态分布，表明生产情况正常，产品质量稳定。

(2)偏态分布　图形偏向一边，由于计量值只控制一侧界限时，常出现此形状，有时也因加工习惯造成这种分布，如孔加工偏小，而轴加工偏大等。

(3)双峰分布　这是由于两组不同分布中心的产品混合的结果。

(4)锯齿分布　这种情况一般不是生产上的问题，可能是由于分组过细或测量仪器精度不够，或读数有误等原因所致。

(5)平顶分布　往往是由于生产过程中有缓慢变化的因素在起作用所致，如工具的磨损、操作者疲劳等，应采取措施，使该因素恢复到良好水平。

(6)孤岛分布　可能是由于短时间内有异常因素出现，加工条件有变化，如材料质量突变，有不熟练工人顶班，或测量不当等。

2. 与公差范围进行比较分析

当直方图为正态分布时，还需要进一步将直方图与公差进行比较，以判断工序满足标准要求的程度。这种对比有6种情况，见图6-8。图中B是实际尺寸分布范围，T是公差范围。

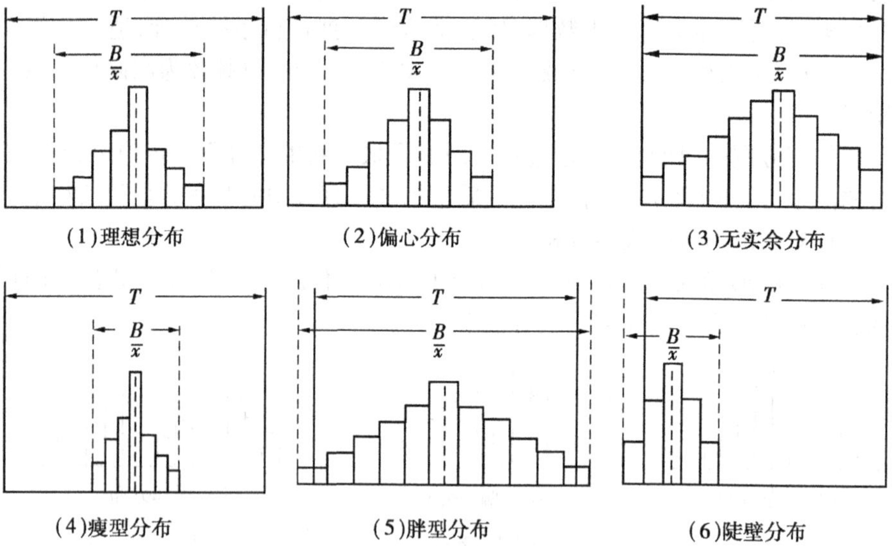

图6-8　直方图与公差比较

(1)理想分布　B在T的中间，平均值也正与公差中心重合，实际尺寸分布的两边还有一定的余地，这样的工序质量是很理想的。

(2)偏心分布　这种分布虽然落在公差界限以内，但因偏向一边，故有超差的可能，应采取措施把分布移到中间来。

(3)无实余分布　分布虽然也落在公差范围内，但一点余地都没有，稍不注意就会超差,必须采取措施缩小分布范围。

(4)瘦型分布 T过分大于B,质量过分满足标准,虽然不出废品,但要考虑经济上是否合算,可以通过改变工艺(由精度高变为精度低),或适当缩小公差范围,以降低成本。

(5)胖型分布 B大于T,出现超差,应采取措施缩小它或放宽公差。

(6)陡壁分布 实际尺寸分布范围过分偏离公差中心,已经造成超差或废品,应采取措施将其纠正过来。

3. 考察工序能力

工序能力又叫工程能力,是指工序处于稳定状态下的实际加工能力。表现为一定产品质量特性的分布范围,如实际尺寸分布范围(又叫加工精度),用符号B表示,通常用质量特性分布的6倍标准偏差表示,即$B=6\sigma$。为了掌握工序能力对工序质量要求的保证程度,需要计算工序能力指数,它是指该道工序的加工精度能满足公差要求程度的大小,即公差与工序能力的比值。工程能力指数的计算可分为以下4种情况,如图6-9所示。

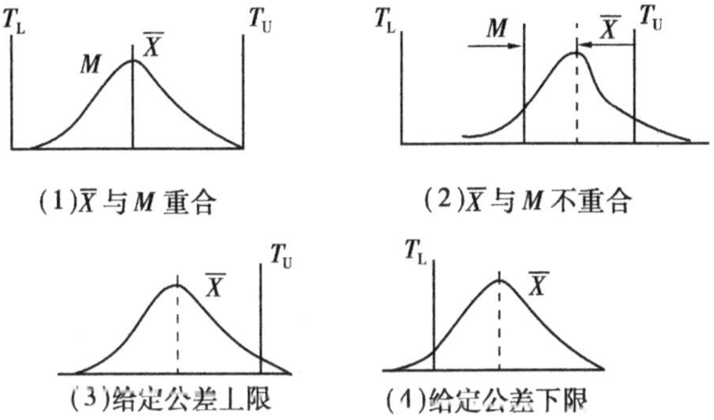

图6-9 工程能力指数的计算

①当给定双向公差,质量数据分布中心($\overline{X}$)与公差中心(M)重合时,用符号C_P表示:

$$C_P=\frac{T}{B}=\frac{T}{6\sigma}\approx\frac{T}{6S}=\frac{T_U-T_L}{6S}$$

式中,T——公差;

B——工序能力;

σ——总体标准偏差;

S——子样标准偏差;

T_U——公差上限;

T_L——公差下限。

②当给定双向公差，质量数据分布中心($\overline{X}$)与公差中心(M)不重合时，即存在中心偏移量 ε 时，用符号 C_{PR}表示：

$$C_{PR} = \frac{T - 2\varepsilon}{6S}$$

式中，$\varepsilon = |M - \overline{X}|$。

③当给定单向公差的上限公差时，用符号 $C_{P上}$表示：

$$C_{P上} = \frac{T_{\mathrm{U}} - \overline{X}}{3S}$$

④当给定单向公差的下限公差时，用符号 $C_{P下}$表示：

$$C_{P下} = \frac{\overline{X} - T_{\mathrm{U}}}{3S}$$

计算出工序能力后，可作出工序能力能否满足质量要求的判断。工序能力等级评定表如表 6-2 所示。

表 6-2　工序能力等级评定表

范　围	等级	判　断
$C_P > 1.67$	特级	工序能力过高，为提高产品质量，可缩小公差范围；或为降低成本，可放宽波动幅度，降低设备精度等级
$1.67 > C_P \geqslant 1.33$	一级	工序能力充足，可放宽波动幅度，简化检验方式，减少检验次数，当 $C_P = 1.33$ 时，工序能力处于理想状态，可放心生产，并保持其稳定
$1.33 > C_P \geqslant 1$	二级	工序能力尚可，可对工序进行控制和监督，或对产品进行常规检验，这是生产过程中所希望控制的范围，但当 C_P 接近 1 时，则有超差的危险，应加强控制
$1 > C_P \geqslant 0.67$	三级	工序能力不足，尺寸分布不能满足公差要求，应采取提高机械能力，改善作用方法，修订工序管理标准等措施，提高工序能力；或进行全数检验，增加检验次数；也可在不影响产品质量情况下，放宽公差范围
$0.67 > C_P$	四级	工序能力严重不足，不能保证稳定生产合格品，处于极不理想状态，应停止生产，查明原因，对工艺进行改革或采取其他措施提高工序能力

（六）控制图法

控制图又称为质量管理图或质量评估图。它是用数理统计理论对生产过程中质量状态进行控制的一种图表，其基本形式如图 6-10 所示。

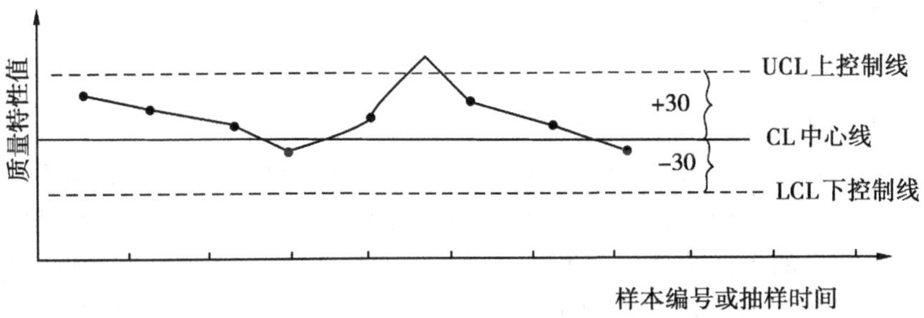

图 6-10 控制图基本形式

控制图上一般有三条线：中心线（CL）、上控制线（UCL）和下控制线（LCL）。一般把被控制的特征值用点描在图上，如果点全部落在上下控制线内，而且点的排列没有缺陷（如成链、倾向、靠近控制线、有周期性等），那么就表示质量数据的差异是由于偶然性因素引起的，整个生产处于控制状态；否则就认为生产过程存在异常原因，必须查出予以消除，使生产过程恢复正常。因此控制图可以起到报警和预防出现大批废品的作用。控制图的控制界限就是生产过程是否存在异常原因的判断基准。通常用"三倍标准差法"来确定控制界限。把中心线定在被控制的统计量的期望值上，即：

$$CL = E(Y), UCL = E(Y) + 3\sigma(Y), LCL = E(Y) - 3\sigma(Y)$$

式中，Y——被控制的统计量；

$E(Y)$——统计量的期望值；

$\sigma(Y)$——统计量 Y 的标准偏差，可用样本标准偏差 S 来代替。

根据数理统计的原理，产品质量特性在 $E(Y) \pm 3\sigma$ 之间出现的可能性（即概率）为 99.73%，因此取 3σ 可满足质量要求。

画出控制图后，要对控制图进行观察分析判断。满足下列两个条件可认为生产过程处于控制状态：

①点子在上下限内。

②点子在控制界限内排列没有缺陷，随机分布在中心线两侧。

如出现下列情况可判断为点子排列有缺陷：

①点子在中心线一侧连续出现 7 次以上。

②连续出现 7 点上升或下降的倾向。

③点子在中心线一侧多次出现。

④连续 3 个点子中，至少有 2 个点子在上方或下方 2σ 横线以外出现。

⑤点子排列呈周期性。

出现这 5 种情况，表明生产过程发生了异常变化，应查明原因，采取相应措施加以消除。

（七）散布图法

散布图又称相关图，是一种简易的相关分析，利用统计图的形式，来分析研究影响因素同质量特性之间、两种质量特性之间、两种影响因素之间关系的程度。在质量分析中，对于某些既有关系但又不存在确定函数关系的变量，不能由一个变量的数值精确地求出另一个变量的数值时，通常采用相关图观察，用散布图将有关的各对数据，用点子描在直角坐标图上，就能分析判断它们之间有无相关关系以及相关的程度。然后运用这种关系，对产品或工序进行有效的控制。如在热处理中，要找出淬火温度与钢件硬度的关系，可作出它们之间的散布图如图 6-11 所示。

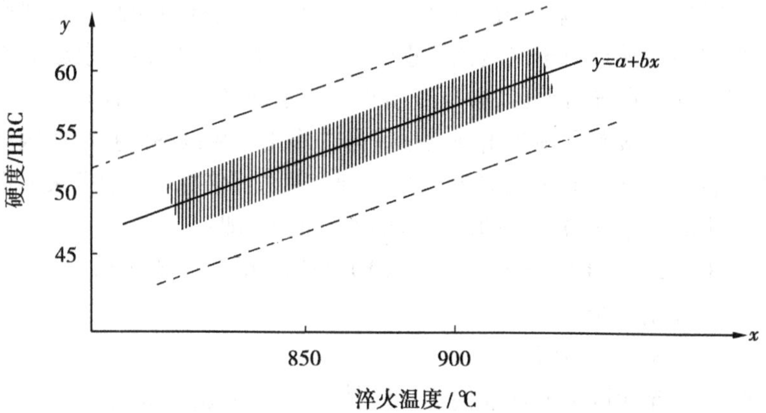

图 6-11　散布图

散布图的形式有以下几种：①强正相关（x 变大，y 也显著变大）。②弱正相关（x 变大，y 也慢慢变大）。③强负相关（x 变大，y 显著变小）。④弱负相关（x 变大，y 慢慢变小）。⑤曲线相关，即 x 与 y 之间不成直线关系，有三种情况。⑥不相关，即 x 与 y 之间没有相关关系。如图 6-12 所示。

（1），（2），（3），（4）的回归方程为 $y = a + bx$，用最小二乘法求回归方程系数的联立方程组是：

$$\begin{cases} \sum y_i = b\sum x_i + an \\ \sum y_i x = b\sum x_i^2 + a\sum x_i \end{cases}$$

（5）-a，（5）-b 的回归方程为 $y = ax^2 + bx + c$，用最小二乘法求回归方程系数的联立方程组是：

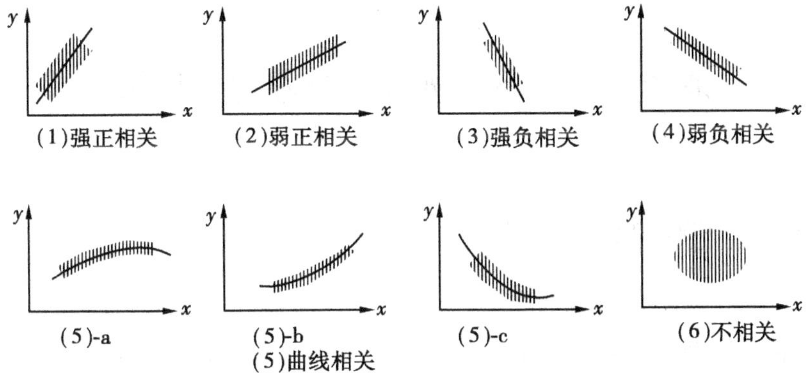

图6-12　散布图形式

$$\begin{cases}\sum y_i = a\sum x_i^2 + b\sum x_i + nc \\ \sum x_i y_i = a\sum x_i^3 + b\sum x_i^2 + c\sum x_i \\ \sum x_i^2 y_i = a\sum x_i^4 + b\sum x_i^3 + c\sum x_i^2\end{cases}$$

(5)-c 的回归方程为 $y = b + \dfrac{R}{x}$,用最小二乘法求回归方程系数的联立方程组是:

$$\begin{cases}\sum y_i = R\sum \dfrac{1}{x_i} + nb \\ \sum \dfrac{y_i}{x_i} = R\sum \dfrac{1}{x_i^2} + b\sum \dfrac{1}{x_i}\end{cases}$$

为了更准确地判定两个变量相关关系的密切程度,通常计算相关系数 r,计算公式为:

$$r = \frac{n\sum xy - \sum x\sum y}{\sqrt{n\sum x^2 - (\sum x)^2}\sqrt{n\sum y^2 - (\sum y)^2}}$$

$-1 \leqslant r \leqslant 1$,$r = \pm 1$,变量之间为函数关系;$-1 < r < 0$,变量之间为负相关;$r = 0$,$x$ 与 y 不相关;$0 < r < 1$,x 与 y 为正相关。

第四节　ISO 9000 与质量认证

一、ISO 9000 族标准概述

(一)ISO 9000 族标准的产生

国际标准化组织(International Organization for Standardization,ISO),成立于1974年2月23日,是世界上最大的非政府国际标准化组织。为了适应国际贸易和国际间技术经济合作与交流的需要,提高世界范围内质量管理水平,国际标准化组织于1987年推出了ISO 9000“质量管理和质量保证”系列标准,从而使世界质量管理和质量保证活动有了一个统一的基础。ISO 9000在世界范围内产生了十分广泛而深刻的影响,并被称之为“ISO 9000现象”。它标志着质量管理和质量保证标准走向了规范化、系列化和程序化的世界高度。

我国已于1992年等同采用了ISO 9000系列标准,发布为GB/T 19000系列标准,并于1993年1月1日起实施。这就为我国企业在对外贸易和转换经营机制中,实施质量取胜的战略,提供了一个良好的契机和一个奋斗的目标,为我国企业站稳国内市场,走向国际市场提供了一把金钥匙。

(二) ISO 9000 族标准的定义

ISO 9000族标准是世界主要发达国家长期实施质量管理和质量保证的经验总结,体现了科学性、经济性、社会性和广泛的适应性。它既包括了国际认可的质量管理原则,也包括了一套代表着全世界不同贸易国或贸易区域的领导以及各商品和服务行业专家共同认可的可执行的实施方法。

ISO 9000—1—1994——质量管理和质量保证标准,在第一部分,选择与使用指南1994版提出了ISO 9000族的定义,即由ISO/TC 176技术委员会制订的所有国际标准。目前,ISO 9000族包括:

①ISO 9000至ISO 9004的所有国际标准,包括ISO 9000和ISO 9004的各分标准。

②ISO 10001至ISO 10020的所有国际标准,包括各分标准。

③ISO 8402。

因我国是等同采用ISO 9000族标准,所以也就有“GB/T 19000族”,其内容与ISO 9000族完全相同,只是编号不同。“GB/T 19000族”是由全国质量管理和质量保证标准化技术委员会(CSDBTS/TC 151)按等同原则将 ISO 9000 族转化而成的国家标准。

ISO 9000 族标准与产品质量关系密切。毫无疑问,对很多顾客而言,ISO 9000 质量体系认证证书意味着他们可以得到满意的产品质量保证。为了消除对这一点的误解,英国的一个认证机构曾发表以下声明:

ISO 9000 给出了一个准则,以评价管理体系按规范进行生产或服务的能力。产品和服务的规范以及相应的接收准则由顾客和供方决定。ISO 9000 并不确定顾客通过采购合同所得到的产品或服务的质量。它是对供方满足规定要求能力的评价。从这个意义上说,ISO 9000 既不是产品或服务质量的同义词,也不是代替。

这一点在 ISO 9001—1994 的 4.2.1 中得到说明:"供方为确保产品符合规定要求应建立并保持一个文件化的质量体系"。这就意味着质量体系是确保产品满足规定要求的一种手段。

二、质量认证

(一)质量认证的定义与特点

1.质量认证的定义

"认证"一词的英文为 Certification。英文的原意是一种出具证明文件的行动,当用作"质量认证"时则具有进一步的含意。

质量认证也称为合格认证(Conformity Certification)。关于合格认证,国际标准化组织已先后给出了三个定义:

ISO 指南 2—1983《标准化、认证与试验室认可的一般术语及其定义》将合格认证定义为:"用合格证书或合格标志的方法证明某一产品或服务符合特定的标准或技术规范的活动。"

1986 年,ISO/IEC 指南 2—1986,将合格认证的定义改为:"由可以充分信任的第三方证实某一经鉴定的产品或服务符合特定标准或规范性文件的活动"。(IEC 是国际电工委员会的简称,即 International Electrotechnical Commission,它成立于 1906 年,是世界上最早的国际标准化组织。)

在 ISO/IEC 指南 2—1991,对"认证"一词作了以下定义:"第三方依据程序对产品、过程或服务符合规定的要求给予书面保证。"

由此可见,根据相应的标准和有关的技术规范对现代企业的某一产品或服务进行试验或检查,如果该产品或服务符合这些标准或技术规范,则发给该现代企业有关该产品的认证合格证书,允许该产品出厂时使用合格标志,以证明该产品或服务符合相应的标准或技术规范,这种活动称为"认证"。

此外,还有质量体系认证。所谓质量体系认证,是指对供方的质量体系进行的第三方评定和注册的活动,目的在于通过评定和事后监督来证明供方质量体系符合并满足需方对该体系规定的要求,对供方的质量管理能力予以独立的证实。供方是指对产品或服务负责,并能确保质量保证实施的一方。制造厂、分包商、进口商、组装厂商、服务机构等都可称为供方。习惯上,把产品质量认证和质量体系认证统称为“质量认证”。

2. 质量认证的特点

从上述定义可以看出,质量认证具有以下四个特点:

(1)质量认证的对象是产品、过程和服务　这里所指的产品,按照 ISO 8402—1994 中对产品所作的定义“产品包括服务、硬件、流程性材料、软件或其组合”。因而服务已包括在产品的含意之中,以后新的定义也可能不再单提服务。关于过程,ISO 8402—1994 的定义是:“把输入转化成输出的一组相关联的资源和活动”。在质量认证中,对于“过程”的认证可理解为:指产品形成过程中某些专业独立性较强的工艺、计算、检测、试验等过程。如锻造、铸造、焊接、热处理、表面处理、无损检测、大型试验、复杂计算等。

(2)认证工作的基础是标准　认证是以标准或技术规范为准则的。认证的基础是标准,没有标准就不能进行认证。

标准包括基础标准、产品标准、试验方法标准、检验方法标准、安全和环境保护标准以及管理标准等。ISO 9000 质量管理和质量保证标准系列,是认证中对供方质量体系作出评价的国际性标准,供各国及国际间认证选择使用。

(3)质量认证活动是由第三方进行的　质量认证的最大特点是第三方进行的活动。所谓第三方是指独立于第一方(制造厂、卖方、供方)和第二方(用户买方、需方)之外的一方,第三方与第一、二方之间应没有直接的经济利害关系,体现公正性和客观性。

(4)认证合格的证明方式可以采用合格证书和认证标志　如上所述,产品质量认证是“第三方依据程序对产品、过程或服务符合规定的要求给予书面保证”的一系列活动,产品经过检查符合规定要求后,这一信息要通过认证合格证书和认证标志来传递给各有关方面。认证证书和认证标志通常由第三方认证机构颁发和规定。世界上第一个认证标志是 1903 年英国工程标准委员会创制的用于证明符合“BS”(英国标准)要求的标志。因形状像风筝,也称风筝标志。我国现在使用的“方圆标志”、“长城标志”、“PRC 标志”都是产品质量认证合格的标志。需要说明的是单独进行质量体系认证合格的企、事业单位,只发认证合格证书,产品上不作合格标志。

(二)质量认证的型式与典型制度

1980年,国际标准化组织编写了《认证的原则与实践》一书,将世界各国现行的质量认证归纳为以下八种型式:

1. 型式试验

按规定的试验方法对产品样品进行试验,来检验样品是否符合标准或技术规范。这种认证只发证书,不许使用合格标志,只证明现在的产品符合标准,不保证今后的产品符合标准。

2. 型式检验认证后监督——市场抽样检验

这是一种带有监督措施的型式检验。监督的办法是从市场上购买样品或从批发商、零售商的仓库中随机抽样进行检验,以证明认证产品的质量持续符合标准或技术规范的要求。

3. 型式试验加认证后监督——工厂抽样检验

这种型式和第2种型式相近,区别在于认证后的监督方式不同。第3种型式是从工厂发货的产品中随机抽样检查代替第2种型式的市场商品的抽样检查。这种认证型式的产品同样可以使用认证标志,提供产品质量信任程度也较高。

4. 型式试验加认证后监督——从市场和供方双重抽样检验

这种认证型式实际上是第2、第3两种型式的结合。认证后监督抽样的样品,既来自市场又来自工厂的成品库,因而监督的力度更强。这种认证型式的产品可以使用认证标志,提供产品质量的信任程度也较前两种更高。

5. 型式试验加工厂质量体系评定再加认证后监督——质量体系复查加上从工厂和市场抽样检验

这种型式的明显特点就是在批准认证的条件中新增了对申请认证的产品生产工作进行质量体系的检查和评定;在获准认证后的监督中也相应增加了对生产厂质量体系进行复查。这种认证型式集中了各种认证型式的优点,无论是批准认证的基本条件,还是认证后的监督检查,都相当完善和严密。因而它能对顾客提供最高程度的信任。因此,第5种认证型式是各国认证机构通常采用的一种型式,也是国际标准化组织向各国推荐的一种型式。我国的产品质量认证的典型工作流程也采用这种模式。通过这种认证型式批准的产品可以使用认证标志。

6. 工厂质量体系评定

这种认证型式是对产品的生产厂按照所规定的技术标准生产产品的质量体系进行检查评定,也称为质量体系评定。这种认证型式的特点是评定生产厂具有按既定的标准或规范的要求提供产品的质量保证能力。第6种认证型式的对象是企业的质量体系而不是产品,其监督检查也是定期对质量体系进行复查。因此,按这种型式认证批准的企业,不能在出厂的产品上使用产品质量认证标志,而是由认证机构给予生产该产品的生产厂质量体系注册登记,发给注册证书,表明该体系是根据 ISO 9000 系列标准及相应的国家标准中某一个质量保证模式进行了评定并取得了注册资格。这种认证型式由于适应面广、灵活性大,特别是 1987 年 ISO 9000 系列标准出现后,更形成了一种具有世界范围通用国际标准,作为一个企业综合质量保证能力得到世界各国公认的认证型式而取得了迅速的发展。

7. 批量试验

这是依据规定的抽样检查方案对企业生产的一批产品进行抽样试验的认证。其目的主要是帮助买方判断该产品是否符合技术规范。这一认证型式,只有在供需双方协商一致后才能有效地执行,就该批产品而言,能提供相当高的质量信任。

8. 全数检验

对认证产品作 100% 的检验,这种检验是由经过认可的独立检验机构按照指定的标准来进行的。这种认证型式所需要的费用是很高的,因此,一般只在政府有专门规定的情况时才采用这种认证型式。例如英国和法国政府对体温表有特殊规定,必须经政府指定的检验机构对每件产品检验合格并做上标志才能在市场上销售。

以上八种质量认证型式中,第 5 种认证型式是最复杂、最全面的产品认证型式,第 6 种是质量体系认证,这两种是各国普遍用的,也是 ISO 向各国推荐的质量认证制度。ISO 和 IEC 联合发布的所有关于认证工作的国际指南,都是以这两种认证制度为基础的。

(三) 质量认证的一般程序

根据 ISO/IEC 指南 48——《第三方对供方质量体系进行评定和注册指南》的要求,质量体系认证的一般程序有以下几个步骤:

1. 填报申请表

供方按认证的规定认真填报申请表,交认证检查机构。认证机构审阅后,将意见告知供方,若拒绝申请,应说明理由。必要时,认证机构还提供一些有关参考资料,同时也可要求供方提供有关补充资料。

2. 预备性考察

认证机构决定受理申请后,在开始正式评定之前,派人去供方作预备性考察,目的在于了解供方的规模和生活特点,并和供方商定认证日程。

3. 选定质量保证模式标准

供方综合考虑其职能范围、产品特点等各种因素，从 GB/T 19001—ISO 9001、GB/T 19002—ISO 9002、GB/T 19003—ISO 9003 中选定一个模式标准，并对要素的选择和采用程度进行剪裁，模式标准的选择和剪裁应征得认证机构的同意。

4. 提出评定费用

由认证机构按规定核定评定费用。费用的大小一般与所选定的质量保证模式标准、企业规模、评定工作量大小等因素有关。

5. 准备证实文件

围绕所选定的质量保证模式标准的各项内容整理和完善有关质量文件和记录。对需要保密的资料，供方应事先明确，并取得审核人员谅解。

6. 评定质量体系文件

在安排现场审核之前，由认证机构详细审阅和评定供方提供的质量体系文件，并提出不符合要求和重大遗漏之处，以便供方在正式检查前作修改和补充。

7. 迎检准备

根据认证机构对质量体系文件审查和评定的意见，认真进行修改与完善，并做好现场评审接待工作的组织准备和物质准备。

8. 现场评定

由认证机构组织一个审核小组。该小组设组长一人，组长必须由具有主审核员资格的人员担任。到达现场后，审核小组应和供方管理人员建立联系，及时提出不符合要求处，要求供方纠正，并将审核结果通知供方领导。审核结束后，审核小组编写审核报告，主报认证机构，抄报申请认证的企业。

9. 整改

供方应在认证机构规定的期限内，对不符合要求的地方逐个进行整改。供方确认整改完毕后，向审核小组报告，由审核小组进行重点复查。

10. 批准注册

在所有不符合要求的问题得到解决后，认证机构根据审核小组的推荐，进行审批。批准后注册，并颁发证书。

11. 监督

质量体系认证注册有效期通常为 3 年。在有效期内认证机构负责定期进行监督性检查，一般每年 2 次。若发现重大问题，可责令供方限期整改或注销注册。

12. **到期重评**

质量体系认证注册有效期届满之前,供方可向认证机构提出延长有效期或重评的申请。供方在更改其质量体系前也应事先向认证机构通报。

三、质量管理案例

【案例一】

浙江正泰集团重视质量管理的启示

1993 年 12 月,浙江正泰集团的一批产品出口到希腊。船期定好了,在装箱前发现了一些并不太严重的质量问题,为此,他们坚决不让发货,全部重新开箱检验。误了船期,而交货日期在即。为了抢时间,改海运为空运,损失达 80 万元。正泰人却说:“我们的牌子和信誉不只值 80 万元。”正泰人视品牌、视质量为生命,视人品为生命中的生命。他们以自己的人格为力量,营造出一支“正泰”集团军。

为了确保产品质量,正泰不惜花巨资构筑质量系统工程,建立了完善的质量保证体系。这支阵容可观的质检队伍和技术先进的检测设备,使各项质量活动形成制度化、程序化。1994 年,在各企业普遍缺乏资金、不惜以高利息借贷资金维持生产时,正泰毅然投入 500 万元,创办了具有国内一流水平的产品检测中心。1994 年,正泰首批在全国低压电器行业中通过 ISO 9000 国际质量体系认证,同时还先后通过了美国 UL 认证、国际 CB 安全认证、荷兰 KEMA 认证、比利时 CEBEC 认证和芬兰 FI 认证等。为了创“正泰”的质量名牌,他们不惜代价先后投入5 000万元,建立了技术开发中心和电器研究所,运用 CAD、CAM 计算机辅助设计系统进行高科技智能化电器产品的开发研制。“正泰”牌低压电器终于被社会认可:CJX2 系列荣获布鲁塞尔尤里卡国际金奖;CJ 系列被评为“浙江省名牌产品”;DW17 系列、CJ24 系列、RT 系列通过了 1995 年国家科委新产品鉴定。“正泰”产品已成为保险公司的“保险产品”,并成为“重塑温州电器新形象”的带头羊。

质量是企业的生命,是企业赖以生存的基础。要用长期发展的眼光去抓质量,切忌质量管理的短期行为。尽管一次事故损失了 80 万元,但未来将会赢得更多的 80 万元!

【案例二】

华龙集团的全员工作质量原则

提高工作质量是实现华龙腾飞的迫切要求。华龙集团的实践告诉我们，强调执行质量职能是全体人员的责任，全体人员都必须具有质量意识和承担质量的责任。华龙集团制定了以下提高全员工作质量的八项原则：

(1)准确性 是指符合有关标准、规范、程序等的程度。准确性是工作质量的基本特征。

(2)时间性 是指工作要及时、准时和省时。及时是遇事不拖延，马上就办；准时是按时完成任务，保证总体节奏要快；省时是效率要高，以较少的时间完成较多的工作量。

(3)经济性 是指在人力、财力、物力诸方面，投入要少，产出要多。每做一项工作，不仅要达到预期效果，而且应设法养活消耗，降低成本，做到少花钱，多办事。

(4)有效性 是指满足预期功能，实现经济效益和社会效益的程度。例如设计某种卡具，不仅要看是否用于生产，而且要看有无经济效益和社会效益。

(5)主动性 是指发挥人的主观能动性，必须调动全体人员的积极性，使之做到“我要干”，而不是“要我干”。对于管理、辅助系统及其成员来说，其工作内容不像生产系统那样明确直观，强调主动性就更有必要。

(6)服务性 是指提供优良服务。企业是一个整体，企业与下属各部门、部门与部门之间、职工与职工之间都处在相互关联之中。每个部门或每个人的工作，都需要相互支持、协作和服务，这样才能促进全员工作质量的提高。

(7)文明性 是指符合政策、法规和职业道德的要求。

(8)安全性 是指工作不能危及人身和财产的安全。

由上可知，工作质量不仅涉及各个方面的工作，而且涉及工作内在诸方面的属性。为此，必须实行科学管理，才能取得良好的工作质量。

【小结】

保证和提高产品质量，为社会提供高质量的产品，是现代企业的一项重要任务，也是提高产品竞争力的关键。

本章讲述了现代企业质量与质量管理，具体包括广义质量的概念和提高产品质量的重要意义；现代企业全面质量管理及质量保证体系，全面质量管理的特点；质量保证体系的内容及循环运转的程序和特点；全面质量管理的基础工作；现代企业产品质量控制的七种方法；ISO 9000 与质量认证；ISO 9000 族标准的定义和构成，以及质量认证的定义和特点。

【复习思考题】

1. 广义的质量概念是什么？现代企业提高产品质量有何重要意义？

2. 什么是全面质量管理？它的主要特点是什么？

3. 何谓质量保证体系？质量保证体系包括哪些方面内容？质量保证体系是如何循环运转的？

4. 全面质量管理应当做好哪些基础工作？

5. 质量管理常用的控制方法有哪些？它们各自的作用如何？

6. 什么是 ISO 9000 族标准？它是如何构成的？

7. 什么是质量认证？它有什么特点？质量认证的一般程序有哪些？

【实训目标】

1. 了解现代企业全面质量管理。

2. 了解 ISO 9000 质量认证体系。

3. 思考质量与生产管理、成本、效益的关系。

【实训内容与形式】

1. 案例分析：克劳士比（Philip Crosby）的质量哲学。

2. 情景判断：教师提供一些环节、工艺或活动不符合质量认证的标准，由学生进行判断和分析。

第七章

CA 现代企业市场营销

【开篇案例】

王老吉凉茶营销案例分析

“怕上火，喝王老吉。”近年来，饮料行业的一匹黑马——罐装饮料王老吉脱颖而出，一鸣惊人。透过下面一组数据，我们不难看到王老吉的增长速度：王老吉2002年销量1.8亿元，2003年销量6亿元，2004年全年销售突破10亿，以后几年持续高速增长，2008年销量突破100亿元大关。那么，是什么原因使王老吉引爆凉茶市场，迅速飙红呢？经分析，以下几方面是王老吉走向成功的关键。

1. 精准的品牌定位

其实，在2002年以前，王老吉已经默默无闻地经营了7年多，虽说小日子过得也还滋润，但却一直默默无闻，固守一方。2002年，专业品牌公司成美（广州）行销广告公司在为其做品牌诊断时发现，王老吉不温不火的最根本的原因在于市场定位。王老吉虽然经营多年，但缺乏一个清晰明确的定位，其原来的广告语“健康永恒，永远相伴”其实是一个较模糊的概念，企业无法回答王老吉是什么，消费者更无法回答。王老吉是当“凉茶”卖，还是当“饮料”卖？这是企业不得不面临的一个现实难题。

经过细致的市场调查，成美公司发现，消费者在饮食时（特别是在享受煎炸、烧烤、香辣美食时），特别希望能够预防上火，而目前市场上的可乐、茶饮料、矿泉水、果汁等显然不具备“预防上火”的功能，而王老吉的“凉茶始祖”的身份、中草药配方、125年历史等要素为其成功打造“预防上火”形象提供了有力的支撑，最终王老吉明确了自己的市场定位——“预防上火”，是“预防上火的饮料”。这关键性的一步棋改变了王老吉的命运，随着“怕上火，喝王老吉”的系列广告等品牌推广活动的展开，王老吉的销售量直线上升。

可见，王老吉的成功，关键在于确定了自己独特且能打动消费者的品牌定位——“预防上火”，这一定位具有高度差异性，同时避开了同可乐等国内外饮料巨头的直接碰撞竞争，开辟了自己的生存空间，为王老吉迅速引爆凉茶市场奠定了良好的基础。

2. 强势的广告推广

精准的品牌定位之后，有效的品牌推广则是使品牌深入人心的重要手段。加多宝副总经理阳爱星曾说：在最短的时间里使王老吉品牌深入人心，必须要选择一个适合的宣传平台，央视一套特别是晚间新闻联播前后的招标时段是具有全国范围传播力的保障。

王老吉始终把中央电视台作为其品牌推广的主战场，巨额广告投入不遗余力，同时针对各区域市场的不同特点，投放一定量的地方卫视广告，以弥补央视广告覆盖率的不足。

王老吉的广告投入可谓大手笔。2002 年，王老吉重新品牌定位后，就投入 1 000 万元进行广告宣传推广，2003 年广告投入增至 4 000 多万，2004 年广告投入 1 个亿，2005 年 1 个多亿，2006 年世界杯期间广告投入更是猛增，全年投入 2 个多亿。在中央电视台 2007 年广告招标大会上，王老吉又以 4.2 亿元成为 2007 年央视广告的标王。

此外，王老吉在报纸广告、车身广告、市中心路牌广告、终端广告以及公关促销等方面也有不凡的手笔。全方位的品牌推广使“怕上火，喝王老吉”迅速成为老少皆知的品牌广告语。

王老吉强大的品牌推广攻势引爆了其销量的井喷，其销售额以几何倍数直线飙升，一个默默无闻的区域性品牌短短几年里攻城略地、遍地开花，迅速飙红大江南北，成为全国性的主流饮料。

3. 有力的营销手段

有力的营销手段也是王老吉走向成功的“杀手锏”。在销售模式上，王老吉采取总经销制，大胆创新，开辟销售渠道的蓝海。传统饮料产品的销售渠道是商场、超市，王老吉在开辟销售渠道时，寻求新的突破口，不仅进入传统的商场、超市等，还进入餐饮店、酒吧、网吧等场所。在一些地区，王老吉还选择火锅店、湘菜馆、川菜馆作为“王老吉诚意合作店”，提供尝品，搞公关营销。2004 年起，王老吉凉茶正式打入洋快餐店肯德基，又拓展了自己的销售市场空间。

王老吉精耕细作，体现了“终端为王”的道理。我们不难发现，几乎每个一二线城市的商场、超市、零售店都可以看到王老吉，几乎在所有大中型卖场都配有冰柜实物陈列、旺点空罐陈列、挂式小货架陈列、POP张贴等。王老吉的终端建设工作非常细致，例如要求每一名业务人员每天必须在终端士多店张贴POP宣传画60～70张等。无孔不入的终端宣传使王老吉曝光频率极高，真正使消费者买得到、买得起、乐得买。

王老吉引爆凉茶市场的成功给了我们企业许多启迪和思考。中国是目前世界上品牌可以跳跃式发展的一块宝地，也许机会就在身边，关键是我们是否拥有把握机会的能力。

第一节 市场和市场营销

一、市场及其相关概念

在现代市场经济条件下，企业必须按照市场需求组织生产。市场营销在一般意义上可理解为与市场有关的人类活动。因此，我们首先要了解市场及其相关概念。

市场包含了三个因素，即有某种需要的人数、为满足这种需要的购买能力和购买欲望。用公式表示就是：

市场 = 人口 + 购买力 + 购买欲望

市场的这三个因素是相互制约，缺一不可的，只有三者结合起来才能构成现实的市场，才能决定市场的规模和产量。例如，一个国家或地区人口众多，但收入很低，人均购买力有限，则不能构成产量很大的市场；又如，人均购买力虽然很大，但人口很少，也不能成为很大的市场；只有人口既高，人均购买力又高，才能成为一个有潜力的大市场。但是，如果产品不适合需要，不能引起人们的购买欲望，对销售者来说，仍然不能成为现实的市场。所以市场是上述三个因素的统一。

在新经济时代的今天，我们除了清楚有企业市场、消费者市场、政府市场、非营利市场外，还得具有全球市场和网络市场的视野。许多产品已没有地域之别，利用互联网可以在全球范围内拓展市场。

二、市场营销的含义

“市场营销”是由英文“marketing”一词英译而来的。它有两层基本含义：一是作为一种经济活动时，译为“市场营销”，即指企业依据消费者需求，生产适销对路的产品，扩大市场销售所进行的一种经济活动；二是作为一门学科名称时，译为“市场营销学”，即指建立在社会学、广告学、经济学、行为科学、现代管理理论基础上的应用性、综合性的管理学科。

2004 年 8 月，美国市场营销协会公布了市场营销的最新定义：市场营销既是一种组织职能，也是为了组织自身及利益相关者的利益而创造、沟通、传递生产价值并管理生产关系的一系列过程。具体表现为：着眼于顾客，明确了顾客的地位，承认了顾客价值，强调了与顾客的互动；肯定了市场营销的特质，即市场营销是一个过程，是一项组织职能，其导向是为顾客服务。

世界著名营销专家菲利普·科特勒在他的《营销管理》第十一版中的定义是：“营销是个人和集体通过创造，提供出售，并同别人自由交换产品和价值，以获得其所需所获之物的一种社会过程。”

三、市场营销涉及的核心概念

为了全面理解市场营销的内涵，我们需要了解与市场营销相关的下列核心概念。

（一）需要、欲望和需求

需要和欲望是市场营销活动的起点。所谓需要是指没有得到某些满足的一种感受状态。如人们为了生存，有食物、衣服、房屋等生理需要。这些需要存在于人类自身的生理和社会之中，市场营销者可用不同方式满足它，但不能凭空创造。

所谓欲望是指想具体满足某种需要的愿望。在不同文化和社会环境背景下，消费者欲望的满足方式不同，比如，需要食物时中国人想要大米饭；法国人想要面包；美国人则想要汉堡包。人的欲望受社会因素及个人因素影响，并随着社会条件的变化而变化。市场营销者能够影响消费者的欲望，如建议消费者购买某种可以满足某特定需要的产品。

需求是指对于有能力购买并且愿意购买某个具体产品的欲望。需求实际上也就是对某特定产品或服务的市场需求。市场营销者总是通过多种营销手段来影响需求，并根据对需求的预测结果决定是否进入某一产品或服务市场。

（二）产品

人们靠产品来满足自己的各种需要和欲望。因此，可将产品定义为能够满足人类某种需要或欲望的任何东西。人们通常用产品和服务这两个词来区分实体物品和无形物品。实体物品是有形的，是为顾客提供利益的载体，人们可以拥有它，如购买化妆品就可以带回家。服务是无形的，它是一种劳务或一个过程，人们不可能拥有它，如医生给病人看病。但人们购买实体物品不仅在于拥有它们，更在于用它们来满足自我的欲望。人们购买化妆品不仅是看中了精美的化妆品盒，更是为了满足获得美丽的欲望。所以实体产品实际上是向我们传递无形利益的工具。人们不是为了产品实体而购买产品，而是因为只有通过购买这种实体才能够获得自己所需要的服务。市场营销者的任务是向市场展示产品实体中所包含的利益和服务，而不能仅限于描述产品的外形特征。否则，企业将导致“市场营销近视”，即在市场营销管理中缺乏远见，只注重提高自己的产品质量，不注意市场需求变化，最终将使企业经营陷入困境。

(三)效用、费用、价值和满足

消费者在众多能满足其相同需求量的产品中进行选择时，其选择的标准是选择产品价值最大者。产品价值是指产品效用与费用相比较的结果。表述为：

产品价值 = 效用 ÷ 费用或产品价值 = 效用 / 费用

所谓效用是指产品满足人们欲望的能力。效用实际上是一个人的自我心理感受，它来自人的主观评价。例如同一桌饭菜，有人说好吃，有的人说一般，有的人说口味很差。消费者对同一桌饭菜的需求是不同的，如营养、口味、价格、环境、服务水平等。每个人都会在这些方面对不同饭店进行排序并选择出顾客效用最大的产品。产品的效用体现在产品的功能、服务、营销人员的形象等方面。

顾客选择所需的产品除效用因素外，还需考虑其费用的大小。所谓费用是指顾客为获得产品而付出的所有代价。费用不仅包括经济上的费用还包括时间、精力和体力上的付出。体现在消费者为评估、购买、使用和抛弃产品时的所有付出上。

(四)交换、交易、关系、网络和供应链

所谓交换是指通过提供某种东西作为回报，从别人那里取得所需所欲之物的行为。交换是一个过程而不是一个事件。如果双方正在洽谈并逐渐达成协议，这就意味着正在进行交换中。一旦协议达成并最终履行协议，我们就说是发生了交易行为。交易是交换活动的基本单元，是由买卖双方之间的价值交换所构成的行为。一次交易包括三个可以度量的实质内容：①至少有两个有价值的事物;②买卖双方所同意的条件;③协议的时间和地点。

一些学者将建立在交易基础上的营销称之为交易营销。为使企业获得比交易营销所得到的更多,又提出了关系营销的概念。关系营销是市场营销者与顾客、分销商、经销商、供应商等建立、保持并加强合作关系。通过互利交换及共同履行诺言,使各方都能实现各自目的的营销方式。与各方保持良好的关系要靠长期承诺和提供优质的产品、良好的服务和公平的价格,以及加强经济、技术和社会各方面的联系来实现。关系营销还可以节省交易成本和时间,并由过去的逐项谈判交易发展成为例行的程序化交易,使市场营销的宗旨从追求每一笔交易利润的最大化转向追求各方利益关系的最大化。

关系营销的最终结果将为企业带来一种独特的资产即市场营销网络。营销网络的延伸就是供应链,所谓供应链是指从原材料、零部件到产成品的传递给最终买主的一条通路。供应链代表了一种价值传递系统。今天,企业之间的竞争不是每个企业点对点的竞争而是链与链的竞争。

(五)市场营销组合

市场营销组合是现代市场营销理论体系中一个十分重要的概念,所谓市场营销组合(Marketing Mix),是企业针对选定的目标市场综合运用各种市场营销策略和手段,组合成一个系统化的整体策略。1960 年,麦卡锡提出了最具名声的4Ps 组合,归纳为 4 大类型,即产品(Product)、价格(Price)、地点(Place)和促销(Promotion),即著名的"4P"。以后,学术界不断地又提出了其他的一些"P"。目前广为流传的仍然是 4 大类型的分类法。

在市场营销组合中,"产品"通常指提供给目标市场的货物、服务的集合。它不仅包括产品的效用、质量、外观、式样、品牌、包装和规格,还包括服务和保证等因素。"价格"指出售产品所追求的经济回报,内容有价目表价格(List price)、折扣(Discount)、折让(Allowance)、支付方式、支付期限和信用条件等,所以又称为"定价"(Pricing)。"地点"通常又称为"分销"(Distribution)或"渠道"(Channel),代表为使其产品进入和达到目标市场而经由的路径和环节、场所,所组织、实施的物流活动如仓储、运输等。"促销"则是指利用各种信息载体与目标市场进行沟通的传播活动,包括广告、人员推销、营业推广与公共关系等。

第二节 市场营销观念

人们常说:“方向不对,努力白费。”人们的行为受观念的影响,有什么样的观念就会有什么样的行为。企业也一样,企业的市场营销活动也是在其市场营销观念的指导下进行的,有什么样的营销观念就会有什么样的营销活动,也就有什么样的营销效果。

市场营销观念,是企业在开展市场营销活动的过程中,在处理企业、顾客和社会三者利益方面所持的态度、思想和观念。了解市场营销哲学的演变,对于企业更新观念,自觉适应快速变化的市场新形势,加强市场营销管理,具有十分重要的意义。

一、传统市场营销观念

从市场营销发展史考察,尚已存在的市场营销哲学可归纳为六种,即生产观念、产品观念、推销观念、市场营销观念、客户观念和社会市场营销观念。其中前三者被称为传统的市场营销观念,后三者被称为现代市场营销观念。

(一)生产观念(Production Concept)

这种观念产生于19世纪末—20世纪初,当时资本主义经济已经进入了卖方市场,市场需求旺盛,而供应能力则相对不足。因此经营者以生产观念来指导企业的营销活动,他们认为消费者总是喜爱可以随处买到和价格低廉的产品,企业应当集中精力提高生产效率和扩大分销范围,增加产量,降低成本。

以生产观念指导营销管理活动的企业,称为生产导向企业。它们的典型口号是“我们生产什么,就卖什么”。生产观念的特点是企业的主要精力放在重视产量与生产效率上,在营销上是重企业生产而忽视市场营销。

(二)产品观念(Product Concept)

这种观念产生于20世纪初,当时资本主义经济快速发展,社会生产力和生产效率得到了极大地提高,供不应求的局面得到了缓解。消费者对于同类的产品开始有一定的自我选择性,开始喜欢那些质量高、功能全的产品。这就迫使企业不得不致力于产品品质的提高,将生产和营销的重心放在了产品的质量上。

但这种观念仍然忽视市场需求,重视产品生产,容易导致营销近视症。持这种观念的企业认为质量比需求更重要。消费者最喜欢高质量、多功能和具有某些特色的产品。因此,企业管理的中心是致力于生产优质产品,并不断精益求精。

产品观念和生产观念,也是典型的“以产定销”观念。由于过分重视产品而忽视顾客需求,这两种观念最终将导致“营销近视症”(Marketing myopia)。

(三)推销观念(Selling Concept)

这种观念产生于20世纪30—40年代,当时正处于卖方市场向买方市场过渡阶段,致使部分产品供过于求,企业的营销观念也随之发生了变化,由最初的重视产品生产逐渐转变为运用推销与促销来刺激需求的产生,重视产品的推销工作。

持这种观念的企业认为消费者通常有一种购买惰性或抗衡心理,不会大量购买本企业的产品,因而企业管理的中心是积极推销和大力促销。它们的典型口号是“我们卖什么,就让人们买什么。”

在推销观念指导下,企业相信产品是“卖出去的”,他们致力于产品的推广和广告活动,以求说服、甚至强制消费者购买。推销观念也是建立在以企业为中心,同样是“以产定销”。

二、以消费者为中心的市场营销观念

(一)市场营销观念

市场营销观念核心原则直到20世纪50年代中期才基本定型。市场营销观念认为,实现企业各项目标的关键在于正确确定目标市场的需要和欲望,并且比竞争者更有效地传送目标市场所期望的物品或服务,进而比竞争者更有效地满足目标市场的需要和欲望。其口号是:“顾客需要什么,我们就生产什么。”“哪里有消费者需要,哪里就有我们的机会。”

市场营销观念具有以下几个较为突出的特征:

1. 明确服务的目标市场

市场营销观念的核心是满足消费者的需要和欲望以实现企业目标,然而市场上消费者的需要是多种多样的,企业首先要明确是为哪一部分顾客服务,只有明确了目标市场时,营销方案才会有针对性,才能为顾客服务得更好,市场营销观念才会体现出来。

2. 以顾客需求为企业经营的出发点

营销观念以顾客需求为企业生产经营活动的出发点。认为只有按照消费者的需求组织生产,生产出来的产品才能适销对路。因此,成立专门的市场调研部门，培养专门市场调研人才，花费大量的人力和物力了解消费者的需求特点和动向。企业这时的产销过程已发生了很大的变化，变成了"需求→生产→销售→消费"。这一变化使得顾客需求由过去处于被动地位转为主动地位，成为企业整个生产经营过程的起点。

市场营销分为响应性营销、预知性营销和创造性营销。响应性营销即寻找已存在的需要并满足它，预知性营销即走在顾客需要的前头，创造性营销即指发现和解决顾客并没有提出要求但他们会热情响应企业的产品。就企业而言仅仅进行响应性营销是很不够的，许多消费者并不明确知道他们想从产品中得到什么。许多消费者是处在一种学习中，公司要不断改变战略以适应消费者的需要。正如卡朋特所说："单单给顾客他们所需要的是不够的——必须帮助顾客学会知道他们需要的是什么。"即使是响应顾客的需要，也要响应每个顾客的需要（定制化）如戴尔公司的成功就是如此。

3. 整合营销是主要的经营手段

整合营销包含两方面的含义。其一是企业的各种营销职能（推销人员、广告、产品管理、营销调研等）必须彼此协调。如营销部门的定价与品牌经理的广告和推销人员的说服要相互配合。整合营销的第二层含义是整个企业必须以顾客为中心来驱动。企业的经营活动是一项完整的活动，包括产品调查与预测、产品开发与设计、生产组织与财务分析、产品分析、分销渠道、仓储运输、销售与公关、包装商标、文选宣传等诸多方面，贯穿于生产经营活动的全过程。强调通过各种手段的合理配合，形成一个定整的样本，使各项手段产生出放大的效果，满足选择的目标市场的需要。

4. 开始重视追求企业的长远利润

随着营销观念的建立，企业尽管追求利润的目标改变，但开始注重企业的长期利润。人们已经认识到企业追求利润的手段应是建立在满足消费者需求的基础上。消费需求被满足的程度越大，企业盈利的可能性越大，反之，需求被满足的程度越低，企业盈利的可能性越小。因此，企业在经营某种产品时，应首先注重产品对消费者需求的满足程度，然后再考虑盈利的大小。

5. 市场营销概念的超越——创造需求的观念

今天的顾客不一定就是明天的顾客，顾客的需求会随着外界社会经济条件的变化而变化。被动地以顾客为导向，将会使企业难以把握顾客的需求，从而使企业疲于应变，难以认清究竟谁才是企业真正的顾客。因此市场营销概念有了新的超越，就是创造需求。

(二)市场营销观念的发展

1. **大市场营销观念**

1984年菲利普·科特勒提出了大市场营销观念。大市场营销观念是指企业为了成功地进入特定市场,并在那里从事业务经营,在策略上要协调地使用经济、心理、政治和公共关系等手段,以争取外国或当地各有关方面的合作和支持。

与一般的市场营销相比,大市场营销具有如下特点:①大市场营销的目的是打开市场之门,进入市场,不是针对已开放的市场;②大市场营销的涉及面比较广泛;③大市场营销的手段比较复杂,不仅包括4Ps,还增加了权力(Power)和公共关系(Public Relations)两个P,营销组合是6Ps;④大市场营销既采用积极的诱导方式,也采用消极的推动方式,往往是软硬兼施,促成交易;⑤大市场营销投入的人力、资本和时间较多。

大市场营销概念的提出,开阔了营销人员的视野,丰富了营销手段和方法。对企业市场营销具有较深远的意义。传统营销认为企业外部环境不可控制,大市场营销观念打破了这一传统认识,企业可以能动地改变环境。

2. **从4P到4C理论**

传统的市场营销理论强调产品(Product)、价格(Price)、渠道(Place)和促销(Promotion)四要素。这种4P理论认为企业只要围绕4P制订灵活的营销组合,产品销售就有了保证。但是,随着经济的发展,市场营销环境发生了很大变化,消费个性化、人文化、多样化特征日益突出;传统的4P理论已不适应新的情况。为此,美国市场营销专家罗伯特·劳特朋(Robert Lauterborn)于20世纪90年代提出应该用新的4C理论取代4P理论。其主要内容包括:

①Customer(顾客)。4C理论认为,消费者是企业一切经营活动的核心,企业重视顾客要甚于重视产品。这体现在两个方面:一是创造顾客比开展产品更重要;二是指消费者需求和欲望的满足比产品功能更重要。②Cost(成本)。4C理论将传统营销理论中的价格因素延伸并转换为生产经营全过程的成本来加以考察,包括两方面:一方面是指企业的生产成本即企业生产适合消费者需要的产品成本。另一方面是指消费者购物成本。它不单是指购物的货币支出,还包括购物的时间耗费、体力和精神耗费以及风险承担(指消费者可能承担的因购买质价不符或假冒伪劣产品而带来的损失)。③Convenience(便利)。便利就是方便顾客,维护顾客利益,为顾客提供全方位的服务。新的4C理论更重视服务环节,强调企业既出售产品,也出售服务,消费者既购买商品,也购买到便利。④Communication(沟通)。4C理论用沟通取代促销,强调企业应重视与顾客的双向沟通,以积极的方式适应顾客的情感,建立基于共同利益之上的新型的企

业、顾客关系。也有利于协调矛盾,融合感情,培养忠诚的顾客,而忠诚的顾客既是企业稳固的消费者,也是企业最理想的推销者。

4C 理论站在消费者的立场上,重新反思营销活动的诸要素,是对传统 4P 理论的发展和深化,显然,4C 理论有助于营销者更加有效地沟通。

3.4R 营销理论

近年来,美国学者整合营销传播理论的提出者,德·舒尔茨(Don Shults)提出的4R 营销新理论,受到广泛的关注。4R 阐述了一个全新的营销四要素,即关联(Relevance)、反应(Response)、关系(Relationships)和回报(Returns)。

①与顾客建立关联,形成一种互助、互求、互需的关系。

②提高市场反应速度,及时答复和迅速作出反应,满足顾客的需求。

③关系营销越来越重要了,抢占市场的关键已转变为与顾客建立长期而稳固的关系,从交易变成责任,从顾客变成朋友,从管理营销组合变成管理和顾客的互动关系。

④回报是营销的源泉。对企业来说,市场营销的直正价值在于其为企业带来短期或长期的收入和利润的能力。

总之,4R 理论以竞争为导向,在新的层次上概括了营销的新框架,体现并落实了关系营销的思想,即通过关联、关系和反应,提出了如何建立关系,长期拥有客户保证长期利益的具体操作方式,这是一个具有里程碑意义的进步。反应机制为互动与双赢,建立关联提供了基础和保证,同时也延伸和升华了便利性。而"回报"则落实了成本和双赢两方面的内容。这样,企业为顾客提供价值和追求回报相辅相成,相互促进,客观上达成了一种双赢的效果。

4.4Vs 营销理论

在4C 基础上为了更加精细地满足顾客的需要而提出了 4Vs 营销理论。即:

①Variation(差异)。即不仅要满足顾客的需求,更要照顾顾客需求的差异。

②Versatity(弹性)。即不仅要方便顾客更要使产品功能弹性化。

③Value(价值)。即不仅关心顾客的购买成本,更要提高产品附加值。

④Vibration(共鸣)。即不仅要与顾客进行沟通,更要达到双方的共鸣。

从4P,4C 到4R,反应了营销观念在不断深入,不断整合的趋势。因此,这三者不是单纯的取代关系而是发展和完善的关系。由于企业情况千差万别,企业环境和营销还处于发展之中,所以至少在一个时期内,4P 还是营销的一个基础要素框架,4C 也是很有价值的理论和思路。4R 不是取代 4P 和 4C,而是在4P 基础上的创新和发展,所以不可把三者割裂开来甚至对立起来。根据企业的实际把三者结合起来指导营销实践,有助于取得更好的效果。

第三节 现代企业市场营销战略

一、目标市场战略

企业的目标市场营销战略是企业识别各个不同的购买群,选择其中一个或几个作为目标市场,运用适当的市场营销组合,集中力量为目标市场服务,满足目标市场需要。目标市场营销战略包括三个主要步骤:市场细分;市场选择;市场定位。

(一)市场细分

市场细分又叫市场细分化,其基本含义是:企业把一个产品的整体市场划分为若干个消费者群,每一个消费者群具有需求特点的相似性,这样的消费者就构成了一个细分市场(又叫子市场或亚市场)。这样,属于不同细分市场的消费者对同一产品的需求存在显著差异,而属于同一细分市场的消费者则具有极为相似的需求。例如,依据购买者购买用途的不同,可以将市场分成消费品市场和工业品市场。

影响市场细分的因素有地理环境因素、人口统计因素、消费行为因素等,以这些因素为标准来细分市场,就得到地理细分、人口细分、心理细分、行为细分等四种形式的细分市场。

地理细分。即按消费者所处的地理位置、地理条件来细分市场。

人口细分。即根据人口统计因素,如年龄、性别、家庭规模、家庭收入、职业、教育、宗教、民族、国籍、家庭生命周期等因素来细分市场。

心理细分。即按消费者的心理特征对市场进行细分,心理因素包括:生活格调、个性、购买动机、价值取向等。

行为细分。即根据消费者购买行为的不同来细分消费品市场。消费行为的细分变量包括:消费者进入市场的程度、对品牌的忠诚程度(品牌偏好)、购买或使用产品的时机、使用数量的多少及使用频率、消费者追求的利益点等。

(二)市场选择

细分市场是为了选择目标市场,市场选择是指企业对各细分市场进行评价,选择其中某个或某几个市场选择进入的过程。

1. 市场选择的条件

对企业来说可以选择"适度规模"的有较好发展前景的细分市场。大企业重视销售量大的细分市场,常常对销量小的子市场不屑一顾。因此,小企业不宜进入大的细分市场。企业所选择的细分市场应该有充分的现实需求和潜在需求,满足企业所期望的获利水平,有利于企业在这个子市场上永续经营。

有五种力量决定了整个市场或一个细分市场的长期内在的吸引力。这五种力量分别是同行业竞争者、潜在的新的竞争者、替代品、购买者和供应者的讨价还价。企业应选择竞争不激烈、新的竞争者不易进入或本企业具有竞争优势的细分市场。

2. 目标市场选择战略

在确定目标市场后,大体上企业可以通过三种途径进入目标市场,即无差异营销、差异性营销和集中性(聚焦)营销战略。

①无差异市场营销。只推出单一产品,力求在一定程度上适合尽可能多的顾客的需求。这种战略的优点是产品的品种、规格、款式简单,有利于标准化与大规模生产,有利于降低生产、存货、运输、研究、促销等成本费用。

②差异市场营销。它是指企业决定同时为几个子市场服务,设计不同的产品,并在渠道、促销和定价方面都加以相应地改变,以适应各个子市场的需要。企业的产品种类如果同时在几个子市场都占有优势,就会提高消费者对企业的信任感,从而提高重复购买率;而且,通过多样化的渠道和多样化的产品线进行销售,通常会使总销售额增加。其主要缺点是会使企业的生产成本和市场营销费用增加。

③集中市场营销。它是指企业集中所有力量,以一个或少数几个性质相似的子市场作为目标市场,试图在较少的子市场上占较大的市场占有率。实行集中市场营销的企业,一般是资源有限的中小企业,或是初次进入新市场的大企业。

(三)市场定位

企业为了使自己生产或销售获得稳定的销路,要从各方面赋予产品一定的特色,树立产品鲜明的市场形象,以求在顾客心目中形成一种稳定的认知和特殊偏好,这就是市场定位。

市场定位,也被称为产品定位或竞争性定位,是根据竞争者现有产品在细分市场上所处的地位和顾客对产品某些属性的重视程度,塑造出本产品与众不同的鲜明个性形象并传递给目标顾客,确定产品在顾客心目中的适当位置并留下深刻印象,以便吸引更多的顾客。产品的特色或个性可以从产品实体上表现出来，如形状、成分、构造、性能等；也可以从消费者心理上反映出来，如豪华、朴素、时髦、典雅等；还可以表现为价格水平、质量水准等。

定位理论强调，随着竞争激烈，产品和品牌同质化、相似化日益严重，能否创造心理差异和个性差异，使自己的产品区别于同类产品，成为竞争的制胜点。该理论主张从传播对象即消费者的角度出发，由外向内地在传播对象心目中占据一个独特的心理位置。企业在市场定位过程中，一方面要了解竞争者的产品的市场地位，另一方面要研究目标顾客对该产品的各种属性的重视程度，然后选定本企业产品的特色和独特形象，从而完成产品的市场定位。

二、市场竞争战略

(一)市场领先者战略

市场领先者战略是指企业选择的目标市场尚未被竞争者所发现，企业率先进入市场、抢先占领市场的战略。具体做法可以有：①扩大市场需求，使整个消费量增加，收益最多的肯定是市场领导者；②保持市场份额，这是防御型的市场竞争战略；③提高市场份额，通过进一步提高市场占有率来增加利益。

企业采用市场领先者定位战略必须符合以下几个条件：①该市场符合消费发展趋势，具有强大的市场潜力；②本企业具备领先进入的条件和能力；③进入的市场必须有利于创造企业的营销特色；④提高市场占有率，使本企业的销售额能占有较大份额。

(二)市场挑战者战略

市场挑战者战略是指企业把市场位置定在竞争者的附近。与在市场上占据支配地位，也是最强的竞争对手直接交锋，并最终把对方赶下现在的市场支配地位，由本企业取而代之的市场定位战略。企业采取这种战略必须具备以下条件：①市场容量要有足够的潜力；②本企业具有比竞争对手更丰富的资源和更强的营销力量；③本企业能够向目标市场提供更好的产品和服务。

(三)跟随竞争者市场战略

跟随竞争者市场战略是指企业发现目标市场已充满竞争者，而该市场需求潜力又很大，企业跟随竞争者挤入市场，与竞争者处在一个位置上的战略。这种战略具体又可分为追随型和渗透型战略。追随型战略是指市场追随企业可以通过处理好与市场领先企业的关系，利用它们的优势和影响提高自己的市场地位。

(四)市场补缺者战略

市场补缺者战略是指企业把自己的市场位置定在竞争者没有注意和占领

的市场位置上的战略。当企业发现所面临的目标市场并非竞争者充斥，而是存在一定的市场缝隙或空间，而企业自身所经营的商品又难以正面抗衡，这时企业就应该把自己的位置定在目标市场的空当位置。采用这种市场定位战略，必须具备以下条件：①本企业有满足这个市场所需要的能力；②该市场有足够数量的潜在购买者；③经营必须有利。

企业市场竞争战略并不是一成不变的，而是随着目标市场竞争者的状况和企业内部的条件变化而变化。当目标市场发生下列变化时，就需重新调整定位的方向：①当竞争者的销售额上升，使企业的市场占有率下降，企业出现困境时；②企业经营的商品意外地扩大了销售范围，在新的市场上可以获得更大的市场占有率和较高的商品销售额时；③新的消费趋势出现和消费者群形成，本企业销售的商品失去吸引力时；④本企业的经营战略和策略做重大调整时。

第四节　现代企业市场营销策略

企业的市场营销策略主要有以下四个方面：产品策略、价格策略、促销策略、渠道分销策略。

一、产品策略

企业在制订经营战略过程中，首先面临的问题就是本企业能为顾客提供怎样的产品和服务，这就是产品策略问题。企业能否成功，在很大程度上取决于所制订的产品策略是否合适。

（一）整体产品概念

在现代营销环境下，企业销售的不仅仅是单纯的功能，而必须是产品整体概念下的一个系统。在竞争日益激烈的市场环境下，扩大延伸含义的产品，即产品给顾客带来的附加利益，已经成为企业市场竞争的重要手段。

（二）产品生命周期

产品生命周期是指某一个产品从完成试制、投放市场开始，直到最后被淘汰退出市场为止的过程所经历的时间。产品生命周期的不同阶段具有不同特征，对于处于不同阶段的产品也应相应采取不同的经营策略。典型的产品生命周期包括四个阶段：投入期、成长期、成熟期和衰退期。

处于投入期的产品往往是亏损的或盈利很低,所以,这一阶段的营销策略应主要突出一个“短”字,即尽可能缩短投入期,以便在短期内迅速打开市场。

处于成长期的产品,销售量迅速增长;产品设计和工艺基本定型,可以组织成批或大批量生产,产品成本显著下降;用户对产品已经有所熟悉,广告费用可以相对减少,销售成本大幅度下降;随着产量和销量的迅速增加,企业利润迅速上升;竞争者开始仿制这类产品,市场上开始出现竞争趋势。(如王老吉草本植物的饮品)这一时期营销策略的重点是要突出一个“快”字,企业在这一时期应抓住机会,迅速扩大生产能力,以取得最大的经济效益,例如,积极筹措和集中必要的人力、物力和财力,改进和完善生产能力和生产工艺,迅速增加或扩大生产批量,开拓新的市场,创造新的用户,以利于扩大销售等。

进入成熟期的产品,市场需求渐趋饱和,销售量达到最高点;生产批量大,产品成本低,利润也将达到最高点;很多同类产品进入市场,市场竞争十分激烈;成熟期的后期,市场需求达到饱和,销售增长串趋近于零,甚至会出现负数。

产品衰退期的具体策略有以下几种:维持或缩小策略、延长寿命策略、开发上市新产品,淘汰老产品。

(三)新产品开发

所谓新产品,不仅包括全新产品,还包括现有产品的改进、更新换代等(如手机)。企业获得新产品技术可以有两条途径:收购和开发。收购又有三种方式:直接寻找并收购其他企业;从其他企业购买新产品专利;购买其他企业新产品的生产许可证或特许权。开发新产品也有两种方式:企业组织自己的技术人员在实验室里开发新产品;与独立的研究机构或新产品开发代理商订立合同为企业开发特定的新产品。

(四)产品组合

企业生产经营的全部产品结构,称为产品组合。产品组合中包括产品线和产品项目两个概念。产品线是满足同类需求的一组产品,产品项目指产品线中的个别产品。如:一企业生产冰箱、空调、洗衣机,则该企业有三条产品线,在冰箱产品线内有双开门、三开门、分体、一体等各种产品项目。

(五)产品分析与评价

应用波士顿矩阵对于企业产品所处的四个象限进行分析,制订不同战略对策。

波士顿矩阵法是将企业所有产品从销售增长率和市场占有率角度进行再组合。在坐标图上,以纵轴表示企业销售增长率,横轴表示市场占有率,各以

10%和20%作为区分高、低的中点，将坐标图划分为四个象限，依次为“问号（?）”“明星（★）”“现金牛（¥）”“瘦狗（×）”。在使用中，企业可将产品按各自的销售增长率和市场占有率归入不同象限，使企业现有产品组合一目了然，同时便于对处于不同象限的产品作出不同的发展决策。其目的在于通过产品所处不同象限的划分，使企业采取不同决策，以保证其不断地淘汰无发展前景的产品，保持“问号”“明星”“现金牛”产品的合理组合，实现产品及资源分配结构的良性循环。（图7-1）

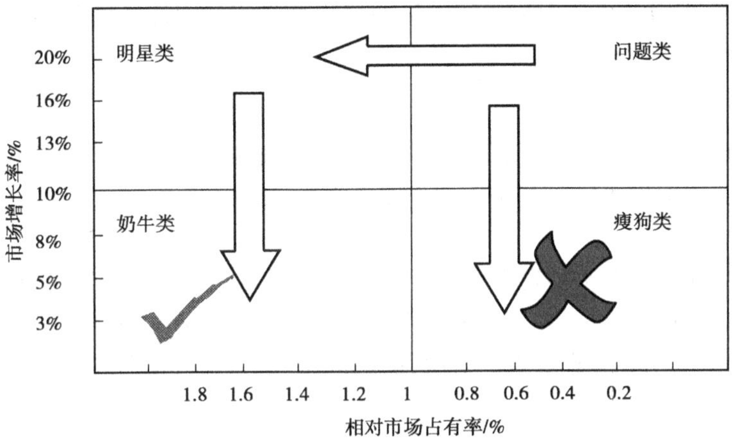

图7-1 波士顿矩阵

1. 金牛产品

该类产品的销售增长率低、相对市场占有率高。高的相对市场占有率带来高额利润和高额现金，而较低的销售增长率只需少量的投资，所以金牛产品通常产生出大量的现金。这样，金牛产品就可以提供大量的现金去满足整个企业的需要。对于金牛产品，企业应保护其市场占有率的优势地位，防止对该产品追加过多的投资，以其产生的现金优先维持和巩固那些无法自给自足的明星产品，剩余的资金可以用于扶持一部分筛选出来的问题产品，使之转变为明星。

2. 明星产品

明星产品是双高产品，业务增长率高，相对市场占有率也较高；虽然现金流入量较大，但是高的业务增长所需的费用也大，因此，其净收益可能很低。明星通常代表着最优的利润增长率和最佳的投资机会。对明星产品的最佳策略是进行必要的投资，从而维持其有利的竞争地位。

3. 问题产品

问题产品是那些市场占有率低而销售增长率较高的产品。高增长需要大量投资,而低的市场占有率只能产生少量的现金,所以这种产品的现金逆差较大。由于其增长率高,所以宜选择有前途的产品进行必要的投资,以扩大市场占有率,从而使其转变为明星,当增长率降低以后,这颗明星就转变为金牛。

4.瘦狗产品

瘦狗产品是市场占有率和销售增长率都低的产品。较低的市场占有率一般意味着较少的利润;同时,由于占有率低,为维持竞争地位所需资金常常超过其现金收入。因此,瘦狗产品常常成为资金的陷阱。对瘦狗产品采取的策略可以是:加快营利,采取榨取策略,将辅助费用降低到最低程度;采取抽资或放弃策略。

(六)品牌策略

品牌是用来识别产品的某一名词、符号、文字、数字、标记及其组合(例如:海尔)。其基本功能是把不同企业生产的产品区别开;使竞争者之间的产品不发生混淆。

品牌在市场营销中发挥着重要的作用。它表明了产品的特性,所以有利于企业进行推广宣传,在消费者心中树立起形象。其次,品牌有助于顾客建立品牌偏好,吸引更多忠实者。再次,品牌属于无形资产,品牌策略是企业的重要竞争策略之一。

二、价格策略

(一)影响商品价格的因素

制订价格策略,首先要了解影响和制约商品价格的因素。这方面的因素有:成本;市场需求情况;市场结构与竞争状况;商品的市场特点,如消费者购买频率、商品的易腐性、易毁性和季节性;产品需求弹性;社会经济形势;市场范围等。

(二)定价目标

定价目标即企业通过定价所要达到的主要目的,企业常见的定价目标有:

(1)追求利润最大化　利润最大化指企业在一定时期内可能获得的利润总额达到最大。但是利润最大化并不等于制订最高销售价格。利润最大化以良好的市场环境为前提,当企业及其产品在市场上享有较高声誉、企业具有相对竞争优势时,可以通过定价获得最大利润。

(2)扩大市场份额　用保持和增加市场占有率作为定价目标,有利于企业参与竞争。市场占有率的高低不一定与资金利润率相一致。为了扩大市场份额有时需要在价格上作出牺牲,这样做可能会导致资金利润率下降,但随市场份额的扩大,企业的资金利润率有可能提高。

(3)适应竞争　价格竞争是市场竞争的主要手段之一。有的企业为了在市场上站住脚,总是努力以价格作为竞争武器,利用价格竞争排挤竞争者,在低价格的冲击下,有些企业由于承受不了由于低价格带来的亏损而被迫退出竞争,或者开拓新的市场,或者破产。这种办法多用于产品差异比较小的行业,如质量大致相同的煤炭、规格大致相同的彩电、冰箱、洗衣机等。

(4)稳定价格　这种定价目标一般适合于在同行业中举足轻重的大企业。大企业有相当大的市场占有率和利润,希望通过价格的稳定保持住现有的状态,而且它也有足够的实力来稳定价格。

(三)定价方法

(1)以成本为中心的定价方法　企业在产品成本(包括生产成本、管理费用、销售费用等在内的总成本)的基础上,加上企业可以接受的利润额,或乘上一个利润率,确定该产品的价格。

(2)以市场需求为中心的定价方法　这种定价方法中,有一种方法叫理解价值定价法。这种定价法的基本思想是:决定商品价格的关键因素是买方对商品价值的理解水平,而不是卖方的成本。另一种典型的方法是差别定价法。它要求区分具有不同需求弹性的顾客群,对他们采取不同的价格。(如微软)

(3)以竞争为中心的定价方法　这类定价方法主要根据市场上竞争者产品的售价作为自己定价的依据,随竞争状况的变化调整价格水平。

三、促销策略

促销又叫销售促进,指卖方向消费者或用户传递产品和企业信息、树立产品和企业形象,唤起顾客对产品的需求,从而开拓市场的活动过程。

(一)促销组合

促销方式可分为人员促销和非人员促销两大类。人员促销指推销员直接推销。非人员促销又分为广告、营业推广、公共关系等。促销组合策略就是对这四种方式的组合、选择和运用。

(二)人员促销

人员促销是一种通过与顾客的人际接触来推动销售的促销方式。它具有直接联系、机动灵活、现场洽谈、反馈及时、选择性强等特点,有利于培养业务单位间良好的人际关系。但与其他促销活动相比,人员促销的费用较高。人员促销的工具主要包括报纸、杂志、广播、电视、电影、外包装、邮件、产品目录、小册子、海报、传单、说明书、广告牌、招牌、售货现场陈列、标志和标语等。

(三)广告促销

广告是企业用付费的方法,通过一定的媒体,运用印刷、书写、画面或口头宣传等手段,向顾客介绍和推销产品或服务的一种方式。广告是市场促销的一种主要手段。广告的促销工具主要包括:竞赛、游戏、彩票、举办讲座、赠送样品、礼品、商品展销会、现场陈列和表演、优惠券、现金付款折扣、价格折让、招待会、免费试用、赠送印花、交易折扣和津贴等。

(四)营业推广

营业推广又称销售推广,主要是指能够刺激顾客的强烈反应、促进短期购买行为的各项促销措施。营业推广包括多种方式,如产品陈列和现场表演、产品展销、样品赠送、发放优惠券等。

营业推广的促销工具主要包括:记者招待会、演讲、研讨会、年度报告、慈善捐献、公益赞助、新闻公报、有奖比赛、文字宣传材料、视听宣传材料、企业识别系统(CI)、座谈会、咨询会等。

(五)公共关系

公共关系是指企业为获得公众信赖、加深顾客印象而用非付费方式进行的一系列促销活动。公共关系的促销工具主要包括:销售介绍、销售会议、电话营销、推销员示范、展览会、交易会等。

四、分销策略

分销是产品从生产领域向消费领域转移时所经过的路线、环节、方式、机构等的总称。分销策略主要包括渠道的选择、设计与管理,其目的在于将产品最合理、最有效地传递到消费者手中,实现企业的营销目标。

(一)中间商的作用

(1)经销商与代理商　经销商是从事商品交易业务,在商品买卖过程中拥有商品所有权的中间商。这类中间商首先购买商品,然后按照自己制订的营销策略,从事销售工作。由于拥有商品的所有权,往往可以获得更大的收益,但相应也需要承担更大的风险。

(2)批发商与零售商　在商品流通过程中,不直接服务于最终消费者,只是实现商品在空间上、时间上的转移,达到再销售目的的中间商,称为批发商。服务于最终消费者的称为零售商。市场上最终消费使用的商品几乎都是由零售商直接提供的,大部分规模较大的零售商,通常也从事批发业务。

(二)直接式和间接式分销渠道

(1)直接式分销渠道 直接式分销渠道是生产企业直接把产品销售给用户(顾客),没有中间商的介入。如:定做、推销员上门推销、邮寄等。

(2)间接式分销渠道 间接式分销渠道是由生产企业通过中间商把产品销售给用户(顾客),有中间商的介入。

五、顾客的解决方案

生产者为了解决客户在业务方面存在的问题,由供应专门研究设计提供的方案,叫做顾客解决方案的方式。这种顾客解决方案具有针对具体问题、时效性强、操作性强、专业色彩很浓厚等特点。

六、客户方便

是指供应商为产品或者服务需要者(订单发出者)提供的一种比较特殊的便利,它为客户/顾客提供包括时间的节省、灵活对待、意见尊重等因素在内的利益关切的便利条件。

七、与客户的沟通

是指供应商和客户通过语言、行为、书面文字说明(如信件、备忘录、传真、电子邮件)和其他明示等方式在信息、主张、观点、想法和认识上的充分交流努力达成共识的过程。

第五节 现代企业市场营销的新发展

一、绿色营销

绿色营销是一种全新的营销观。绿色营销在营销中要求注重地球生态环境的保护,促进经济与生态的协调发展,为实现企业自身利益、消费者的社会利益及生态环境利益的统一而对其产品、定价、分销和促销的策划与实施过程。

绿色营销是指企业在整个营销过程中充分体现环保意识和社会意识,向消费者提供科学的、无污染的、有利于节约资源使用和符合良好社会道德标准的商品和服务,并采用无污染或少污染的生产和销售方式,引导并满足消费者的有利于环境保护及身心健康的需求。

全球可持续发展战略要求实现资源永续利用,企业要适应该战略要求,在进行绿色营销时,开发绿色资源就显得十分重要。企业应在现有的基础上,利用新科技、开发新能源、节能节源、综合利用。在资源开发方面我们可以着眼于自然资源如风能、太阳能等用之不竭的新型能源。

在绿色营销策略中,绿色商品的策略是最为关键的,所谓绿色商品,就是有利于环境保护和消费者身心健康的产品。制订绿色商品策略除了遵循市场营销的商品策略外,还应着眼于:商品应该安全、卫生、有利于人体健康的;商品不会造成环境污染,最好还能改造环境;采取商品回收措施,以便减少废弃物的污染,节约原材料消耗;对企业现有产品,应建立一套鉴定、改进制度,不断加强老产品的绿色含量,尽快使之成为符合环保要求的绿色产品。

二、网络营销

网络营销也称互联网营销,互联网的出现与飞速发展,在一定程度上改变了人们生活、工作、学习、合作和交流的方式,促使互联网在商业上得到大量应用,带来了的现实和潜在效益,促使企业积极利用新技术变革企业经营理念、经营组织、经营方式和经营方法,搭上技术发展的快速便车,推进企业飞速发展。

(一)网络营销的内容

(1)品牌推广　企业则可以通过互联网快速树立品牌形象。网络营销的品牌建设是以企业网站建设为基础,通过一系列的推广措施,达到顾客和公众对企业的认知和认可。

(2)信息发布　利用互联网可以快速把信息传递给目标对象,包括顾客、媒体、合作企业、竞争者、公众等。

(3)顾客服务　利用互联网的交互性也能够方便地实现企业与顾客及潜在顾客之间的交流与互动,提供在线顾客服务,落实客户关系管理,提高顾客的满意度。

(4)市场调研　利用互联网的在线调查表或者电子邮件等方式企业可以进行低成本的市场调研。另外,从网络论坛、邮件清单、新闻公告牌等场所能够获得消费者、竞争者以及公众对企业的评价。

(5)销售渠道　网上销售是企业销售渠道在网上的延伸,利用电子商务所提供的交易技术平台进行网上销售。

(二)网络营销的主要手段

(1)搜索引擎注册　搜索引擎是人们发现新网站的基本方法,因此,企业在主要的搜索引擎上注册并且位置靠前,有利于提高企业认知度。

(2)交换链接　即分别在自己的网站上放置对方网站的标志,并互设对方网站的超级链接。

(3)病毒性营销　指借用网络使信息以类似病毒快速复制的传播方式进行营销。病毒性营销的典型是 Hotmail. com。现在几乎所有的免费电子邮件提供商都采取类似的推广方法。

(4)网络广告　在浏览量大的网站,如门户网站等发布广告。

(5)电子邮件营销　在顾客许可前提下,向顾客发送电子邮件进行信息发布和交流。

(6)网上商店

三、关系营销

越来越多的企业意识到,寻求与客户建立和维系一种长期的战略伙伴关系是使交易双方企业获得"双赢"的最大保障。因此在此基础上,关系营销应运而生。关系营销是以建立、维护、促进、改善、调整"关系"为核心,

关系营销的着重点是人际传播。注重于与顾客建立关系而不只是价格刺激,增加社会利益,同时也附加财务利益,主要形式如建立顾客组织,包括顾客档、组织正式的、非正式的俱乐部以及顾客协会等。如香港汇丰银行、花旗银行等通过它们的信用证设备与航空公司开发了"里程项目"计划,按积累的飞行里程达到一定标准之后,共同奖励那些经常乘坐飞机的顾客。又如,由新加坡发展银行有限公司、VISA 和高岛屋公司联合发起的忠诚营销也是希望与顾客建立长期的关系,智能卡(Smart-card)的持有者能享受免费停车、送货服务、抽奖活动等一系列优惠,具体形式则取决于顾客用智能卡购买商品的累积金额。

四、合作营销

合作营销是指两个或两个以上的企业为达到资源的优势互补、增强市场开拓、渗透与竞争能力联合起来共同开发和利用市场机会的行为。

合作营销的核心是建设性的伙伴关系,而这种伙伴关系的建立是以双方的核心能力的差异性或互补性为基础的。这种互补性使得双方的合作产生协同效应,创造"1 +1 >2"的效应,创造"1 +1 >2"的效果,从而实现合作双方的"双赢"。

(一)合作营销的内部因素

(1)大市场营销的需要　世界经济趋向一体化,企业为了生存与发展,十

分有必要进入全球市场;企业要进入某一区域的市场就要克服各种各样的壁垒,这无疑增加了企业进入市场的成本。企业要在市场中取得一席之地,单凭自身的力量已经不够。但如与当地企业进行合作,则可超越各种贸易和非贸易壁垒,克服资源不足的困难,顺利进入该市场。

(2)减少和分担昂贵的研究与开发费用

(3)减少风险　这里风险主要来自新技术新产品的风险和来自于市场的风险。

(4)有利于更高层次的竞争　例如,为了与美国波音公司和麦道公司竞争,欧洲空中客车公司把欧洲各国制造飞机的智慧和优势结合在一起。A300和A310宽体飞机在法国总装,德国负责生产机身,英国负责生产机翼,西班牙负责主产尾翼等,从而发挥广各自的优势,增加联盟的竞争力。

(5)合作各方的资源互补　福特——马自达的成功结盟,即是利用双方擅长的不同价值活动。福特长于国际营销、财务,马自达则在技术及发展研究上拥有雄厚的实力,双方各取所需,各尽其职。

(二)合作营销的策略选择

1. 品牌策略选择

在今天的市场中,随着公司之间的联盟日益风行,品牌间的关系也由单纯的竞争向竞争与合作并存转变。从国内外企业在品牌策略的合作营销实践看,有以下策略可供选评:品牌共享策略、纵联品牌策略、品牌联盟。

2. 特许经营

特许经营是一种典型的合作营销组织,是企业与其销售商的纵向整合,在国外是一种广为流行的合作营销模式。特许经营是一种持续的关系,在这个关系中,特许人提供一种被许可的商业经营权,并在组织、训练、商品计划和分销上提供援助,以作为受许人的特许费用的回报。特许经营者在分销渠道中可以联结从生产到分销全过程的几个连续的阶段、且有独特的优势,因此特许经营近来发展十分迅速。特许经营主要形式有厂家特许零售系统厂家特许批发系统和服务性公司特许零售系统等。

3. 共享设施

不同的公司间往往有互补性很强的设施或营销渠道,这往往成为合作的条件。目前,许多跨国企业正着手建立全球性伙伴网络则是企业间营销渠道互补的另一个典型例子。全球性伙伴网络是指跨国企业在其营销网络中寻找战略伙伴,并与之结合,以获得一个更加有效的地理优势。

4. 共同销售

对于一些中小企业来说,为了克服单个企业能力上的限制和节约成本,可以采取合作的方法共同组建销售渠道，共担风险，分享利益，以增强市场竞争能力。

5. 合作开创新企业

在新材料工业、计算机工业中屡见不鲜。在一种新技术刚转化为产品时，由于市场前景不明朗，出于降低风险的考虑，公司间可以结成营销同盟。

五、直复营销

直复营销是一种为了在任何地方达成交易而使用一种或多种媒体（电视、电话、广播、互联网、报纸等）让顾客传回信息（问询或订购）后再销售的一种方式。与传统的营销方式相比，直复营销其最大不同在于改变了信息从厂商传递到最终用户的渠道。

直复营销的主要方式有：

（1）直接邮购　先邮寄印刷广告，顾客回复后再寄货物。

（2）目录营销　先邮寄产品目录，或由顾客索取目录。优点：有利于满足顾客对综合产品的要求。

（3）电话营销　顾客可以用免费电话咨询。

（4）电视营销　在电视上播放直接反应广告，告诉顾客电话，让顾客打电话订购；或者设置专门的家庭购物频道，顾客用电话订购。

六、数据库营销

数据库是指一个组织的广泛的数据集合。数据库营销是企业通过搜集和积累消费者的大量信息，经过处理后预测消费者有多大可能性去购买某种产品，以及利用这些信息给产品以精确定位，有针对性地制作营销信息，以达到说服消费者去购买产品的目的。

数据库营销是营销领域一次重要变革，是一个全新的营销概念，新一代高速计算机和数据库技术可以使企业能够集中精力于更少的人身上，最终目标集中在最小消费单位——个人身上，实现准确定位。可以帮助企业在最合适的时机以最合适的产品满足顾客需求，可以降低成本，提高效率。也可以帮助企业发展新的服务项目并促成购买过程简化，带来重复购买的可能。运用数据库与消费者建立紧密关系，企业可使消费者不再转向其竞争者，同时使企业间竞争更加隐秘，避免公开对抗。

【案例一】

从芭比娃娃的联合促销看合作营销

自1959年,美泰公司(Mattel)旗下著名的玩具品牌"芭比娃娃"上市40余年以来,他们一直致力于与包括服装、珠宝、日用品、电子产品等各类品牌间短时间内的联合促销活动。

美泰公司副总裁Lisa Gaudio说:"在40多年里,芭比娃娃已经穿过超过80位著名设计师设计的服装,这也是芭比娃娃保持长久吸引力的重要原因。"

芭比娃娃的联合促销活动总是与时俱进,紧跟社会热点,如麦当劳芭比娃娃、哈利·波特芭比娃娃、Burberry芭比娃娃、PS2芭比娃娃。很多时尚品牌在进行品牌推广时最先想到的都是与芭比娃娃联手推出新产品,这也让美泰公司节约了大量的开发新产品的费用。

正因为如此,现在搜集芭比娃娃的嗜好仅次于集邮之后排名第二,收藏者从小女孩到四五十岁的白领。芭比娃娃在全世界超过150个国家销售,全世界每秒就有3个芭比娃娃被买走,平均每个美国女孩拥有9个芭比娃娃,创造了商业奇迹。而穿上时尚新品、遍布世界各地的芭比娃娃则成为各品牌最好的模特。

联合促销实现了双赢。

【案例二】

上海华联商厦的绿色营销

据统计,全国每年生产衬衫约12亿件,其中8亿件要用包装盒,相当于每年要耗用168万棵碗口粗的大树。上海华联为此打出"少用一个包装,多留一片森林"的公益广告,鼓励大家购买无盒衬衫。在华联商厦销售衬衫的20多家企业,已经表示赞同这一"绿色消费理念";而许多消费者也明确表示,自己穿的衬衫,原本并不需要豪华的包装。为了鼓励更多的消费者购买无包装的"环保衬衫",华联商厦还规定,每购买一件无盒衬衫,即送一瓶"衣领净"。

上海华联商厦的这一举措,受到了来自社会各界的广泛好评,起到了倡导绿色消费观念的积极作用,其公益行为为华联的品牌形象增加了光彩。

“绿色需求”是现代人类最基本的需求,并转化为绿色消费行为,以“绿色、自然、和谐、健康”为主题,积极主动地引导和创造有益于人类身心健康的生活环境,它不仅是一种消费行为,更是一种理念与哲学。绿色消费已经成为衡量生活质量的一个重要指标,并与经济程度成正比。可以不夸张地说,绿色消费将是21世纪乃至未来更长远的消费主流。

上海华联商厦的公益之举,属于绿色营销的范畴,其中包含了树立绿色营销观念、搜集绿色信息、包装绿色化、开发绿色促销、引导绿色消费等内容。倡议“少用一个包装,多留一片森林”,增强大众的绿色环保意识,推动全社会的绿色消费潮流向前发展。

【案例三】

“玩”背后的商机

从1998年“QQ”诞生到2008年,“QQ”拥有了5亿多用户,成为当今最有品牌知名度和价值空间的网络产品。

“今天你Q了吗?”

“今晚你Q我。”

这个“Q”就是由以马化腾为核心人物的深圳市腾讯计算机系统有限公司制造的网络拳头产品,这个以“聊天”为核心功能的网络产品依靠一只小小的、围着红围巾的卡通企鹅为品牌传播形象,蹿红在将近五亿网络用户中。

1. 玩也是生产力

俗话说,玩物丧志。可是马化腾建造的“QQ”就是以“玩”、以“聊天”为产品定位,牢牢抓住了16~30岁年龄段的网络用户。

只要架起一根细细的网线,你就可以坐在属于自己的空间里,对着电脑屏幕与天南海北、认识或不认识的朋友进行点对点实时交流,发送信息,互换礼物,畅游在虚拟的网络世界,不亦乐乎。

这是绝妙的网络产品创意,绝妙的产品带来的绝妙生活享受。它改变了现代人的交流方式,为现代人的娱乐休闲开辟了崭新的领域,而创意这个网络产品并籍此开创新的营利模式。

2004年,马化腾因QQ这项创新性的互联网服务和移动增值服务以及他们带给企业的高速发展和对人们经济生活的深刻影响,获得一连串荣誉:入选美国《时代周刊》“最具影响力商界人士”、CCTV“中国经济年度新锐”和香港“紫荆花杯杰出企业家奖”，其个人身价也因企业在香港上市后飙升到8.98亿港元。

圈牢这3亿用户，仰仗这个“玩”，腾讯推出广告业务、移动业务及付费会员制，并成功将品牌外包，延伸打造知名度和美誉度，由此获得10%的代理费，而著名的Hello Kitty的代理费也不过是5%，真正实现品牌和企业“名”“利”双收；仰仗这个“玩”，腾讯在中国互联网上呼风唤雨，切入门户，一年内就直逼三大门户网站；仰仗这个“玩”，腾讯2003年的净利润为3.38亿元，比2002年翻了近一倍，并成为亚洲第一、世界第三的即时通讯运营商。

腾讯QQ，一个三亿人聊天的品牌，通过“玩”创建了巨大的消费市场。

【案例四】

奥迪的市场竞争战略

奔驰、宝马、奥迪属欧洲三大豪华汽车，这是不争的事实。在全球绝大部分市场，宝马车的销量都超过奥迪，但在目前中国市场，奥迪汽车击败宝马也同样是不争的事实。

据不完全的相关资料统计，国产奥迪A6轿车2004年在中国售出超过6万多辆，而国产宝马轿车只售出1万多辆。相对宝马品牌来说，奥迪这个尚属弱势品牌能在中国市场击败宝马，最关键的一个因素是奥迪与宝马汽车在品牌战略博弈中赢得胜利，而奥迪在这个品牌战略博弈的胜利又是通过成功的“价格狙入策略”运用得当而取得。

“价格狙入策略”，在营销理论上指用有竞争力的定价，狙击竞争对手的进入。传统的“价格狙入策略”的运用者大都使用低价格，以低成本优势狙击对手，而奥迪车“价格狙入策略”则反弹琵琶，用“高定价”成功狙击宝马。

奥迪选择主力车型A6系列，将系列车型价格定为40万~55万，这在中国汽车市场是一个高端层面的定价了。宝马汽车由于自视品牌价值比奥迪汽车高贵，销售价格自然不可能低于奥迪，所以逼着宝马将新入市的3系列汽车价格定价在50万以上。但50万以上的定价在中国已是十分招摇的价格，令中国绝大部分购车者退避三舍。另外，宝马3系列轿车的车身狭小，内部缩窄，无法满足中国行政公务用车的舒适性，其性价比与奥迪A6汽车外观及内在都浑圆大气的气度相比差距太大，导致宝马3系列车在中国行政公务用车这个目标层十分的尴尬。这宝马3系列车的销量始终上不去，在2004年底不得不全面降价。而降价对宝马汽车在中国的品牌价值是很大的杀伤。可见奥迪汽车成功的价格狙入策略已令对手陷入一个“两难”地位。

（来源：全球品牌网，2006-4-23.）

【小结】

市场营销是20世纪发展最快的学科之一。它是当代企业在迅速变化的市场环境和日趋激烈的竞争中求生存，求发展的管理利器，而且逐渐成为“我们这一代人的一种核心思维方式”，在社会经济生活的各个方面得到广泛应用。从4Ps，6Ps，4Cs到4Rs，反应了营销观念在不断深入，不断整合的趋势。面对经济全球化和知识经济时代的全面挑战，企业经营环境发生了根本的变化。新营销方式如网络营销、合作营销、绿色营销、关系营销等层出不穷，市场营销的理论与实践正在不断创新；以适应新的更为急剧变化的环境要求。当代市场营销理论及其实施，正推动企业界以市场为导向，以知识为基础，强化市场营销职能，通过“学习”过程，不断追求卓越。

【复习思考题】

1. 什么是市场营销？营销这一概念是建立在哪些重要概念之上的？
2. 什么是营销观念？现代营销观念经历了哪些阶段？
3. 现代企业市场营销战略的步骤是什么？
4. 现代企业市场营销策略有哪些？如何实施？
5. 我国现在大多数企业的营销观念是什么？其合理性如何？
6. 关系营销的主要着重点何在？
7. 合作营销的特征有哪些？合作营销的策略有哪些？

【实训目标】

1. 掌握现代企业市场营销的基本概念。
2. 认识企业的市场的定位及竞争的战略。
3. 理解正式市场营销计划的构成要素：市场分析、竞争分析、市场营销战略。
4. 描述市场营销战略的四个组成部分：完整的产品或服务、促销、分销和定价。

【实训内容与形式】

1. 企业实战练习：把学生分成若干小组，以组为单位进行，分别分析笔、运动鞋、炭酸饮料、小轿车、洗发水、洗衣粉、电视机、牙膏、胶卷等行业中企业的市场地位及竞争战略。

2. 学生把自己当作所选企业的营销人员，根据所搜集的资料，完成对竞争对手的分析；同时结合本企业情况，分析自己采用的市场竞争战略。

3. 资料可以到图书馆或通过上网搜集，以书面报告的形式完成。

4. 管理游戏：提高学员解决棘手问题能力的游戏。

5. 情景模拟：假设你是公司销售部经理，本月的销售工作进行的并不理想，根据你的分析，主要是销售人员的专业技术知识较差所造成的。你的上级要你向他写一份本月销售工作的总结报告，你同时也希望利用这个机会向上级表明你自己的分析和处理意见。

第八章

C.A 现代企业文化

现代企业是当今社会经济的基础,而现代企业文化又是现代企业的灵魂。

不少有识之士经过无数次理论和实践的猛烈撞击,已形成这样的共识:国家的富强靠经济;经济的繁荣靠现代企业;现代企业的发展靠现代企业文化。同样也形成这样的共识:现代企业间的竞争或国家间的竞争,从形式上看似乎只是产品的竞争、劳务的竞争、科技的竞争,而实质上是人才的竞争和教育的竞争,归根到底是现代企业家之间和现代企业文化之间的竞争。因为,竞争的具体执行者是现代企业家,而现代企业经济实力的背后又是现代企业文化在起着决定性的推动作用。为此,可以这样断言:成功的现代企业必然同时拥有"两个卓越":其一,必然拥有卓越的现代企业家;其二,必然拥有卓越的现代企业文化。现代企业文化也是一种生产力。从现代企业文化所具有的"内求团结"——增强现代企业凝聚力和"外求发展"——增强现代企业竞争力的功能可以充分揭示这一点。

因此,可以做出这样的结论:中国要真正成为一个世界性经济强国,真正使国家的综合实力得到增强和国际地位得到提高,屹立于世界优秀民族之林,实现中华民族伟大的复兴,必须同时做到"三个必须依赖于":

①必须依赖于现代最先进的生产力承担者——现代企业;②必须依赖于现代企业最具聪明才智的卓越领导者——现代企业家;③必须依赖于现代企业生存和发展的灵魂和精神支柱——现代企业文化。

反过来也可得出这样的结论:通过切实重视和努力搞好现代企业文化,可以收到这样的奇效:必将创现代企业之兴盛,必将创社会经济之繁荣,必将创中华民族光辉灿烂之未来。

【开篇案例】

从小故事看企业文化

北京师范大学于丹教授在《论语心得》里,有这样一则小故事,故事讲到:“有一天,孔子的学生子贡向孔子请教治理国家的办法。孔子说,只要有充足的粮食,充足的战备以及人民的信任就做到民富国强了。子贡问,如果迫不得已要去掉一项,三项中先去掉哪一项?孔子说:去掉军备。子贡又问,如果迫不得已还要去掉一项,两项中去掉哪一项?孔子说,去掉粮食。自古人都难逃一死,但如果没有人民的信任,什么都谈不上了”。对于孔夫子的政治理念,他认为信仰的力量足以把一个国家凝聚起来。一个国家最可怕的是国民对这个国家失去信仰后的崩溃和涣散。要民众从内心感到安定和对于国家的认可,则来自民众对国家的信仰。

对于一个企业也是如此,一个企业的真正存在,不在于它有多大的实体规模,而在于是否引领员工心灵中的思想观念,是否具有一种精神存在于员工的头脑和心灵之中,是否让员工从心里有一种强烈的自豪感。正是因为这种热爱,这种信仰,所以员工才能以主人翁的姿态来关注企业的现在与未来,关注企业的前途与命运,关注一切与自己企业息息相关的东西。民众对于国家信仰是一个国家不可缺少的,同样的企业文化对于一个企业也是必不可少的,它是所有员工共同坚守的理想和信仰,有了它员工就会以虔诚和热情来经营企业,完成工作,那么我们的企业才能获得更稳定、更健康的发展!

第一节　现代企业文化的兴起

当人类文明进入21世纪以来,中国企业界伴随着充分学习和运用当今世界最先进的管理思想、管理理论、管理方式及最先进的技术和设备来大力发展现代企业,又以其求知若渴的虔诚,揭示神秘的勇气和追求卓越的胆识,潜心研究和学习运用刚刚被人们认识不久的,并正在被越来越多的现代企业所采用的一种新的客观规律,那就是现代企业文化理论。这种现代企业文化理论的诞生及在现代企业管理中的运用,意味着对原有企业管理理论的丰富和完善，预示着企业管理的理论和实践都将进入一个崭新的发展阶段，暗示着将对现代企业管理者的管理思想和管理观念进行一次激烈的碰撞和严重的冲击，标志着一种全新的管理科学的正式诞生。

一、现代企业文化的由来

应该说，日本经济的飞速发展给美国人的启示引发了现代企业文化理论的诞生。

二战后，资源匮乏、国土狭小、劳力短缺、经济贫弱、国力衰减、整个国民经济濒临崩溃，国民处于极度贫困之中，完全依靠美国援助而生存的日本，却在短短的 20 年里，以其锐不可当的势态和惊人的发展速度，迅速恢复和发展了本国的经济实力，挤进了全球经济强国行列。不仅日本商品很快挤进和占领了欧美市场，而且在电子、信息等生产领域和传统工业部门对长期占据优势地位的美国企业提出了挑战，并通过在美国建立工厂，收购企业，买入债券和股票等方式，对美国进行资本输出。这给美国企业和美国经济带来了巨大震动和压力，让一向以“美国第一”自居的美国人震惊了！因为在 20 世纪 70 年代以前，美国是世人公认的在经济技术和企业管理方面最先进最发达的国家。自从泰勒创立管理科学以来，世界上著名的管理学家和企业家大都生活在美国，世界上最著名的管理方面的著作大都是美国出版的；而且，20 世纪 50 年代后日本的企业管理方法也是从美国引进的。因此，学生在短短的 20 年里超过先生，让美国人尽尝竞争失利的苦果。

正因为如此，美国才开始反省自己，他们不但组织大量专家对本国的企业管理理论和实践进行科学总结，而且及时组织美国企业界和管理理论界的专家对“日本奇迹”的奥秘进行认真的考察研究。通过研究分析，他们得出结论：形成日本企业巨大生产力和强劲竞争力的，不仅仅是发达的科学技术、先进仪器设备等物质经济因素，同时包括了更为深刻的社会历史、文化传统、心理状态等文化背景的因素，正是上述诸多因素的融合，形成了日本企业独具特色的风格，铸就了日本企业与众不同的企业精神。美国经济发展落后于日本，其主要原因就在于美国的企业管理思想和企业管理方式落后于日本，具体体现在美国的企业管理不像日本那样重视人的作用，对企业文化重视不够。正如一位美国评论家讲的，日本的成功并不在于日本人有什么奥秘，而纯粹在于日本人的忠诚心和日本人经过成效卓越的训练而产生的献身精神，以及日本人个人对本公司成就的认同感。简单概括地说，就在于企业职员及其领导人之间的那种充满人情味的关系。还有美国企业家认为，美国人的“敌人”不是日本人或西德人，而是美国自身的企业文化的局限性。

因此,美国人通过对日本企业管理实践的分析比较和对日本奇迹的奥秘研究,充分认识到了企业管理不仅仅是一门科学,而且是一门艺术。它不仅靠逻辑和推理,而且靠直觉和感情。在管理与文化的关系处理上要更加重视精神的作用和文化的力量;在人与物的关系处理上应做到人物并重,以人为主;在“硬”管理与“软”管理关系处理上要“硬”“软”兼备,以“软”为主;要把实现企业管理规范化和理性化与激励和引导职工的精神、情感、智慧及调动职工的积极性、主动性和创造性紧密结合,互相弥补。与此同时,美国人运用他们的智慧,综合上述研究,提出了一个全新的现代企业管理理论和现代企业管理方式——现代企业文化。以经验和理论形态出现的现代企业文化,其理论出自于美国,但它的根却在日本,因为美国研究企业文化并形成现代企业文化理论,在很大程度上都是以日本企业长期以来形成的特殊企业精神为原型的。而且,美国企业文化就是在很大程度上吸取和借鉴了日本等国企业文化的成果。当然,后来日本企业文化的发展,又得益于美国企业文化理论的启迪,并在实践中形成了与美国不同的风格,同时为世界企业文化的发展提供了东方色彩的模式。因此,现代企业文化理论不仅迅速在日本和美国传播,而且很快传入了与日本和美国社会制度不同的中国,使我国能很好地分析和了解日本和美国企业文化方面的特点和经验,并批判性参考和借鉴其中的精华,为加速我国的企业文化建设服务,为发展壮大我国的现代企业服务。

二、搞好现代企业文化的重要性

哈佛商学院研究人员约翰·科特和詹姆斯·赫斯凯研究的结果表明,文化对于企业绩效有着强大并且日渐增加的影响,有四个主要结论:①企业文化对于企业的长期经济绩效有重要影响;②企业文化在决定下一个 10 年里企业的成败方面很可能是一个极为重要的因素;③在那些大多都是通情达理和聪明人的公司里,阻碍长期财政绩效的企业文化并不罕见;④虽然很难改变,但企业文化也可以创造更好的绩效。

由此可见,企业文化对企业发展起着至关重要的作用。应当对现代企业文化引起足够的重视,并对搞好现代企业文化的极端重要性有充分的认识。

第二节　现代企业文化的内容

为了更好地运用现代企业文化理论这个企业制胜的法宝为现代企业发展

服务，有必要对现代企业文化的主要内容，包括含义、特征、要素、功能、外在表现等进行分析和把握，以便提高自觉运用现代企业文化理论的主动性、积极性和创造性，最大限度地发挥现代企业文化理论推动现代企业健康、快速、高效发展的强大作用。

一、现代企业文化的主要含义

文化作用于现代企业的生产经营活动，就产生了现代企业文化。有现代企业，就有现代企业文化。综合各种说法，将现代企业文化的含义表述如下：

现代企业文化，是以企业哲学为主导，以企业价值观为核心，以企业精神为灵魂，以企业道德为准则，以企业环境为保证，以企业形象为重点，以企业创新为动力的系统理念，是在一定的历史条件下，现代企业及其员工在长期的生产经营过程和变革的实践中逐步形成的，是具有现代企业个性的共同思想、价值观念、经营理念、群体意识、行动方式、行为规范的总和。它最大限度地尊重人、理解人、关心人、信任人；它培养和发挥企业及员工的创新能力；它引导企业主动适应知识经济时代经济知识化、网络化、全球化的大趋势；它不断增强企业的应变能力和竞争能力，极大地推动现代企业健康、快速、高效地发展；它促进企业立足国内，走向世界。现代企业文化产生和发展于企业自身，得到企业内部全体人员的认同与维护，并随企业的不断发展而日益强化，最终成为现代企业进步和发展取之不尽、用之不竭的精神源泉。

二、现代企业文化的主要特征

（一）整体性

现代企业管理理论，都是从不同的侧面去研究现代企业生产经营、运行发展规律的，诸如“X 理论”、“Y 理论”、“Z 理论”和“7S”（经营战略、制度、结构、人员、技巧、作风和最高目标）理论等无不如此。而企业文化是以企业作为一个整体，阐明企业多维、立体和有机的辩证关系，并对其进行整体的综合研究。它不仅研究企业价值观、企业目标、企业精神、企业制度、企业经营哲学以及企业道德等方面，而且还研究企业环境、文化仪式、文化网络、英雄人物等方面的内容。更重要的是，它不仅研究个别事物，而且重在探索整个系统的效应，为企业领导和管理人员提供理论依据，为广大员工积极工作创造优良的环境和有利的条件。

（二）凝聚力

现代企业文化具有全体员工共识的集体意识特点。它使现代企业员工相互之间有更多的共同语言、共同目标、共同精神,在现代企业中产生强烈的向心力和凝聚力。同时,激发员工的使命感和荣誉感,激励员工创造性地工作。它像一种无形的磁场,将员工吸引在同一价值目标和责任感上,使企业具有一种强大的推动力,不断创新,发展前进。

(三)稳定性

现代企业文化具有相对稳定的特点。现代企业一旦形成具有自身特点的文化之后,就必然相对稳定地存在,不会轻易消失,不会因现代企业领导人的更换以及组织制度、经营策略和产品方向的改变而发生大的变化。

(四)时代性

现代企业文化体现着时代性的特点。任何有用、健康、进取的优秀企业文化,都是时代精神的体现,并随着时代精神的发展而前进。同时,它还受着时代政治、经济、文化、社会形势的影响,因而必须以新的思想观念来丰富现代企业文化的内容,并紧跟时代步伐,使现代企业文化具有明显的时代特征。

(五)人本性

现代企业文化非常重视员工的主体性,要求员工意识到自己是现代企业的主人。它强调人的理想、道德、价值观、行为规范等在企业管理中起核心作用;在生产经营管理中,关心人、尊重人、信任人,使全体员工互相尊重,团结奋进,积极参与企业管理,推动企业发展。

三、现代企业文化的主要内容

从现代企业文化的定义不难看出,现代企业文化的内容很多,总的可概括为十个方面,即:现代企业目标、现代企业哲学、现代企业价值观、现代企业精神、现代企业道德、现代企业制度、现代企业文化活动、现代企业环境、现代企业形象、现代企业创新。

(一)现代企业目标

现代企业目标是企业观念形态的文化,具有对企业的全部经营活动和各种文化行为的导向作用。每一个企业为了自己存在的目的和所要达到的任务,都会制定出相应的目标,确定企业的使命与宗旨,激发员工动力,集中意志向目标前进。

确定现代企业目标必须从总体上体现现代企业经营发展战略,有一定的竞争性和一定的超前性,注意解决好经济效益与社会效益的关系。考虑到现代企业目标的复杂性、动态性、现实性,制定与贯彻企业目标,都要按客观规律办事,争取现代企业目标最佳化。

（二）现代企业哲学

现代企业文化所宣扬的企业哲学，和其他哲学一样，是现代企业理论化和系统化的世界观和方法论。现代企业哲学是企业全体员工所共有的对世界事物最一般的看法，是指导现代企业生产、经营、管理等活动及处理人际关系的原则。

现代企业必须着眼于培养现代企业家和现代企业员工的哲学思想，以转变观念和思维方式，正确处理企业中人与人、人与物、人与经济规律的关系，统一全体员工的思想，激发企业活力，带动企业前进。

（三）现代企业价值观

价值观是关于事物价值的看法、观念，是指人们对客观对象的意义及重要性的总体看法和总体观念，是对客观事物的总体评价。现代企业价值观是以现代企业中各个个体价值观为基础，以现代企业家价值观为主导的群体价值观念。

现代企业价值观是现代企业文化的核心，它决定和影响着现代企业存在的意义和目的、现代企业各项规章制度的价值和作用、现代企业中人的各种行为和企业利益的关系，为现代企业的生存和发展指明基本方向和行动指南，为现代企业员工形成共同行为准则奠定了基础。

（四）现代企业精神

现代企业精神是现代企业文化的高度浓缩，是现代企业文化的灵魂。现代企业精神的内涵丰富而深刻、意义重大而深远。现代企业精神具有强大的凝聚力、感召力和约束力，是企业员工对企业的信任感、自豪感和荣誉感的集中体现，是企业在经营管理过程中占统治地位的思想观念、立场观点和精神支柱。

企业因自己的生产方式、历史传统、产品结构、管理风格、员工状况的不同，受社会潮流、民族精神的影响，必然会形成自己独特的企业精神。这种独特的企业精神一般应包括企业对远大目标的追求、企业和员工强烈的命运共同体意识、企业所肩负的崇高使命、企业正确的价值观、企业有效的激励机制等。

（五）现代企业道德

现代企业道德是调整企业与社会、企业与企业、企业与员工、员工与员工之间关系的行为规范的总和。现代企业道德是现代企业文化之根本。现代企业道德以善与恶、公正与偏私、诚实与虚伪、正义和非正义评价为标准，以社会舆论、传统习惯和内心信念来维持，是道德原则、道德规范和道德活动的总和。

现代企业道德是一种意识形态，是企业在运行中适应社会的需求自然产生的。现代企业道德反映了企业一种内在的价值观念和企业意识，是现代企业经营管理理论与实践的一种必然性产物，是现代企业在生产实践中求生存、求发展的主体性的强烈表现。现代企业道德中的必然性内涵，反映的是一定企业环境对人们道德行为提出的客观要求，它从总体上规范人们的行为。

现代企业道德必须包括以下内容：遵纪守法，国家、企业、个人利益统一；履行社会职责，向社会负责，诚实守信；公平竞争，互惠互利；优质适价，竭诚为消费者服务；重视人的价值，关心爱护员工；不断创新，追求卓越等等。

（六）现代企业制度

现代企业制度一般指企业的规章制度或管理制度，是现代企业组织或群体为了维护其生产、工作和生活秩序而制定、颁布执行的书面的规划、程序、条例及法规的总和。

现代企业制度是现代企业文化的重要内容。这是因为从现代企业文化建设的角度看，必须把制度建设纳入到现代企业文化的范围内，使之成为文化管理的一个组成侧面；同时，现代企业在进行现代企业文化建设的过程中会产生一定的文化成果，如质量文化、经营文化、市场文化等等，这些成果也需要以制度的方式巩固下来，这就使现代企业制度建设成为现代企业文化建设不可缺少的组成部分。

（七）现代企业文化活动

现代企业文化活动是指现代企业根据企业经营、发展的需要，结合企业员工的需求和特点所开展的各种文化活动。

现代企业文化活动的内容很多，主要包括：为提高企业员工的文化素质和劳动技能开展的学习培训活动；为开发企业员工智力，培养员工的创造性和成就感开展的技术创新活动；为培养和提高企业员工艺术审美水平和艺术创造能力开展的文学艺术活动；为丰富企业员工的精神生活，陶冶员工情操开展的娱乐活动；为培养企业员工勇敢拼搏精神，增强体质开展的体育竞技活动；为使员工增强对企业的感情，加深对企业福利环境和文化氛围的依恋开展的福利性活动；为了使员工树立起主人翁意识，强化和确立共同理想和现代企业意识开展的思想性活动等等。

（八）现代企业环境

现代企业环境是现代企业文化的一种象征，它体现了现代企业文化个性特点。每个现代企业都生存于一定的环境之中，在环境中发展，同时又改造和创造着环境。

现代企业环境包括企业的内部环境和外部环境,不同的内部和外部环境,是使现代企业文化具有个性的重要原因。一般来讲,企业的内部环境,是构成现代企业文化的重要因素;企业与外部环境的关系,则综合地体现了企业的基本信念、价值观、道德风貌和经营哲学。

现代企业环境是企业生存和发展的最基本条件,也是现代企业进行正常的生产经营活动所必要的、不可缺少的条件。没有了环境,现代企业就无法生存;企业环境不好,就会影响现代企业的生存和发展。不同的企业体制以及用人机制、管理机制将会使企业形成不同的现代企业环境。

(九)现代企业形象

现代企业形象是现代企业文化的可视性象征,是现代企业文化的载体。现代企业形象不仅由企业内在的各种因素决定,而且需要得到社会的广泛认同。

现代企业形象包括的内容很多,但基本的内容主要有:现代企业理念形象、现代企业外表形象、现代企业产品形象、现代企业领导者形象、现代企业员工形象、现代企业目标形象、现代企业的经营形象、现代企业的销售服务形象、现代企业的公共关系形象等等。

现代企业文化和现代企业形象是内容和形式的关系。没有良好的现代企业文化,就不可能有良好的现代企业形象,良好的现代企业形象背后必然有良好的现代企业文化。现代企业形象反映的是现代企业个性文化的形象,因为现代企业的特有形象是由现代企业的思想、信念、策略、方针、准则、价值观等构成的。

(十)现代企业创新

现代企业创新实质上是指现代企业文化的创造力,是现代企业文化的一个重要组成部分,在知识经济时代,现代企业创新是企业持续发展的源泉,是确保现代企业成功的关键。

现代企业创新是以人为中心的,也最能表现出人的主体性。现代企业也迫切地需要真正的思想解放和观念更新,更迫切地需要开发人力资源,提高企业员工的素质,把企业的价值观念从物质本位转移到知识和创造力本位,把提高现代企业创新能力作为现代企业综合素质的核心和灵魂。这既是时代的要求,也是现代企业发展之必需。

四、现代企业文化的主要功能

(一)对现代企业经营的指导功能

现代企业文化对现代企业经营的指导功能，是指现代企业文化为现代企业经营活动确定正确的指导思想和决策方向。

任何一个现代企业的经营目标、经营决策，都是在一定的观念，即现代企业的经营哲学、价值观、企业精神等现代企业文化指导下进行的。现代企业经营目标、经营决策的正确确定和贯彻实施，还取决于整个企业的精神状态和文化氛围。正确的经营目标和经营决策，既能使企业活动保持正确的方向，又能使企业充满活力和生机。

(二)对现代企业发展的推动功能

现代企业文化在现代企业中的一切活动，归根到底，都是为了推动现代企业的发展。这是因为现代企业开展企业文化建设，目的就是通过文化教育来提高企业员工的整体素质，在企业内部形成一系列为广大员工所认可和接受的意识、观念、道德标准、行为规范等。从而在员工中形成与企业同甘共苦的整体意识，开发员工的智力因素，调动广大员工的工作积极性、主动性和创造性，以增强企业的凝聚力，提高企业管理水平，不断更新企业产品，实现企业进步，进而增强企业的实力，促进企业的发展。现代企业文化对企业发展的推动功能，突出表现在以下几个方面。

①推动确定正确的企业目标，使企业全体员工的目标与企业目标协调，解决企业发展的动力问题。

②推动企业劳动生产率的提高，使企业的经济效益不断提高，使企业在激烈的市场竞争中立于不败之地。

③推动企业对员工的教育、培训，在提高员工生产积极性的同时，提高其生产技术能力，使员工的素质得到全面提高。

④推动企业的知识更新和技术革新，积极运用新的科技成果，为企业发展提供良好的知识、技术保证。

⑤推动企业向学习型企业发展，以不断创新为企业发展的核心动力，使企业始终保持不断创新的能力。

(三)对现代企业管理的改善功能

从某种意义上讲，现代企业文化是企业管理的发展和完善，是在对现代企业管理不断改善的基础上形成的。现代企业文化使现代企业管理者在管理活动中更富有深刻的思想性、丰富的人情味，更具有时代特色和人文精神。现代企业文化对现代企业管理的改善功能主要有六个方面。

①推动现代企业管理的重点转向以人为中心的现代化管理，以多种形式来鼓舞人的情感、平衡人的心理、维系人的忠诚、激发人的智慧、调动人的积极性、挖掘人的内在潜力。

②培育企业精神，使之成为企业员工的共识，引导和规范员工的行为，增强企业的凝聚力、亲和力和向心力。

③建立"软硬结合"，以"软"管理、"软"约束为核心的现代企业管理结构和管理模式，充分发挥员工自身的潜能和积极性，实现现代企业管理功能的整体优化。

④培育企业个性，树立良好的现代企业形象，实施现代企业名牌战略，不断开拓市场，提高现代企业在市场中的竞争能力。

⑤在企业的生产、经营、管理过程中，促进企业的宏观管理和员工的微观自我管理的结合，并由此产生一种文化管理模式。

⑥调整管理组织，改革管理制度，培育管理人才，形成良好的企业人文环境。

(四)对现代企业意识的导向功能

现代企业意识是企业整体的共同追求、共同价值观和共同利益的集中反映。现代企业意识有助于员工个体的思想、观念和追求与企业所要求的特定目标相一致，自觉为实现企业特定目标而奋斗。

现代企业文化对现代企业意识的导向功能，主要体现在两个方面。一方面，对企业的每个员工的心理、价值和思想、行为的取向起导向作用；另一方面，对企业的整体心理、整体价值、整体思想和整体行为起导向作用。

(五)对现代企业主体的凝聚功能

企业的凝聚力主要体现企业在主体上的凝聚，它是现代企业成功的基础。作为现代企业主体的企业员工如果不爱自己的企业，不关心企业的命运，与管理者没有共同语言，只强调个人的愿望和利益，甚至把自己与企业对立起来，这个企业将成为一盘散沙，根本无法形成一个有机的整体，更不会取得成功。所以，如何增强对企业主体的凝聚能力，是所有想在竞争中取得胜利的企业领导人非常关心的一个问题。

现代企业文化通过对员工的习惯、知觉、信念、动机、期望等微妙的文化心理沟通，使员工树立以企业为中心的共同理想、信念、目标、追求和价值观念，改变那种只从个人角度考虑问题的行为意识，从而对现代企业产生一种强烈的向心力。其次，现代企业文化能够通过改变员工的思想和态度，把企业的宗旨、理念、目标和利益纳入员工个人的思想体系中，使员工对本企业产生认同感、使命感、归属感和自豪感，并自觉地付诸行动。最后，现代企业文化能够产生强烈的集体主义精神，就像一种强有力的粘合剂，把企业的全体员工凝聚成一股合力，使之同心同德，共谋企业的发展，从而使企业发挥出巨大的整体优势。

（六）对企业员工士气的激励功能

现代企业文化对员工士气的激励功能，是指现代企业文化以人为中心，形成一种人人受重视、人人受尊重的文化氛围，激励企业员工的士气，使员工自觉地为企业而奋斗。

现代企业文化对企业员工不仅有一种“无形的精神约束力”，而且还有一种“无形的精神驱动力”。这是因为，现代企业文化使企业员工懂得了他所在的企业存在的社会意义，看到了他作为企业一员的意义和自己生活的意义，他就会产生一种崇高的使命感，以高昂的士气，自觉地为社会、为企业、为实现自己的人生价值而勤奋地工作。

现代企业文化中的企业目标、企业理念、企业宗旨、企业价值观、企业精神、企业道德等，都是激励员工士气的标准，并促使员工进行衡量，如发现有差距，就以此来要求自己克服缺点，改正不足，不断开拓进取。现代企业文化的激励功能因为能够在企业员工行为心理中持久地发挥作用，从而避免了传统激励方法引起的各种企业行为的短期化和非集体主义性的不良后果，使企业行为趋于合理。

（七）对企业思想行为的约束功能

现代企业文化对企业和员工的思想和行为具有约束功能。这是因为，现代企业文化既形成一整套条文，或虽无条文却是约定俗成的厂规、厂纪、厂风、厂貌以及文明生产守则或各项规章制度，都会对员工的思想、感情、行为、举止产生潜移默化的作用。同时，现代企业文化建设又通过微妙的文化渗透和企业精神的激励和感染，形成一种约束倾向，成为员工的无形准则。

现代企业文化可以通过企业规章制度和管理要素对员工的思想行为进行约束，也可以通过企业全体员工的共有价值观念来进行自我控制。

（八）对企业人际关系的润滑功能

现代企业文化的人际关系润滑功能，是指现代企业文化注重文化因素在企业员工心理上的影响，强调从文化角度来教育和感染员工，引导和调适员工的文化生活，并通过开展各种文化娱乐活动，增进员工间的友谊与和谐，沟通员工的情感与理解，从而提高员工工作热情，培养员工与企业同甘苦共命运的感情。

(九)对企业两个文明的促进功能

现代企业文化对两个文明的促进功能,是指对精神文明和物质文明的促进。

现代企业文化通过各种不同方式潜移默化地影响企业员工的思想和行为,提高劳动积极性,在促进企业发展的过程中,实现精神文明和物质文明的结合。

(十)对企业服务社会的感应功能

现代企业文化与社会文化紧密相连,在受社会大文化影响的同时,也潜移默化地影响着社会文化,并对社会产生一种感应功能,影响于社会,服务于社会,成为社会改良的一个重要途径。

五、现代企业文化的主要结构

现代企业文化是一种独特的文化。现代企业文化理论的研究对象,是现代企业管理功能整体优化的客观规律。研究现代企业文化结构的目的,就在于从现代企业文化的独特性中,找出各组成部分之间的相互关系及相互影响,从而揭示现代企业文化的结构特征。研究现代企业文化结构的意义,就在于使我们能够更清楚地了解现代企业文化作为一个有机整体与其各部分之间的关系,更深入地对现代企业文化的各个具体内容进行仔细研究,从整体上更好地把握现代企业文化理论,使其功能和作用能够更充分地发挥。从而,从总体上更好地掌握现代企业管理功能整体优化的客观规律,并发挥其相应的作用,达到全面提高现代企业素质,不断调动职工积极性、智慧和创造力,逐步促使现代企业生产经营活动形成良性循环的机制,增加企业效益,赢得企业竞争优势,保持企业强劲势头的目的。

(一)现代企业文化的四要素结构

现代企业文化由四要素构成,同时也构成了现代企业的四个层面,即:①现代企业物质文化,处于表层位置,可称为表层文化;②现代企业行为文化,处于浅层位置,可称为浅层文化;③现代企业制度文化,处于中层位置,可称为中层文化;④现代企业精神文化,处于深层位置,可称为深层文化。

(二)现代企业文化的结构关系

如表8-1所示。

表8-1 现代企业文化的结构关系

处于层次	对应要素	变化情况	包含内容
表层文化	现代企业物质文化	最可变化部分	企业环境、企业器物、企业标志等
浅层文化	现代企业行为文化	可变化部分	企业经营、宣传教育、人际关系、文体活动等
中层文化	现代企业制度文化	较小变化部分	企业领导体制、企业组织机构、企业管理制度等
深层文化	现代企业精神文化	最小变化部分	企业精神、企业经营哲学、企业道德、价值观等

（三）现代企业文化结构要素的简要说明

1. 现代企业物质文化

现代企业家从事现代企业生产经营所创造的物化成果，就是企业的产品，它是现代企业物质文化的首要内容。还包括企业环境、企业建筑、企业广告、产品包装设计等内容。现代企业物质文化也是企业精神文化的载体，是企业文化的最外层、最表层。

2. 现代企业行为文化

是指现代企业员工在生产经营、学习娱乐中产生的活动文化，它包括企业经营、宣传教育、人际关系、文娱体育活动中产生的文化现象。它是现代企业经营作风、精神面貌、人际关系的体现，也是企业精神、企业价值观的动态反映，是现代企业文化的第二层次。从人员结构上，企业行为又可划分为企业家行为、企业模范人物行为、企业员工行为等。从企业运作的过程看，企业行为又包括企业与企业之间的行为、企业与政府之间的行为、企业与社区之间的行为、企业在处理环境问题上的行为等等。

3. 现代企业制度文化

是指现代企业为实现现代企业目标给予企业职工的行为以一定的方向、方式的具有适应性的文化，是企业文化中人与物、人与企业运营制度的中介和结合，是一种约束现代企业和职工行为的规范性文化。这种对职工行为给予一定限制的文化，具有共性和强有力的行为规范的要求。它能使现代企业在瞬息万变、错综复杂、异常激烈的市场竞争中处于良好状态，从而保证企业目标的实现。它包括现代企业领导体制、现代企业组织机构和现代企业管理制度等内容，它是现代企业精神和现代企业行为文化的基础和载体，也是现代企业物质文化的必然结果。一定的现代企业物质文化只能产生与之相适应的企业制度文化，它处于现代企业文化的中间层次。

4. 现代企业精神文化

是指现代企业在生产经营过程中，受一定的社会文化背景和意识形态的影响而长期形成的一种精神成果和文化观念，是现代企业成员共享的经营管理观念和价值准则，它是现代企业文化的深层结构，在现代企业文化整体构建中处于核心地位，是以人为本管理思想的内在要求，是现代企业文化的精髓部分。现代企业精神文化建设，旨在优化职工群体素质，开发人力资源，为现代企业的发展提供精神支柱和活力源泉。现代企业精神文化包括企业精神、现代企业经营哲学、现代企业伦理道德、现代企业价值观念、现代企业风貌、现代企业目标等意识形态。它是现代企业物质文化和现代企业行为文化的升华，是现代企业制度文化的必然结果，属于现代企业的上层建筑。

第三节　中国现代企业文化建设

随着我国经济体制从传统的计划经济体制向社会主义市场经济体制转变，经济增长方式从粗放型向集约型转变，搞活搞好国有企业和其他类型企业，提高企业管理水平，已成为企业的中心话题。现代企业文化作为企业管理的最新成果，已经引起我国企业界学术界的普遍关注，而且逐步认识到中国企业文化建设是企业自我完善、自我约束、自我发展的成功之路。

一、中国现代企业文化建设的指导原则

为保证我国企业文化建设的正确方向和健康发展，必须明确我国企业文化建设的指导原则和指导思想，这就是以邓小平同志建设有中国特色的社会主义理论和党的基本路线为指导，全心全意依靠工人阶级，把中华民族优秀文化传统和社会化大生产的规律结合起来，把社会主义基本制度和企业的现代化管理结合起来，从中国实际出发，借鉴世界各国企业文化精髓，建设有中国特色的社会主义现代企业文化。

(一)必须坚持物质性与精神性相统一的原则

应当把现代企业文化建设体现在企业职工的行为之中，这种行为蕴含着优秀的精神文化、制度文化、物质文化，并从理论上、实践上逐步形成一个完整的、系统的、制度化的、规范化的、具有中国特色的社会主义现代企业文化体系。

【案例】 邯郸钢铁公司将弘扬主人翁精神注入现代企业内部模拟市场的运行机制之中，形成敬业爱岗的群体意识和精打细算的群体行为的和谐一致，也体现了上述“两性”统一的特点。

（二）必须坚持民族性与国际性相统一的原则

现代企业文化理论形成于西方，中国企业与西方企业的差异是很大的，主要是社会基本制度和文化背景不同，中国的企业建设有中国特色的社会主义企业文化，必须要继承发扬中华民族优秀的文化传统。另一方面，在改革开放的今天，建立社会主义市场经济和办好现代化的企业，也需要借鉴吸收西方国家的有益经验，包括西方现代企业文化建设的有益部分。

【案例】 北京同仁堂集团在这方面为我们提供了重要启示。同仁堂是医药行业的“老字号”，已有320多年的历史，现在已形成集科工贸、产供销于一体的大型企业集团。它的成功，得益于中华民族优秀传统文化与现代文明的结合。同仁堂从创业开始，就以“济世”、“养生”为宗旨，遵循诚实敬业的药德，提出“修会无人见，存心有天知”的信条，始终不渝地遵循“炮制虽繁必不敢省人工，品味虽贵必不敢减物力”的堂训，向社会提供了“配方独特、选料上乘、工艺精湛、疗效显著”的良药。我国建国以后，同仁堂的继承人把“济世”、“养生”的宗旨注入全心全意为人民服务之中，把优良的药德纳入社会主义职业道德之中。特别在我国实行改革开放以来，同仁堂在继承弘扬优秀文化传统的同时，积极借鉴西方现代文明，自觉克服小生产、作坊式的生产经营方式，建立起现代化的生产方式、集团化的规模经营，形成独具特色的同仁堂文化。同仁堂的经验说明建设有中国特色的社会主义企业文化，首先要符合我国的国情，要继承、发扬我们民族的优秀文化遗产，同时在“洋为中用”的思想指导下，建设现代企业文化。

（三）必须坚持个性与共性相统一的原则

现代企业文化理论总结和概括出现代企业管理的共同规律，在现代企业文化建设中如违背共同规律，现代企业文化的机制、功能就不能发挥应有的作用。但是，不同国家、不同地区、不同民族、不同行业、不同时期、不同的生产力发展水平、不同的思想文化背景，形成了千差万别的企业，因而现代企业文化的个性差别也是客观存在的，缺乏个性和特色的现代企业文化，必然流于形式或空泛，是没有生命力的。一些优秀企业的实践表明，坚持个性与共性相统一的原则，必然会促使企业赢得机会。

（四）必须坚持职工主体作用与现代企业家主导作用相统一的原则

职工的主体意识，是企业职工对自身主体地位的自觉认同。对我国社会主义企业来说，职工的主体意识就是主人翁意识，它包括：

（1）强烈的参与意识　以主人翁的姿态全面地投入到企业的生产经营活动之中，为企业的兴旺发达出谋划策、参与管理。

（2）高度的社会责任感　以高度负责的精神，尽职尽责，以优质产品和优质服务，奉献社会。

（3）真诚的敬业精神　敬业爱岗，精益求精，遵守职业道德。

（4）热爱集体的团队精神　将个人与企业紧紧地连在一起，和谐共处，团结奋进。

现代企业家是企业行为的主导。优秀企业家既应成为企业生产经营活动的卓越指挥者和决策者，又是善于依靠和调动企业广大职工积极性、创造性实现企业理想和企业目标的工人阶级中的一员。因此，在现代企业文化建设中要求现代企业家努力做到以下几点。

（1）倾注满腔热情，增强管理的感情色彩　即在依靠行政手段和规章制度进行管理的同时，还必须应用现代企业文化管理方式将制度与感情相结合，赢得职工的信任，增强管理的感召力和有效性。

（2）努力提高素质，增强管理的非权力影响　现代企业文化管理方式，不仅要求现代企业家依靠自己在企业中的权力、地位去增强管理的影响力，更要依靠自己的品德、学识、能力、作风，去增强管理的非权力影响，现代企业家的魅力往往在职工中产生强烈影响。

（3）积极倡导、强化正确的现代企业价值观念和行为取向　以言传身教的方式，既是组织者，又是宣传员，使现代企业价值观逐渐转化为职工的自觉行动，切实形成职工主体作用与现代企业家主导作用相统一的局面。

二、中国现代企业文化建设的主要内容

主要包括四个方面的建设：

（一）现代企业价值观念建设

现代企业价值观是企业职工对本企业存在、发展的目的和意义的认识和评价，以及反映在生产经营活动中的精神境界、理想追求和是非标准，是企业群体意识中最重要的内容，是现代企业文化建设的基石。建设现代企业价值观应注意以下几点：

①确立与整个社会的正确价值导向相符合的企业价值目标。坚持集体主

义、爱国主义、社会主义思想，要发扬艰苦奋斗、勇于奉献、团结协作、顾全大局的优良传统，在这里企业价值目标发挥着导向作用。

②在社会的正确价值观念的引导下，根据现代企业的性质、规模、类型、职工素质、经营特点、历史变革等因素来选择适当而明确的价值目标及内容，并随着客观环境和企业内在因素的变化，不断注入新内容，体现出企业的价值观念是一个动态的系列。在改革开放和社会主义市场经济条件下，根据一些优秀企业的实践经验，需具备市场观念、竞争观念、公平观念、质量观念、效率观念、效益观念、民主观念、法制观念、人才观念、科技观念、开拓创新观念等。

③现代企业价值观念是现代企业精神的思想基础，现代企业精神则是现代企业价值观念的集中表现。企业在确立自身价值目标、标准及实质内容的过程中，要同时树立起既反映时代精神又表现出本企业特色，既体现现代企业领导人的精神风貌又集中反映广大职工群体意识的企业精神。这种企业精神是在企业的长期生产经营活动中形成的，是长期推动本企业发展壮大的一种无形而有力的精神力量，虽可以用简练和深入浅出的语言来表述，但企业精神的内容实质是企业价值观念的集中反映，绝非是少数人杜撰而成的空洞口号。

④现代企业价值观念和现代企业精神必须具体化为一系列原则，使现代企业领导者和职工都可以具体操作，并体现在企业行为中。这一系列原则如下：a. 目标原则。现代企业的价值目标不能简单地确立在追求投资回报率或利润最大化上，而要特别强调服务于人民，服务于社会，满足人们物质和精神的需要。b. 卓越原则。不满足于现状，从永无止境的奋斗中争优争先。c. 亲密原则。职工与企业建立了亲密关系，才能互相信赖，才能很好地发挥积极性和创造力。d. 渗透原则。把现代企业价值观念渗透于企业的生产制度、销售制度、产品开发制度、质量检验制度、劳动人事制度、人员培训制度之中，形成职工的自觉行为。e. 绩效原则。论功行赏，赏罚分明，从物质和精神两方面肯定、鼓励职工积极向上。f. 操守原则。现代企业人不愿盲从听命，企业领导者必须行得正，有操守，为人表率，才能获得职工的信赖，职工才愿为企业效力。

（二）现代企业行为规范建设

以法规的形式推动现代企业制度的建立和确立企业内部各部门和各个岗位的职责、权限、工作程序、工作守则等管理制度，使现代企业体制合理、机制灵活，使工作和劳动过程目标明确、职责清楚、有所遵循、有条不紊，并能使企业全体职工接受、认同和内化，这是我们进行现代企业行为规范建设的直接目的。现代企业行为规范包括企业制度和道德守则两个主要部分。在当前我国建立现代企业制度的进程中，加强现代企业行为规范建设更有其特殊重要意义。

1. 树立和强化现代企业制度观念和道德观念

企业组织形式、领导体制、运行机制和规章制度、道德守则等构成了现代企业的行为依据和工作准则。而现代企业行为依据和企业工作准则首先要充分反映企业存在、发展的价值和企业全体成员的共同意志及要求，并通过系列教育使职工群众在思想上形成自觉的制度观念和道德观念。其次，在确立工作规范、行为准则过程中，现代企业领导和职工群众共同协商沟通，使企业全体成员在思想上认同和内化，在实践中形成稳定的行为方式。最后，树立和强化现代企业制度观念和道德观念，也需要建立必要的奖惩措施，作为激励手段和教育的方式。

2. 发掘企业优秀道德意识、行为、习俗，确立正确的现代企业行为规范

主要包括四个方面的行为规范：

(1)现代企业与社会之间的行为规范　例如企业与顾客、供应厂商、其他企业、财税与金融部门、新闻媒介等，要确立和坚持“平等、友好、互利、互助、诚信”的行为规范。

(2)现代企业集团或股份制企业行为规范　包括集团公司与各成员企业、投资者与经营者之间，依据有关法律和行业特点确立由经济纽带和文化纽带相联结的行为规范。

(3)现代企业与职工之间的行为规范　主要是按照集体主义原则来协调个人利益与集体利益之间的关系、个体价值追求和企业价值追求的关系，形成企业整体利益、整体运行与充分发挥职工聪明才智和积极性、责任感相和谐的行为规范。

(4)现代企业领导者与职工间和职工与职工间的行为规范　主要是调整、规范彼此行为，协调相互关系，使企业群体发挥整体效应，并形成良好的道德氛围。

3. 现代企业行为规范的执行

现代企业行为规范最终要靠企业的人来执行，处于企业不同岗位的各个成员都应自觉地养成执行行为规范的习惯。而在这一养成过程中最关键的环节是：①现代企业领导者在生产经营、行政管理过程中，模范地遵守行为规范，成为职工的表率；②先进人物、共产党员带头遵守和执行行为规范，并在职工中起到示范作用；③有考核，有激励，使企业行为和企业全体成员的行为纳入企业内、企业外的评价和监督体制之中。

(三)现代企业环境建设

我国现代企业是社会主义市场经济体制下，拥有法人财产权的经济实体，是市场经济的主体和微观基础，它的生存和发展离不开环境。现代企业的环境包括社会、政治、经济、科技、文教等外部环境和企业的生产条件、经营机制、职工心态、人际关系等内部环境。建设现代企业文化固然需要有一个净化的社会环境、稳定的政治环境、发展的经济、科技、文教环境,但从某种意义上讲,更需要一个良好的内部环境。营造优良的“小气候”环境,当前主要应做好以下几项工作。

1. 创造有活力的经营环境

企业活力是组织活力、群体活力和职工个体活力的综合反映。企业组织活力决定于良好的体制和灵活的机制,群体活力决定于被广大职工认同的群体意识和价值取向,职工个体活力决定于积极性、智慧和创造力的发挥程度。而职工群体和个体的活力的挖掘都与企业的体制和机制优劣有极大关系。因此,在创造有活力的经营环境中,企业首先要转机建制,深入进行企业改革。改革的目标是建立自主经营、自负盈亏的独立的经济主体和以法人财产权为核心的企业法人制度,它的基本特征就是“产权明晰,权责明确,政企分开,管理科学”。在企业制度创新和经营机制转换中,企业需要相应地建立有效的激励机制,激发全体员工的积极性,充分发挥其内在潜能,自觉自愿地去为实现企业的生产经营目标而奋斗。

2. 优化心理环境

环境对人的思想行为影响巨大,人只有在心情舒畅的情况下蕴藏着的内在力量才能释放出来。优化心理环境是指对职工的心理状态施加积极的影响,创造一个职工心情舒畅、各遂其志、各尽所能的良好心理氛围。根据一些优秀企业的经验,主要是创造一个“民主、公正、公平”的心理环境。

3. 建立平等和谐的人际环境

主要指职工与职工间、职工与集体、职工与领导、各种组织部门间、现代企业领导班子各成员间应当建立平等和谐的关系。建立平等和谐的良好的人际关系,应当从四个方面入手:

①以实现现代企业目标、企业宗旨为中心建立、协调人际关系。

②现代企业内上下级或同级间形成平等与友爱关系,尊重与信任关系。

③在职工之间形成互尊、互爱、互信、互谅、互助的良好关系。

④现代企业领导班子成员要团结合作、协商共事、齐心协力建设一个带领全体职工开拓进取的坚强集体。

4. 美化生产和生活环境

包括厂区、生活区的美化、绿化和车间、班组的文明生产环境。也包括各种“寓教于文”、“寓教于乐”的文娱、体育环境和群体教育环境。

5. 营造良好的企业小环境

目的是培育人才，搞好搞活企业。

(四)现代企业形象建设

随着社会主义市场经济的发展，一个新颖而时髦的概念——企业形象，迅速地风靡于沿海地区和大江南北。1988年，太阳神集团公司的企业形象标志在广东初露头角，这家名不见经传的乡镇企业(原名广东东莞黄岗保健饮料厂)红黑的形象标志涌入市场后，三年间产值由520万元增至8亿元，进而增至12亿元，其产生的冲击波使企业界领悟到企业形象战略的威力。

企业形象战略简称CI(Corporate Identity)战略，在CI理论中，企业形象作为一个整体，称为企业识别系统，它由三个基本要素(或称子系统)组成，即企业理念识别(Mind Identity,MI)，企业行为识别(Behavior Identity,BI)，企业视觉识别(Visual Identity,VI)。根据一些企业的实践经验，在进行企业CI策划，加强现代企业形象建设中，普遍重视做好以下工作：

1. 明确地贯彻企业形象的策划和实施原则

主要包括以下几种原则：

(1)整体性原则　指企业塑造形象的工作要有整体规划和统一的步调。

(2)个异性原则　就是企业对自身形象的设计和塑造与其他企业相比，具有鲜明的个性特征。

(3)长期性原则　指现代企业形象的塑造是一个不断发展、完善的过程，不能一蹴而就，而且在鲜明的企业形象确立后，也需要有相对的稳定期。

(4)创新性原则　现代企业形象在公众心目中保持常新不衰，需要不断创新。

(5)真实性原则　塑造现代企业形象是靠"练内功"，靠产品质量和服务质量，决不能自吹自擂哗众取宠，更不能弄虚作假欺骗公众。

(6)服务性原则　现代企业形象在社会公众心目中的地位，决定于企业满足消费者公众的要求如何，顾客与企业的关系不是简单的买卖关系，顾客是企业的服务对象，通过服务才能取得顾客的信任和惠顾。

(7)全员性原则　塑造良好的现代企业形象，不是靠哪一位现代企业领导者或少数公共人员的努力就能奏效的，而需要靠现代企业领导者和全体职工的共同努力才能够实现。

2. 产品质量和服务质量是塑造现代企业形象的重点

讲企业形象，首先要讲产品形象，而产品质量又是产品形象的生命，企业创名牌产品、优质产品，才能树立良好形象并会赢得顾客；二要讲服务质量，就是以完善的售前、售后系列服务满足顾客需要，并以诚信待客、礼貌待人取得顾客信赖。

【案例】 四川泸州老窖酒厂,是具有400多年悠久历史的我国名酒厂,改革开放以来这个厂不断开发老窖文化资源,不断通过创名牌酒塑造新时期老窖形象。近年来生产的传奇性老窖酒、欣赏性老窖酒、保健性老窖酒、现代风格的金爵士老窖酒,体现出产品的文气、喜气、洋气的特点,深受海内外顾客的青睐。

3. 搞好企业全体成员的岗位塑形

现代企业形象虽然是多方面因素构成的,但是,最终是要通过人来实现的。现代企业形象说到底是人的形象,因此,必须十分重视企业全体成员的形象建设。而企业成员分居不同岗位,从岗位抓起,从自身做起,最易取得成效。

三、现代企业文化建设的一般程序

优秀企业文化的构建需要企业有意识、有目的、有组织地长期倡导、培育、强化、总结、提高,需要在与社会大环境的相互作用中逐步得到实现,需要遵循企业文化的发展规律,依据科学的程序和方法进行系统建设。根据我国一些企业的经验,现代企业文化建设的一般程序和方法包括以下几方面:

(一)调查研究,进行现代企业文化现状分析

为了使现代企业文化建设切合现代企业实际,必须首先对企业的文化现状做深入系统的调查研究。调查提纲是开展调查的依据,它的质量直接制约着调查研究的水平。因此,精心设计,拟定一个便于操作的提纲是一个十分重要的环节。最近,国家体改委经济体制与管理研究所设计出了一个包括调查目的、调查对象、调查方法和调查基本内容的现代企业文化现状调查提纲。调查的基本内容涉及了十个方面的情况,即企业环境、企业精神、企业领导者、企业职工素质、企业思想政治工作、企业经营战略、企业制度和组织机构、企业人才开发、企业凝聚力、企业形象,可供参考。

现代企业开展现代企业文化的调查研究,要注意调查对象的广泛性和代表性,要帮助他们了解调查的意义和目的,解除顾虑,认真地回答有关问题或提供有关资料。在调查的基础上,要对大量资料和数据分类整理,进行深入分析,全面把握企业的现代企业文化现状、优势和经验,找出存在的主要问题与薄弱环节,并写出现代企业文化现状的调查研究分析报告,作为下一步有的放矢地开展现代企业文化建设的重要依据。

在调查研究的基础上,现代企业可以提出进行现代企业文化建设的基本框架和思路,内容包括本企业的企业文化构成要素、各要素的具体内容、各要素在企业文化整体中的地位以及它们之间的相互关系、相互作用等等,从中抓住影响全局的主要矛盾,并提出解决矛盾的思路和措施。

(二)选择现代企业文化建设的切入点

在我国进行现代企业文化建设,多数企业都是在发扬优秀传统文化的基础上进行的。改革开放以来新创办的一些企业,有的与企业创办同时开始了现代企业文化建设。无论是老企业,还是新企业,在一定的现代企业文化理论和目标模式指导下,都存在选择现代企业文化切入点的问题。归纳多数企业做法,选择切入点的方法有以下几种:

1. 从企业面临的主要矛盾入手,寻找现代企业文化建设的切入点

有些企业产品质量不高或服务水平较差,竞争能力不强;有的企业管理混乱,效率低下,浪费严重;有的企业人心涣散,士气低落;有的企业人际关系不协调,能量内耗等。这些企业就从解决企业面临的上述某一方面问题入手,倡导某种正确的价值观、精神,建立良好企业行为方式,纠正不良思想和行为。这样做,容易收到良好效果,并能增强和扩大现代企业文化影响力。

【案例】 容声冰箱公司从抓产品质量、抓服务入手建设现代企业文化的过程。生产“容声”冰箱的广东科龙电器股份有限公司,原是一个小型镇办企业,面对全国几十家实力雄厚的冰箱厂,科龙领导人认识到企业要求得生存,只有“质量取胜”。为保证质量取胜总战略的正确实施,他们在不同阶段,根据客观形势和市场的变化,制订了不同阶段的质量战略:1985 年,容声牌电冰箱供不应求,他们提出:“必须靠质量起家,靠质量生存”,坚持高标准严要求。1986 年,他们吸取有的企业“产量上去了,质量下来了”的教训,提出“居安思危,办厂育人,抓管理,上质量,迎接冰箱市场的大决战”。1987 年,针对国内冰箱行业激烈的竞争形势,提出“创市场饱和后仍然畅销的优质产品”。1988 年,容声牌 BCD-165 冰箱获国家优质产品银奖后,他们又提出“从零开始,三年创金牌”的质量战略,三年后获得国家金奖。1989 年,国内市场疲软,提出“开发一流产品,稳定国内市场,跻身国际市场”。1990 年,提出“拉开国内产品水平的距离,创国际名牌”的奋斗目标。质量取胜的战略,使他们获得巨大成功。科龙总经理说得好:“少生产一两万台冰箱,经济上的损失我们经受得起,但是经受不了因为质量不好的产品投入市场引起的地震。”

2. **从企业的优良传统入手,选择切入点**

企业的优良传统是企业历史上形成的文化精神和闪光点,包括经营管理经验、思想政治工作经验、企业作风、习俗、英雄人物等,抓住企业这些闪光之处,继承发扬形成现代企业文化的生长点和建设的切入点。

【案例】 北京王府井百货大楼是具有40年历史的知名商厦,曾被誉为“新中国第一店”,在建店初期就以优质服务、敬业精神闻名于世。在改革开放、转机改制以来,他们在总结著名全国劳动模范张秉贵的“一团火精神”和其服务艺术的基础上,将其提升为大楼文化的精华——大楼精神,并渗透于企业经营管理、营销服务、思想教育诸项工作之中,形成北京王府井百货大楼的“大楼文化”。实践证明,他们选择的切入点是切合实际并有效的。

3. **以企业环境的重大变化、组织结构的重大改组、制度的重大创新为契机,建设现代企业文化**

【案例】 随着产业结构的调整、优化,企业的转机改制、改组、改造,市场环境的急骤变化,选准切入点和切入时机。北京化工集团是全国百家企业改制试点单位,在组建企业集团中,企业党政领导提出“企业集团的建设与企业文化建设同步设计、同步规划、同步实施”,他们选择的时机和切入的方式深受企业集团各成员企业的欢迎。

(三)现代企业文化建设实践的评价

根据党和政府的决定与要求,我国的一些学者积极进行企业文化评价体系的研究,现举出几例供企业参考。

国家体改委经济体制与管理研究所和中国人民大学外国经济研究所“企业文化评价指标体系”课题组提出企业文化状况评价的指标主要有:①企业经济效益;②企业成员满意度;③企业成员素质;④整合度(包括:企业内不同类型的成员彼此在价值观念上的整合程度;企业成员的观念与企业实际追求目标、内部人际关系等整合程度;企业文化与其社会环境的整合程度)。

清华大学经济学院企业管理教研室提出四条判别标准:①是否实行以人为中心的管理;②是否下大功夫培育企业的共同价值观;③是否实行“育才型”的领导方式;④是否将硬管理与软管理有机地结合。

第四节　中国现代企业文化实务

一、充分吸收我国传统文化的精华

(一)充分吸收我国优秀传统文化的管理方略

按照“古为今用”的方针，注意从我国的优秀文化遗产中吸收管理方略，将对加强现代企业管理，促进现代企业家的成长，推动现代企业文化建设起到巨大的作用。

可供借鉴采用的管理方略主要有：

1. 管理要讲规矩

“没有规矩，不成方圆”，要走法治之路。

2. 经营要讲谋略

中国古代的经营战略思想有着悠久的历史，把这些思想和经验用于工商业经营，就形成企业经营战略。因此，主要有以下的谋略思想可供学习运用：①经营者要有谋略思想；②有谋略头脑的经营者要善于审时度势；③知己知彼，集中众志，才能产生正确的谋略；④善谋者还应善于提出正确的策略及方法，才能使决策得以实施。从古代经营谋略中的策略层面上看，策略体系包括：创业策略、经营策略、销货策略、守成策略。

3. 领导要讲艺术

(1)为政以德，聚众其旁　就是说领导者有德并对下属实施德治，众人就会以领导者为中心，像卫星一样团聚其旁，围绕着他转动。

(2)注重实践，行成于思　注重调研，掌握第一手资料。

(3)处乱不惊，指挥若定　要有大将风度，“洞庭湖的麻雀是见过大世面的”。

(4)合理分权，赏罚分明　“众人拾柴火焰高”，千斤重担大家挑。按劳分配，重奖重罚，“无功便是过，平庸就是错”。

(5)慧眼识才，用其所长　把真正的人才及时调整到能发挥其长处的位置上，才会发挥其最大作用，“得人才事业兴，失人才事业衰”，“能者上，平者让，庸者下，劣者汰”。

(二)充分继承我国企业管理的优良传统

我国企业管理具有优良的传统，它是我国企业文化的宝贵财产。在开展

现代企业文化建设中应充分继承,其重点内容主要有以下几个方面:

1.把人力资源管理放在首要位置

坚持以人为中心,努力创造尊重人、理解人、关心人、培养人的氛围和环境;大力弘扬敬业爱岗,遵法守信,开拓创新的精神;积极引入双向选择的人才竞争机制,提供人才施展本领的舞台和机会;切实注重从企业"定制"上确保劳动者主人翁地位,并不断改善和解决群众关心的切身利益问题,真正增强企业的凝聚力。

2.逐步建立健全软硬兼备且完整的管理体系

(1)管理系统化　要逐步形成以提高经济效益和增加企业活力为中心,以经济责任制为基础,促进生产经营要素的优化组合,最大限度地发挥企业管理整体功能的良性循环机制。

(2)管理集约化　要通过技术进步、技术改造、提高质量、扩大品种,通过挖掘潜力、精打细算和资源的合理配置,做到降低成本,增强效益和资产的保值增值。

(3)管理信息化　要通过培养信息管理队伍,使信息管理程序化、数据化、标准化,适应企业快速发展的需要。

(4)管理民主化　要通过建立不同层次的民主管理体系,促进企业决策的科学化和民主化。

3.尽快建立与现代市场经济相适应的文化制胜战略

现代市场经济的发展表明,当今企业、区域和国家内的竞争已经从产品质量、价格、服务等方面的单一竞争,发展到科技、人才、形象和文化等全面性竞争。因此,为适应这一形势,需要尽快实施形象战略、名牌发展战略、顾客(用户)满意战略等文化制胜战略,使之成为市场竞争的赢家战略和企业经济效益新的生长点。

4.继承我国企业思想政治工作的政治优势和优良传统

其政治优势和优良传统主要体现在以下几个方面:

①思想政治工作是经济工作的生命线。

②坚持以经济建设为中心,思想政治工作服务于党的基本路线。

③提高职工素质,培养"四有"职工队伍。

④全心全意依靠工人阶级,坚持党的群众路线。

⑤思想政治工作重在建设。

⑥解决职工思想问题与解决职工实际问题相结合。

⑦发挥党委的政治核心作用、党支部的战斗堡垒作用和党员的先锋模范作用。

⑧坚持做到领导班子团结齐心，领导干部以身作则。

⑨坚持做到将思想政治工作贯穿于生产经营的全过程，寓教于乐、寓教育于活动之中的思想政治工作方法。

⑩始终坚持“两手抓，两手都要硬”的方针。

二、注意借鉴国外企业文化的精髓

发达国家中的优秀企业认识到优秀的企业文化在企业管理中居于核心地位，并认识到现代化的管理方法技术固然重要，但毕竟仅仅是条件，企业成败的根本因素是以人为本的企业内职工和企业外顾客的企业文化。

美国式的企业文化，其特点是理性主义管理与个人能力主义结合；西欧式的企业文化，其特征是参与管理；作为企业文化管理方式发源地的日本，其企业文化的主要特点是以人为本，不断培养职工的认同感和归属感，在企业中形成“命运共同体”。

三、现代企业文化案例集锦

【案例一】 松下公司的经营理念“松下的产品是副产品，松下真正的产品是人”，这是松下公司能够蜚声世界的本质奥秘（是人不是产品，是经营理念的巨大成功）。

【案例二】 从44年前仅有注册资金400万铢发展成泰国和东南亚最大商业银行的泰国盘谷银行的经营理念为：银行与国家命运紧密相连，必须以国家利益为重，作为人民代言人的角色，持之以恒地追踪每一阶段国内外经济情况及其表现，加以分析研究，大胆忠实地提出自己的看法，坚持维护民族利益，倾尽全心为经济社会发展作出应有的贡献，为国家和人民提供最大的利益，并将开发成果，在最大范围内分散给全国人民。

【案例三】 在台湾民营企业排行榜中名列前茅，并对整个环太平洋地区产生深刻影响的台湾塑料企业集团，其总裁是号称台湾“塑料大王”的王永庆，他的经营哲学是其取得巨大成功的最主要的因素。王永庆认为：一个企业的资产可以分为有形资产和无形资产，许多人偏重公司的有形资产而忽视无形资产。一个公司经营的成功，人的因素很大，属于人的经验、管理、智慧、品行、观念、勤奋等无形资产比有形资产更重要，这里诸多无形资产中的核心是中国传统的“仁”、“礼”、“义”、“信”。企业经营要以赢利为目的，但一个公司如果发生物化的资源亏损，只要算得出来，并不是很严重的事。真正可怕的危险是职工管理意识的蜕变和堕落,做事敷衍搪塞,这种无形的损失远非金钱所能弥补,这才是严重影响到企业存亡的大事。

【案例四】 台湾成功企业——台湾中华汽车工业股份有限公司以其"和谐、创新、卓越"的经营理念和"互信互利、己立立人、己达达人"的经营原则而收到良好的发展效果。

【案例五】 中华民族的吃苦耐劳、勤俭朴素、勇于开拓、顽强拼搏的传统为东亚各国优秀的企业文化所继承和发扬。鞍钢和大庆的企业文化的重要内容之一就是艰苦创业精神。江苏华西集团公司"艰苦奋斗、团结拼搏、服从分配、实绩到位"的企业文化,构成了该集团的创业之本和立业之宝。

【案例六】 独具特色的乡镇企业文化已经成为中国乡镇企业在新形势下向纵深发展的原动力和基石。"通力合作,永不满足"是"阳光人"的精神境界;"量才录用,公平竞争"是"阳光人"的用人原则;实施名牌战略,树立企业形象,让"阳光"逐步深入亿万消费者的心中是阳光集团企业文化建设的落脚点。阳光精神使阳光集团走上了现代化发展的道路。

【案例七】 中国浙江横店集团塑造综合性企业文化,推动企业持续不断地发展。他们把"拜师求艺"和"尊师重教"的传统演化为尊重知识、尊重人才、学科学、学技术的风气;把"和为贵"的文化传统发展成为"只搞竞争,不搞斗争"的人际关系准则;把"成事靠科技,谋事靠人才"的思想意识演化成"高科技、外向型、集团化、产业化、商业化"办企业的发展战略,全面吸收了现代经营管理观念,把优秀传统文化与现代观念意识结合起来,形成了一种综合性企业文化,推动了企业的长足发展。

【案例八】 海尔的企业文化

海尔的精神:敬业报国,追求卓越。

海尔的作风:迅速反应,马上行动。

海尔的理念:

△用人理念:人人是人才,赛马不相马。

△质量理念:优秀的产品是优秀的人干出来的。

△营销理念:先卖信誉,后卖产品。

△竞争理念:浮船法。

△市场理念:只有淡季思想,没有淡季市场。

△售后服务理念:用户永远是对的。

△出口理念:先难后易。
△资本运营理念:东方亮了再亮西方。
△技术改造理念:先有市场再建工厂。
△技术创新理念:创造新市场,创造新生活。
△职能服务理念:您的满意就是我们的工作标准。
△生存理念:永远战战兢兢,永远如履薄冰。

【小结】

中国有句古语:上下同欲者胜,风雨同舟者兴。在人本管理思想思潮逐渐为人们所接受的今天,现代企业文化也正发挥着越来越大的作用。

本章首先阐述了现代企业文化的兴起、内容和主要结构,然后联系实际,着重介绍了中国现代企业文化建设的指导原则、主要内容、一般程序和实务,并附有案例集锦,可供参考。

【复习思考题】

1. 为什么现代企业文化是现代企业的灵魂?
2. 为什么成功的现代企业必须同时拥有"两个卓越"?
3. 国家富强应同时做到哪三个"必须依赖于"?
4. 现代企业文化的含义是什么?
5. 现代企业文化的特征有哪些?
6. 现代企业文化的主要内容有哪十个方面?
7. 现代企业文化的主要功能有哪些?
8. 试述现代企业文化的四要素结构及其相互关系。
9. 中国现代企业文化建设主要有哪些指导原则?
10. 中国现代企业文化建设主要有哪四个方面的内容?
11. 现代企业文化建设主要有哪些程序?
12. 我国优秀文化主要有哪些管理方略?
13. 国外最有代表性的企业文化建设有哪些特点?

【实训目标】

1. 结合不同企业的实际,了解不同企业文化对企业的作用。
2. 了解建立企业文化应包含的内容和应树立哪些先进的文化理念?如何建立企业文化?
3. 培养初步运用管理思想解决问题的能力。

4. 培养分析与建设组织文化的能力。

【实训内容与形式】

1. 案例分析:根据老师给出的企业信息资料,研讨并确定该企业的管理理念与组织文化。

2. 方案设计:班级组织一次交流,对本班的文化建设提出各种设想,并制订建设方案。

第九章

C.A 现代企业公共关系

【开篇案例】

北京奥运会：中国政府公共关系典范之作

北京第29届夏季奥运会也可以视作中国政府公共关系的典范之作。凭借此次盛会的召开，中国政府通过卓有成效的努力，明确传递了和平信息，宣示了"和平崛起"的坚定决心；缓解了公众消极情绪，增进了社会和谐与团结；推介了中华民族文化，展示了美好国际形象。

在举世瞩目的北京第29届夏季奥运会上，作为东道主的中国不仅收获颇丰，取得了代表团金牌排行榜榜首的历史最好成绩，而且中国政府也通过此次奥运会的召开，进行了一次卓有成效的政府公共关系试验，产生了非常喜人的积极成果。事实证明，中国政府完全抓住了这次机会，甚至将先前所面临的很多危机转眼变成了难得的契机。具体说来，可以归纳为以下几个方面：

（一）明确传递了和平信息，宣示了"和平崛起"的坚定决心

伴随着经济发展的骄人成就，中国作为一个大国的崛起已经成为一种客观现实，国际社会对当代拥有十三亿人口的中国的崛起不由充满了不安和戒备。对此，新一届中国政府领导人2003年上任后不久就正式喊出了"和平崛起"的口号，一再强调中国"坚持走和平崛起的发展道路，坚持在和平共处五项原则的基础上同各国友好相处，在平等互利的基础上积极开展同各国的交流和合作，为人类和平与发展的崇高事业作出贡献"。

2008年将要在北京举办的第29届夏季奥运会当然是一个难得的进行宣传的好机会。北京提出了"新北京、新奥运"的主题，和"绿色奥

运、科技奥运、人文奥运”的理念,并于2005年提出了“同一个世界,同一个梦想”的口号。这一口号十分恰当地体现了奥林匹克精神的实质:尽管人类肤色不同、语言不同、种族不同,但我们共同分享奥林匹克的魅力与欢乐,共同追求着人类和平的理想。换个角度来看,口号实际上也同时生动体现出东道主中国“和平崛起”的坚定决心。

最有说服力也最激动人心的一刻在开幕式上。当晚的巨幅画卷中间魔幻出现了立体活字印刷体,方板汉字凹凸起伏,不久,活字印刷板中间先后出现古体和现代体的“和”字,一个“和”字荏苒千年,表达了中华民族历史悠久的和谐观,而这无疑也正是对中国“和平崛起”理念最生动的注解。在开幕式上,人群方阵还逐渐站出了“和平鸽”的图形;接下来的主题歌《我和你》则在独奏中静静流淌,谁也没有想到它是如此的柔情,没有气吞山河,激越云天,反而挟着月光的柔情,直达人们心灵最柔软的地方,人们的心弦皆被撼动,一起沐浴在“同一个世界,同一个梦想”的和谐、友爱的人性光辉之中。歌声中,欢乐的孩子撑开雨伞,场上闪现出万张世界各地孩子的笑脸,这些笑脸更是进一步表达了讴歌和谐,共建地球美好家园的善良愿望。而所有这些,正如马来西亚《星洲日报》所给出的评价,其实都表明了东道主的良苦用心:“借开幕式向世界传达一个重要的信息:不是一个正在崛起的中国,而是一个期盼与世界各国和平共处的中国”。而这样的用心和愿望,也自然得到了在场的80多国政府首脑以及全球逾23亿观众的积极回应,很多人由衷相信,开幕式真正是一场“和平的盛典”,中国发出的强烈信号确实是“和平崛起”。

(二)缓解了公众消极情绪,增进了社会和谐与团结

在奥运会召开之前,2008年带给所有中国人的滋味并不好受。先是年初中南部省区遭受了严重的低温、雪灾、冰冻等灾害性天气,致使大面积停水、停电,很多等待回家过节的人们滞留在车站或异乡;更是让国人悲痛不已的是,四川汶川等地发生了震级高达8.0级的特大地震,逾87 000同胞罹难;一波未平,一波又起,进入6月份各地又出现了较为严重的洪涝灾害……老天似乎在与中国人故意作对。然而事实证明,在面对这些巨大磨难时,中华儿女没有被吓到,众志成城,万众一心,“扛”过了一个又一个的难关,在这一过程中,上到国家主席、政府总理,下到黎民百姓,显现出空前的团结,进而迸发出无穷的战斗力。

除此之外,由于长期以来各级政府片面坚持效率优先的发展策略和单纯GDP的发展观,再加上体制供给的滞后和漏洞,目前中国社会

的阶层、地区与城乡之间的差距已经到了极其严重的地步。片面追求经济增长造成的人与环境关系的巨大张力，这些使得中国社会的和谐与稳定面临着严重威胁。

恰值此时，中国政府举办了北京奥运会，这也正是让2008年经历了太多磨难的中国人，让那些处于弱势以及欠发达地区的人们排解悲愤、卸掉不满、放松心情的利好时机。一方面，开幕式吸引了无数眼球并获得广泛赞誉，“鸟巢”“水立方”等体育场馆的精美设计以及各项赛事的顺利进行和捷报频传，使得全世界都为北京和中国倾倒，这大长了国人的民族志气和自信心。另一方面，中国运动员也特别争气，在家乡父老面前拿下了51枚金牌，排名第一。这更是让国人兴奋不已。正是在这样的过程之中，彼此同为中华民族儿女的自豪感和共同体意识得以显著增强，人心凝聚，关爱涌动，友情绽放，全体中国人乃至海外华人空前团结，事实上，这也正有利于一系列阶层、地区以及城乡间互助活动的开始，从而可以促进公平，减少弱势群体消极情绪的累积和发泄。

（三）推介了中华民族文化，展示了美好国际形象

在开幕式上，以张艺谋为首的奥运会开幕式导演团队，有机安排了丰富的“中国元素”，使得世界各地的公众真正大开眼界，充分领略了历史悠久、光辉灿烂的中华文化，并不由为之倾倒。列举如下：

1. 画卷。开幕式从一幅跨越时空、意境优美的中国画卷开始。画卷中央，铺放着一张白纸。而造纸术，正是中国古代杰出的四大发明之一；一张一千多年前的古琴，旁奏着悠远空渺的“太古遗音”；演员们用曼妙的身体作笔，在纸上留下了黑白基调的中国水墨画的意趣和韵味；地面上，铺放着中国古代名画《千里江山图》。

2. 汉字。只见孔子的三千弟子手持竹简高声吟诵，缓缓步入场内，《论语》中经典名句响彻耳畔；巨幅画卷中间，惊奇出现了活字印刷体，方板汉字不断变化，从古代的“和”字一直到现代的“和”字；巨大的活字印刷板渐渐变幻出万里长城的雄伟之姿，这座人类文明史上最伟大的工程之一，彰显了中国古代惊人的建筑智慧。

3. 戏曲。热闹的锣鼓声带来了中国传统戏曲的表演，华丽的活动戏台在数千名演员的簇拥下来到场中，国粹京剧扮相的提线木偶，做工考究，工艺精制，活灵活现地传达着戏曲舞台的意境和神韵。

4. 丝路。悬浮于半空中的画纸，渐又幻化成辽远无边的沙漠，敦煌舞者在沙漠之上轻步漫舞，引领观众展开一场友谊之旅。而近代的船桨则又把观众的思绪从风情多样的内陆带到了一望无际的海上，船桨

连接,呈现出中国古老的航海形象。海陆两条丝绸之路,显示出中华民族热情友善的品质古已有之。

5. 昆曲。昆曲是中国古老的传统艺术,已入选世界非物质文化遗产名录。靓丽青春的演员高吟着婉转优雅的昆曲。而此时的地面上,则是中国最有名的分别来自唐、宋、元、明、清五大朝代的长卷画。

事实上,除了开幕式集中展示了中国古老的历史文化之外,在奥运会开赛期间,另有30个72～108 m^2 的"祥云小屋"也出现在北京奥林匹克公园中心区,由中国各省开办的"小屋"以实物、多媒体视听艺术、现场手工艺表演以及观众互动等方式,展示本省国家级非物质文化遗产以及神奇、多彩的民族民间文化,进而向全世界立体呈现了中华优秀传统文化的历史、发展与延续。

总之,北京奥运会召开期间,东道主中国在各个方面、各个环节(包括之前火炬的设计、火炬手、志愿者服装的设计)均对展示"中国元素"、弘扬中国文化有着深切的体认,并为此作了精心的安排。

从政府公共关系角度来看,这样的努力意义是深远的。世界各地的人们在观赏奥运会之余,意外地收获了一份惊喜:充分、密集地了解了久远、灿烂和精深的中国文化,而"越是民族的,就越是世界的",世界人民将由此倍生对中国民族文化的好感,进而对中国政府、中国人民也必将产生强烈的好感。这对中国国际形象的塑造和推介、外交空间的凸展乃至推动国内外向型经济的发展可以起到十分重要的作用。

(来源:王勇的博客. http://blog. sina. com. cn/strollingandfinding)

第一节　现代企业公共关系原理

一、现代企业公共关系的概念

现代企业公共关系的最新表述是:现代企业公共关系是现代企业在企业公共关系原则指导下,运用传播沟通活动,了解和掌握企业环境变化趋势,协调公众关系,树立企业信誉,塑造企业形象,以实现企业预期目标和创造企业最佳生存和发展环境的一种独特的现代企业管理职能。

二、现代企业公共关系的唯一目标

现代企业公共关系的唯一目标就是树立良好的现代企业形象。要树立良好的形象确实不易。企业形象是社会公众对企业的整体印象和评价。企业形象的好坏,将直接关系到企业的命运和前途,而企业总体形象的评价有两大指标:一是企业的美誉度,二是企业的知名度,理想的企业形象是企业的美誉度与知名度相结合的形象。

三、现代企业公共关系的两条基本方针

一是着眼于长远打算,二是着手于平时努力。

四、现代企业公共关系的四大特点

现代企业公共关系具有客观性、复杂性、时效性和功利性等四大特点。

(一)客观性

现代企业公共关系作为现代企业的一项管理职能,是客观存在的。有企业就自然存在企业形象,就自然存在社会交往、社会声誉和社会评价,无论企业自身宣传与否。

(二)复杂性

由于社会的生产关系决定着其他各种社会关系,因而,当社会生产关系由简单变为复杂时,其他社会关系也随着变得更为复杂。现代企业公共关系是一种特定的社会关系,也就自然而然变得更为复杂,正因为需要专门机构和专业人员来处理现代企业发展过程中碰到的日益复杂的各种关系,才使现代企业公共关系应运而生。

(三)时效性

现代企业公共关系状态始终处于动态变化之中,社会公众对现代企业的评价和期望也处在动态变化之中,不同时段的现代企业公共关系状态均有差异。因而,时效性在开展现代企业公共关系活动时尤为重要,有时仅一分钟的差异就会带来完全不同的公共关系效果。现代企业处于瞬息万变的激烈市场竞争中,机不可失,时不我待,抢先一步,步步主动,落后一步,步步被动,时间就是现代企业的效益,时间就是现代企业的生命。

(四)功利性

现代企业公共关系作为现代企业的一种管理职能,其运作需要一定的人

力、物力和财力的投入，对特别讲投入产出和特别讲经营效益的现代企业来讲，当然期望其投入能有应有的回报。由于现代企业不断追求最大经营效益的主要特性，更显现代企业公共关系的功利性。

五、现代企业公共关系的四个基本要素

（一）公共关系的四个基本要素

1. 社会组织

它是公共关系活动的主体，即公共关系活动的组织者、承受者和执行者，有时也简称组织。

2. 社会公众

它是公共关系活动的客体，即与公共关系活动主体发生联系及相互作用的组织和个人的总和。社会公众是公共关系活动主体开展公共关系活动的对象或指向，也就是做谁的公共关系工作，有时也简称公众。在公共关系活动中，社会公众始终处于不断变化之中，随着面临问题的产生、发展、巨变或解决而形成、变化、重视或自行消失。可变性是社会公众的基本特征。

3. 管理工作

它是指公共关系活动的方法，即社会组织对其内部公众实施的沟通与教育工作和对其外部公众进行的协调与引导工作。

4. 信息传播

它是指公共关系活动的手段，即社会组织与其社会公众之间进行的双向信息沟通，也可称为公共关系活动的媒介。

公共关系的四大要素互相依存、相互制约，并构成了公共关系的基本问题。

（二）现代企业公共关系的四个基本要素

将其公共关系的四大基本要素中的“社会组织”换成“现代企业”即可。即现代企业公共关系的四个基本要素为：

（1）现代企业　现代企业公共关系活动的主体。

（2）社会公众　现代企业公共关系活动的客体、对象或指向。

（3）现代企业管理工作　现代企业公共关系活动的方法。

（4）现代企业信息沟通　现代企业公共关系活动的手段。

六、现代企业公共关系的六个基本特征

（1）以公众为对象　现代企业公共关系的对象就是与现代企业生存与发

展相关的各类公众。

(2)以美誉为目标　就是树立良好的现代企业形象，即树立高美誉度和高知名度相结合的现代企业形象。

(3)以互惠为原则　这是现代企业"双赢"本质的必然要求。

(4)以长远为方针　现代企业要着眼于长远利益，不要贪图眼前利益而误大事。

(5)以真诚为信条　这是现代企业能够长足发展的重要基础。

(6)以沟通为手段　这是现代企业公共关系的必然选择，这也就反映了现代企业公共关系谋求发展的基本思路。

七、现代企业公共关系的五个基本功能

(一)五个基本功能的三种表述

为了更好地了解和理解现代企业公共关系的功能，我们把公共关系的五个基本功能的三种不同表述均列出来，而且，公共关系的五个基本功能完全适用于现代企业公共关系。

1. 简略地讲，公共关系具有"五部"功能

(1)情报功能，即情报部的功能　眼观六路，耳听八方，及时、准确、有效地提供各种情报。

(2)参谋功能，即参谋部的功能　出谋划策，提供各种可供选择的公共关系方案。

(3)宣传功能，即宣传部的功能　主动宣传，广而告之，尽可能提高美誉度和知名度。

(4)外交功能，即外交部的功能　维护利益，把握尺度，尽可能以最小代价处理好与外部公众的各种关系。

(5)服务功能，即服务部的功能　公共关系工作本身就是一种服务工作，其管理地位和日常业务都具有明显的服务性质。公共关系的成效也需要以服务的质量来加以衡量。公共关系工作就是要通过各种良好的服务，使组织内部运转更加顺畅协调，使组织外部环境更加和谐良好。

2. 形象地讲，公共关系具有"五官"功能

(1)眼的功能　可以观察组织与公众之间联系和沟通的状况，并及时协调。

(2)耳的功能　可以聆听来自各方面对组织的意见、批评和建议，并及时报告。

(3)鼻的功能　可以嗅出对组织和公众利益不利的"气味"，并及时调整。

(4)舌的功能　可以品尝、体会公众的冷暖,并及时解决。

(5)喉的功能　可以向一切公众发布有关组织及公众的真实信息,并及时通报。

3. 最新研究表明,公共关系具有“进取、判断、预防、缓冲、灭火”五项基本功能

(1)进取功能　公共关系主体运用现代传播沟通组织活动,采取先声夺人策略,以开创组织的新局面,提高组织知名度,为组织生存和发展创造良好的环境。

(2)判断功能　公共关系主体运用现代调查方法,全面了解和分析组织的公共关系状态,预测公众的态度和意向,为完善组织形象提供依据。

(3)预防功能　公共关系主体运用预防为主的策略,采取积极主动的预防措施,消除威胁组织的隐患。

(4)缓冲功能　公共关系主体与公众发生冲突,但尚未激化时,采用“解铃还须系铃人”的策略,化解公共关系矛盾。

(5)灭火功能　公共关系主体损害了公众利益和社会利益,造成严重不良后果,采用以攻为守策略和有效措施挽回组织的声誉。

(二)公共关系五个基本功能的相关案例

1. 关于“情报功能”的案例

【案例】　在美国,有公共关系人员发现“超级癌症”——艾滋病的英文缩写 AIDS,正好与一家人寿保险公司的公司名字缩写一样。在艾滋病公司保险,不是很恐惧和危险吗?于是就及时走访这家公司,并将其告知,希望尽快改名,否则会引起人寿保险人员的恐惧,但这家公司未予采纳。结果,半年后,参加人寿保险的人越来越少,而且原来已保险的人员也纷纷要求退保。为什么会出现这种情况?公司经分析才知道,半年前有人来劝告过,才赶快更名,但损失已很惨重。这说明公共关系情报的重要性。

2. 关于“参谋功能”的案例

【案例】　广东大亚湾核电站,建成后70%的电都要卖给隔海28千米的香港。建站初期,由于没有考虑公众舆论,因而,在前苏联的切尔诺贝利核电站发生事故后,香港132万公民以核电站威胁香港为名联名给中央政府写信。这时有人出谋划策,建议成立公共关系部,尽快开展公共关系宣传活动,以打消香港公民的顾虑。此建议得到公司采纳,及时成立了以党委书记挂帅的公共关系部。然后,及时通过第三方在香港举办“和平利用核能展览”等活动,多花几十万港元,才基本消除了香港公民对建设大亚湾核电站的恐惧心理。

3. 关于“外交功能”的案例

【案例】 北京长城饭店邀请里根总统进住饭店成功就是典型一例。关键是通过公共关系,说服了美国驻华大使才促成了这件事。结果,采访的500多名记者将里根总统访华期间住进北京长城饭店一事传遍全世界,做了一次影响很广,但成本很低的广告,极大地提高了北京长城饭店的美誉度和知名度,为饭店的长远发展奠定了良好的基础。2001年7月13日北京申奥成功,又是中国国际公共关系的成功典范。

4. 关于“宣传功能”的案例

【案例】 北京申办亚运会成功就是一例。当年,与北京竞争的日本长岛志在必得,长岛市长表示:如果申办失败,立即辞职。因为当时日本有着三个有利条件:一是日本长岛当年城市建立100周年;二是日本长岛当年是原子弹爆炸45周年纪念;三是日本长岛给每个评委都赠送了一份厚礼。因而,在评委们公开议论和表决中,都同意日本长岛而不同意北京申办。但在评委们秘密投票时,却投了北京,结果北京申办亚运会成功。日本长岛市长回去后立即辞了职。为什么北京能成功呢?最主要原因是北京在评委们秘密投票前的两周里,举办了为期两周的电影周,其中的主要内容就是北京风光片,这样,使评委们看后的确感到北京环境比日本长岛好,进而改变了评委们投票支持日本长岛的决定。这是公共关系宣传的一大典范。

5. 关于“服务功能”的案例

【案例】 简单例子是北京申奥中的一个小插曲,为我国2001年7月13日申奥成功打下了坚实的基础。2001年2月18日国际奥委会评估团的成员来北京实地考察,北京做了全方位的隆重热烈、周到热情的接待服务工作。首先是北京市主要领导到机场、车站迎接奥委会评估团成员,接下来是请江总书记接见奥委会评估团成员,然后是认真介绍北京申奥的各种条件。给来北京的国际奥委会评估团成员留下了深刻的印象,为北京申奥成功奠定了重要的基础。

八、现代企业公共关系的四项基本职能

(一)塑造、传播企业的良好形象

在买方市场条件下,良好的企业形象是企业在市场竞争中的重要手段。知名企业、著名商标对消费者具有巨大的引力,在同样价格、同样功能商品条件下,消费者总是首先选择知名企业的产品。正因如此,企业十分重视运用公

共关系，通过塑造与传播良好企业形象感染公众，吸引公众，使公众支持企业行为。

（二）协调、发展企业与相关公众的良好关系

从企业公共关系定义中可以看出，企业公共关系担负协调与处理企业与相关公众关系的重任。在分层的基础上，主动协调好企业内部的干群关系、工人关系、干部关系、部门关系及非正式群体关系，从而使企业内部各方面关系和谐，职工精诚团结，提高工作效率，改善职工精神状态，增强企业的凝聚力。另一方面妥善处理和协调好企业与用户的关系、与政府的关系、与协作者、代理商的关系以及与企业所在地区的关系。

（三）监测企业形象，处理企业危机

企业形象在市场竞争中具有举足轻重的作用。良好的企业形象对社会公众，特别是对消费者公众有巨大吸引力，是企业最为宝贵的无形财产。塑造良好的企业形象需要企业全员共同努力，经过相当长的累进过程，有时经历几代人辛勤耕耘才能实现。

市场竞争充满风险，决策不当、管理不善、企业素质不高均会导致危机的发生。因此，企业家在树立风险意识的同时也必须树立危机意识，建立防止危机产生的预警系统，发挥企业公共关系职能，搞好危机管理，为企业生产经营及维护良好企业形象保驾护航。

（四）配合战略实施，减少经营阻力

企业经营战略是企业根据内外部环境及资源情况，为求得企业生存和长期发展，对企业的发展目标、达到目标的途径和手段的总体谋划，是企业经营思想的集中体现，其核心是企业的产品——市场战略。

九、现代企业公共关系的四个基本原则

（一）公共关系的三条基本原则

公共关系最基本的原则就是“讲真话”。我们不但应切实坚持这条原则，而且还应在公共关系工作中用好这一原则。由此派生出三条基本原则。

1. 实事求是

公共关系的一切活动都以事实为依据，采取对公众负责和对社会负责的言论和行为，真实地向公众提供社会组织的有关信息。其次，在公共关系活动中坚持“门户开放原则”，公共关系工作要如实、准确反映社会公众意见、要求和看法，并及时反馈给决策部门。

2. 以诚相待

企业要生存和发展,最根本的出路就是处处为消费者或用户的利益着想,生产顾客信赖的产品,提供顾客认为周到的服务,并进行必要的信息沟通。公共关系人员在任何情况下,都不能忘记“以诚相待、以信取人”的原则。

3. 互利互惠

公共关系要以公众利益为前提,要做到公众利益至上,进而才能实现公众和组织的互利互惠和共同发展,要尊重每一位公众,切忌厚此薄彼。

(二)现代企业公共关系的四条基本原则

1. 以美誉度求知名度的原则

企业美誉度是指社会公众对企业良好印象与评价的程度,包括企业信誉、产品形象、客户满意率、社会舆论评价、各种荣誉及顾客对企业信任程度等。企业知名度是社会公众对企业知晓的程度,企业名气越大,企业对社会公众的影响力也就越大。

2. 以全员公共关系为基础的原则

开展企业公共关系、塑造企业形象、争取社会公众,都必须建立在企业全员行为基础之上。企业全员就是指企业全体内部公众,只有全员参与企业公共关系活动,才能实现企业的公共关系目标。

3. 日常公共关系与专题公共关系相结合的原则

日常公共关系是伴随业务过程和日常工作、人际接触所开展的公共关系,是塑造企业形象的基本途径。企业的美誉度是依靠上乘质量和日常公共关系建立起来的。因此,日常公共关系是企业公共关系的基础,是全员公共关系的表现形式。企业的专题公共关系多是为了某种目的进行专题策划,通过各种媒介而开展的公共关系活动,是向社会传播企业形象,提高企业知名度的基本手段。

4. “二·八”管理原则

“二·八”管理原则是指在管理过程中实行“关键的少数、次要的多数”的原则。这种原则早已用在质量管理的排列图法和物资管理的ABC管理法中了。根据这个原则,在开展公共关系活动时,必须明确“关键的少数”即重点公众,以点代面地开展企业公共关系工作。

十、现代企业公共关系的八个现代观念

适用于现代企业公共关系的现代观念,是一种现代开明的经营观念和人性化的管理哲学,它是贯穿在管理者日常经营管理实践中的一种基本的管理立场、管理宗旨、管理原则和价值观念。其主要观念有八个,即塑造形象的观

念、提高信誉的观念、服务公众的观念、互利互惠的观念、协调沟通的观念、全员公共关系的观念、立足长远的观念、注重效益的观念。

十一、现代企业公共关系的四个步骤(四步工作法)

(一)开展企业公共关系调研

其目的为掌握足够的信息,了解企业所处的环境和公共关系状态,确定企业所面临的公共关系问题。这一工作步骤是其他企业公共关系工作的基础。

(二)制订企业公共关系计划

根据公共关系调研结果,确定企业公共关系目标,拟定企业公共关系策略,策划企业公共关系活动方案,制定工作程序及时间表。

(三)实施企业公共关系方案

依据企业公共关系计划和行动方案,逐步推广,以实现企业公共关系目标,最终实现总目标。

(四)检评企业公共关系效果

包括企业公共关系计划实施前的效果预测、模拟试验以及公共关系计划实施和实施后的效果检测与评估,目的在于有效控制计划推行。根据检测和评估所得,对原计划进行调整,以实现企业公共关系活动的总目标。

十二、现代企业公共关系的十种类型

现代企业公共关系的类型主要有:

(一)宣传型企业公共关系

是通过宣传途径,建立良好的企业公共关系网络来达到企业公共关系的目的。

(二)交际型企业公共关系

是指企业不借助于媒体,而是以人际接触为手段,与公众进行协调沟通,为企业广结良缘的企业公共关系工作。它的特点在于:一是快节奏,二是节省人力、物力,三是灵活性,四是人情味浓。

(三)服务型企业公共关系

是一种以提供优质服务为主要手段的企业公共关系活动方式。其目的是以实际行动来获取社会公众的了解与好评,塑造企业的美好形象。

一个企业开展服务型企业公共关系至少要考虑三个问题:一是创造条件,拥有服务设施;二是开动脑筋,确定服务内容;三是力所能及,兑现服务承诺。

（四）社会型企业公共关系

社会型企业公共关系是指企业举办某些社会公益活动，来扩大影响，取得公众的赞誉，以树立自身良好形象的企业公共关系活动。

在社会型企业公共关系活动中，基本的指导思想应该是"创造条件，抓住机遇，扩大影响，赢得信誉"。社会型企业公共关系的特点在于它的公益性和文化性，不拘泥于眼前的得失，而着眼于长远的效益和整体的形象。

（五）征询型企业公共关系

征询型企业公共关系是指企业自我生存与发展而收集社会的舆情民意，掌握社会发展趋势的企业公共关系活动方式。其目的是掌握舆情民意为企业机构的经营管理决策提供依据，使自己的行为尽可能地与国家的总体发展目标和市场的总体趋势相一致。其具体的实施过程是：当企业进行一项工作后，就要想法了解社会公众对这项工作的反应。经过征询，将了解到的公众意见进行分类、整理，加以分析研究，然后提出改进工作的方案，直至满足公众的愿望为止。

（六）建设型企业公共关系

建设型企业公共关系是指企业为开创新的局面而在企业公共关系方面所作的努力。现在企业一般把开展建设型企业公共关系活动放在开业前后的一段时间里，或者放在更换厂名、改变产品商标或包装的时候。一个企业不仅开业前要进行建设型企业公共关系活动，而且开业后也要注意本身在公众中作的形象，如果长期显示不出企业的活力，树立新的企业形象，就会被社会淡忘。因此，企业必须时时注意在公众中的自我形象，以种种努力来引起公众的关注和社会的重视。

（七）维系型企业公共关系

维系型企业公共关系是指企业在稳定发展之际用来巩固良好形象的企业公共关系类型。其做法是通过各种渠道和采用各种方式持续不断地向社会公众传递企业的各种信息，使公众在不断接受企业的服务和友好情谊中，增强对企业的好感，把企业的美好形象深藏在心中，做企业的顺意公众。

（八）进攻型企业公共关系

进攻型企业公共关系是指企业采取主动出击的方式来树立和维护良好形象的企业公共关系类型。当企业的预定目标与所处环境发生冲突时，要及时抓住时机，调整决策和行为，积极主动地去改造环境，逐渐减少直至消除冲突的因素，以保证预定目标的实现。

（九）防御型企业公共关系

防御型企业公共关系是指企业为防止自身的企业公共关系失调而谋取的一种企业公共关系活动方式。它的特点是：

1. 洞察一切，见微知著

当企业机构与客观环境出现某些失调的征兆时，能及时发现，迅速采取对策，予以防止。

2. 居安思危，防患未然

当企业处于稳定发展的状态时，及早制订出防范措施，达到未雨绸缪的目的。

3. 积极防御，加强疏导

利用不利的时机，创造有利的局面。

（十）矫正型企业公共关系

矫正型企业公共关系是指企业在遇到问题与危机、企业形象受到损害时，为了挽回影响而开展的企业公共关系活动。

上面介绍的十种现代企业公共关系类型，在运用时要根据对象、环境、时机和需要选择最佳的方式，以便获得良好的企业公共关系效果。

第二节　现代企业公共关系实务

现代企业公共关系实务可以理解为“现代企业公共关系的实际事务或实际业务”。“实务”一词源于英文“Practice”，意为实践、实施或应用。因此，现代企业公共关系实务也可称为“现代企业公共关系实践”、“现代企业公共关系应用”。

现代企业公共关系实务是指在现代企业公共关系理论的指导下，现代企业开展企业公共关系活动，从事企业公共关系工作的总称。它是现代企业公共关系原理在实际工作中的具体运用，主要回答现代企业公共关系工作“怎么做”的问题。

现代企业公共关系实务具有真实性、具体性、应用性、可操作性、时效性、功利性等特点，开展现代企业公共关系实务时，应切实注意体现这些特点。

现代企业公共关系实务是一项系统工程,是由一系列相互联系、相互影响和相互作用的企业公共关系活动所组成。现代企业公共关系实务是一项经常性、有规律的工作,而不是突击性、临时性的活动,因此,必须形成制度化。

在这部分中,集中简要地介绍现代企业公共关系实务的六个方面,即现代企业公共关系调研、现代企业公共关系传播、现代企业公共关系策略、现代企业公共关系时机、现代企业公共关系策划、现代企业公共关系营销。

一、现代企业公共关系调研

(一)现代企业公共关系调研的内容

现代企业公共关系调研的内容集中体现在三个方面:一是企业内部基本情况调查;二是企业外部公众意见调查;三是企业所处环境状况调查。

(二)现代企业公共关系调研的程序

现代企业公共关系调研要采用科学方法,排除主观臆测和随意推断,依照科学的程序和步骤对所需了解的问题和情况进行数据搜集、分类统计、分析评价等一系列环节来获取真实、客观、可靠的第一手材料的研究过程。现代企业公共关系调研设计首先要明确调研的步骤,调研的程序包括以下步骤。

①确立企业公共关系调研的目的和目标。

②确立企业公共关系调研的范围和对象。

③确立企业公共关系调研的方法和形式。

④确立企业公共关系调研的途径和方式。

⑤确立企业公共关系调研的时间。

⑥确立企业公共关系调研的成本。

⑦企业公共关系调研评价与撰写报告。

二、现代企业公共关系传播

(一)语音传播

它是企业公共关系人员必须掌握的最基本技能。因为在大众传媒普遍进行企业公共关系活动的情况下,企业公共关系人员必须使用语言这种“第一传播手段”进行沟通与交流,它经常采用面对面的方式。

1. 语言传播技巧

语言传播的运用具有一定的技巧性,能否熟练地掌握并运用这些技巧,在很大程度上决定了传播的成功与否。语言传播的技巧可以概括为“说”的技巧和“听”的技巧。

(1)“说”的技巧　其中心内容是使自己的言辞富有说服力和感染力。

(2)“听”的技巧　其关键是表现出诚恳、友好和耐心,从而使自己为对方所认同。

2. 语言传播的运用

(1)日常接待　日常接待是企业公共关系部门的重要职能。它可分为被动型与主动型日常接待两种。被动型日常接待,即企业公共关系部门在没有事先准备的情况下,接待上门联系事务的公众。主动型日常接待指的是企业对于应邀上门公众的接待。

(2)记者招待会　记者招待会是企业召集报纸、电台、电视台及各种传播媒介的记者,发布某一消息,让记者就此进行提问,并由召集者予以回答的一种会议形式。它是目前企业公共关系人员开展活动的重要形式。

(3)沟通性会议　企业领导之间、员工之间、领导与员工之间、企业与顾客之间都存在沟通的必要性,而“会议”则是实现这种沟通的主要载体,其主要手段为语言传播。从企业公共关系的角度来看,沟通性会议一般可以分为:①礼节性聚会;②对话恳谈;③例行性会议。

(4)公务谈判　所谓公务谈判,就是企业为了协调与公众之间的利益与关系需达成一致协议而进行交换意见相互磋商的活动。其主要特点为:①谈判具有普遍性;②谈判建立在双方彼此需要的基础上;③谈判是一种双向的交流活动。

(5)演讲　企业公共关系人员进行的演讲,或者是介绍企业的生产、经营情况,或者是推销某种产品,或者是意欲改变公众对企业的看法,是企业公共关系实践中的一种基本技能。

(6)游说　企业为了自身利益而对公众进行说服工作,这种工作称为游说。由于它是出于企业自身利益需要而求助于公众的,因此具有被动性,但是又可以使用某些技巧,将这种“被动”化为主动。

(二)文字传播

对于企业公共关系从业人员来说,文字传播具有特别重要的意义。

1. 文字传播的技巧

文字传播的技巧和汉字的特点密切相关。鉴于文字富有乐感,企业公共关系人员在广告制作、演讲游说中都可以精心地设计安排,突出汉字的音乐美感,达到预定的企业公共关系目的。如日本丰田汽车公司的著名广告:“车到山前必有路,有路必有丰田车”,琅琅上口,富有感染力。

2. 文字传播的运用

(1)企业公共关系新闻　企业公共关系新闻是以简洁文字迅速反映新近

发生或过去未被认识到的新鲜事物的报道。

(2)企业公共关系广告　企业公共关系广告是信息传播的一种方式，目的在于推销产品、劳务，影响舆论，博得政治支持，推动某种事业或引起刊登广告者所希望的反应。有以下几种类型：①信誉广告(传播社会公众对企业的好评、赞誉，以及在国内外获奖情况)；②实力广告(向社会公众显示企业在技术、装备、人才、工艺等方面具备的雄厚实力)；③声势广告(借庆典、剪彩等大型活动造声势，或在重大节日用广告向公众贺喜，以及在兄弟单位开业、庆典之际表示祝贺)；④创意广告(依据能够动员社会公众的社会性主题所制造的广告)；⑤公益广告(以公益性、慈善性、服务性的主题为内容制造广告，以报答公众的好评)。

(3)企业内部报刊　企业内部报刊的创办与发行，是企业组织传递信息进行多方沟通的重要书面形式。它的主要内容包括：①介绍新产品，消除消费者的购物障碍；②传递行情，以供了解市场动态；③宣布奖惩，调动员工的积极性与创造性；④探讨企业管理经验，提高决策水平等。

(4)企业公共关系常用文书　①公文；②通知(批示性通知、一般性通知、指令性通知、会议通知)；③报告；④公函；⑤会议纪要。

(三)实像传播

实像传播是以具体形象的实在内容向公众传播信息的。企业除了运用语言和文字向公众传播信息外，还需要通过自身产品向公众传播信息。因此，在企业公共关系实务操作中，实像传播是基本操作内容之一。在企业公共关系实务操作中，“实像”是特指企业生产的产品实样，或者是图片资料、视听材料，还包括商业服务单位向公众推出的各种示范性服务、操作表演等诸如此类的内容，如时装模特儿的表演活动、产品展销等。与语言传播和文字传播相比，实像传播更为宏观，更能反映企业的真实面貌。

实像传播是企业以其具体形象的实在内容向公众传播信息，与语言传播和文字传播相比，具有许多优点，主要表现为信息直观可靠、作用直接迅速、手段多样综合等方面。

(四)复合传播

大众传播是运用传播媒介进行的传播活动。大众传播包括电视、电台等电子媒介和报纸、杂志、书籍等印刷媒介。在企业公共关系实践中，企业公共关系目标的广泛性和企业公共关系手段的综合性，都决定了传播活动的复合性特点，即企业始终是有意识地用各种大众进行传播。企业是传播活动的主体和策划者。

三、现代企业公共关系策略

可供选择的几种现代企业公共关系策略类型在本章第一节“现代企业公共关系的十种类型”中已经做过介绍。这里,我们从运用的角度,分别说明其特点和运用方法。

(一)宣传型企业公共关系策略

宣传型企业公共关系是通过宣传途径,建立良好的企业公共关系网络,来达到企业公共关系的目的。从目前社会情况看,大众传播有两种:一种是公共关系广告;一种是新闻报道。一个企业可以把它的形象塑造作为广告的中心内容,着重宣传企业的管理经验、经济效益、社会效益和已经获得社会声誉的发展过程等,还可以采取新闻报道的形式来宣传自己。这种宣传权威性高,比较客观,容易为公众接受,且不用花钱。不过,这种机会不多,主动权不在企业。对企业来说,可以巧借媒介来“制造新闻”。

【案例】 在1985年美国总统里根访华即将结束前,里根的答谢宴会在长城饭店召开,前来采访的有500多位中外记者,长城饭店随着答谢宴会的消息传遍世界各地。

(二)交际型企业公共关系策略

在美国就有一批职业游说人员和游说集团专门进行交际型公共关系活动。

【案例】 美国前国务卿基辛格博士组织了一批在国际舞台上很有影响的各界人士,组成一个咨询机构,他们的工作主要是为世界各个国家政府及首脑间的交往疏通渠道,提供方便。由于基辛格与各国领导人和知名人士有广泛接触,又有私人情谊,由他出面代表一国现任领导与另一些国家接触与联系,往往比这些领导人直接出面试探要好得多。一宗贸易,一个合作项目,一个合作途径,由他们出面推荐或接洽,成功的可能性就大得多。在我国,交际型公共关系应该称得上是公共关系活动方式中用得最为广泛的一种。

(三)服务型企业公共关系策略

现代社会,随着经济的发展,市场竞争日益激烈,在同类企业之间的竞争,更多的体现在服务上。哪个企业服务热情周到,哪个企业就能赢得更多的顺意公众,树立起企业的良好信誉。从现代企业之间交易的成功率来说,周到的服务是至关重要的。当然,它必须以货真价实为基础。

在我国工业企业中的售后服务、消费指导，商业企业的优质服务、送货上门，公用事业单位的完善服务、接受检查，宾馆开展的企业文化等，都是典型的服务型企业公共关系。

（四）社会型企业公共关系策略

开展社会型企业公共关系活动，很重要的一条就是所举办的活动必须对社会有利，符合国家的政策法令，能引起社会的重视，特别是引起新闻媒介的重视。新闻媒介重视了，通过他们的传播，可以扩大影响，取得更加良好的效果。企业与新闻媒介合作，不仅提高了企业的声望，也有助于扩展企业的公共关系网络。

【案例】 上海大江有限公司与八家新闻单位联合主办"大江杯迎亚运世界体育知识大奖赛"，公司出资25万元支持了这一活动。通过报纸对竞赛过程的连续刊登，公司名称广泛传播，"大江"的标徽也走进了千家万户。中央电视台举行了有体育界领导和知名人士参加的"迎亚运'上海大江杯'世界体育知识大奖赛"实况转播，轰动了全国，使"上海大江"的名字不断反复地映入全社会公众的眼帘，留下深刻的印象。另外，在此期间，这些新闻媒介还主办高层次、高规格的"大江经验座谈"，分别介绍了大江的业绩与经验，使大江有限公司的公共关系活动收到了极好的效果。

（五）征询型企业公共关系策略

征询型企业公共关系的具体实施过程是：当企业进行一项工作后，就要想法了解社会公众对这项工作的反应。经过征询，将了解到的公众意见进行分类、整理，加以分析研究，然后提出改进工作的方案，直至满足公众的愿望为止。

征询型企业公共关系的前期工作要从两方面入手：一方面要站在公众的角度去设想对具体工作的要求；另一方面要做好市场预测与分析。

征询型企业公共关系工作方式为：开办各种咨询业务，建立来信来访制度和组织接待机构，设立意见箱和热线电话，接受和处理投诉等。

（六）建设型企业公共关系策略

现在，企业一般把开展建设型企业公共关系活动放在开业前后的一段时间里，或者放在更换厂名、改变产品商标或包装的时候。

【案例】 上海市"稳得福"烤鸭店是一家不起眼的小店。开张伊始，厂领导就雄心勃勃，决计创造一个上海的"全聚德"。他们分析了本店的有利条件，进行精心策划。首先，发动全店职工献计献策，为烤鸭店起个好听的名字;接着又从分析市场形势中,制订了与众不同的经营目标和方式。他们向全市没有烤鸭供应的饭店、酒家和工厂等单位发了一份“启事”,宣传该店的商品和服务宗旨,欢迎大家来批发或预约登记烤鸭,还分发优惠券给一些单位和个人,凭券购买烤鸭,可以享受八折优惠。开张以后,发挥了新闻媒介作用,在上海广播电台《生活之友》节目中,由“稳得福”的师傅介绍烤鸭的做法。在一次春节联欢会上,魔术师变出了一只“稳得福”的烤鸭。这样一来,“稳得福”的名声更大了。因此,企业必须时时注意在公众中的自我形象,以种种努力来引起公众的关注和社会的重视。

(七)维系型企业公共关系策略

维系型企业公共关系的主要功能就是设法在不知不觉中造成和维持一种融洽气氛,以维护企业的良好形象。它的活动方式有两种:即“硬维系”和“软维系”。

1.“硬维系”

它是指活动形式所表现的“维系目的”很明确,公众一目了然。

【案例】 广州中国大酒店在重大节日,坚持给住过大酒店的顾客公众赠送贺卡和礼品,以联络感情。他们的元旦贺卡后面是全宾馆两千多名职工的集体照片,中间还编成一个“中”字,来强化公众对宾馆的印象。

2.“软维系”

它是指活动的目的,表面看过去不十分明显,表现比较洒脱,给人以“醉翁之意不在酒”的感觉,却能够收到特殊的效果。

【案例】 北京长城饭店在1986年的圣诞节把外国驻华使馆的小孩请去装饰圣诞树,除招待他们一天吃喝玩乐外,临走时还送给他们每人一份小礼品。这个活动从表面看是组织孩子们参加一次符合西方习俗的活动,但其真正用意在于通过这批孩子来维系长城饭店与各使馆人员的联系。孩子们在那里玩了一天,回去把情况告诉他们的父母,客观上充当了长城饭店的义务宣传员,维系了长城饭店在使馆人员心目中的良好形象。

(八)进攻型企业公共关系策略

在当前市场竞争十分激烈的时候,一个企业更需要运用进攻型企业公共关系来取胜对方。

【案例】 1978年,日本厂商和欧洲厂商为了把电视机打入中国市场，竞争十分激烈，最后，日本厂商获得了成功。其主要原因是日本厂商善于掌握中国市场的特点，了解中国人的需求，巧用新闻媒介，采取了进攻性的公共关系策略和手段，抢先以“日立牌”电视机与中国消费者见面，抢占了中国市场。而欧洲厂商虽然行动较早，但对中国情况不明，措施失当，缺乏进攻性企业公共关系的策略和手段，从而没有占到优势。

采用进攻型企业公共关系要注意几点：

(1)避免环境的消极影响　如避免参加过多的纵向关系的组织和不必要的社会活动，避免过多地承担社会义务，以免受过多的规章制度和社会关系的牵制。

(2)不断开创新局面　如建立分公司，研制新产品，开辟新市场，创造新环境。

(3)要协调社会关系　以减少与竞争者之间的矛盾和冲突，团结更多的支持者和协作者。

(九)防御型企业公共关系策略

1. 防御性攻关策略特点

(1)洞察一切，见微知著　当企业机构与客观环境出现某些失调的征兆时，能及时发现，迅速采取对策，予以防止。

(2)居安思危，防患未然　当企业处于稳定发展的状态时，及早制订出防范措施，达到未雨绸缪的目的。

(3)积极防御，加强疏导　利用不利的时机，创造有利的局面。

【案例】 1996年上海邮电局开展为民服务活动，就是一次防御性企业公共关系活动。近几年，上海随着经济的发展和人民生活水平的提高，市民对邮局的要求也不断提高。在我国，邮电企业是独占性的，他们最担心的是社会舆论的责难，为了防止社会舆论的责难，上海邮电局在没有任何危机的情况下，主动开展了为民服务，接受群众监督的“承诺”活动。他们的做法是：①提高服务质量，方便群众。他们设立104问询台，工作人员有问必答，态度和蔼，连中央电视台记者故意刁难，他们也能对答如流，在全国提高了信誉。②系统地改进设备，将电话从七位数改为八位数，解决了上海人装电话难的问题。③进行“承诺”活动，接受群众监督。工人到群众家中去装修电话，不收小费，不接受吃喝，保证在预定时间内赶到。④邮递员准时到信筒收信，并改进方法，缩短送信时间。通过全体职工的努力，上海邮电局赢得了良好的声誉，社会评价很高，连过去有些意见的人也都称赞不已。

2. 适用范围

最适用于企业发展过程中的战略决策，为具有战略眼光的现代企业领导者所重视和采用。

(十) 矫正型企业公共关系策略

企业遇到的形象危机一般有两种情况：一是公众的误解、谣言或人为的破坏；二是由于本身存在的问题造成的。如产品质量欠佳、服务态度不好、环境污染严重等，或者是管理政策、经营方针有问题。这时候企业公共关系工作人员要能及时发现问题，采取紧急措施来平息风波，以保证顾客公众的利益不受损害。例如：南京热水器厂建厂以来，一帆风顺，20 世纪 80 年代初，得到了较快的发展。1986 年，在短短的两个月中，因使用该厂玉环牌热水器发生了 3 起一氧化碳中毒的人身事故，在社会上引起了轰动。国家经委发出紧急通知，要该厂立即停产整顿，全国 17 家新闻单位点名公开批评。顷刻间，客户纷纷要求退货。这突如其来的风波，使工厂被迫停产，产品的信誉一落千丈。事故发生后，南京热水器厂领导对自己的产品虽然十分自信，但仍然十分重视发生的事故，他们迅速组织力量对事故进行全面深入的调查。在国家有关部门直接参与下，终于得出了科学的结论：事故不是因产品质量造成的。最后将事实真相准确、及时地公布于众，改变企业在公众中的不良形象。经过一系列矫正型的公共关系活动，国家有关部门领导不仅收回停产整顿的命令，还为企业拨出外汇引进热水器安全熄火装置生产线和先进的生产与检测的设备。新闻媒介及时向社会报道了调查情况，在京的 20 家新闻单位报道了玉环牌热水器参加轻工部在北京举办的全国名优产品展销会的消息，终于恢复了南京热水器厂的声誉，积压的玉环牌热水器也销售一空。

四、现代企业公共关系时机

(一) 把握企业公共关系时机的重要意义

捕捉和把握最佳企业公共关系时机是取得企业公共关系战略实施效果的先决条件，也是一种高超的企业公共关系艺术，机不可失，时不再来，企业公共关系时机对企业公共关系人员而言简直是命运之神，抓住了最佳公共关系时机，就可事半功倍，否则，就会事倍功半。优秀的企业公共关系人员，会择智而从，见愚而疏，借机创造良好机遇，稳步实施企业公共关系方案，会灵机一动，见机行事，“运筹帷幄之中，决胜千里之外”，始终了解企业公共关系趋势，把握企业公共关系主动，创造性地推进企业公共关系方案的如期实施。

(二)选择企业公共关系时机应遵循的原则

①选择企业公共关系时机要从整个企业公共关系策划出发,要有利于企业公共关系目标的顺利实现。

②选择企业公共关系时机要使公众的心理期望能够得到满足。

(三)可供选择的企业公共关系时机

①企业创办或企业开业。

②企业周年庆典活动。

③企业新产品投放市场的面世活动。

④企业推出新的服务项目。

⑤企业重点工程投产。

⑥企业发展很快但声誉尚未树立之际。

⑦企业获得荣誉之际。

⑧企业更名公诸于众之际。

⑨企业与其他企业或组织合并之际。

⑩企业经营性质发生改变之际。

⑪企业举行赞助大型公益活动签字仪式之际。

⑫企业遇到国内外重要节日之际。

⑬企业参加国内外展览会、展销会或交易会之际。

⑭企业巧借名人祭辰等重大事件之际。

⑮企业在某些方面出现失误之际。

⑯企业在某些方面遇到误解之际。

⑰企业遇到突发性危机事件之际。

五、现代企业公共关系营销

(一)大市场营销与企业公共关系

西方的市场营销理论,是在20世纪50年代买方市场条件下产生的。在其发展规律过程中,每10年就会出现一些新观念,市场营销观念的演变大体经历以下几个阶段:产品观念、销售观念、市场营销观念、生态营销观念、社会营销观念和大市场营销观念。

大市场营销观念是美国营销大师菲利普科特勒在1984年提出的一个新概念,其定义是:为了成功地进入特定市场,并在那里从事业务经营,在战略上协调地运用经济的、心理的、政治的和公共关系等手段,“以取得外国或地方的各方面的合作与支持,从而达到预期的目的。”现代企业公共关系在大市场营销中的功能有:沟通、积极诱导、制造舆论、进入时尚或满足消费者需要。

(二)现代企业公共关系营销概念

现代企业公共关系营销是运用企业公共关系的传播沟通、制造舆论、说服诱导的方式,将企业公共关系活动贯穿于整个市场营销活动中,树立良好的品牌和形象,引起消费者的好感,最终促进其购买行为的活动过程。

现代企业公共关系营销模式不同于一般营销模式,它不直接推销企业产品,而是与客户进行交往沟通,灌输正确的产品观念和消费观念,培养企业的长期客户。其模式是:企业公共关系人员—客户—产品。而一般营销模式是:推销员—产品—客户。

(三)不同产品寿命周期的企业公共关系策略

1. 产品是一个整体概念

企业产品是企业公共关系营销活动的要素,它是能够提供给市场、用于满足人们某种欲望和需要的事物。其包括:核心产品、形式产品、附加产品。

2. 产品市场生命周期

导入期、成长期、成熟期和衰败期。

3. 产品在不同市场寿命周期时应运用的企业公共关系策略

包括:产品导入期企业公共关系策略、产品成长期企业公共关系策略、产品成熟期企业公共关系策略、产品衰败期企业公共关系策略。

(四)新产品开发的企业公共关系策略

产品是有市场寿命周期的,企业要在竞争中取胜必须开发新产品,用新产品代替衰退的产品。

(五)建立营销渠道的企业公共关系策略

产品除直销外,一般通过中间商转入消费领域。良好的中间商,不仅有助于产品销售,而且可以促使中间商宣传和维护企业声誉。

(六)塑造品牌形象的企业公共关系策略

在现代市场条件下,产品形象是企业形象的基础,企业的形象竞争和形象促销都集中于品牌形象之中。企业只有树立良好的品牌形象,才能赢得公众的信任和开拓市场。

①品牌形象是企业形象的基础,品牌是无形资产,是企业实力的象征,是营销的保证,是企业扩张的保证。

②塑造品牌形象的要求。企业价值是品牌的基础。

③塑造品牌形象的技巧和策略。树立产品质量是企业生命线的观念,开

发优质产品；重视产品外观、包装、与品牌的关系；注重品牌的管理。

(七)企业公共关系营销宣传技巧

①企业公共关系营销的宣传功能主要有：信息传播功能、引导认知功能、社会功能、竞争功能。

②企业公共关系营销的宣传原则主要有：讲实话，树立长远观念，从实际出发。

③企业公共关系营销的宣传技巧主要有：企业公共关系广告、名人效应、制造新闻、广行善举、第一印象、开放门户。

六、现代企业公共关系策划

(一)现代企业公共关系策划的含义

现代企业公共关系策划是指企业为实现某一具体的企业公共关系目标而选定的企业公共关系主题、设计企业公共关系方案、谋划企业公共关系对策、攻克企业公共关系难关的运筹过程。

(二)现代企业公共关系策划的基本特征

1. 目的性

一般企业公共关系策划工作，其目的在于促进企业公共关系活动从无序转变为有序，从模糊转变为清晰。具体的公共关系策划工作，其目的视环境、条件和所追求的目标而定。

2. 思想性

企业公共关系策划是一种思维过程，它依赖于人脑的制约，并通过策划者对社会环境、企业组织的条件和策划目标的分析来完成的。

3. 创造性

企业公共关系策划的思维过程是一种创造性思维。

4. 针对性

企业公共关系策划不具有统一的、一成不变的模式。

5. 调适性

企业公共关系策划方案应该具有一定的弹性，以便随环境的变化和方案的实施而进行有针对性的调整。

(三)现代企业公共关系策划的原则

1. 理论性原则

包括：信息性原则；整体性原则；协调性原则；实用性原则；反馈性原则。

2. 务实性原则

包括：坚持企业发展与外部环境相结合的原则；坚持企业文化与民族文化相结合的原则；坚持公共关系策划与营销策划相结合的原则；坚持短期行为与战略目标相结合的原则。

（四）现代企业公共关系策划的方法

1. 思维谋划法

思维谋划法是通过思维的方式进行的企业公共关系方案的策划。其表现形态有直接思维法、倾向思维法、联想思维法、形象思维法和逻辑思维法。

2. 专家意见法

专家意见法是依据专家对事物的看法，提出专家们各自的意见，并进行综合的一种方法。专家意见法在具体实施中主要表现的形式有：专家会议法、专家小组法、专家畅谈法和个人提案法。

3. 公众调查法

公众调查法是通过对公众的调查、了解，来掌握公众对企业的不满、要求、意见和建议，并以此作为企业公共关系策划的依据。公众调查法的具体方法有公众座谈法、公众问卷法和走访调查法。

（五）现代企业公共关系策划的类型

由于企业状况的环境不同，所面临的企业公共关系问题不同，对企业公共关系问题的认识和采取策略的不同，企业的公共关系策划自然也呈现出各种不同的面貌。加以归纳，可分为四大类型。

1. 某一发展时期的企业公共关系战略策划

如 5 年或 10 年的发展规划。这类策划活动最终形成的是一种企业公共关系战略性指导文件，主要内容包括企业公共关系战略总目标、实现战略总目标的条件和主要措施、阶段性目标及实现阶段性目标的构想等。这类策划不对具体企业公共关系活动作明确规定。

2. 专题性企业公共关系活动策划

这类策划活动是围绕着某企业公共关系问题展开的，时间上可以是跨年度的或几个月的，如 20 世纪 60 年代初，日本精工为改善产品形象而策划的为期 4 年以东京奥运会为高潮的公共关系活动计划。这类策划如果时间较长，一般采用在总目标下分阶段的形式来编制计划；时间较短的则以在总目标下分项目的形式制订计划。这类策划活动的主要内容有：制定总目标、各阶段或各项目目标、实现目标应采取的措施、施行各项活动的工作程序和时间表、效果评估方法和预算等。这类策划方案要求具体、明确和具有可操作性。

3. 年度企业公共关系策划

这是一种以年度为周期，制定年度企业公共关系目标及如何达成目标的策划活动。它是企业年度工作计划的一部分。内容有：年度企业公共关系总目标、年度企业公共关系主题、企业公共关系活动的主要项目、企业公共关系活动实施时间表、效果评估方法和年度企业公共关系预算等。

4. 企业公共关系活动项目的策划

如对某次记者招待会、某项新闻指导计划、某次开放日或展览活动等的策划。这类策划方案常附于专题或年度公共关系策划书的后面，作为策划书中各专项活动实施的依据，有时也作为独立的企业公共关系活动计划加以推行。这类策划的内容包括：项目的目标、项目负责人和实施者、项目涉及的对象、项目所需的传播媒体、器材设备、以及外部环境、项目的筹办、实施的工作程序及时间表、项目考核标准和方法、预算等。

（六）企业公共关系方案的制订和实施

要认识到企业公共关系方案的实施是一种企业全员公共关系行为，必须让企业相关职员知晓主要情况，自觉配合企业公共关系方案的实施，又要与企业经营计划的实施协调好，如图 9-1 所示。

公共关系案例分析。

下面是 20 世纪 50 年代法国葡萄酒公司如何运用有效的公共关系战略配合经营战略开拓美国市场的案例。

【案例】 美国基本上是个移民国家，民族构成复杂，习俗不同，口味各异，尽管法国白兰地享誉世界，但在 1958 年以前却未占领美国市场。这一年，法国葡萄酒公司经营目标是全力开拓美国市场，并精心策划了公共关系战略与公共关系方案。很明显，目标市场是美国、目标公众是美国的消费者。基本公共关系策略选用名人效应策略，方案选择时机为庆贺美国时任总统艾森豪威尔将军 67 岁寿辰，因为艾森豪威尔在第二次世界大战后期指挥了开辟第二战场的战役，率盟军解放了法国本土，此后又多年担任盟军司令和北大西洋公约司令，和法国关系亲密，又是在位的美国总统，这是最好的人选了。他们的起步策略是在年初发表声明，决定在艾森豪威尔总统 67 岁寿辰庆典仪式上赠送同龄老酒法国葡萄酒厂出品的名牌白兰地，以表示法国人民对他的敬意，于是在美国引起了兴趣。他们采用三个阶段，实施三个项目来达到预想目的。第一阶段，运用美国电视、广播手段同美国人民有奖征选酒桶样式，于是美国听众、观众纷纷响应，从而引起了社会各界公众的关注。第二阶段，贺礼由专机送到纽约而后用专车向华盛顿进发，通过每日报

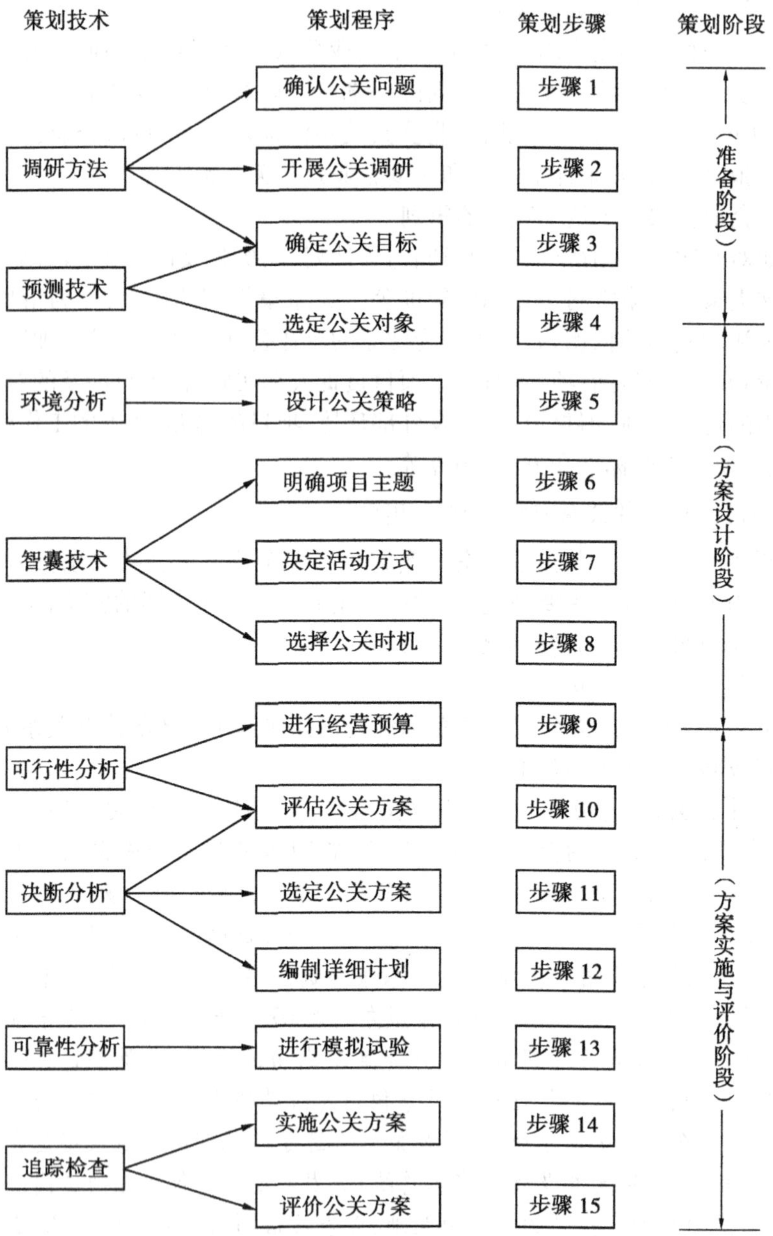

图9-1　现代企业公关方案策划程序图

道进程消息，更加使美国公众兴趣倍增。第三阶段是隆重的送酒仪式，当送酒车队驾临华盛顿时，已成为美国的新闻热点，为了观看送酒仪式，华盛顿出现了万人空巷、夹道欢迎的场面，为了能与总统同时举杯，人们涌向商店、酒吧购买法国白兰地，就这样法国葡萄酒公司占领美国市场的计划得到了实现，再次向世人显示了有效的公共关系战略配合经营战略的实施是多么重要。

我们对案例“法国白兰地通过公共关系战略打入美国市场”作以下分析。

1. 公共关系方案分析

(1)确认公共关系问题　1958年法国白兰地尚未占领美国市场。

(2)确定公共关系目标　美国公众(美国的消费者)。

(3)开展调查研究　①法国白兰地享誉国内和全球(基础)；②美国是移民国家，民族构成复杂，习俗不同，口味各异；③1985年前法国白兰地未占领美国市场；④美国与法国关系亲密；⑤时任美国总统艾森豪威尔是知名而声誉最好的总统，决定打入美国市场这一年是总统67寿辰；⑥有窖藏67年的法国白兰地；⑦最后，调研确定的公共关系宣传基点是法美人民的友谊，利用友谊开展公共关系工作(要美国公众能接受)。

(4)设计公共关系策略　选用“名人效应策略”。

(5)选定项目主题　通过“礼轻情义重，酒少情意浓”的公共关系战略让法国白兰地打入美国市场。

(6)活动方式主要按以下步骤来决定

第一步：起步策略是在年初发表声明(先国内，再在美国)，决定在美国总统67岁寿辰庆典仪式上赠送同龄(窖藏67年)老酒法国白兰地，以示对总统的敬意，以此来引起美国公众的兴趣。

第二步：运用美国的电视、广播等宣传媒介向美国人民有奖征集酒桶式样，于是受到周围听众、观众的纷纷响应，从而引起社会各界的广泛关注，最后酒桶特邀法国著名艺术家特别设计、制作，并随时报告进展。

第三步：专机送酒到美国纽约(并付巨额保险费)，并用专车向首都华盛顿进发(故意不直接运达首都)，同时，每日报道进展消息，从而使美国公众兴趣倍增。

第四步：在首都华盛顿举行隆重的送酒仪式，酒送达华盛顿的当天，利用主要干道和报亭，设计标语牌和广告牌来再次渲染气氛，使看热闹的人络绎不绝，主干道上竖着巨型彩色标语牌写着：“欢迎您，尊贵的法国客人”“美法友谊令人醉”，售报亭则悬挂美法两国的国旗，同时，在“今日各报”广告牌上，绘制了美国“鹰”和法国“鸡”干杯的画面，并登出“总统华诞，今日贵客驾临”和“美国人醉了”的各报大标题。送酒车队到达华盛顿时，已成为美国的新闻热点，为了观看送酒仪式，华盛顿竟出现了万人空巷、夹道欢迎的场面，为了能与总统同时举杯，人们涌向酒店、酒吧购买法国白兰地，就使法国白兰地打入美国的计划得以实现。

第五步：最后，总统寿辰那天，在白宫花园里还举行了隆重的赠酒仪式，当送酒车队到达白宫时，白宫周围人山人海，人们笑容满面，挥着法国小国旗，欢呼雀跃。然后由4名英俊的身着法兰西传统宫廷侍卫服的法国青年抬着这两桶名贵的白兰地正步前行，步入白宫将酒赠给总统。当两桶美酒登场时，群情激奋，欢声四起，有些人甚至大声唱起法国国歌《马赛曲》。

(7)选择公共关系时机　选择庆贺美国时任总统艾森豪威尔将军67岁寿辰的时候来进行。

(8)进行经费预算　①两桶酒的费用；②酒桶的设计制作费用；③起步宣传费用；④租用美国的电视、广播征集桶样的费用；⑤租用专用飞机送酒的费用；⑥租用美国专车运酒到华盛顿的费用；⑦策划华盛顿主干道宣传标语牌和报亭广告群的费用；⑧所有法国前往美国参与组织这次公共关系的人吃、住、用等费用。

(9)评估公共关系方案　为打入美国市场，在可行的情况下，不惜巨资都要干，因而获得通过。

(10)选定公共关系方案　方案比较后选定公共关系方案。

(11)编制详细计划　由组织者编制出具体由哪些人具体负责办事，并在什么时候办理的计划。

(12)进行模拟试验　为确定万无一失，对编制了详细计划的选定方案进行模拟，以完善计划，便于实施。

(13)实施公共关系方案　已制订的公共关系方案和具体计划一并执行。

(14)评价公共关系　通过严格按上述步骤操作，达到法国白兰地堂而皇之地摆上了美国国宴和家庭餐桌上的目的，不仅这次公共关系策划相当成功，而且这次公共关系策略相当明显，甚至可以说是一幕公共关系杰作，是一次“国际公共关系”的典范。

2.公共关系成功的原因分析

①法国葡萄酒厂出产的法国白兰地一举打入美国市场，在美国公众中树立起良好的产品形象，也干净利落，紧凑有序。而且，整个过程气氛热烈，节拍鲜明，引人入胜，富有艺术感染力，其主要原因是酒厂决策者具有独特的公共关系意识。

②这次公共关系方案设计周密是成功的另一个重要原因。而公共关系方案设计周密的奥秘又在于一个“情”字，以情感人，以感情投资作为取得良好信誉的前提和基础，让两桶白兰地充当友好使者，则有效地缩短了法国公众与

美国公众的心理差距。

③充分运用现代化的传播方式开展公共关系宣传则是成功的又一大原因,通过广泛宣传,有效地发挥了舆论的沟通作用,使白兰地形象提早进入了美国公众心目中,无疑是一次制造“事件新闻”的成功。

④选择最佳的公共关系时机是成功的又一大原因。作为商品的酒与异国元首的寿辰联结起来,构思奇特,设计精细,既有利于提高法国白兰地的身价,又不动声色地调动美国总统客串了一次高级传播媒介的角色,十分巧妙。

第三节　现代企业公共关系人员基本要求

现代企业公共关系工作的成败与绩效的优劣,取决于现代企业组织中是否具备德才兼备的企业公共关系人才。国外公共关系专家曾断言:“挑选到合适优秀的公共关系人员,特别是领导人才是公共关系计划成功的一半。”因此,企业公共关系工作已是现代企业和组织管理的重要组成部分。而企业公共关系人员素质的优劣、主观能动性的发挥将直接影响到企业的兴衰和企业公共关系目标的实现。所以,本章着重论述企业公共关系人员的素质及能力。

一、现代企业公共关系人员应具备的素质

现代企业公共关系人员,必须具备以下几方面的素质:

(一)思想政治素质

在人的素质中,思想政治素质是首要的。思想是客观存在反映在人们意识中经过思维而产生的结果,思想是行动的基础,政治素质是活力,既能促进企业公共关系人员全心全意搞好企业公共关系工作,又能促进其他素质的完善与加强。政治素质是素质结构中的核心,居首要地位。品德高尚,政治素养好,可塑性、适应性就强,就能出色地完成企业公共关系的目标与任务。

企业公共关系人员的政治素质的基本内容包括高度的社会主义觉悟,坚持四项基本原则,自觉贯彻党的路线、方针、战略决策、政府的政策、法令、规章制度,正确处理国家、社会、企业、职工、公众之间的关系。

(二)文化知识素质

文化是人类在社会历史发展过程中所创造的物质财富和精神财富的总和。现代企业公共关系在一定程度上是文化公共关系,对企业公共关系人员

的文化、知识水平有较高的要求。国外在招聘公共关系人员时，要求填写“公共关系人员资格鉴定表”，其中有关教育与经验一项，提出了以下问题：①是否大学毕业？②是否懂得经济学的基本知识？③是否懂得社会学的基本知识？④是否懂得经营和管理学的基本知识？⑤是否受过哲学和逻辑学的思维训练？⑥是否了解传播学？

一般来说，要求企业公共关系人员在实际工作中学习和掌握以下知识：①新闻写作；②企业公共关系理论；③撰写专集报道；④演讲；⑤舆论调查；⑥小说创作；⑦撰写杂志与记事；⑧广告；⑨撰写论文；⑩地方报纸研究；⑪摄影、杂志研究；⑫传播学；⑬工业情报编辑；⑭撰写批评文章；⑮印刷技术；⑯广播；⑰媒体调查；⑱撰写科学记事；⑲学习报业关系法规；⑳报业史研究。

(三)业务技能素质

文化知识素质是业务技能素质的基础，业务技能素质则是企业公共关系人员适应工作要求的专业水平与工作能力。

企业公共关系人员必须具备业务与技能的素质包括以下几方面：

1.智慧

①对人对事有好奇心和保持浓厚兴趣；②精于观察他人言行；③能欣赏别人的谈话，当一个好听众；④善于处理尴尬局面；⑤有说服别人的能力；⑥写作流畅；⑦较强的学习能力；⑧坚持读书看报；⑨富于想象力和创造性。

2.经验

有与新闻界打交道的经验；有推销、广告或人事管理的经验；有社会交际或社会活动的经验；掌握了解舆论调查和民意测验的方法；有谈判的经验。

3.行政领导能力

①有制订计划方案的能力；②能合理地分配职权；③能用人所长，发挥部属的积极性；④善于协调不同性格的人；⑤对不同意见能分析并有概括能力；⑥能理解上级意图及接受指示；⑦能创造愉快的组织工作气氛；⑧善于主持会议；⑨能尽快恳切承认自己的错误并坦然接受惩罚。

(四)身体、心理素质

企业公共关系人员的身心素质，并非指形象上男性的潇洒和女性的漂亮，而是指身心健康、仪态大方、精力充沛以及有幽默感；性情中庸，和悦近人；待人接物从容不迫；大庭广众前举止洒脱；乐观；有耐心；面对困境和挫折有决心和毅力；有计划性；思维敏捷；健谈并恰如其分；仪表端庄动人，举止大方；口头表达能力强，能吸引、说服、打动人。

二、现代企业公共关系人员应具备的能力

素质与能力是两个既有联系又不相同的概念。素质是能力的形成和发展的前提和基础，即具有一定素质才能形成某种能力，能力是素质发挥作用的表现及结果。能力是在遗传素质基础上，在社会历史条件下及个体生活实践中逐渐形成起来的。现代企业公共关系人员应具备的能力主要有：

（一）组织能力

组织能力包括：组织一个可靠的团体或单位的能力；计划、决策的能力；搜集、整理、评价有关信息的能力；协调人际冲突的能力；随机应变的能力；控制工作过程并考核工作成效的能力。

（二）交际能力

企业公共关系人员作为企业的外交家，肩负着为本企业建立一个良好工作环境，加强与社会公众的交往，树立企业形象的重任，应该摒弃阻碍各种与人交往的心理障碍，把自己的工作天地视之为整个社会，开辟出与社会各界交往的途径，扩大与社会各阶层往来的范围与频度。交往中要重视礼节，讲究仪表，优化举止言谈，体现企业精神状态。

（三）表达能力

包括文字表达能力和口头表达能力。企业公共关系人员在工作中，要赢得别人的好感，就要在语言表达上有一定的训练。口齿伶俐，能言善辩，生动亲切，幽默感人，语不惊人誓不休，这是企业公共关系人员应该具有的特殊财富。此外，企业公共关系人员还应该具备“动作语言”和“体态语言”的表达能力，即运用表情、动作、姿态等向公众发出无声的信息，表达其思想观点，并给人留下美好而深刻的印象。

写作是表达思想意念最重要的方式，也是企业公共关系人员开展公共关系工作的基本工作技能之一。日常企业公共关系活动中，撰写企业的产品介绍、报告书、新闻稿、内部刊物、会议报告、演讲稿、广播词、企业志等，都是企业公共关系人员所必须承担的工作，从而要求企业公共关系人员具有基本的写作常识和熟练的文字技巧能力，且文字通顺、易懂，条理清晰、明了无误，分析问题有力、透彻等，并以此与企业内外公众进行沟通。

（四）应变能力

企业公共关系人员在交往中，要认真观察所接触的公众自身的特点及各种不同的要求，掌握多方的风土人情、民族习惯，了解各阶层人士的风格与知

识水准,以适应不同公众的要求。企业公共关系人员工作在多变的环境之中,每一环境的变化都会对企业公共关系工作产生重要的影响。社会公众的复杂性与企业所处环境的多变性,都要求企业公共关系人员具有适应与应变能力。

(五)创新能力

随着社会的发展和进步,企业经营管理方式和产品的改革创新,以及企业目标的提高,必然要求企业公共关系工作也要跟上时代发展的步伐,要摸准时代的脉搏,并根据自己企业的实际情况,敢于主动创新信息沟通的方式,善于提出企业公共关系工作的新意,使企业公共关系工作顺利发展并推动企业不断进步,从而,要求企业公共关系人员具有创新意识和能力。

三、现代企业公共关系人员应具备的基本条件

现代企业公共关系人员以整个社会为自己的舞台,所需具备的基本条件是多方面的,企业组织决定企业公共关系人选时,可按下述基本条件选拔:

(一)性格

由于信息传播与意见沟通是公共关系的基石,不论是内部员工之间、股东之间、新闻媒介之间、政府各部门之间都需要经常的、连续的双向信息沟通。因此,企业公共关系人员应具备外向的性格,外向性格有助于人际间的沟通接触。此外,有耐心、毅力、宽容的态度也很重要,能够谈吐动听而不使人讨厌。在交谈中既做一个耐心的听众,又能做一个耐心的说服者,既能在任何情况下坚持原则,又具有必要的灵活性。具备这样性格的人,从事企业公共关系工作较为适宜。

(二)品德

企业公共关系人员往往是直接代表所服务的组织机构的人,其地位与作用非常重要。因此,要挑选公道正派、真诚踏实的人为企业公共关系人员。这是由于企业公共关系人员的品行稍有不端,不仅会损害公众的利益,而且还会使自己所代表的组织也受到损失。

(三)教育

良好的教育和丰富的知识,是企业公共关系人员涵养的基础。企业公共关系人员需要学习的知识可以说是多方面的。自然科学方面有统计学、数学、物理等;社会科学方面如新闻传播学、社会心理学、社会学、伦理学、历史学、外语、经济学、经营管理学、市场学、广告学以及写作、演说等知识。因此,应挑选知识广博、多才多艺的人担任企业公共关系工作。

（四）经验

我国公共关系工作才起步不久，还很缺乏正规的企业公共关系专业人才。因此，应优先挑选具有新闻传播工作经验的人员，具有教师工作经验的人员，具有诸如在宣传、广告、旅游服务、工商企业管理、思想工作等部门工作过的人员担任企业公共关系工作，这样才有助于开展企业公共关系工作。

（五）才能

企业公共关系人员除了必须具备观察、思考、想像等一般能力外，还应兼有组织者、新闻记者、艺术家的才能。因此，企业在选拔工作人员时，应特别注意考察候选人员的能力差异，首先挑选具备组织能力、语言表达能力、文字写作能力和较高审美能力的人来从事企业公共关系工作。

四、现代企业公共关系人员应遵守的道德规范

（一）以诚为本

"精诚所至，金石为开"。只有真诚、友好才能感召人，才能赢得别人的信任、支持和合作。企业公共关系人员务必恪守真诚二字，以诚相见，真心待人，开诚布公，只有这样，才能推动企业公共关系事业的健康发展。

（二）爱人爱己

"让世界充满爱"，这是充满爱心人员的共同愿望。企业公共关系人员应该充满爱心，既爱人又爱己，才能把企业公共关系工作做得更好。

（三）平等互利

平等待人是做人的准则，也是开展企业公共关系工作的基本原则之一。因此，企业公共关系人员和任何人交往，无论对方强弱，都应一视同仁，平等相待，而且互惠互利，这样，朋友才多，路子才广，企业公共关系工作才会越做越好。

（四）公正待人

公共关系姓"公"，不姓"私"。企业公共关系人员与公众相处，不仅要平等待人，还要公正待人，切实朝着公正、公平、公开的方向努力，这样才能更好地推动企业公共关系事业的发展。

（五）讲求信用

"言而无信，不知其可"。如果说激烈的市场竞争中质量是企业的生命的话，那么信誉就是维持企业生命所需的营养。可以这样说，当今企业的竞争，就是企业信誉的竞争，只有建立起良好的信誉，才能树立起良好的形象。因

此，企业公共关系人员务必信守协议，言而有信，做到言必信，行必果。

（六）礼貌谦逊

“你敬我一尺，我敬你一丈”“满招损，谦受益”，礼貌是最好的入场券和最好的通行证，礼貌是容人的前提，企业公共人员对公众的态度如何，直接影响到企业的形象和利益。因此，企业公共关系人员应当通过与公众相处中做到彬彬有礼，态度亲切，举止典雅，语言谦虚，来使公众感到礼遇和尊重，进而产生好感和认同感，从而最终赢得公众。

（七）知错即改

情况复杂，过失难免，在工作过程中失误，不但会导致企业形象受损，还会导致公众利益受损，为求得企业理解和公众理解，重新获得公众的信赖、支持与合作，重新塑造企业的声誉，企业公共关系人员必须有错必纠，知错必改。

（八）不谋私利

企业公共关系人员起着传递交流信息的纽带作用，这与企业利益有着直接的关系。为此，企业公共关系人员应拥有的坦诚胸怀和具备“出污泥而不染”的高尚品质，坚持原则，秉公办事，洁身自好，不谋私利，只有这样，才能成为一名企业放心的高素质的企业公共关系人员。

（九）嫉恶如仇

企业公共关系人员不仅要坐得正，而且要敢于揭露公共关系活动中的丑恶现象，与弄虚作假、恶意中伤、暗箭伤人、卑鄙欺诈等一切违背公共关系活动原则和道德规范的人和事作坚决的斗争，这样，就能树立起企业对社会、公众负责任的良好形象，从而赢得更多社会公众的信赖，推动企业公共关系事业的快速发展。

（十）奉公守法

“没有规矩，不成方圆”，良好的秩序必须用健全的法律法规来维护。为了更好地推动企业及企业公共关系事业的健康发展，企业公共关系人员必自觉学法、知法、守法、用法，并使自己从事的企业公共关系工作始终在法律范围内开展，努力使自己成为一名优秀的企业公共关系人员。

【案例】

IBM公司的“金环庆典”活动

美国IBM公司每年都要举行一次规模隆重的庆功会，对那些在一年中作出过突出贡献的销售人员进行表彰。这种活动常常是在风光旖旎的地方,如百幕大或马霍卡岛等地进行。对3%的作出了突出贡献的人所进行的表彰,被称作"金环庆典"。在庆典中,IBM公司的最高层管理人员始终在场,并主持盛大、庄重的颁奖酒宴,然后放映由公司自己制作的表现那些作出了突出贡献的销售人员工作情况、家庭生活,乃至业务爱好的影片。在被邀请参加庆典的人中,不仅有股东代表、工人代表、社会名流,还有那些作出了突出贡献的销售人员的家属和亲友。整个庆典活动,自始至终都被录制成电视(或电影)片,然后被拿到IBM公司的每一个单位去放映。

IBM公司每年一度的"金环庆典"活动,一方面是为了表彰有功人员,另一方面也是同企业职工联络感情,增进友情的一种手段。在这种庆典活动中,公司的主管同那些常年忙碌,难得一见的销售人员聚集在一起,彼此毫无拘束地谈天说地,在交流中,无形地加深了心灵的沟通,尤其是公司主管那些表示关心的语言,常常能使那些在第一线工作的销售人员"受宠若惊"。正是在这个过程中,销售人员更增强了对企业的"亲密感"和责任感。

那么IBM公司的庆功会在公司内部究竟都有哪些重大意义?这种活动对其他公司有何借鉴呢?

通过分析我们不难得到结论:IBM公司"金环庆典"活动属于企业内部的公共关系活动,它对企业公共关系的发展有着极其重要的现实意义。

第一,它可以增强企业内部的凝聚力与向心力,显现企业文化的氛围。通过"庆典"活动,让对企业有功的人员亲身感受到企业高层主管对他们工作、学习、家庭及个人发展的关心,感受到企业大家庭的温暖。这是一种企业文化的氛围,是企业发展的基石。它可以使公司内部更多地联络感情,增进友情,协调企业内部的人际关系。

第二,它可以使员工家庭和睦、健康。为企业作出突出贡献的销售人员的家属、亲友也被企业邀请参加庆典活动,这会使这些受表彰者的家属更多地了解自己的亲人在工作中的表现,使其家属在以后的工作中更多地支持亲人们的工作,使之多一份理解与关爱,从而保证这些家庭的和谐气氛。

第三,它可以使企业员工的积极性更高,使企业形象更好。在这样的庆典活动中,接受表扬者会产生一种继续奋发向上,为企业多作贡献的决心。同时也会鼓励更多的员工努力工作。在这种企业氛围中,员工们会处处为企业着想,在工作中表现出良好的员工形象,进而展示出企业的风格。

第四,它可以使企业的社会效益和经济效益得到同步增长。企业员工热爱自己的企业,以企业为荣,会自觉地为企业树立良好的形象。这样会使企业在社会公众心目中拥有良好的形象,如人们会认定IBM公司是一个有文化的公司、关爱社会的公司等社会效益的提高会最终转化为企业经济效益的提高。人们认定,拥有良好形象的企业,一定会生产出优质的产品和提供优质的服务,进而愿意购买这样企业的产品。

其他企业可以借鉴IBM的这种做法,更多地开展企业内部的公共关系活动,以增强企业职工与领导、职工与职工之间的感情联系,创造出良好的内部公共关系氛围。

【小结】

现代企业公共关系是一门新兴学科,是综合运用传播学、心理学、社会学、经济学、市场学、广告学等现代科学知识,总结近、现代经营管理和行政管理科学的成果和方法形成的一门综合性科学。

本章内容广泛吸收和借鉴国内外大量公共关系的研究成果,着重介绍现代企业公共关系理论和技能,突出综合性、实用性,做到理论、实务、案例三结合。其中原理部分阐述了现代企业公共关系概念、职能、目标、基本原则、基本思想等方面,回答了现代企业公共关系“是什么”“为什么”的问题;实务部分阐述了现代企业公共关系实务的内容、方法和技术,回答了现代企业公共关系工作“怎么做”的问题;基本要求部分阐述了作为一名现代企业公共关系工作人员应具备的素质、能力和职业行为规范,回答了“怎样当好一名企业公共关系人员”的具体问题。

【复习思考题】

1. 什么是公共关系和现代企业公共关系?
2. 现代企业公共关系的唯一目标是什么?
3. 现代企业公共关系有哪四大特点?
4. 现代企业公共关系有哪四个基本要素?
5. 现代企业公共关系有哪六大特征?
6. 用案例说明现代企业公共关系的基本功能。
7. 现代企业公共关系有哪些基本职能?
8. 现代企业公共关系应把握哪两条基本方针?

9. 现代企业公共关系应把握哪些基本原则？
10. 现代企业公共关系应树立哪些现代观念？
11. 简述现代企业公共关系的四步工作法。
12. 现代企业公共关系有哪些类型？
13. 如何开展现代企业公共关系调研？
14. 通过哪些方法可以体现“说”的技巧？
15. 沟通性会议有哪些类型？
16. 企业公共关系新闻有哪些特点？一般由哪几部分组成？
17. 现代企业公共关系广告有哪些类型？
18. 现代企业公共关系的时机有哪些？
19. 什么是现代企业公共关系策划？
20. 现代企业公共关系策划有哪些基本特征？
21. 现代企业公共关系策划有哪些原则、方法和类型？
22. 现代企业公共关系方案由哪些步骤组成？
23. 现代企业公共关系人员应具备哪些素质、能力和基本条件？
24. 现代企业公共关系人员应遵守哪些道德规范？

【实训目标】

1. 了解企业公共关系的基本内容。
2. 了解企业公共关系人员的基本要求。

【实训内容与形式】

1. 案例分析：两年前我国某生产补钙口服液的企业被报道“产品中 H_2O_2 含量超标，对人体健康危害很大”，该事件发生后在公众中引起强烈反应，使得该企业的产品卖不出去，严重危害了该企业的形象。但是，该企业面对新闻报道和公众的反应迟迟不作出回应，在一定程度上伤害了曾经支持该企业的公众。

(1)组织同学讨论该企业面对公关危机他们的做法是什么？这样处理公关危机的害处是什么？

(2)讨论假如学生就是该企业公关部员工，应该怎么正确处理这起公关危机？并要求各小组提出自己的处理方案。

要点提示：迅速制订救急措施，尽快掌握事件真相，让新闻界了解事实的真相。

2. 情景模拟一：定位你的职业形象。组织学生，按照职业形象的构成要素、职业生涯中应普遍遵循的礼仪原则,进行自我形象定位。

3. 情景模拟二:假设你是公司的公共关系经理,公司需要制作一块用在经贸洽谈会上的展板。展板中的字数不能超过 100 个,请在 30 分钟之内完成有关公司介绍的文字稿。

4. 情景模拟三:假设你是公司公共关系经理,有一些兄弟企业来公司参观,你做简要的介绍和参观引导,你不仅要热情回答参观者的提问,还要注意防止泄露公司机密。

第十章

C.A 现代企业创新与创业

【开篇案例】

有一句老话,叫“一个和尚挑水吃,两个和尚抬水吃,三个和尚没水吃”。如今,这三个观点过时了。现在的观点是“一个和尚没水吃,三个和尚水多得吃不完”。

有三个庙,这三个庙离河边都比较远。怎么解决吃水问题呢?

第一个庙,和尚挑水路比较长,一天挑了一缸就累了,不干了。于是三个和尚商量,咱们来个接力赛吧,每人挑一段路。第一个和尚从河边挑到半路停下来休息,第二个和尚继续挑,又转给第三个和尚,挑到缸里灌进去,空桶回来再接着挑,大家都不累,水很快就挑满了。这是协作的办法,也叫“机制创新”。

第二个庙,老和尚把三个徒弟都叫来,说我们立下了新的庙规,要引进竞争机制。三个和尚都去挑水,谁挑得多,晚上吃饭加一道菜;谁水挑得少,吃白饭,没菜。三个和尚拼命去挑,一会儿水就挑满了。这个办法叫“管理创新”。

第三个庙,三个小和尚商量,天天挑水太累,咱们想想办法。山上有竹子,把竹子砍下来连在一起,竹子中心是空的,然后买了一个辘轳。第一个和尚把一桶水摇上去,第二个和尚专管倒水,第三个和尚在地上休息。三个人轮流换班,一会儿水就灌满了。这叫“技术创新”。

由三个和尚没水喝,到三个和尚通过不同的办法达到共同的目的,关键在于不局限于固有的思维,发扬了团结协作、良性竞争、开拓创新的精神。故事新解,给我们新的启发!

同样是三个和尚,为了一个共同的目标——喝水,分别采取不同的办法,搞机制创新、管理创新和技术创新,办法在变,观念也在转变。企业要生存、要发展也一定要发挥创新、协作精神。机制要创新、管理要创新、技术也要创新;企业内部要协作,企业之间也要协作。否则,企业真就“没水喝”了!

《国家中长期科学和技术发展规划纲要(2006—2020)》(以下简称《科技纲要》)中明确提出:必须提高自主创新能力,立足增强自主创新能力推动发展,把增强自主创新能力作为国家战略。

创新是一个民族进步的灵魂,是一个国家兴旺发达的不竭动力。当今世界,创业教育及创新创业精神的倡导对一国经济的快速发展起到了不可估量的作用,创新创业成为一国经济持续繁荣的基础和经济可持续发展的原动力。

创新事关全局,从大的方面讲,只有创新才能实现整个国家技术水平的快速提升,缩小我国与发达国家的差距,并获得竞争优势,从而保障国家的战略利益;从小的方面讲,创新是企业在激烈的市场竞争中获得竞争优势、领先地位的主要手段,没有创新能力的企业是不能持续赢利的,可能做大,但绝不可能做强。

创业激励了创新,创业企业对经济发展起着非常重要的作用。从现代产业发展历史来看,创新型创业企业创造了新的技术、新的行业和大量新的就业机会,例如半导体、计算机、互联网等行业的发展就与创业密不可分。而且,一个地区的发展,也是和创业密不可分的,例如硅谷的发展史就是创业企业进行技术开发与市场应用的历史。

第一节　创　新

一、创新的含义

创新是人产生新好的精神或物质产物的思维与行为的总和。

创新可分为狭义创新和广义创新。狭义创新是指创新的产物对于社会来说是新的、有价值的和首创的,我们一般所说的创新指狭义创新。广义创新是指创新产物仅对创新者本人来讲是新好的产物,而对社会来说不一定是新的。

二、创新的特点

创新最主要的特点是新颖性和具有价值。

(一)新颖性

包括三个层次:①世界新颖性或绝对新颖性;②局部新颖性;③主观新颖性,即只是对创造者个人来说是前所未有的。

(二)具有价值

这个特点与新颖性密切相关,世界新颖性的价值层次最高,局部新颖性次之,主观新颖性更次之。大卫·史密斯发明了"邮包炸弹"——梅利莎病毒,到案发时已使100万台电脑瘫痪,造成8 000万美元的经济损失。这不是创造价值,而是价值大破坏。

三、创新的分类

创新渗透于各个领域,已成为一个不可逆转的大趋势。因此,创新二字的前面几乎可以冠以经济建设和社会发展每一个领域、内容和人群的名称。创新有以下几种分类方式:

①从社会活动领域分类,有科技创新、教育创新、经济创新。

②从意识形态方面分类,有思想(思路)创新、意识创新、观念创新。

③从经济建设的构成分类,有企业创新、农村经济创新、商业创新、民营企业创新。

④从社会功能的分工来分类,有教育创新、服务创新、工作创新、管理创新、职业创新。

⑤从市场经济领域来分类,有市场创新、营销创新、品牌创新、产品创新、广告创新。

⑥从改革内容分类,有体制创新、机制创新、机构创新、职称评定创新。

⑦从人群分类,有领导创新、企业家创新、专业技术人员创新,等等。

四、对创新的更深入理解

对于创新,可以从四个层面来更深入地认识和理解:

①人和人类是创新的主体。

②首创和新颖是创新的本质特征。

③有目的的和有控制的思维及行为是创新的活动。

④价值和功能是创新的标志和标尺。

【案例】

昆明冶金高专的办学六创新

作为全国首批8所优秀高职院校之一的昆明冶金高等专科学校，在推动学校全面、快速、健康、持续发展的过程中，着重进行了六个方面的改革创新。其主要内容为：

(1)理念创新　在知识型高技能人才培养过程中，学校提出了一系列行之有效的办学理念。如：提出了争取“硬件做强，软件做优，就业做精”的发展构想；提出了“教学立校、质量兴校、管理治校、人才强校”的治校方略和“创新、创效、创业、创造”的“四创”校训；“经营学校，经营学生”和“借鸡生蛋、借船出海、借梯上楼、借台亮相、借势融资和借脑发展”的“善借外力，助己成功”等全新观念；特别提出了全校教职工要站在“今天的在校学生就是明天的国家人才”的高度，尽快把以人为本的思想内化为以生为本的全新办学理念。即：①强化“管理就是服务”的意识，实现把学生作为主要的管理对象向作为主要的服务对象的转变；②做到“以学生为主体，以教师为主导”，“以生为本，尊重为先”；③“一切为了学生，为了一切学生，为了学生的一切”、“一定要善待学生，一定要像爱护自己的眼睛一样爱护学生，一定要像教育自己的子女一样教育学生”；④对待学生要“多鼓励、多勉励、多激励、多奖励”，培养人才要“用心培育、真心陶冶、精心打造、潜心包装”。

(2)模式创新　学校独创的可以全免学费上学和100%就业“双定生”高技能人才培养模式对推进学校良性发展起到了积极作用。其模式主要有五个特征：一是招生即能就业；二是完全“以销定产”；三是培养与需要相结合；四是“出口”决定“进口”；五是实行人性化管理。

(3)市场创新　就是通过全面的产学研合作来推动学校生源市场、资金市场、实习市场、就业市场的有效开拓。学校在与300多家企业签订厂校合作办学协议、“订单培养”合作协议、“定向培养和定向就业协议”、在职人员培训合作协议、实习基地建设合作协议等协议的基础上，又与银行、其他高校、研究院、研究所、部分县乡和政府部门或省外、国外高校或企业建立了广泛的合作办学关系，并相继签订了“银校合作协议”、“校校合作协议”、“院校合作协议”、“所校合作协议”、“县校合作协议”和“局校合作协议”等等。

(4)就业创新　学生就业率从2002年的89.4%提高到2004年的

93.03%。学校主要采取了以下措施:①领导高度重视,保证就业工作有章可循;②完善工作机制,形成就业责任网络体系;③专设组织机构,保证就业服务周到到位;④情系学生成长,推出全新的办学理念;⑤开展人文教育,提高学生的综合素质;⑥独创"双定"模式,确保学生能够充分就业;⑦推行"双证"制度,提高学生就业竞争能力;⑧推进灵活制度,探索学生成功就业途径;⑨建立指导体系,提升学生市场竞争能力。

(5)机制创新 这是学校强化管理、规范办学、做优软件、依法治校的重要基础。学校主要健全完善了学生生活助困机制、学生心理助困机制、学生服务管理机制、学生人文教育机制、教学质量保证机制、学生"双证"推进机制、学生公正评价机制、规范办学管理机制、学校人才激励机制和全面挂钩考核机制等十方面机制。

(6)思路创新 就是抢抓机遇,借势发展。1999年以来的6年中,各级领导为学校创造了不少发展机遇,学校也紧紧抓住这些大好机遇加快发展,推动学校迈上了六个台阶。

第二节 现代企业创新

一、现代企业创新的必要性

现代企业生产和经营国际化加速,新技术革命迅猛发展,知识更新日益加快,社会、政治、经济结构不断变化,市场竞争日趋激烈,总之,现代企业处于经济、技术、政治等复杂多变的环境之中,现代企业管理也就不可能一成不变,也必须适应复杂多变的环境。

现代企业也必须不断调整系统活动的内容和目标,运用新技术,采用新材料,从而降低生产成本,提高产品质量,制造新产品,开辟新市场,扩大销售额,才能不断壮大企业经营实力,及时增强企业竞争能力。

现代企业还必须随着环境和自身条件的改变,适时实行新的企业组织、管理制度,灵活适应新的环境和自身条件变化的要求,否则,现代企业就难以继续生存和求得更大发展。

现代企业创新是现代企业生命的源泉,是现代企业发展的动力。务必长期坚持。

二、现代企业创新的主要内容

提起现代企业创新，人们往往联想到技术创新和产品创新。其实现代企业创新的内容远不止这些。以下介绍几种主要的现代企业创新内容。

（一）现代企业产品（服务）创新

对于工业企业来说，主要是产品创新；对于服务业而言，主要是服务创新。

1. 产品创新

所谓产品创新是反映为更好地满足顾客需求而推出具有新功能、新结构、新外观的产品。产品创新是一个全方位、多层次的概念。产品创新应着眼于开发具有特定销售目标的产品，以给目标顾客带去更多功能、更大价值的满足感。

以计算机为例，英特尔公司设计运算速度更高的芯片属于功能创新；东芝公司生产出笔记本电脑属于结构创新；苹果电脑公司推出彩色外壳极富个性的 PC 机属于外观创新。我国海尔集团，近几年来不断推出新产品，如“大王子”冰箱适合中国北方市场，而“小王子”冰箱适合中国南方的需要，市场占有率始终名列前茅。

2. 新产品开发

（1）新产品的主要概念　所谓新产品，是指采用新原理、新结构、新材料、新技术制成的全新产品，或在结构、性能、材质、技术特征等，其中某一方面或某几方面比老产品有显著改进或提高的换代产品。

（2）新产品的开发方向　企业开发新产品，把有限的人、财、物有效地分配在急需的开发项目上，使新产品开发取得最佳效果，关键在于把握新产品开发的方向。新产品开发的方向一般有：

①多能化，增加产品功能、用途，做到一机多能、一物多用；②微型化，减少产品的重量、体积，而功能不变或性能更好，以便于携带、使用，节省空间；③系列化，选择性能好、用途广、结构合理的产品，发展变型产品，适应较多的用途，扩大产销量，降低成本，使企业用户均受益；④多样化，增加产品种类，发挥品牌、技术优势，满足社会多种需要。

（3）新产品的开发方式　企业开发新产品，选择合适的方式很重要。选择得当，适应企业实际，就能少承担风险，容易获得成功。新产品的开发方式一般有：

①独创方式，即企业自行设计、自行研制开发新产品（从长远考虑，这是企业开发新产品的根本途径，它有利于形成企业的技术优势，有利于产品竞争，也有利于产品的更新换代。具有科研开发能力的企业，都可以自行研制新

产品,以便充分发挥企业的现有科技能力,促进科技发展);②引进方式,即企业通过技术引进来实现新产品开发,是发展新产品的一条有效途径,是开发新产品的一种常用方式(技术引进多半是引进专有技术,如产品设计、制造工艺、测试方法、必要的设备等。企业采用这种方式可以很快掌握新产品制造技术。减少研制经费,争取时间,缩短与其他企业的差距);③协作方式,即企业和高等院校、科研机构协作进行新产品的开发,包括联合研制,共同攻关,组成多形式的科研生产联合体,共同开发新产品,也有企业与高等院校、科研机构签订技术合同,转让科技成果等。

【案例】 手机在短短的几年时间已从模拟机→数字机→可视数字机→可以上网的手机。手机的更新演变生动地告诉我们产品的创新是多么迅速而高级。索尼公司的 walkman 和各种家用电器现已风靡世界,1998 年索尼公司的销售额达 531.56 亿美元,排"全球 500 强"第 31 位。索尼公司 1946 年创建时是一家只有 93 万日元、20 名员工的小作坊。当时,人们对晶体管技术的应用前景普遍缺乏认识,认为那无非是"只能用来做做助听器之类的东西。"但盛田昭夫等索尼领导人觉察到晶体管的巨大应用能力,因此他们从美国引进晶体管生产专利技术后,将其用在谁都买得起的大众化产品——收音机上,取得了巨大成功。此后,索尼在音像、音响、磁带、半导体、信息设备生产方面不断开发新产品,成为以自己的专利技术和运用别人的技术产品创新的典范。

3. 现代企业服务创新

服务业领域的创新发展相对滞后。将服务和营销思想及工具引入银行服务业,是银行竞争的重要法宝和支撑点。花旗银行开辟了一个全新的时代,这对于今天正在转制的发展中国家银行业具有深远意义。

【案例】

花旗银行率先树立起服务营销的新理念

多年来,银行家们根本不关心和理解市场营销。为了向公众显示银行的重要性和可靠性,银行建筑得宛如希腊神庙,内部刻板严肃,出纳员不苟言笑。有人这样描述某位放款员的办公室:他自己靠着窗户,坐在一张宽大的办公桌后,而让前来借款的顾客坐在对面的一张小矮凳上。阳光射入,直射在对面忙着解释借款原因的倒霉的顾客脸上。这便是银行对待顾客的真实写照。

今天的银行服务已如普通商品一样琳琅满目,任人选购,且服务至上。花旗自从20世纪70年代正式引入服务营销，在金融产品创新的基础上，寻找到新的竞争武器，如进行市场细分，为不同的目标市场提供不同的产品，今天，它提供多达500种金融产品给顾客。1997年与旅行者公司合并后，花旗真正成为了一个银行金融百货公司。花旗还为自己定位，树立品牌形象，在20世纪90年代的几次品牌评比中，它名列金融业的榜首。同时，花旗还是行业内国际化经营的典范，拥有的分支机构或分行遍布全球。在海外市场，它做到将花旗的服务标准与当地的文化相结合，注意花旗品牌形象的统一性的同时，又注入当地的语言文字。银行与旅行者公司的合并，更增强了它对21世纪行业持续至深的影响力。

（二）现代企业技术创新

就一个企业而言，技术创新不仅指商业性地应用自主创新的技术，还可以是创新地应用合法取得的他方开发的新技术或已进入公有领域的技术创造市场优势。如人们把军事上核技术转移到核电站建造上，此类例子举不胜举。

1.现代企业技术创新的主要内容

包括以下几个方面：

（1）材料创新　材料既是产品和物质生产手段的基础，也是生产工艺和加工方法作用的对象。因此，在技术创新的各种类型中，材料创新可能是影响最为重要、意义最为深远的。材料创新迟早会引导整个技术水平的提高。

（2）工艺创新　工艺创新包括生产工艺的改革和操作方法的改进。生产工艺和操作方法的创新既要求在设备创新的基础上，改变产品制造的工艺过程和具体方法，也要求在不改变现有物质生产条件的同时，不断研究和改进具体的操作技术，调整工艺顺序和工艺配方，使生产过程更加合理，现有设备得到充分的利用，现有材料得到更充分的加工。

（3）手段创新　手段创新主要指生产的物质条件的改造和更新。手段的创新主要包括两个方面的内容：一是将先进的科学技术成果用于改造和革新原有的设备，以延长其技术寿命或提高其效能，比如用计算机把普通的机床改造成数控机床；二是用更先进、更经济的生产手段取代陈旧、落后、过时的机器设备，以使企业生产建立在更加先进的物质基础之上。

材料创新、工艺创新和手段创新这几个方面侧重点各有不同，既相互区别，又相互联系、相互促进。任何一种创新的组织进行都会促进整个生产过程的技术改进，从而带来企业整体技术水平的提高。

2.现代企业技术创新的基本策略

（1）人无我有　在创新对象上追求能为市场所接受的第一，日本索尼公司成功的一个重要因素就是人无我有的技术创新策略。

(2)人有我优　在已有产品和技术的基础上进一步创新以更好满足市场需求,美国的微软公司和日本的松下公司都是成功的例子。

(3)人优我新　指在现有产品和技术的基础上,根据市场需求,充分利用现代科学技术,以产品的新品种、新功能而出新制胜的一种技术创新策略,IBM 和丰田汽车公司便是运用此策略占领市场。

【案例】

微软公司加快实施企业技术创新

微软公司创立近30年,现已成为举世瞩目的超大型企业。进入新世纪,微软公司加快实施企业"核心技术"战略创新,不懈追求技术领先市场一步的策略。比尔·盖茨认为,企业能否不断创造出未来技术优势,将决定企业竞争与发展的命运。新的核心技术竞争力是企业特有的技术创新能力,是向顾客提供比竞争对手更大的利益,拉开竞争差距的经营新方式。这种核心能力集中在企业的市场快速应变,信息处理,科技创新速度以及领导决策等综合能力方面。微软公司针对 IT 产业 18 个月为一产品服务周期的特点,曾以"18 个月后微软将倒闭"来增强企业危机感,加速创新产品的进程;着力于不断创出微软高技术平台产品,创造了科技经营的微软神话。

(三)现代企业组织与制度创新

组织变革和创新的理论基础是系统理论、情景理论和行为理论。系统理论认为组织是一个开放、有机和动态的系统,由三个子系统组成,即技术系统、管理和行政系统、文化系统。其特点是相互联系,一处改变,其他会跟着改变。典型的组织变革和创新是通过员工态度、价值观和信息交流,使他们认识和实现组织的变革与创新。情景理论认为在企业中没有一个一成不变、普遍适用的最好的管理理论和方法。行为理论认为企业中人的行为是组织与个人相互作用的结果。通过企业的组织变革和创新,改变人的行为风格、价值观念、熟练程度,同时能改变管理人员的认识方式。

组织与制度创新主要有三种:

①以组织结构为重点的变革和创新,如重新划分或合并部门,流程改造,改变岗位及岗位职责。调整管理幅度。

②以人为重点的变革和创新,即改变员工的观念和态度,知识的变革、态度的变革、个人行为乃至整个群体行为的变革。GE 前总裁韦尔奇执政后采

取一系列措施来改革GE这部老机器。有一个部门主管工作很得力,所在部门连续几年赢利,但韦尔奇认为还可以干得更好。这位主管不理解,韦尔奇建议其休假一个月:放下一切,等你再回来时,变得就像刚接下这个职位,而不是已经做了4年。休假之后,这位主管果然调整了心态,像换了个人似的。

③以任务和技术为重点,任务重新组合分配,更新设备、技术创新,达到组织创新的目的。

(四)现代企业管理创新

管理创新的基本含义应包括以下三个方面:

(1)创新范畴　管理创新从狭义上讲是对管理系统本身,即管理对象、管理机构、管理信息系统在"管理"上的创新。因此,企业规模的增大,新企业的成立,如果在管理上仍是遵循陈章旧俗,那就不能说是管理的创新。

(2)创新层次　创新层次是指创新活动的内在结构。管理创新可根据管理水平不同,分为"发展"和"创新"两个层次。发展主要侧重于"量"的变化,创新主要侧重于"质"的变化。如日本丰田公司开创的"看板管理"生产组织方法,把传统的原料→加工→装配的生产顺序,改为以装配为起点、反工艺方向的组织顺序,使库存在生产过程中的价值发生了根本性的变化,库存管理由追求经济批量改变为追求零库存。

(3)创新要素　无论是技术创新还是管理创新都要具备一定的基础,其客观物质要素包括人力、物力、财力等,主观意识要素包括思想境界、文化水平、思维方法等。管理创新与技术创新对比,具有"软件"概念,不需要大量的资金和物力的投入,因此在创新所需要的诸要素中,主观意识要素相对处于更重要的地位,其基本内容包括:

①成长意识。成长意识即总是把已取得的成绩作为进一步发展的新起点,永不满足。为了实现更高的目标,加紧制定更加庞大的经营计划,只要企业在生命不受到直接威胁,就全力以赴致力于企业的增殖上,体现了企业生存和发展的根本要求。

②竞争意识。竞争意识就是高度关注竞争对手的行动,随时采取相应的对策,力争胜过竞争对手,如果无法胜过竞争对手时,就搞"差别化",而另寻新路。

③组织意识。组织意识就是要从思想上认识到,管理创新不只是依靠"灵感",而且"是一种可以组织,并需要组织的系统性的工作",是进行经济活动必不可少的一个环节,是日常管理工作的一部分。

在管理创新主观意识三要素中,成长意识具有一定的本能性,竞争具有一定的被迫性,组织意识是把成长意识与竞争意识有机地结合起来,使管理创新成为具有自觉性的工作。

（五）现代企业营销创新

营销创新是指营销策略、渠道、方法、广告促销策划等方面的创新。

【案例一】

沃尔玛公司是营销创新的又一范例

1998年沃尔玛公司的销售额高达1 392亿美元，其在“全球500强”的排序仅次于通用汽车、戴姆勒—克莱斯勒、福特汽车三家大公司。沃尔玛公司的成功经验很多，但最重要的是它实现了一场商业革命。沃尔玛公司改变了传统美国商店的竞争方式、销售方式。沃尔玛公司不像那些豪华大商厦专注于卖贵重物品，而是在简朴场所售卖平价商品。沃尔玛公司的经营哲学就是要把“无心要的支出降为零”，改变人们“质次才能价廉”的印象，从而实现“物美价廉”的目标。沃尔玛公司总经理大卫·格拉斯说得清楚：“我们的商品成本低，所以我们的售价低。售价中包含我们的合理利润，合理利润可多可少。我们1997年的利润达35亿美元，着实不错了，我们不情愿赚本不属于自己劳动所得的超高利润，保持平常心是沃尔玛公司这么多年来经营稳定的法宝。”

【案例二】

营销创新的又一典型案例是耐克公司的胜利

耐克作为一个全球品牌已享有很高的知名度，年销售额近95亿美元。然而，很多人并不知道它没有自己的生产基地，耐克只是一个中间商品牌。耐克营销的创新之处在于它的中间商品牌路线。为了显示自己在市场方面的核心优势，它没有建立自己的生产基地，自己并不生产耐克鞋，而是在全世界寻找条件最好的生产商为耐克生产。并且，它与生产商的签约期限不长，这有利于耐克掌握主动权。选择生产商的标准是：成本低，交货及时，品质有保证。这样，耐克规避了制造业公司的风险，专心于产品的研究与开发，快速推出新款式，大大缩短了产品生命周期。耐克的另一营销创新在于传播。它采用青少年崇拜的偶像如迈克·乔丹等进行传播，还利用电子游戏设计耐克的专用游戏。每当推出新款式，即请来乐队进行演奏，传播出一种变革思想和品质。耐克的传播策略使其品牌知名度迅速提升,从而建立了具有高度认同感的品牌资产价值。耐克的成功在于,它专注于做自己最擅长的事,把不擅长的事交给别人去做。这已经成为一种新的竞争战略,但这却主要为这些创新型的公司所擅长。

(六)现代企业文化创新

相对于现代企业的其他资源因素如生产线、技术、资金、管理方式,企业文化可能是最稳定发挥作用的因素。“真正影响企业发展与走向的不是技术,也不是资金,而是文化”。

【案例】

著名企业的经营文化理念

(1)微软:成功诀窍 = 人才 + 创新;管理 = 合适的时间 + 应做的事。

(2)惠普:财富 = 人才 = 资本 + 知识。

(3)菲利浦:新产品 = 技术内涵 + 观念创新。

(4)清华同方:发展战略 = 技术 + 资本;优秀经营思想 = 一分钟目标 + 一分钟赞美 + 一分钟惩罚。

(5)中美星捷联合发展中心:决策 = 企业家的智能 + 健全透明的信息网络。

(6)万里石:成功 = 机遇 + 超常思维 + 胆略。

(7)资华:成功 = 随时找准市场空白。

(8)海信:成功 = 向技术创新要市场。

(9)欧姆龙:成功 = 阳刚之气 + 和蔼可亲。

(10)麦当劳:企业的活力 = 原材料 * 设备 * 人力资源;人力资源 = 人数 * 能力 * 态度。

(11)东芝:企业活力 = 智力 *(毅力 + 体力 + 速度)。

(七)现代企业思维创新

思维创新是一切创新的前提,任何人都不要封闭自己的思维。西方有人召开头脑风暴会,就某一问题提出解决办法(主意),定的目标是 1 小时内想出 100 个解决方法。原来以为至多能想出 50 个,结果却是 103 个。

若思维成定势,就会严重阻碍创新。有些政府部门或国有企业提出,不换脑筋就换人,就是这个道理。有的公司不断招募新的人才,重要原因之一就是期望其带来新观念、新思维,不断创新。国外近年来还出现了“思维空间站”,其目的就是进行思维创新训练。

我们认为推动当代商业经营的动力是思考,思考是价值之所在,思考才是最根本的工作本质。换句话说,50% 以上的决策以不同的方式失败了,但 91% 的经营人士仍对他们做出如此决策的能力保持着信心,思想的停滞等于糟糕的决策,要想成功,首先需要优化人类的思维方式。

【案例】

谁接董事长的班

董事长年事已高,想找人接班,可又拿不定是让位给大儿子还是二儿子。董事长突然有了主意,他告诉两个儿子:前边有两匹马,黑的是大儿子的,白的是二儿子的,谁的马最后到达终点,就由谁来接班。大儿子听后在考虑如何比慢,而二儿子却飞身跨上黑马,迅速赶往终点。结果是二儿子最终接了班。

三、现代企业创新契机

主要包括:

(一)意外的机遇

意外的成功或失败,意外的偶然事件都可以成为现代企业创新的机会,重要的是人们是否善于抓住机会,机会只青睐有准备的头脑。如三峡库区的一些企业利用搬迁的机遇,搞合资、转项目、上新产品等,使企业焕发了新的活力。

(二)生产或管理的技术变化

技术的变化可能带来生产方法、生产设备、原材料、产品和管理方法的变化。如计算机网络的出现,给贸易方式带来的创新——电子商务。

(三)人口情况的变化

人口是市场的重要因素,它的变动既能为某些企业带来市场机会,也能使它们失去市场机会。如老年化社会的来临就可能给一些现代企业带来特殊的机遇。

(四)宏观经济环境的变化

迅速增长的经济背景可能给企业带来不断扩大的市场,而整个国民经济的萧条则可能降低企业产品需求者的购买能力。

（五）观念的转变

文化与价值观念的变化可能改变消费者的消费偏好或劳动者对工作及其报酬的态度。如身体保健方面观念的变化为现代企业创新提供了许多机会。

（六）现实存在的不协调现象

如生产经营中的瓶颈，可能影响了劳动生产率的提高或劳动积极性的发挥，因而始终困扰着企业的管理人员。这种卡壳环节，既可能是某种材料的质地不够理想，且始终找不到替代品，也可能是某种工艺加工方法的不完善，还可能是某种分配政策的不合理。

（七）实际工作提出的需要

这种需要往往提供现代企业创新机会，如某些现代企业原来环保不能达标，在客观情况的要求下，采用新的生产方法等，可能就达标了。

四、现代企业创新活动的组织

管理者不仅要对自己的工作进行创新，而且更要为部属的创新提供条件、创造环境，有效地组织现代企业内部的创新。其组织现代企业创新活动的主要方式为：

（1）管理者应该积极支持下属在工作中的创新行为　管理者要创造促进现代企业创新的组织氛围，应该积极支持、下属在工作中的创新行为，大张旗鼓地宣传创新，激发创新，树立"无功便是有过"的新观念，使每一个人都奋发向上、努力进取、跃跃欲试、大胆尝试。要造成一种人人谈创新，时时想创新，无处不创新的组织氛围。

（2）制订有弹性的计划　创新意味着打破旧的规则，意味着时间和资源的计划外占用，因此，现代企业创新要求组织的计划必须具有弹性。创新需要思考，思考需要时间，为了使人们有时间去思考、有条件去尝试，组织制定的计划必须具有一定的弹性。

（3）建立合理的奖酬制度　要激发个人的创新热情，还必须建立合理的评价和奖酬制度。创新的原始动机也许是个人的成就感、自我实现的需要。但如果创新的努力不能得到组织或社会的承认，不能得到公正的评价和合理的奖酬，则继续创新的动力就会渐渐失去。

【案例】

海尔的创新

海尔的创新主要包括以下主要内容：

(1)海尔把其核心竞争力归结为海尔全方位的创新能力。

(2)海尔在内部提出了创新的三个原则：

①企业创新的目标是创造有价值的订单；②企业创新的本质就是创造性地破坏；③企业创新的途径是创造性地借鉴和模仿。

(3)在创新三原则的前提下，海尔建立了一个创新体系，表现为六个方面：

①战略创新——为企业发展提供方向；②观念创新——企业一切创新活动的起点；③技术创新——不求所有，但求所用；④组织创新——令企业内部充满活力；⑤市场创新——落脚点是创世界名牌；⑥文化创新——使每个员工都成为创新的战略事业单位(SBU)。

(4)总结海尔创新的历程，张瑞敏认为，创新就是创造有价值的订单，市场设计产品，而不是为市场设计产品，企业围墙之内没有成果，市场无法换来技术，管理创新重于技术创新，创新无止境，面对充满挑战和希望的明天，海尔只有不断创新，挑战满足感，才能超越自我，虽然海尔因创新精神赢得世界的瞩目，但仍需用不断的创新来赢得新世纪的辉煌。

第三节　创　业

创业改变了世界，创业成为经济发展的原动力，创业是科技创新的加速仪，创业是社会就业的扩容器，创业更是社会进步的推动器。创业也改变了人生，是实现人生理想和价值、获得自身全面发展的有效途径。创业者所创造出的新行业，诸如个人电脑、生物技术、闭路电视、个人电脑软件、办公自动化、手机服务、光碟、网上出版，等等，我们就不难想象创业者是如何巨大地改变了世界的发展进程和人们的生活、工作和学习方式。创业创造了光辉灿烂的人类文明，创业还将创造光明美好的未来。

创业时代呼唤大学生创业，世界是无限的，人的潜能也是无限的，只要唤起创业的热情，善于发挥自己的潜能，带着信心、意志投入到不懈的追求之中，成功之路就会在你脚下延伸。

一、认识创业

(一)创业的概念

我们将创业定义为:创业是指承担风险的创业者,通过寻找和把握商业机会,投入已有的技能知识,配置相关资源,创建新企业,为消费者提供产品和服务,为个人和社会创造价值和财富的过程。

这个概念包括几层含义:

①创业是一个创造的过程,即创业者要付出努力和代价;

②创业的本质在于机会的商业价值发掘与利用,即要创造或认识到事物的商业用途;

③创业的潜在价值需要通过市场来体现,即市场是实现财富的渠道;

④创业以追求回报为目的,包括个人价值的满足与实现、知识与财富的积累等。

(二)创业的要素

创业要素包括创业者、商业机会、技术、资金、人力资本、组织、产品服务等几个方面。

①创业者是创业过程中处于核心地位的个人或团队,是创业的主体。创业者在创业过程中起着关键的推动和领导作用,包括识别商业机会、创建企业组织、融资、开发新产品、获取和有效配置资源、开拓新市场等。因而创业者的素质和能力是创业成功的第一要素。

②商业机会是创业过程中的核心,创业者从发现和识别商业机会开始创业。商业机会指没有被满足的市场需求,它是市场中现有企业留下的市场空缺。商业机会就是创业机会,它意味着顾客能得到比当前更好的产品和服务的潜力。

③技术是一定产品或服务的重要基础。产品与服务当中的技术含量及其所占比例,是企业满足社会和市场需求的支持保障,是企业的核心竞争力。资源是组织中的各种投入,包括各种人、财、物。资源不仅指有形资产,如厂房、机器设备,也包括无形资产,如专利、品牌;不仅包括个人资源,如个人技能、经营才能,也包括社会网络资源,如信息、权力影响、情感支持、金融资本。

④资金对于处在不同发展阶段的企业来说都是非常重要的。在企业快速发展时期,资金的缺口将直接限制企业的发展壮大,而在创业之初,主要是靠自筹资金,对于符合一定条件的创业者,将有可能获得一定的政府扶持资金。

⑤人力资本是创业的重要资源投入。成功的关键在于创业者的识人、留人、用人。形成创业的核心团队,制定有利的政策制度和有效的组织结构,建立良好的企业文化是建立人力资本的核心。

⑥组织是协调创业活动的系统,是创业的载体,是资源整合的平台。创业型组织的显著特征是创业者的强有力领导和缺乏正式的结构和制度。从广义来说,创业型组织是以创业者为核心形成的关系网络,不仅包括新设组织内的人,还包括这个组织之外的人或组织,如顾客、供应商和投资人。

⑦产品服务是创业者为社会创造的价值,它既是创业者成功的必要条件,也是创业者对社会的贡献。正是通过为社会提供更多更好的产品服务,人类社会的财富日益增多,人们的生活变得丰富多彩,籍此一代代创业者成为世人追捧的亿万富豪。

创业就是具有创业精神的创业者、商业机会、组织与技术、资金、人力资本等资源相互作用、相互配置,以创造产品和服务的动态过程。

(三)创业精神

创业精神是创业的核心与灵魂。创业精神最初来自新建企业,但不限于新建企业,百年企业青春常在就是创业精神在起作用。

人们常用不同的词语描绘创业精神:创新精神、合作精神、冒险精神、敬业精神、自强不息、百折不挠等。在新时代,又加进了时代精神、社会责任感、奉献、事业荣誉感、二次(三次)创业的勇气、艰苦奋斗的作风、至诚至信、开放的心态、宽容的胸怀等。

创业精神的载体是人,是最具创业精神的是创业者(企业家),企业家与创业精神密不可分。创业精神重要的是把握机会和不断创新,通过企业家的创业和创新活动,推动社会和经济不断发展。因而,创业精神就是发现和把握商业机会,无论当时如何受资源的制约,都能努力通过创新,从无到有地创造和建立某些事物以满足社会需求、创造价值的活动过程。

(四)成功创业者的心理与行为特征

众多学者对大量成功创业者进行了多方面的持续研究,发现成功的创业者在心理与行为上具有许多共同的特征。可归纳为下述几条:

①强烈的欲望,积极的心态。

②充分的自信,敢于冒险。

③坚韧的毅力,足够的耐心。

④开阔的眼界、敏锐的反应

⑤把握趋势,明确方向。

⑥善借资源，懂得分享。
⑦坚持学习，经常反省。
⑧勇于创新，出奇制胜。
⑨健康的体魄，健全的心理。

二、创业者的素质与能力

（一）创业者应具备的基本素质

1. 创业者心理素养

①强烈的创业意识。
②良好的创业心理品质。
③自信、自强、自主、自立的创业精神。
④竞争意识。

2. 创业者的工作特征

①目的明确，积极主动。
②乐观向上，充满信心。
③心胸开阔，勤学好问。
④志存高远，勇于开拓。

3. 创业者必备的其他素养

①创业知识素养。
②创业人格品质素养。
③创业者技能素养（创业能力）。

（二）创业者应具备的基本能力

创业能力是一种特殊的能力，这种特殊能力往往影响创业活动的效率和创业的成功。创业能力一般包括组织领导能力（战略管理能力、决策学习能力）、业务能力（经营管理能力、专业技术能力与交往协调能力）和创新能力。

（三）创业的准备

创业是创业者通过机会识别，在充分考虑自身条件、经过缜密的市场调查和准备后开创事业，整合资源并建立企业，合理经营进而不断创造价值的过程。创业只有“知己知彼”，才能“百战不殆”。

创业过程充满挑战，始终与风险相伴，它意味着长期而艰苦工作的开始，有成功的喜悦，也会有失败的悲痛。没有良好的心理素质，是难以承受这种艰辛的工作和较高的风险的。

（1）审视自己的创业动机和目标　创业动机和目标直接影响创业的成败

和难易。一般创业者的创业动机可分为被迫型、主动型、资源型和随即型四种。

创业目标大致也可分为一下四类：

①想要实现个人梦想，相信创业是致富的唯一途径。

②能在市场上发现机会，并相信自己的经营模式比别人更有效率。

③希望将拥有的专长发展成为新企业。

④已完成新产品开发，而且相信这项新产品能在市场上找到利润空间。

(2)测试自己创业的基本素质和条件　在创业开始之前，创业者需要评估自己的优势和劣势，看看自己是否具备创业的素质和能力。对此，已有许多相关研究成果，创业者可参考本讲相关内容进行自我测试。简单的，创业者可通过认真思考和回答以下问题，来初步判断自己是否有创业的基本素质和能力：

①你适合创业吗？作为创业者或者小企业的领导者，在如何拓展业务、如何定位市场、如何管理财务和员工等各种细节，经常需要做出决定，而这些决定是在压力环境下要求你迅速独立完成的。创业需要热情、需要理念，更重要的还需要你的能力，你的策划和组织能力如何？你的团队组建和管理能力如何？你的决策和综合管理能力如何？你的创业风险（包括：资金风险、竞争风险、团队分歧风险、核心竞争力缺乏风险）规避能力如何？

②你的创业冲动能强到长时间保持创业激情吗？认真检查你个人拥有的技能、经验和意志。因为有可能在相当长的一段时间内，企业的业务没有进展，有可能会出现与员工发生思想激励碰撞的现象，不理解你、不支持你的现象也可能会经常发生，这将会使你感到郁闷、孤独，你准备如何承受？你承受的了吗？

③你的身体和精神状态适合创办企业吗？创业过程充满挑战，意味着长期而艰苦工作的开始。同时，创业也意味着创业者需要更加努力、自觉地工作，将失去很多休息时间。身体健康是承受创业高强度体力和精神压力的前提，你的身体健康状况是否允许你从事这样的工作？

④你的家庭支持你创业吗？和谐稳定的家庭是事业成功的基础，创业之初对你的家庭生活影响很大，能否成功你的家庭支持也很重要，你确信你的家庭会支持你吗？

⑤你准备承受创业初期的风险了吗？创业始终伴随着风险。在确定了创业目标后，创业者接下来要问的问题是：创业的风险有哪些？我创业最坏的结果是什么？我能否接受？我能否从坏结果中走出来？

三、寻找创业机会

【案例】

海岛卖鞋

曾经有一家美国的制鞋公司寻找国外市场,公司总裁派了一名推销员到非洲某个海岛上的国家,让他了解一下能否向该国卖鞋。这个推销员到非洲后给总部发回一封电报说:“这里的人都习惯赤脚,不穿鞋,这里没有市场。”随即这名推销员就离开了那里。总裁随后又派去另一名推销员。第二个推销员到非洲后也给总部发回一封电报,电报中说:“在这里的发现让我异常兴奋,因为这里的人都是赤脚,还没有一人穿鞋,这里市场巨大。”于是他开始在岛上卖鞋……

该公司觉得情况有些蹊跷,于是总裁派出了第三个业务员。他到非洲呆了三个星期,发回一封电报:“这里的人不穿鞋,但有脚疾,需要鞋。不过不需要我们生产的鞋,因为我们的鞋太窄,我们必须生产宽一些的鞋。这里的部落首领不让我们做买卖,……我们只有向他进贡,才能获准在这里经营。我们需要投入大约1.5万美元,他才能开放市场……因此,我建议公司应开辟这个小岛市场。”该公司董事会采纳了这位业务员的建议,并通过适宜的营销组合,最终成功地开拓了这个小岛市场。

(一)创业机会的六个来源

创业要从商业机会中产生,那么,哪些情况又代表着机会呢? 机会无时不在,无处不在。寻求机会的简便方法,可以关注以下六个方面:

1. 问题

创业的根本目的是满足顾客需求。而顾客需求在没有满足前就是问题。寻找创业机会的一个重要途径是善于去发现和体会自己和他人在需求方面的问题或生活中的难处。比如,上海有一位大学毕业生发现远在郊区的本校师生往返市区交通十分不便,创办了一家客运公司;双职工家庭,没有时间照顾小孩,于是有了家庭托儿所;没有时间买菜,就产生了送菜公司等,这些都是把问题转化为创业机会的成功案例。

2. 变化

创业的机会大都产生于不断变化的市场环境。著名管理大师彼得·德鲁克将创业者定义为那些能“寻找变化,并积极反应,把它当作机会充分利用起来的人”。这种变化可以包括：产业结构的变动、消费结构升级、城市化加速、人口结构变化、价值观与生活形态的变化、政府政策的变化、人口结构的变化、居民收入水平提高、全球化趋势等诸方面。比如，居民收入水平提高，私人轿车的拥有量将不断增加，这就会派生出汽车销售、修理、配件、清洁、装潢、二手车交易、陪驾等诸多创业机会；人口因素变化可以产生以下一些机会：为老年人提供的健康保障用品、为独生子女服务的业务项目、为年轻女性和上班女性提供的用品、为家庭提供的文化娱乐用品等。

3. 创造发明

创造发明提供了新产品、新服务，更好地满足顾客需求，同时也带来了创业机会。比如随着电脑的诞生，电脑维修、软件开发、电脑操作的培训、图文制作、信息服务、网上开店等创业机会随之而来，即使你不发明新的东西，你也能成为销售和推广新产品的人，从而给你带来商机。

4. 新知识、新技术的产生

随着科技的发展，开发高科技领域是时下热门的课题，例如美国近年来设立的风险性公司、电脑占25%，医疗和遗传基因占16%，半导体、电子零件占13%，通信占9%。新知识、新技术的产生也带来了许多市场机会。例如，当人类基因图像获得完全解决，可以预期必然在生物科技与医疗服务等领域带来极多的新事业机会；又如随着健康知识的普及和技术的进步，围绕“水”就带来了许多创业机会，上海就有不少创业者加盟“都市清泉”而走上了创业之路。

5. 竞争

机会并不只属于“高科技领域”。在“低科技领域”也有机会，如果你能弥补竞争对手的缺陷和不足，这也将成为你的创业机会。看看你周围的公司，你能比他们更快、更可靠、更便宜地提供产品或服务吗？你能做得更好吗？若能，你也许就找到了机会。

6. 顾客的差异

机会不能从全部顾客身上去找，因为共同需要容易认识，基本上已很难再找到突破口。而实际上每个人的需求都是有差异的，如果我们时常关注某些人的日常生活和工作，就会从中发现某些机会。因此，在寻找机会时，应习惯把顾客分类，如政府职员、农民、大学教师、杂志编辑、小学生、单身女性、退休职工等，认真研究各类人员的需求特点，机会自见。

（二）培养发现商机的能力

发现创业机会不是一件容易的事情，对于创业者来说，发现创业机会的能力也是当老板必备的素质之一。创业者在日常生活中需有意识地加强实践，培养和提高这种能力：

1. 要培养市场调研的习惯

发现创业机会的关键点是深入市场进行调研，要了解市场供求状况、变化趋势，考察顾客需求是否得到满足，注意观察竞争对手的长处与不足等。

2. 多看、多听、多想，见多识广，识多路广

每个人的知识、经验、思维以及对市场的了解不可能做到面面俱到，多看，多听，多想能广泛获取信息，及时从别人的知识、经验、想法中汲取有益的东西，从而增强发现机会的可能性和几率。

3. 要有独特的思维

要克服从众心理和传统的习惯思维模式，要发扬敢闯敢试、敢为天下先的精神，只有这样才能及时认识和把握国际国内市场为我们提供的良机。

4. 要用积极的心态去发现创业机会

著名成功学大师拿波伦·希尔说，“一切成功，一切财富，始于意念”。一个想创业的朋友，如果你暂时还没发现机会或抓住机会，你不要怨天怨地怨别人，先想一想自己的态度是否积极？思想观念、思维方式是否正确？

【案例】

牛仔裤的发明

大家都知道人是美国的李维斯。当初他跟着一大批人去西部淘金，途中一条大河拦住了去路，许多人感到愤怒，但李维斯却说“棒极了！”他设法租了一条船给想过河的人摆渡，结果赚了不少钱。不久摆渡的生意被人抢走了，李维斯又说“棒极了！”，因为采矿出汗很多饮用水很紧张，于是别人采矿他卖水，又赚了不少钱。后来卖水的生意又被抢走了，李维斯又说“棒极了”，因为采矿时工人跪在地上，裤子的膝盖部分特别容易磨破，而矿区里却有许多被人抛弃的帆布帐篷，李维斯就把这些旧帐篷收集起来洗干净，做成裤子销量很好，“牛仔裤”就是这样诞生的。李维斯将问题当作机会，最终实现了致富梦想，得益于他有一种乐观、开朗的积极心态。

（三）如何选择创业商机

《21世纪创业》的作者杰夫里·A. 第莫斯教授提出，好的商业机会有以下四个特征：

第一，它很能吸引顾客。

第二，它能在你的商业环境中行得通。

第三,它必须在机会之窗存在的期间被实施。机会之窗是指商业想法推广到市场上去所花的时间,若竞争者已经有了同样的思想,并把产品已推向市场,那么机会之窗也就关闭了。

第四,你必须有资源(人、财、物、信息、时间)和技能才能创立业务。

四、审视拟创办企业的整体战略和环境条件

1. 创业企业战略目标的内容

创业战略目标是创业者根据创立企业的使命,结合内外部环境条件通过SWOT分析制订的。一般包括:

①生产率目标,以投入产出比率或单位产品生产成本来表示;

②财力资源目标,用资本结构、现金流量、运营资本、盈亏平衡点等来表示;

③人员及组织目标,用员工结构、数量、招聘、培训、任用和组织结构等来表示;

④市场目标,用市场占有率、销售额、销售量等来表示;

⑤组织结构目标;

⑥产品目标;

⑦盈利能力目标,用利润总额、投资收益率、销售利润率等来表示;

⑧研究与开发目标;

⑨社会责任目标。

2. 创业企业战略的构成

(1)市场营销战略　主要内容包括:使创业企业的产品或服务与顾客需求相适应;将产品或服务存在的信息传递给客户;在适当的时间和地点提供产品和服务;为产品和服务确定价格。

(2)组织战略　为使新企业能有效运作,创业者要设计企业组织结构。包括:组织结构,计划、衡量和评价制度,激励机制,培训制度等。

(3)生产战略　主要明确系统设计和作业计划及控制。其中,系统设计包括生产过程设计、工作方法设计、能力计划、工作场地布置等;作业计划及控制包括需求预测来计划生产水平、作业系统中的工作安排、系统中的人员安排等。

(4)财务战略　主要包括筹集资金和对企业的经营成员实行记录、监督和控制。主要内容:从事经营活动所需要的资金数量和特征;最有效的资本结构、最理想的融资渠道;最有效的资金使用方式;最有效的方式分配资源。

(5)成长战略　主要是指企业抓住机会,充分发挥自身在产品、市场和技

术等方面的优势和潜力,以求得企业快速成长的一种战略。这种成长既实现短期的,也追求长期的成长;既是销售收入的增长,也是利润的增长;既是企业成长对股东的回报,也是企业满意度、亲密度和忠诚度的增加。

(6)竞争战略　是在企业总体经营战略导向下,为创建相对于竞争对手的战略优势而开展活动的规律体系。它涉及企业在竞争中带有全局性和长远性的问题,是企业把握竞争方向的指南。竞争战略一般包括:低成本战略、产品差异战略、目标集中战略。

3.制订出目标市场定位与竞争战略

目标市场定位与竞争战略是创业前战略思考的重中之重,创业者首先要弄清自己的创业企业的市场在哪里?如何在市场上与已有的或潜在的竞争者进行竞争?这是创业企业能否立足市场的根本。

①是否进行了充分的市场调查?为避免盲目创业,创业者必须对创业方向以及创业项目进行深入、细致、认真的市场调查,做到有的放矢。

②是否进行了市场细分?创业者要通过市场细分来定位目标客户群。

③是否明确了目标市场?根据自己的实力和优劣势,选择一个或几个最有利于发挥创业者优势、最具吸引力和能达到经济效益的细分市场作为目标市场。

④是否已确定了要提供的产品和服务?项目的选择一定要有发展前景。

⑤如何进行市场营销?创业者应将营销战略作为创业前重点考虑的内容之一。根据目标市场的现状和未来发展变化趋势,制订相应的市场营销战略。

4.考虑创办企业的相关资源与条件

在创办企业前,创业者还要对下述几方面进行战略思考:

(1)产业优惠政策　创业者首先要对现阶段国家政策进行认真的学习,以自身优势和资源确定产业,确定企业发展战略,确定企业产品和服务定位,并把各项政策用足用好。例如企业孵化器的利用、免费服务、资金扶持的享用等。

(2)周边环境条件　根据创业性质,了解周边环境对创业有哪些有利和不利因素。

(3)创业资金的来源与筹集渠道、方法　如通过自筹、申请政府或其他机构的无偿资助,或申请银行商业贷款、创业贷款,或引进创业风险投资,也可以通过借贷还是引进股权等。

(4)外部可利用的其他资源条件　如政策咨询、融资顾问、产品服务专家、营销顾问等。

五、创业企业融资

任何创业都是要成本的，几乎所有创业者都遇到过资金不足问题。由于目前国内创业融资较为困难，创业者必须广泛搜集信息，抓住一切机遇，多渠道解决资金问题。

(一)寻求政策性扶持资金或其他机构的创业资助

作为调节产业导向的有效手段，中央和地方政府设有各种政策性资金。对于拥有高科技成果的创业者，争取这种政策性的支持是一条有效途径。

【案例】 章教授是某大学计算机专业的教师，她一直希望办个软件公司以发挥自己的才能。怎奈没有资金。2007年，她获悉本地为扶持高科技企业的发展壮大，将创办高科技企业孵化基地，对通过资格审查的企业将提供免三年租费的办公场所，并给予一定的创业扶持资金。于是她立即带领几个成绩优秀的学生创办了一家软件开发公司，不仅成功地进驻了孵化基地，不花一分钱就获得了一百多平方米的办公场所，而且还得到了10万元的扶持基金。

(二)寻找银行各类创业贷款

资金不足时，人们首先想到的就是向银行求援。银行贷款大致可分为信用贷款、抵押(质押)贷款和保证贷款三大类，每一类都有许多创新产品和业务，分别适合于不同的创业企业。

1. 小额信用贷款

信用贷款是指银行仅凭对借款人资信的信任而发放的贷款，借款人无须向银行提供抵押物。其中最简单的就是个人信用卡透支(贷款)，虽然期限较短，但只要安排妥当，即可解决临时性的资金周转，还可无息使用。

2. 抵押贷款

抵押贷款是指按照担保法规定的抵押方式，以借款人或第三人的财产作为抵押物而发放的贷款。办理抵押贷款时应由银行保管抵押物的有关产权证明，其金额一般不超过抵押物评估价的70%。

3. 个人创业贷款

创业贷款实际上是抵押贷款的一种特殊类型，具有一定的政策性。它是指具有一定生产经营能力或已经从事生产经营活动的个人，因创业或再创业提出资金需求申请，经银行认可有效担保后而发放的一种专项贷款。符合条件的借款人，最高可获得单笔50万元的贷款支持，贷款期限一般为1年，最长不超过3年。国内多家银行都已推出了个人创业贷款业务。

4. 担保贷款

担保贷款是指以担保人的信用为保证而发放的贷款。随着国内中小企业信用担保体系的建立完善,各地现均有专业化的信用担保机构,如果创业者缺乏合格的抵押物品,就可向担保公司申请。与银行相比,担保公司的“门槛”要低许多——除了房子以外,车子、公司股权、机器设备、存货、特许经营权甚至个人无限责任等,都可作为反担保品。万一贷款到期无力偿还,担保公司还可以通过更灵活的方式处置这些反担保品。

5. 质押贷款

质押贷款是以借款人或第三人的动产或权利作为质物而取得的贷款。创业者可用自己甚至亲朋(需要本人书面同意)未到期的存单、国债、国库券、人寿保险单等作为质物,从银行获取有价证券面值80% ~90%的贷款。

(三)寻求社会、企业、个人资金

随着经济发展,很多大公司大集团甚至个人手中都掌握着大笔的闲置资金,他们也都在四处寻求好的投资项目。因此,对于有好的项目的创业者,不妨寻找这些投资者。其中,高科技创业企业可向风险投资机构申请,一般性项目也可寻找民间借贷。具体可通过亲朋好友介绍、委托专门中介机构代理,还可以适当做点寻资广告或者上网发布寻资信息。

(四)大公司提供的加盟设备资金支持

当前,有许多大公司为了扩大市场份额,纷纷选择连锁经营的方式来扩充自己,他们广泛吸收个体业主加盟经营,还常推出一系列优惠待遇给加盟者。

(五)融资租赁、经营租赁

对于资金有限的创业企业,通过经营租赁,租入所需要的设备、机器等,既可以减少资金占用,还可以获取最新的设备、机器。而融资租赁则是由需要机器设备的企业选购设备,由融资租赁公司根据承租人要求购买设备,并直接提供给使用人,承租人分期偿还租金的一种以融资为目的的信用方式,表面上看是借物,而实质上是融资。这种方式比较适合需要购买大件设备的初创企业。

六、创业团队组建

创业团队需具备五个重要的团队组成要素,称为5P。

1. 目标(Purpose)

创业团队应该有一个既定的共同目标,目标在创业企业的管理中以创业企业的远景、战略的形式体现。

2. 人(People)

人是构成创业团队最核心的力量。三个及三个以上的人就形成一个群体,当群体有共同奋斗的目标就形成了团队。在一个创业团队中,人力资源是所有创业资源中最活跃、最重要的资源。应充分调动创业者的各种资源和能力,将人力资源进一步转化为人力资本。

3. 创业团队的定位(Place)

创业团队的定位包含两层意思:一是创业团队的定位。即创业团队在企业中处于什么位置,由谁选择和决定团队成员,创业团队最终应对谁负责,创业团队采取什么方式激励下属。其次是个体(创业者)的定位。即作为成员在创业团队中扮演什么角色,是制订计划还是具体实施或评估。是大家共同出资,委派某个人参与管理;还是大家共同出资,共同参与管理;或是共同出资,聘请第三方(职业经理人)管理。这体现在创业实体的组织形式上,是合伙企业或是公司制企业。

4. 权限(Power)

创业团队当中领导人的权力大小与其团队的发展阶段和创业实体所在行业相关。一般来说,创业团队越成熟领导者所拥有的权力相应越小,在创业团队发展的初期阶段领导权相对比较集中。高科技实体多数是实行民主的管理方式。

5. 计划(Plan)

计划的两层含义:

①目标最终的实现,需要一系列具体的行动方案,可以把计划理解成达到目标的具体工作程序。

②按计划进行可以保证创业团队的顺利进度。只有在计划的操作下创业团队才会一步一步地贴近目标,从而最终实现目标。

七、创业企业设立与登记注册

"我想创业,我注册一家什么样的公司合适?"或者"我想创业,我采取一种什么样的组织形式合适?"这个问题是创业者创业首先遇到的一个问题。

一般来说企业选择的法律组织形式有个人独资企业、合伙企业和公司企业三种,在我国实践中还存在个体工商户、中外合资经营企业、中外合作经营企业等形式。

(一)个体工商户

个体工商户是指生产资料归劳动者个人所有,以自己个人的劳动为基础,劳动成果由劳动者个人占有和支配的市场经营主体。个体工商户的设立条件：

①有经营能力的城镇待业人员、农村村民以及国家政策允许的其他人员；

②申请人必须具备与经营项目相应的资金、经营场地、经营能力及业务技术。

个体工商户的优势主要有：

①对注册资金实行申报制，没有最低限额基本要求；

②注册手续简单，费用低；

③税收负担轻。

个体工商户的劣势包括：

①信誉较低，很难获得银行大额贷款；

②经营规模小，发展速度慢；

③管理不规范，有的个体工商户甚至对经营所得和工资所得都不加以区分。

（二）个人独资企业

个人独资企业是最为简单的企业组织形式，是指依照《个人独资企业法》在中国境内设立的，由一个自然人投资，财产为投资人个人所有，投资人以其个人财产对企业债务承担无限责任的经营实体。个人独资企业是非法人型企业，个人独资的财产属投资人个人所有，在企业财产无法清偿债务时，由投资人以个人独资企业以外的财产承担。个人独资企业尤其适于初涉市场、资金实力有限的创业者。个人独资企业的设立条件：

①投资人为一个自然人；

②有合法的企业名称；

③有投资人申报的出资；

④有固定的生产经营场所和必要的生产经营条件；

⑤有必要的从业人员。

除法律、行政法规禁止从事营利性活动的人，比如国家公务员、不得作为投资人申请设立个人独资企业外，其他人都可以作为个人独资企业的投资人。个人独资企业投资人对本企业的财产依法享有所有权，其有关权利可以依法进行转让或继承。

个人独资企业投资人在申请企业设立登记时，明确以其家庭共有财产作为个人出资的，应当依法以家庭共有财产对企业债务承担无限责任。

（三）合伙企业

合伙企业，是指按照《合伙企业法》在中国境内设立的，由各合伙人订立合伙协议,共同出资、合伙经营、共享收益、共担风险,并对合伙企业债务承担无限连带责任的营利性组织。合伙企业也是非法人型企业,不具备法人资格。在现代企业中,合伙企业所占比例很高,中外实践证明,合伙企业是一种灵活、简便又不失一定规范和规模的企业组织形式。

合伙企业的设立条件:

①合伙人应当为两个或两个以上的具有完全民事行为能力的人。法律、行政法规禁止从事营利性活动的人,不得成为合伙企业的合伙人,例如国家公务员。合伙人都应当依法承担无限责任,不存在承担有限责任的合伙人。

②合伙企业必须有书面合伙协议。合伙协议是由各合伙人协商一致,明确各合伙人权利义务的法律文件。合伙协议应采取书面方式订立,经全体合伙人签名、盖章后生效。合伙人依照合伙协议享有权利,承担义务。合伙协议生效后,全体合伙人经协商一致,可以修改或者进行补充。

③有各合伙人实际缴付的出资。合伙协议生效后,合伙人应当按照合伙协议约定,履行出资义务。根据《合伙企业法》的规定,合伙人可以用货币、实物、土地使用权、知识产权或者其他财产权利出资。上述出资应当是合伙人的合法财产及财产权利。对货币以外的出资需要评估作价的,可以由全体合伙人协商确定,也可以由全体合伙人委托法定评估机构进行评估。经全体合伙人协商一致,合伙人也可以用劳务出资,其评估办法由全体合伙人协商确定。

④有合伙企业的名称、经营场所和从事合伙经营的其他必要条件。

(四)有限责任公司

根据我国《公司法》规定,设立有限责任公司,应当同时具备下列条件:

①股东符合法定人数。一般情况下,有限责任公司由五十个以下股东出资设立。

②股东出资达到法定资本最低限额。有限责任公司的注册资本为在公司登记机关登记的全体股东认缴的出资额。公司全体股东的首次出资额不得低于注册资本的百分之二十,也不得低于法定的注册资本最低限额,其余部分由股东自公司成立之日起两年内缴足;其中,投资公司可以在五年内缴足。有限责任公司注册资本的最低限额为人民币三万元。法律、行政法规对有限责任公司注册资本的最低限额有较高规定的,从其规定。

③股东共同制订公司章程。公司章程是公司最重要的法律文件,是公司内部组织与行为的基本准则。有限责任公司的公司章程必须由股东共同制订,所有股东应该在章程上签名盖章。我国《公司法》对公司章程必须载明的法定事项作出了明确规定。

④有公司名称,并建立符合有限责任公司要求的组织机构。有限责任公

司名称是公司的标志。公司依法享有名称权,经注册的公司名称受法律保护。有限责任公司应依法设立股东会、董事会或执行董事、监事会或监事等组织机构。

⑤有公司住所。

(五)股份有限公司

我国《公司法》规定,设立股份有限公司,应当同时具备下列条件:

①发起人符合法定人数。根据《公司法》规定,设立股份有限公司,应当有二人以上二百人以下为发起人,其中须有过半数的发起人在中国境内有住所。

②发起人认购和社会公开募集的股本达到法定资本最低限额。我国《公司法》规定,股份有限公司注册资本的最低限额为人民币五百万元。法律、行政法规对股份有限公司注册资本的最低限额有较高规定的,从其规定。

③股份发行、筹办事项符合法律规定。股份有限公司采取发起设立方式设立的,注册资本为在公司登记机关登记的全体发起人认购的股本总额。公司全体发起人的首次出资额不得低于注册资本的20%,其余部分由发起人自公司成立之日起两年内缴足;其中,投资公司可以在五年内缴足。在缴足前,不得向他人募集股份。以募集设立方式设立股份有限公司的,注册资本为在公司登记机关登记的实收股本总额。发起人认购的股份不得少于公司股份总数的35%;但是,法律、行政法规另有规定的,从其规定。

④发起人制订公司章程,采用募集方式设立的经创立大会通过。

⑤须有公司名称和符合股份有限公司要求的组织机构。

⑥有公司住所。

(六)注册登记

创业企业从事经营活动,必须到工商行政管理部门办理登记手续,领取营业执照,如果从事特定行业的经营活动,还须事先取得相关主管部门的批准文件。企业设立后,需要税务登记,需要会计人员处理财务,这其中涉及税法和财务知识,创业者需要了解企业需要缴纳的税项。

企业注册登记的流程一般包括:

①名称预先登记。

②工商注册。

③税务登记。

④其他登记备案事项。

八、创业企业的市场营销策划

创业者要掌握目标市场细分与定位的基本方法；通过与竞争者在产品、促销、成本、服务等方面的对比分析，了解自己的长处和短处，从而认定自己的竞争优势，进行恰当的市场定位，通过市场调研与分析，设计出创业企业的市场营销计划方案；根据创业企业的不同阶段，制订不同的市场营销组合策略，运用市场营销过程中的销售渠道选择、定价策略、品牌与包装策略与客户管理等方法打开市场的大门。

九、创业企业的财务管理与税收筹划

资金紧张是创业企业的共同问题，为了生存和发展，创业企业必须高效率的使用资金资源，为此，财务计划和管理就成为创业者的必备知识和技能。

创业者要懂得创业企业的资本预算方法；要懂得如何制订企业的利润计划，要懂得什么是成本，怎样定价，怎样才能赢利，现金流量对维持企业正常运转与赢利的重要性。要能够制订企业的赢利计划与现金流量计划。了解创业企业的财务分析指标与财务、资产管理知识；了解创业企业的税收筹划基本途径；能对拟创建的企业进行简单财务预测；能确定新投资项目的资本预算。

在符合立法精神的前提下，纳税义务人、扣缴义务人可以利用税法的特定条款和规定，要借助一定的方法和实现技术，通过对经营活动、投资活动、理财活动的周密安排，实现降低纳税成本和纳税风险的活动。

十、创业计划书的编制

创业计划书，是创业者自己在创业前需要准备的一份书面计划，是创业者创业的蓝图，也是筹措创业资金的重要依据。其意义和作用主要体现两方面：帮助创业者理清思路，准确定位；帮助创业者获得创业融资。

创业计划书包括以下内容：

1. 摘要

摘要是为了吸引战略合伙人与风险投资人的注意而将创业计划书的核心提炼出来制作而成的，它是整个创业计划书的精华，涵盖计划书的要点。一般要在后面所有内容编制完毕后，再把主要结论性内容摘录于此，以求一目了然，在短时间内给使用者留下深刻的印象。

在摘要中，企业必须回答下列问题：

①企业所处的行业，企业经营的性质和范围。

②企业主要产品的内容。

③企业的市场在那里,谁是企业的顾客,他们有哪些需求。

④企业的合伙人、投资人是谁。

⑤企业的竞争对手是谁,竞争对手对企业的发展有何影响。

⑥如何投资、投资数量和方式。

⑦投资回报及安全保障。

摘要如同推销产品的广告,编制人要反复推敲,力求精益求精,形式完美,语句清晰流畅而富有感染力,以引起投资人阅读创业计划书全文的兴趣。特别要详细说明自身企业的不同之处以及企业获取成功的市场因素。

2. 企业介绍

这一部分是向战略合伙人或者风险投资人介绍融资企业或项目的基本情况。具体而言,如果企业处于种子期或创建期,现在也只有一个美妙的商业创意,那么,应重点介绍创业者的成长经历,求学过程,并突出其性格、兴趣爱好与特长,创业者的追求,独立创业的原因以及创意如何产生。

如果企业处于成长期,应简明扼要介绍公司过去的发展历史、现在的状况以及未来的规划。具体而言,包括:公司概述、公司名称、地址、联系方法;公司的业务状况;公司的发展经历;对公司未来发展的详尽规划;本公司与众不同的竞争优势;公司的法律地位;公司的公共关系;公司的知识产权;公司的财务管理;公司的纳税情况;公司的涉诉情况等等。在描述公司发展历史时,正反的经验都要写,特别是对以往的失误,不要回避。要对失误进行客观的描述,中肯地进行分析,反而能够赢得投资者的信任。

3. 管理团队介绍

管理团队是投资者非常看重的,这部分主要是向投资者展现企业管理团队的结构、管理水平和能力,职业道德与素质,使投资者了解管理团队的能力,增强投资信心。

在编写过程中,首先,必须对公司管理的主要情况作一个全面介绍,包括公司的主要股东及他们的股权结构、董事和其他一些高级职员、关键的雇员以及公司管理人员的职权分配和薪金情况,必要时,还要详细介绍他们的经历和个人背景。企业的管理人员应该是互补型的,而且要具有团队精神。一个企业必须要具备负责产品设计与开发、市场营销、生产作业管理、企业理财等方面的专门人才。

此外,在这部分创业计划书中,还应对公司组织结构做一简要介绍,包括:公司的组织机构图;各部门的功能与责任;各部门的负责人及主要成员;公司的报酬体系等。

4. **技术产品(服务)介绍**

在进行投资项目评估时,投资人最关心的问题之一就是企业的产品、技术或服务能否以及在多大程度上解决现实生活中的问题,或者企业的产品(服务)能否帮助顾客节约开支,增加收入,这是市场销售业绩的基础。

技术产品(服务)介绍一般包括以下内容:产品的名称、特性及性能用途;产品处于生命周期的哪一阶段,市场竞争力如何;产品的研究和开发过程;产品的技术改进、更新换代或新产品研发计划及相应的成本;产品的市场前景预测;产品的品牌和专利。

5. **行业、市场分析预测**

行业分析主要介绍行业发展趋势,行业发展中存在的问题,国家有关政策,市场容量,市场竞争情况,行业主要盈利模式,市场策略等。

6. **市场营销策略**

营销策略的内容应包括:营销机构和营销队伍的建立;营销渠道的选择和营销网络的构建;广告策略和促销策略;价格策略;市场渗透与开拓计划;市场营销中意外情况的应急对策等。在介绍市场营销策略时,创业者要讨论不同营销渠道的利弊,要明确哪些企业主管专门负责销售:主要适用哪些促销工具,以及促销目标的实现和具体经费的支出等。

7. **生产计划**

生产制造计划旨在使投资者了解产品的生产经营状况。这一部分应尽可能把新产品的生产制造及经营过程展示给投资者。主要的内容包括:

①公司现有的生产技术能力,企业生产制造所需的厂房、设备情况。

②质量控制和改进能力。

③新产品的生产经营计划,改进或将要购置的生产设备及其成本。

④现有的生产工艺流程,生产周期标准的制订及生产作业计划的编制。

⑤物资需求计划及其保证措施,供货者的前置期和资源的需求量。

⑥劳动力和雇员的有关情况。

同时,为了增大企业的评估价值,企业家应尽量使生产制造计划更加详细、可靠。

8. **财务分析与预测**

这部分包括公司过去若干年的财务状况分析,今后三年的发展预测,以及详细的投资计划。旨在使投资者据此判断企业未来经营的财务状况,进而判断其投资能否获得理想的回报,因而它是决定投资决策的关键因素之一。

9. **融资计划**

融资计划的主要内容包括:

①融资数额是多少？已经获得了哪些投资？希望向战略合伙人或风险投资人融资多少？计划采取哪种融资工具？

②公司未来的资本结构如何安排？公司的全部债务情况如何？

③公司融资所提供的抵押、担保文件，包括以什么物品进行抵押或者质押，什么人或者机构提供担保？

④投资收益和未来再投资的安排如何？

⑤如果以股权形式投资，双方对公司股权、控制权、所有权比例如何安排？

⑥投资者介入公司后，公司的经营管理体制如何设定？

⑦投资资金如何运作？投资的预期回报？投资者如何监督、控制企业运作等？

⑧对于吸引风险投资的，风险投资的退出途径和方式是什么？是企业回购、股份转让还是企业上市？

由于与资金供给方合作的模式可能有多种，因此还需设计几种备选方案，给出不同盈利模式下的资金需要量及资金投向。

10. 风险分析

这部分内容主要是向投资者分析企业可能面临的各种风险隐患，风险的大小以及融资者将采取何种措施来降低或防范风险、增加收益等。

对于企业可能面临的各种风险，融资者最好采取客观、实事求是的态度，不能因为其产生的可能性小而忽略不记，也不能为了增大获得投资的机会而故意缩小、隐瞒风险因素，而应该对企业所面临的各种风险都认真地加以分析，并针对每一种可能发生的风险做出相应的防范措施，这样才能取得投资者的信任，也有利于引入投资后双方的合作。

11. 附件和备查资料

附件主要是对创业计划书中涉及的一些问题的细节和相关的证书、图表进行描述或证明，如企业的营业执照、公司章程、验资审计报告、税务登记证、高新技术企业（项目）证书、专利证书、鉴定报告、市场调查数据、主要供货商及经销商名单、主要客户名单、场地租用证明、公司及其产品的介绍、宣传等资料、工艺流程图、各种财务报表及财务预估表、专业术语说明等。它与创业计划书主体部分一起装订成册。

备查资料只需列出清单，待资金供给方有投资意向时查询。

【小结】

创新与创业是社会发展的必然要求，创新是创业的基础，创业是创新的载体和表现形式，创业的成败根本依仗创新教育的根基扎实程度；创新是人类社会发展与进步的永恒主题，当今世界正在从传统工业文明向现代信息文明迈进，知识经济初见端倪，而知识经济的核心恰恰在于创新在知识经济条件下，国际间综合国力的竞争越来越多地表现为创新型人才的水平和数量的竞争；创业与创新的教育与实践是培养民族创新精神的主要动力，是实现21世纪中华民族全面振兴的关键，也是把我国巨大人口压力转化为丰富的人力资源的根本出路；创新是世界上许多国家教育改革的焦点和核心，是实施科教兴国战略和素质教育必须重视的问题。创新需要创业者具备创新精神和创新能力。创业需要创业者不断开发、提高自己的创业基本素质，培养创业意识与创业能力，使其学会学习、学会做事、学会合作、学会生存，这些功能与创新学习所突出的创新精神和实践能力的培养，起到了异曲同工的作用。

创新与创业是当代青年的历史使命。学习创新与创业是我们立人、立家、立业、立国的首要任务。

【复习思考题】

1. 什么是创新？创新如何分类？
2. 什么是新产品？新产品开发的途径有哪些？
3. 举例说明现代企业技术创新的战略。
4. 如何开展创新活动？

【实训目标】

1. 学习创新，培养创新意识，开发创新思维，提升创新技能。
2. 学习创业，注重创业意识、创业精神、创业品质、创业能力的培养。
3. 了解创业的基本知识和和技能，包括创业者的素质与能力，创业机会寻找与评估、创业环境分析、创业模式与经营地点选择、创业计划书制订、创业融资、团队组建、登记注册、市场营销策划、财务管理与税收筹划、相关政策法规等内容。

【实训内容与形式】

1. 创业者素质与能力测试。
2. 案例分析：昆明冶金高等专科学校六创新，大学生如何创业，某某有限公司创业方案设计。
3. 实战练习：根据所处的地域，结合当地的经济状况，要求学生能够运用创业过程理论，发现和评估当地的市场机会。
4. 实战练习：要求学生能够提出自己的创业项目，编写创业计划书。

参考文献

C.A 参考文献

1 彭好荣.工商企业经营管理[M].北京:经济管理出版社,1998.
2 宋克勤.企业管理[M].上海:上海财经大学出版社,2001.
3 曾祥缪.现代工业企业管理[M].天津:天津科技翻译出版公司,1994.
4 陈文安,胡焕绩.新编企业管理纲要与题库[M].上海:立信会计出版社,2000.
5 刘冀生.企业经营战略[M].北京:清华大学出版社,1995.
6 董舜其.现代企业经营管理[M].北京:北京经济学院出版社,1994.
7 徐国良,王进,等.企业管理案例精析[M].北京:经济管理出版社,2000.
8 周秀淦.现代企业管理原理[M].北京:中国财政经济出版社,1988.
9 崔援民.现代企业管理学[M].北京:中国经济出版社,1988.
10 和丕禅,等.管理原理与现代企业管理[M].北京:中国农业出版社,1996.
11 鲍学曾.工业企业管理[M].大连:东北财经大学出版社,2000.
12 阳文渊.企业管理学原理[M].北京:军事科学出版社,1987.
13 黄丽霞.应用企业管理[M].广东:暨南大学出版社,2000.
14 王方华.现代企业管理[M].上海:复旦大学出版社,1999.
15 刘光起.A管理模式[M].北京:企业管理出版社,1999.
16 世界著名管理学家管理法则全书[M].北京:中国致公出版社,1998.
17 林友孚.产品质量统计控制方法[M].北京:企业管理出版社,1989.
18 中国质量管理协会.全面质量管理基本知识[M].北京:科学普及出版社,1987.

19 王季云. ISO9000总论[M]. 广州:广东人民出版社,1996.
20 林汉川. ISO9000与质量认证[M]. 广州:广东人民出版社,1996.
21 张建军,等. 现代企业经营管理[M]. 北京:高等教育出版社,1998.
22 罗伯特·J. 托马斯. 新产品开发[M]. 沈志彦,赵正兴,石科鸿,等,译. 上海:上海译文出版社,1998.
23 周三多,陈传明,鲁明泓. 管理学原理与方法[M]. 上海:复旦大学出版社,1999.
24 刘景然. 工业企业管理[M]. 北京:高等教育出版社,1992.
25 王云峰,等. 企业管理学[M]. 上海:同济大学出版社,1997.
26 张克难,等. 管理经济学[M]. 上海:上海人民出版社,1995.
27 刘光明. 现代企业家与企业文化[M]. 北京:经济管理出版社,1997.
28 穆庆贵,陈文安. 新编企业管理[M]. 北京:立信出版社,2001.
29 汪秀英. 公共关系学[M]. 北京:中央广播电视大学出版社,1997.
30 王方华,洪祺琦. 工商企业公共关系管理[M]. 太原:山西经济出版社,1999.
31 苏中贤. 如何在30岁前成为公关高手[M]. 北京:中国城市出版社,1999.
32 刘太刚. 公共关系原理与实务[M]. 长沙:湖南科学技术出版社,1998.
33 华锐. 新世纪中国企业文化[M]. 北京:企业管理出版社,2000.
34 张彦宁. 企业经营者管理知识更新教材[M]. 北京:企业管理出版社,1999.
35 季崇威. 东亚企业文化的特点与发展趋势[M]. 北京:经济管理出版社,1997.
36 迈克尔·B. 波特. 管理就这么简单[M]. 哈尔滨:哈尔滨出版社,2004.
37 弗洛蒙德·马里克. 如何做一个有效的管理者[M]. 北京:民主与建设出版社,2002.
38 王迎春. 世界著名CEO成功素质[M]. 北京:机械工业出版社,2004.
39 胡泳. 张瑞敏如是说[M]. 杭州:浙江人民出版社,2004.
40 戴夫·马库姆,史蒂夫·史密斯,马汉·哈尔萨. 高效经理人的8个思维原则[M]. 北京:机械工业出版社,2003.
41 方军. 新管理人必备的22种能力[M]. 北京:中国华侨出版社,2002.

42 王金岭,韩柏. 能成为 CEO 的十三种人[M]. 北京:九州出版社,2005.
43 威廉·D. 希特. 典范领导者[M]. 北京:机械工业出版社,2004.
44 金鸣,张敏. 总经理的三大技能[M]. 北京:北京出版社,2004.
45 刘伟,刘国宁,章银武. 企业管理者必读的 38 本经典管理名著[M]. 北京:中国言实出版社,2004.
46 东方明. 领导必修的 8 套潜学问[M]. 北京:中国华侨出版社,2005.
47 王军云. 人生要懂得的 8 条隐规则[M]. 北京:中国华侨出版社,2004.
48 申望. 做副手的艺术[M]. 北京:企业管理出版社,2004.